复旦大学中国与周边国家关系研究中心
中国国家领土主权与海洋权益协同创新中心

中国周边外交研究报告
（2019—2020）

RESEARCH REPORT ON CHINA'S NEIGHBORING DIPLOMACY (2019-2020)

杨　健　主编

世界知识出版社

图书在版编目（CIP）数据

中国周边外交研究报告. 2019—2020 / 杨健主编. —北京：世界知识出版社，2022.3

ISBN 978-7-5012-6506-0

Ⅰ. ①中… Ⅱ. ①杨… Ⅲ. ①中外关系—研究报告—2019—2020 Ⅳ. ①D822

中国版本图书馆CIP数据核字（2022）第020774号

书　　名	中国周边外交研究报告（2019—2020） Zhongguo Zhoubian Waijiao Yanjiu Baogao (2019-2020)
主　　编	杨　健
责任编辑	罗庆行
责任出版	赵　玥
责任校对	陈可望
出版发行	世界知识出版社
地址邮编	北京市东城区干面胡同51号（100010）
网　　址	www.ishizhi.cn
电　　话	010-65265923（发行）　010-85119023（邮购）
经　　销	新华书店
印　　刷	北京虎彩文化传播有限公司
开本印张	710mm × 1000mm　1/16　21¼印张
字　　数	330千字
版次印次	2022年3月第一版　2022年3月第一次印刷
标准书号	ISBN 978-7-5012-6506-0
定　　价	120.00元

《中国周边外交研究报告（2019—2020）》由复旦大学国际关系与公共事务学院资助出版。

特此致谢！

Research Report on China's Neighboring Diplomacy (2019-2020) was made possible through a generous grant from School of International Relations & Public Affairs of Fudan University.

序 言

进入2020年，再回头研读2019年11月举行的第九届中国周边外交研讨会的论文，恍如隔世。

突如其来的新冠肺炎疫情给中国带来1949年以来最严峻的公共卫生挑战。在以习近平同志为核心的中共中央坚强领导下，中国采取最全面、最严格、最彻底的防控举措，14亿多人民同舟共济，众志成城，同疫情展开顽强斗争，付出巨大代价和牺牲，取得重大胜利。

疫情同时在全球多点暴发并快速蔓延。联合国秘书长古特雷斯2020年3月指出，人类正面临前所未有的健康挑战，新冠病毒的蔓延对医疗体系、经济活动和日常生活产生重大压力。金融市场遭受严重冲击，全球供应链受到破坏，投资和消费需求锐减，全球日益面临经济衰退的真实风险。

新冠病毒仍在全球肆虐、国际协作最为紧要之时，中美两国的争斗却愈显激烈。众多学者纷纷撰文，就百年不遇的全球公共卫生挑战给中美关系、经济全球化以及世界格局带来的影响发表各种看法。从国内到国际，从国家治理到民生福利，观察世事的角度不同，结论也各不一样，但专家们普遍认为，疫情后的世界必将发生重大变化，不会回到从前。

变是肯定的，但也有些东西不会变。一是中国持续崛起不会变。中国的既定发展目标不会变，继续深化改革、扩大开放不会变。新冠肺炎疫情暴露了公共卫生领域及社会发展方面的短板，中国政府将以此为契机，提升治理能力，更好地维护人民群众的利益。而中国人民经过这次深刻洗礼，对国家的前途将更有信心，将进一步把个人命运同国家命运联系在一起。

二是周边外交的重要性不会变。邻居无法选择，邻居也搬不走。对中国来说是如此，对中国的周边国家来说也是如此。中国应对新冠肺炎疫情的表现将提升中国在周边的形象，增强周边国家对中国的信心。然而，历史恩怨、现实冲突，以及对未来中国走向的担忧，将继续困扰中国同周边国家的关系。可以想见，域外干扰也将更加露骨与直接。真正建立睦邻关系，保持周边稳定，将是中国继续崛起的进程中始终需要面对的挑战。

三是周边同全球的互动不会变。中国同周边国家的关系不是孤立的，而是越来越同大国关系、全球格局以及中国在全球的地位和作用相关联。中美关系的走向对中国的周边环境以及中国同周边国家的关系具有重要影响。以更广泛的视角看待周边、分析周边，将更能反映实际。应当强调的是，在中国同周边以及中国同世界的关系塑造中，中国能够而且应当发挥更加积极的作用，以担当起大国的责任。

复旦大学国际问题研究院主办、复旦大学中国与周边国家关系研究中心承办的中国周边外交研讨会迄已举办九届。来自国内多个大学和研究机构的高端学者毫不吝啬地分享、贡献了他们的智慧。国际关系研究因与时事的密切关联而有其特殊性。当今时代国际关系领域的中国学者，除了著书立说之外，我想，更重要的是通过自己的努力协助搭建一座桥梁，使中国更加了解世界，也使世界更加了解中国，而不是使中国与世界之间增加隔阂。毕竟，新冠肺炎疫情让我们进一步深刻认识到“地球村”之小，彼端的“输”并不能成为此端的“赢”。全人类是命运共同体真实不虚。而要做好这件事，中国学者也需要对我们的国家和我们身处的世界有更加全面和深刻的认知。

杨健
复旦大学中国与周边国家关系研究中心主任
2020年4月

目　　录

Contents

Section I The Evaluation and Prospect of China's Neighborhood Diplomacy in 2019

Section II Major Country Diplomacy in China's Neighborhood in 2019

Section III　China's Diplomacy in Its Neighboring Subregions in 2019

Section IV　Hot Issues in China's Neighborhood in 2019

第一编
2019年中国周边外交评估与展望

第一章
中国周边地区新态势与习近平的周边外交新思路

赵可金　赵丹阳

【内容提要】当今世界正处于百年未有之大变局，面对中美战略相互碰撞导致的周边地区不确定性提升，我国周边外交环境呈现新态势，而“分”是新态势下不确定性提升之根源所在。面对周边地区新态势，习近平总书记站在服务“两个一百年”奋斗目标和实现中华民族伟大复兴的高度进行顶层设计与战略谋划，强调在以“和合”解“分”化的同时，以“斗争”卫原则。中国在习近平外交思想的指导下主动作为，在实践中积极降低新态势下各项不确定性，促进中国周边环境趋良向好。

【关键词】周边外交；中国外交；周边地区

【作者简介】赵可金，清华大学社会科学学院副院长、教授；赵丹阳，清华大学国际关系学系硕士研究生。

当今世界正经历新一轮大发展大变革大调整，以习近平同志为核心的党中央作出一个重大判断：当今世界正处于百年未有之大变局。[①]“变局”之下，中美“战略竞争”日益凸显，导致我国周边地区呈现出复杂新态势，不确定性提升。为确保在风云变幻的周边局势中稳住阵脚，争取主动，实现“两个一百年”奋斗目标和中华民族伟大复兴的“中国梦”，习近平总书记进行顶层设计与战略谋划，为中国周边外交提供了新思路。在习近平

① 罗建波:《从全局高度理解和把握世界百年未有之大变局》，人民网，2019年6月7日，http://theory.people.com.cn/n1/2019/0607/c40531-31125044.html，访问时间：2020年2月20日。

外交思想指导下，中国外交主动作为，在实践中着力降低新态势下的各项不确定性，积极创造良好的周边外交环境。

一、中国周边外交新态势

近年来，中美两国外交战略发生明显变化，一方面，美国减少甚至避免承担国际责任，一再强调“美国优先”，不断“退群”激起“逆全球化”浪潮；另一方面，中国以互利共赢为理念，积极推动构建人类命运共同体，为国际合作注入源源不断的动力。中美两种不同战略力量相互碰撞，导致中国周边外交不确定性提升，呈现出复杂的新态势。具体而言，新态势下的不确定性主要来源于以下三个方面。

一是中美关系紧张导致周边态势不确定性提升。在中美“战略竞争”升温的背景下，中美关系愈发紧张。作为当今世界最大的发达国家，美国在2017年底发布《国家安全战略报告》《国防战略报告》《核态势评估报告》等战略文件，将中国视为“战略竞争者”[①]，在经贸、高科技、台湾、南海、涉藏等问题上采取一系列损害中方利益的举措，在不顾中方坚决反对的情况下，执意挑起中美经贸摩擦，炒作“中美经济脱钩论”（Decoupling或者Disengagement）[②]、“中国锐实力论”[③]和“南海军事化论”[④]等，封锁中国的

---

① 参见美国白宫:《国家安全战略报告》，2017年12月，https://www.whitehouse.gov/wp-content/uploads/2017/12/NSS-Final-12-18-2017-0905.pdf，访问时间：2019年10月2日；美国国防部发布《国防战略报告》，2018年1月，https://dod.defense.gov/Portals/1/Documents/pubs/2018-National-Defense-Strategy-Summary.pdf，访问时间：2019年10月2日；美国国防部发布《核态势评估报告》，2018年2月，https://media.defense.gov/2018/Feb/02/2001872886/-1/-1/1/2018-NUCLEAR-POSTURE-REVIEW-FINAL-REPORT.PDF，访问时间：2019年10月2日。

② Edward Luce, “The New Era of US-China Decoupling,” *Financial Times*, December 20, 2018, http://www.ft.com/content/019b1856-03c0-11e9-99df-6183d3002ee1；王悠、陈定定:《中美经济与战略“脱钩”的趋势及影响》,《现代国际关系》2018年第7期，第24—31页。

③ National Endowment of Democracy, “Sharp Power: Rising Authoritarian Influence,” December 2017, 2019, https://www.ned.org/wp-content/uploads/2017/12/Sharp-Power-Rising-Authoritarian-Influence-Full-Report.pdf, accessed on October 2.

④ Zack Cooper and Gregory Poling, “America’s Freedom of Navigation Operations Are Lost at Sea, Far Wider Measures Are Needed to Challenge Beijing’s Maritime Aggression,” *Foreign Policy*, January 8, 2019.

高新技术产业和军工产业发展。一些学者甚至开始担心“中美关系处于临界点”、[①] 朝向“中美新冷战”[②] 的前景迈进，对整个世界是否会陷入“修昔底德陷阱”等深表忧虑。中美关系紧张提升了周边环境压力，不确定性提升。

二是对冲战略增多导致周边态势不确定性提升。在中美“战略竞争”日益升温的背景下，战略对冲成为其他国家对外政策的主导特征。近年来，菲律宾、越南、韩国、马来西亚、印度尼西亚、泰国等中小国家，甚至日本、印度等周边大国的外交行为均呈现出对冲特征。与平衡/追随战略（Balancing/ Band wagoning）这种“选边站”的政策不同，对冲战略（Hedging）指的是其他国家面对大国竞争时采取的一种不选边的战略模糊立场，以此控制风险。然而，由于具有模糊性的特点，对冲战略的增多在一定程度上提升了各国预判彼此行为的难度，造成地区整体环境不确定性上升。

三是合作制度过剩导致周边态势不确定性提升。在中美“战略竞争”日益升温的背景下，区域合作制度交织堆叠，难以统合。周边地区存在众多区域公共问题，比如朝鲜半岛核问题、领土和海洋权益争端、复杂政治社会转型问题，以及恐怖主义、自然灾害、跨国犯罪等非传统安全威胁加剧等。复旦大学苏长和教授将中国与周边国家面临的公共问题分为三类：第一类是指防止大规模毁灭性武器扩散，打击恐怖主义与跨国犯罪等涉及地区安全的问题；第二类是指降低贸易壁垒、扩大相互投资、建立自由贸易区、区域货币安排等关乎区域多边经济开发的问题；第三类则是指毒品贩卖、生态环境保护、疾病控制、突发性自然灾难等社会发展问题。[③] 针对众多区域公共问题，各方提出了大量区域合作方案，包括亚太经合组织

---

① David M. Lampton, “A Tipping Point in U.S.-China Relations is Upon Us,” Speech at the Conference “China’s Reform: Opportunities and Challenges,” co-hosted by the Carter Center and the Shanghai Academy of Social Sciences, May 6, 2015.

② Joshua Shifrinson, “The ‘New Cold War’with China is Way Overblown. Here’s Why.” *Washington Post*, February 8, 2019, https://www.washingtonpost.com/news/monkey-cage/wp/2019/02/08/there-isnt-a-new-cold-war-with-china-for-these-4-reasons/, accessed on October 2, 2019.

③ 苏长和:《周边制度与周边主义——东亚区域治理中的中国途径》,《世界经济与政治》2006年第1期，第9—11页。

（APEC）、《区域全面经济伙伴关系协定》（RCEP）、东亚峰会、澜湄合作机制、《全面与进步跨太平洋伙伴关系协定》（CPTPP）、亚信峰会、大湄公河次区域经济合作（GMS）、东盟与中日韩领导人会议等。然而，这些方案在解决上述公共问题时功能交织重叠，处理程序与方法不一，造成一定程度的混乱，出现了一定程度的“制度过剩”[①] 问题，提升了地区环境不确定性。

二、习近平的周边外交新思路之理论内涵

归结而言，中国周边外交新态势下不确定性提升的根源在于大国战略竞争导致的“分”的问题。为应对好新态势下“分”的问题，习近平总书记站在服务于“两个一百年”奋斗目标和实现中华民族伟大复兴的高度进行顶层设计与战略谋划，在强调以“和合”解“分”化，促进区域融合发展的同时，也强调坚决维护国际和平与国家核心利益，以“斗争”卫原则。

（一）以“和合”解“分”化，推动构建周边命运共同体

其一，重“威”不重“权”，秉持“亲诚惠容”外交理念。“威”指的是要获得其他国家对中国的尊重与支持，而并非谋求权力，建立霸权。由此，中国强调“坚持与邻为善、以邻为伴，坚持睦邻、安邻、富邻”[②] 的“亲诚惠容”理念。所谓亲，就是在政治上亲仁善邻，协和万邦，“要坚持睦邻友好，守望相助；讲平等、重感情；常见面，多走动；多做得人心、暖人心的事，使周边国家对我们更友善、更亲近、更认同、更支持，增强亲和力、感召力、影响力”。[③] 所谓诚，就是在安全上和平相处，守望相

---

① 李巍：《东亚经济地区主义的终结？——制度过剩与经济整合的困境》，《当代亚太》2011年第4期，第5页。

② 《习近平：坚持与邻为善、以邻为伴，体现亲、诚、惠、容理念》，2015年8月10日，人民网，http://cpc.people.com.cn/xuexi/n/2015/0810/c385474-27435843.html，访问时间：2020年2月20日。

③ 苏秦：《走亲戚式访问，策马奔向中蒙未来》，2014年8月22日，人民网，http://opinion.people.com.cn/n/2014/0822/c1003-25518436.html，访问时间：2020年2月20日。

助，“要诚心诚意对待周边国家，争取更多朋友和伙伴”。[①] 所谓惠，就是在经济上互惠互利，共同发展，“要本着互惠互利的原则同周边国家开展合作，编织更加紧密的共同利益网络，把双方利益融合提升到更高水平，让周边国家得益于我国发展，使我国也从周边国家共同发展中获得裨益和助力”。[②] 所谓容，就是在文明上互学互鉴，包容开放，“要倡导包容的思想，强调亚太之大容得下大家共同发展，以更加开放的胸襟和更加积极的态度促进地区合作”。[③] 中国要率先垂范，身体力行，更要倡导并推动这些理念，使之成为地区各国遵循和秉持的共同理念和行为准则。

其二，以“义”为先，“义利”相兼，坚持弘扬正确义利观。正确义利观是中国在处理外交时所坚持的基本原则，核心是坚持义利相兼，以义为先，重视利益与价值关系的平衡，坚持互利共赢，争取与周边地区的共同发展。其中“义”指普遍的道义，强调普遍道义原则基础上的公平正义；“利”则是基于共同利益基础上的互利共赢，不搞我赢你输，而是要实现双赢。正确义利观要求中国重义轻利、舍利取义，不唯利是图，不以邻为壑，更不搞“新殖民主义”。习近平总书记在中国共产党第十九次全国代表大会作报告时强调要“坚持正确义利观，树立共同、综合、合作、可持续的新安全观，谋求开放创新、包容互惠的发展前景，促进和而不同、兼收并蓄的文明交流，构筑尊崇自然、绿色发展的生态体系，始终做世界和平的建设者、全球发展的贡献者、国际秩序的维护者”。[④]

以“亲诚惠容”与正确义利观为基，推动构建周边命运共同体。与美国采取“分而治之”的方法不同，中国不建立排他性的同盟体系，而推动构建包容性的“朋友圈”，与周边国家一道共建周边地区命运共同体，努力实现周边地区各国的利益融合。“周边同我国地缘相近、人文相亲、利

---

① 《习近平：诚心对待周边国家　争取更多伙伴》，2013年10月26日，人民网，http://js.people.com.cn/html/2013/10/26/264121.html，访问时间：2020年2月20日。

② 《习近平：让命运共同体意识在周边国家落地生根》，2013年10月25日，新华网，http://www.xinhuanet.com//politics/2013-10/25/c_117878944.htm，访问时间：2020年2月20日。

③ 《坚持亲、诚、惠、容的周边外交理念》，2015年7月21日，人民网，http://cpc.people.com.cn/xuexi/n/2015/0721/c397563-27338114.html，访问时间：2020年2月20日。

④ 佟晓露：《坚持正确义利观构建人类命运共同体》，2017年11月12日，人民网，http://cpc.people.com.cn/n1/2017/1112/c415067-29641038.html，访问时间：2020年2月20日。

益相连，是推进人类命运共同体建设的优先方向。”[①] 2017年，推动构建人类命运共同体写入中共十九大报告，成为新时代中国外交的总目标。“将中国同周边国家的美好发展愿景联结起来，打造亚洲命运共同体，不仅有利于地区长治久安和持久繁荣，还将为推动构建人类命运共同体打下牢固基础。”[②]

（二）以“斗争”卫原则，维护国际和平发展与国家核心利益

其一，勇于承担大国责任，积极维护周边和平发展。周边地区大国竞争与地缘矛盾复杂，历史问题与现实摩擦交织，各方安全利益多元，主张莫衷一是。[③] 面对这种形势，中国应勇于担负大国责任，在继续高举和平、发展、合作、共赢旗帜，始终不渝走和平发展道路、奉行互利共赢开放战略的同时，积极维护国际公平正义，推动建设持久和平、普遍安全、共同繁荣、开放包容、清洁美丽的世界。[④] 中国积极倡导共同、综合、合作、可持续的亚洲安全观，强调尊重和保障每一个国家的安全，统筹维护传统领域和非传统领域安全，通过对话合作促进各国和本地区安全，要发展和安全并重以实现持久安全。[⑤]

其二，敢于捍卫原则底线，坚决维护国家核心利益。习近平强调，中国坚持走和平发展道路，但也决不能放弃我们的正当权益，决不能牺牲国家核心利益，坚决维护国家主权、安全、发展利益。[⑥] 2019年9月3日，习近平总书记在秋季学期中央党校（国家行政学院）中青年干部培训班上的讲话提到，“当今世界正处于百年未有之大变局，我们党领导的伟大斗争、

① 卢光盛、黎亚洲：《从周边起步推动人类命运共同体建设》，2017年12月18日，人民网，http://theory.people.com.cn/n1/2017/1218/c40531-29713165.html，访问时间：2020年2月20日。

② 孔铉佑：《习近平外交思想和中国周边外交理论与实践创新》，2019年4月16日，求是网，http://www.qstheory.cn/dukan/qs/2019-04/16/c_1124364176.htm，访问时间：2020年2月20日。

③ 孔铉佑：《习近平外交思想和中国周边外交理论与实践创新》。

④ 《在第十三届全国人民代表大会第一次会议上的讲话》，2018年3月21日，人民网，http://dangjian.people.com.cn/n1/2018/0321/c117092-29880378.html，访问时间：2020年2月20日。

⑤ 旷思思：《习近平外交思想有关周边外交的理论创新》，2019年4月24日，求是网，http://www.qstheory.cn/laigao/ycjx/2019-04/24/c_1124409833.htm,访问时间：2020年2月20日。

⑥ 栾建章：《习近平外交思想的鲜明特征》，2020年1月10日，求是网，http://www.qstheory.cn/dukan/hqwg/2020-01/10/c_1125446857.htm，访问时间：2020年2月20日。

伟大工程、伟大事业、伟大梦想正在如火如荼进行，改革发展稳定任务艰巨繁重，我们面临着难得的历史机遇，也面临着一系列重大风险考验。胜利实现我们党确定的目标任务，必须发扬斗争精神，增强斗争本领”。①实现“两个一百年”奋斗目标和中华民族伟大复兴的中国梦要求我们划定斗争底线，在危害我国核心利益、危害我国人民根本利益、危害我国实现“两个一百年”奋斗目标等原则问题上，寸步不让。②

在新态势下，中国一方面承担责任，积极维护周边和平与发展；另一方面，中国也坚决捍卫国家核心利益，敢于斗争、善于斗争，坚定不移地推动实现“两个一百年”奋斗目标和中华民族伟大复兴的中国梦。

三、习近平的周边外交新思路之实践成就

在以习近平同志为核心的党中央的坚强领导下，中国外交始终“不畏风雨，坚定前行”③，坚持以“和合”解“分”化，以“斗争”卫底线，通过具体外交实践降低新态势下周边环境不确定性。具体而言，相关外交实践主要包括以下几个方面。

其一，应对中美关系紧张划定底线，通过提升自身行为确定性降低周边环境不确定性。划定维护国际和平发展与国家利益底线，承诺坚决捍卫原则，通过提升自身行为的确定性降低周边环境不确定性。一方面，坚定维护世界和平发展。面对单边主义和霸权主义逆流，旗帜鲜明站在绝大多数国家的共同利益一边，坚定维护以联合国为核心的国际体系、以国际法

---

① 《习近平在中央党校（国家行政学院）中青年干部培训班开班式上发表重要讲话》，2019年9月3日，中国政府网站，http://www.gov.cn/xinwen/2019-09/03/content_5426920.htm，访问时间：2020年2月20日。

② 《实现伟大梦想，必须进行伟大斗争》，2019年9月4日，人民网，http://news.cnr.cn/native/gd/20190904/t20190904_524763263.shtml，访问时间：2020年2月20日。

③ 周瑾：《外交部：2019中国外交不畏风雨、坚定前行》，2019年12月24日，中国日报网，http://cn.chinadaily.com.cn/a/201912/24/WS5e01eb0fa31099ab995f3750.html，访问时间：2020年2月20日。

为基础的国际秩序和以世界贸易组织为基石的多边贸易体制。[①] 2019年6月5日，中国国家主席习近平与俄罗斯总统普京共同签署并发表《中华人民共和国和俄罗斯联邦关于加强当代全球战略稳定的联合声明》，向世界发出反对单边主义、维护全球战略稳定、维护多边主义和国际秩序的时代强音。[②] 另一方面，坚决捍卫国家核心利益。2019年，中美关系面临越发严峻的挑战，在本着负责任的态度继续寻求同美方进行建设性对话的同时，中国也坚决抵制美方的各种霸凌行径，努力维护中美三个联合公报确立的各项原则。[③] “我们不觊觎别国的发展成果，也绝不允许别国破坏中国的核心安全，绝不拿核心利益做交易。无论是在陆上还是在海上，无论是在台湾、香港还是在新疆、西藏，任何人都不要幻想让中国吞下损害自身利益的苦果。”[④]

其二，应对对冲战略增多促进联通，通过避免国家间误解误判降低周边环境不确定性。加强互联互通，增加国家间交流，促使信息及时实现交换，化解由对冲政策模糊性导致的国家间误解或误判，以此降低周边各国对外政策的不确定性。一方面，高层外交发挥互联互通引领作用。2019年，习近平主席先后7次出访，在到访的所有国家中，5个为周边国家，即吉尔吉斯斯坦、塔吉克斯坦、朝鲜、俄罗斯、尼泊尔。除国事访问外，习近平主席在国内外共与外国领导人和政府要员会谈（或会见）约100次。其

---

① 王毅：《王毅总结2019年中国外交：乘风破浪，坚定前行》，2019年12月14日，环球网，https://world.huanqiu.com/article/9CaKrnKok5p，访问时间：2020年2月20日。

② 孔君：《维护全球战略稳定　促进世界和平发展》，2019年6月6日，人民网，http://theory.people.com.cn/n1/2019/0606/c40531-31123587.html，访问时间：2020年2月20日。

③ 王毅：《王毅总结2019年中国外交：乘风破浪，坚定前行》，2019年12月14日，环球网，https://world.huanqiu.com/article/9CaKrnKok5p，访问时间：2020年2月20日。

④ 《乐玉成：中国将继续坚决捍卫国家安全与核心利益》，2019年10月22日，中国外交部网站，http://new.fmprc.gov.cn/web/wjbxw_673019/t1709645.shtml，访问时间：2020年2月20日。

中，与周边国家领导人和政府要员会见（或会谈）64次。[①] 2019年6月，习近平主席与俄罗斯总统签署《中俄关于发展新时代全面战略协作伙伴关系的联合声明》，宣布发展中俄新时代全面战略协作伙伴关系，制定守望相助、深度融通、开拓创新与普惠共赢的目标与方向；[②] 作为中国最高领导人再次访问朝鲜，为新时代中朝关系发展注入新的活力；出席二十国集团领导人大阪峰会，与日本首相安倍晋三达成十点重要共识，推动两国关系迈上新台阶；[③] 与印度总理莫迪在金奈举行第二次非正式会晤。另一方面，全方位推进各国民生合作与人文交流。中国举办北京世界园艺博览会、第二届中国国际进口博览会等活动，广泛开展科技、教育、文化、艺术、体育、地方、媒体、青年等各领域合作，为各国人民间的合作与交流架起一座座民心相通的桥梁，起到了春风化雨、润物无声的效果。[④]

其三，应对合作制度过剩加强整合，通过推动区域合作机制一体化降低周边环境不确定性。整合重构区域合作制度，推动建立一体化合作机制及以一体化合作机制为基础的多方贸易合作，降低由“制度过剩”带来的不确定性。一方面，推动构建区域全面经济伙伴关系。2019年11月6日，中国国务院新闻办公室举行国务院政策例行吹风会，商务部副部长兼国际

① 此处指复旦大学赞助出版的《中国周边国家概览》中涵盖的64个中国“大周边”国家，不仅包括与中国陆海直接接壤的20个国家，而且包括不与中国直接相邻但处在中国“大周边”的44个国家：俄罗斯；东北亚四国（朝鲜、韩国、蒙古、日本）；东南亚11国（东帝汶、菲律宾、柬埔寨、老挝、马来西亚、缅甸、泰国、文莱、新加坡、印度尼西亚、越南）；南亚八国（阿富汗、巴基斯坦、不丹、马尔代夫、孟加拉国、尼泊尔、斯里兰卡、印度）；中亚五国（哈萨克斯坦、吉尔吉斯斯坦、塔吉克斯坦、土库曼斯坦、乌兹别克斯坦）；西亚15国（阿联酋、阿曼、巴勒斯坦、巴林、卡塔尔、科威特、黎巴嫩、沙特阿拉伯、土耳其、叙利亚、也门、伊拉克、伊朗、以色列、约旦）；外高加索三国（阿塞拜疆、格鲁吉亚、亚美尼亚）；南太平洋16个独立国家（澳大利亚、巴布亚新几内亚、斐济、基里巴斯、库克群岛、马绍尔群岛、密克罗尼西亚联邦、瑙鲁、纽埃、帕劳、萨摩亚、所罗门群岛、汤加、图瓦卢、瓦努阿图、新西兰）；美国。

② 《外交部就中俄两国元首共同签署—中俄关于发展新时代全面战略协作伙伴关系的联合声明—等答问》，2019年6月6日，中国政府网站，http://www.gov.cn/xinwen/2019-06/06/content_5398117.htm，访问时间：2020年1月1日。

③ 《外交部官员：习近平会见安倍晋三　双方达成十点共识》，2019年6月27日，新华网，http://www.xinhuanet.com/politics/leaders/2019-06/27/c_1124681233.htm，访问时间：2020年1月1日。

④ 《共建“一带一路”倡议：进展、贡献与展望》，2019年4月22日，新华网，http://www.xinhuanet.com/2019-04/22/c_1124400071.htm，访问时间：2020年1月1日。

贸易谈判副代表王受文在介绍《区域全面经济伙伴关系协定》有关情况时谈到，“RCEP第3次领导人会议正式宣布15个成员国整体上结束谈判，各国领导人积极评价RCEP谈判取得的重大进展，一致认为当前形势下完成RCEP谈判有利于对外发出致力于构建开放型世界经济、支持多边贸易体制的信息，改善地区贸易和投资的环境，推进贸易投资自由化、便利化，帮助各国更好地应对挑战，增强本地区未来发展的潜力，造福于本地区的各国人民”，“这标志着世界上人口最多、成员结构最多元化、发展潜力最大的自贸区建设取得了重大的突破”。[①] 中国积极推动15个成员国在2019年底宣布整体结束《区域全面经济伙伴关系协定》谈判，2020年15国签署《区域全面经济伙伴关系协定》协议，标志着世界上人口数量最多、成员结构最多元、发展潜力最大的东亚自贸区建设取得重大突破，引领了区域合作一体化发展的势头。另一方面，以《区域全面经济伙伴关系协定》为基础促进多方贸易合作。2019年11月，中、日、韩三方在首尔举行中日韩自贸区第十六轮谈判首席谈判代表会议，三方在共同参与的《区域全面经济伙伴关系协定》基础上，就进一步提升贸易投资自由化便利化水平、打造“RCEP+”的自贸协定深入交换意见，就进一步工作安排达成积极共识。[②] 同年12月24日，第八次中日韩领导人会议在成都召开，三国发表了《中日韩合作未来十年展望》，通过了“中日韩+X”早期收获项目清单等成果文件。

总的来说，面对中美关系紧张问题，中国表明原则底线，通过提升自身行为的确定性降低周边环境不确定性；面对其他国家对外政策的模糊性提升问题，中国推动互联互通，通过促进信息互换降低不确定性，减少国家彼此间的误解与误判；面对区域合作制度框架“过剩”问题，中国推动区域合作机制整合重组，通过推动实现一体化来降低多个制度框架交织重叠导致的不确定性。

---

① 《RCEP谈判整体结束　世界最大自贸区建设目标取得重大突破》，2019年11月6日，中国新闻网，http://www.chinanews.com/gn/2019/11-06/8999981.shtml，访问时间：2020年2月20日。

② 《中日韩自贸区第十六轮谈判在韩国首尔举行》，2019年11月29日，新华网，http://www.xinhuanet.com/2019-11/29/c_1125291383.htm，访问时间：2020年1月1日。

四、结论

面对新态势下大国战略竞争加剧、对冲政策明显增多以及区域合作制度框架过剩带来的不确定性问题，中国外交以习近平外交思想为指导，在实践中主动作为，以“和合”解“分”，以“斗争”卫原则，通过表明原则底线提升自身行为确定性、推动全方位互联互通减少国家间误解误判，以及推动区域合作框架整合实现一体化，着力降低新态势下的不确定性，促进中国周边环境趋良向好。

稳定周边，经略周边，塑造周边，是习近平的周边外交战略思路。这一战略思路的核心在于将中国和周边地区视为一个和合共生的命运共同体，中国强，则周边兴，周边强，则天下安。推动构建人类命运共同体的过程，必然始自周边，推动构建周边命运共同体具有全局性战略意义。因此，在推进周边外交的过程中，必须坚持以习近平外交思想为指导，顺势而为，奋发有为，不断维护和巩固中国与周边共生共荣的发展势头，为实现中华民族伟大复兴的中国梦，为推动构建人类命运共同体提供助力，贡献力量。

第二章
改革开放以来中国周边外交理论的发展与创新

李　文　刘铭赜

【内容提要】以邓小平提出的周边外交思想为指南，其后我国历届党和国家领导人对周边关系重要性的认识不断深化与提高，周边外交理念不断丰富与发展。周边是中国特色社会主义现代化的重要参照系，我国的发展需要一个长期的和平国际环境特别是良好的周边环境，周边外交在我国外交布局中处于首要位置这一观念日益明晰。新时期中国周边外交理念的丰富与发展主要表现在从消除疑虑、稳定周边，到明确提出与邻为善、以邻为伴，依照“睦邻 、安邻、富邻”方针发展睦邻友好。以“一带一路”建设为平台，遵循“亲诚惠容”理念构建周边命运共同体，是中国特色社会主义进入新时代后党在周边外交领域最为重要的理论创新与实践创新。

【关键词】改革开放；周边外交；理论创新；周边命运共同体

【作者简介】李文，中国社会科学院美国研究所研究员；刘铭赜，吉林师范大学马克思主义学院讲师。

改革开放以来，以邓小平同志为核心的党的第二代领导集体，以江泽民同志为核心的党的第三代领导集体，以胡锦涛同志为总书记的中央领导集体，都高度重视周边外交，提出了一系列重要战略思想和方针政策，开创和发展了我国总体有利的周边环境。党的十八大以来，以习近平同志为核心的党中央在保持外交大政方针延续性和稳定性的基础上，积极运筹外交全局，突出周边在我国发展大局和外交全局中的重要作用，提出周边外交新思路，开创周边外交新局面。

一、邓小平理论为新时期中国周边外交提供科学指南

在中国共产党十一届三中全会和十二大、十三大，特别是十四大的基础上，中共中央建议十五大在党章中把邓小平理论确立为党的指导思想，明确规定：中国共产党以马克思列宁主义、毛泽东思想、邓小平理论作为自己的行动指南。

党的十一届三中全会开启中国改革开放，果断停止使用“以阶级斗争为纲”的口号，全党的工作重心开始转移到经济建设上。为给经济发展赢得一个和平稳定的国际环境，改革开放的总设计师邓小平科学判断世界发展大趋势，提出一系列具有拨乱反正重大历史转折意义的观点和主张，将中国外交的指导理念由斗争哲学调整为合作哲学，为新时期中国周边外交提供了科学指南。

在改革开放之初，邓小平同志科学地观察国际形势的变化，认为当今时代的主题是“和平与发展”，而不再是“战争与革命”。邓小平同志认识到，现在的世界是开放的世界，中国的发展离不开世界，“中国要实现自己的发展目标，必不可少的条件是安定的国内环境与和平的国际环境”。[①] 因此，中国处理与世界各国的关系应该立足于和平合作，而不是对立对抗，主张重新确定国际战略，调整对日、对美、对苏关系，发展同周边国家和第三世界国家的友好关系，为新时期党和国家工作中心转移到经济建设上创造良好的外部条件。

1978年，74岁的邓小平相继访问了缅甸、尼泊尔、朝鲜、日本、泰国、马来西亚、新加坡七个周边国家。他出访的重要目的之一就是向周边国家阐明中国外交理念转变为合作思维，消除“文革”的负面影响，缓和与一些国家的紧张关系，以获得周边国家的理解与支持。

解放思想、实事求是，是邓小平建设有中国特色社会主义理论的精髓。打破保守僵化的极左思维，在国际社会不再以意识形态划线，而是从是否符合国家利益的角度发展与世界各国的关系，是改革开放的重要组成

① 《邓小平文选》第三卷，人民出版社，1993，第360页。

部分，更是中国外交理念一大历史性变革。在邓小平同志的领导下，改革开放后的中国放弃了按照意识形态和社会制度划分敌我的错误做法，开始以是否有利于中国经济发展、是否有利于增进中国国家利益为标准发展与世界各国的友好关系。

淡化意识形态因素的一个突出表现是放弃结盟外交，主张在平等的基础上与所有国家交往，开展互利合作。1984年5月，邓小平在概括新时期中国外交的指导原则时指出，“中国的对外政策是独立自主的”，即不结盟、不孤立、不对抗，不针对第三国，全方位进行外交活动，其核心是不结盟。1988年9月21日，邓小平在会见来访的斯里兰卡总统普雷马达萨时说，中国坚定不移的对外政策是反对霸权主义，维护世界和平；既要建立国际经济新秩序，又要建立国际政治新秩序；发展中国家需要的好的国际环境是没有战争的、和平共处的国际环境。12月2日，邓小平在会见日本国际贸易促进协会访华团时又指出，目前是建立国际政治新秩序的时期。国际政治领域由对抗转为对话，由紧张转向缓和，出现了许多新的情况，因此应该提出一个建立国际政治新秩序的理论。[①] 这个新秩序，包含了结束结盟和对抗，在坚持和平共处五项原则与独立自主的基础上同包括周边国家在内的所有国家交朋友的内容。邓小平明确指出：“中国不参加任何集团，同谁都来往，同谁都交朋友，谁搞霸权主义就反对谁；将国家主权、安全放在第一位，主权问题不是一个可以讨论的问题，我们不能成为任何外国的附庸，不会吞下损害中国利益的苦果。”[②]

1989年10月，邓小平在会见美国前总统尼克松时说：“考虑国与国之间的关系主要应该从国家自身的战略利益出发。着眼于自身长远的战略利益，同时也尊重对方的利益，而不去计较历史的恩怨，不去计较社会制度和意识形态的差别。”[③] 江泽民在党的十四大报告中指出：“中国愿意在和平共处五项原则的基础上，同所有国家发展友好合作关系。社会制度和意识形态的差别，不应成为发展国家关系的障碍。”这是中国共产党领导人

① 《1988年9月21日　邓小平提议建立国际政治新秩序》，2003年8月1日，人民网。

② 《邓小平文选》第三卷，人民出版社，1993，第128页。

③ 《邓小平文选》第三卷，人民出版社，1993，第320页。

第一次在全国代表大会报告中表明不以意识形态作为外交考量的立场。①实际上，从1978年开始，邓小平就不再纠结于意识形态与社会制度的差异，开始把在经济发展方面取得成就的周边国家作为中国发展的参照系和学习对象，认识到世界上许多国家特别是我们周边的一些国家和地区都在加快发展，如果我国经济发展慢了，社会主义制度的巩固和国家的长治久安都会遇到极大困难。邓小平明确指出："抓住时机，发展自己，关键是发展经济。现在，周边一些国家和地区经济发展比我们快，如果我们不发展或发展得太慢，老百姓一比较就有问题了。"②

1978年9月，邓小平会见了日本新闻界的一批客人。谈话中，他对到20世纪末中国的四个现代化作出了新的解释。他说，就是到这个世纪末，中国实现了四个现代化，中国也还是不富，中国的发展水平比日本差得远。这段话明白地表现出当时的邓小平已经清醒地看到了中国与日本等发达国家的差距，并表现出邓小平更倾向于将以日本为代表的周边国家作为中国实现现代化的参照系。

1978年10月，邓小平对日本进行了为期8天的访问，除了交换《中日和平友好条约》批准书以外，另一个重要目的就是加深对日本现代化的感受，见识日本的先进经验和技术，深入思考中国的现代化进程。在日本参众两院议长举行的欢迎宴会开始前，邓小平说日本早有"蓬莱国"之称，听说有长生不老药，但是他想把日本发展科学技术的先进经验作为礼物带回去。访问期间，邓小平以极大的兴趣参观工厂企业，考察日本经济。在神奈川县日产汽车制造厂，邓小平了解到，这里的劳动生产率比当时的中国长春第一汽车制造厂高几十倍。他感慨地说他懂得什么是现代化了。在一次记者招待会上，邓小平更为明确地表示，"中国必须承认自己落后，不是美人就不要硬说自己是美人。在科学技术和经营方面，我们需要很好地向发达国家、特别是日本学习"。③

新加坡是另一个给邓小平同志留下深刻印象的国家。傅高义所著《邓小平时代》记录了邓小平1978年11月出访新加坡的经历，根据该书记载，

① 《江泽民文选》第一卷，人民出版社，2006，第244页。

② 《邓小平文选》第三卷，人民出版社，1993，第375页。

③ 转引自冯昭奎：《对话：北京和东京》，新华出版社，1999，第90页。

邓小平对新加坡的变化印象深刻，“新加坡使他更加坚信中国需要进行根本性的变革”。[①] 在回国后的一次有关利用外资的讲话中，邓小平提到了新加坡的做法。“我到新加坡去，了解他们利用外资的一些情况。外国人在新加坡设厂，新加坡得到几个好处，一个是外资企业利润的百分之三十五要用来交税，这一部分国家得了；一个是劳务收入，工人得了；还有一个是带动了它的服务行业，这都是收入。”[②]

中国与周边一些国家存在领土和海洋权益纠纷，如中日钓鱼岛与东海划界问题，中国与越南、菲律宾、马来西亚等国在南海地区的争端等。为避免这些争端对我国发展与周边国家的关系造成不利影响，邓小平创造性地提出了“搁置争议，共同开发”的解决思路。这一思路的提出和实施对缓解中国与周边相关国家的关系，消除与周边国家关系发展的障碍产生了重要而又积极的影响。同时，这一理念的提出，也为世界其他国家和地区存在的领土纠纷问题提供了新的解决思路。

邓小平的周边外交理念对我国改革开放初期的周边外交起到重要指导作用。江泽民在十四大报告中总结邓小平时代的外交工作时指出：“在复杂多变的国际形势下，我国对外工作取得了重大成就。我们同周边国家的睦邻友好关系处于建国以来的最好时期，同广大发展中国家的团结合作进一步巩固和加强，同世界各国包括西方发达国家的关系在和平共处五项原则基础上得到了改善和发展。”[③]

二、对周边关系重要性的认识不断深化

以邓小平同志为核心的党的第二代领导集体为新时期中国外交尤其是周边外交奠定了总基调。以此为出发点，此后的中国历届党和国家领导人对周边关系重要性的认识不断深化与提高。

在十五大报告中，江泽民同志明确指出：“我们进行社会主义现代化

① 傅高义：《邓小平时代》，生活·读书·新知三联书店，2013，第287页。

② 《邓小平文选》第二卷，人民出版社，1983，第199页。

③ 《江泽民文选》第一卷，人民出版社，2006，第241页。

建设，需要一个长期的和平国际环境特别是良好的周边环境。”[①] 以江泽民同志为核心的党的第三代领导集体身体力行，与时俱进，创造性地继承和发展了邓小平同志与改革开放进程相一致的外交战略思想，将推进睦邻友好、开创周边和平环境作为外交工作的首要任务之一。在总结我国对外工作经验的基础上，江泽民同志2001年10月提出“三个着眼于”战略思想：要着眼于世界战略格局运筹大国关系，着眼于地缘战略态势积极经略周边，着眼于扩展战略空间大力开展多边外交。[②] 这为我国在21世纪实施正确的外交和国际战略，促使国际环境继续朝着有利于我国的方向发展提供了有力的指导。从1989年到2002年的13年间，在以江泽民同志为核心的党的第三代领导集体的外交理念指引下，中国外交取得显著成就，中国的国际地位空前提高，中国的国际形象为世人所瞩目和赞赏，基本上形成以大国外交为关键、以周边外交为依托、以发展中国家外交为基础、以多边外交为舞台的跨世纪全方位外交新格局。

党的十六大报告指出：“二十一世纪头二十年，对我国来说，是一个必须紧紧抓住并且可以大有作为的重要战略机遇期。”在党的十六大以后的十年，在以胡锦涛同志为总书记的党中央领导下，中国周边外交在整体外交中的地位明显上升。2003年8月25日，胡锦涛同志在驻外使节小型座谈会上发表重要讲话，第一次明确提出“正确处理大国是关键、周边是首要、发展中国家是基础的关系”。[③] 此后，发达国家、周边国家、发展中国家、多边一直是党的代表大会报告中的基本排序，周边外交上升到首要位置且一直没有发生变化。

作为中共中央总书记，胡锦涛同志是第一位对周边外交的重要性进行系统阐述的党和国家领导人。胡锦涛同志指出：“周边国家同我国邻近，交往密切。我们争取有利国际环境，首先要从周边做起。从一定意义上讲，我国大量机遇在周边，大量挑战也在周边；富有希望的是周边，容易出问题的还是周边。周边工作做好了，有利于改善和发展同各大国的关系，也

① 江泽民：《高举邓小平理论伟大旗帜，把建设有中国特色社会主义事业全面推向二十一世纪》，《人民日报》1997年9月22日。

② 《江泽民文选》第三卷，人民出版社，2006，第352—356页。

③ 《胡锦涛文选》第二卷，人民出版社，2006，第95页。

有利于我国加强和巩固同发展中国家的团结合作。我国同周边国家关系越发展，合作越强，周边越稳定，我国安全和根本利益就越有保障。”[①] 在胡锦涛同志周边外交理念的指导下，中国政府着力夯实周边战略依托。坚持“与邻为善、以邻为伴”方针，同周边国家高层交往频繁，政治互信不断加深，务实合作日益扩大，人文交流十分活跃。从2002年到2012年，我国在周边的影响力稳步增强，越来越多的周边国家把自身的发展同中国联系在一起，我国同周边大国的对话与协调进一步加强，周边日益成为我国实现全面建设小康社会战略目标的牢固地缘依托，为我国把握战略机遇期快速发展自己创造了有利条件。

党的十八大以来，随着中国特色社会主义进入新时代，党中央积极运筹外交全局，突出周边在我国发展大局和外交全局中的重要作用，开展了一系列重大外交活动。特别应该指出的是，2013年10月24—25日，在习近平总书记的主持下，中共中央召开周边外交工作座谈会。这是新中国成立以来中共中央首次专门召开的周边外交工作座谈会，表明以习近平同志为核心的党中央对周边外交的重视上升至一个新的高度。在座谈会上，习近平同志指出周边对我国具有极为重要的战略意义，将周边外交的重要性提升到关系到能否实现“两个一百年”奋斗目标、实现中华民族伟大复兴的高度加以认识，提出思考周边问题、开展周边外交要有立体、多元、跨越时空的视角。审视我国的周边形势，我国同周边国家的经贸联系更加紧密、互动空前密切，客观上要求我们的周边外交战略和工作必须与时俱进、更加主动。习近平总书记还提出要更加奋发有为地推进周边外交，为我国发展争取良好的周边环境，使我国的发展更多惠及周边国家，实现共同发展。[②]

三、周边外交理念的丰富与发展

从着眼于和平稳定到立足于合作共赢，是改革开放40多年来中国周边

① 《胡锦涛文选》第二卷，人民出版社，2006，第96页。

② 《习近平在周边外交工作座谈会上发表重要讲话》，《人民日报》2013年10月25日。

外交理念发生的最为显著的改变。

江泽民同志在1993年1月13日中央军委扩大会议上指出："对周边国家，我们要按照稳定周边的方针，多做工作，消除疑虑，促进睦邻友好；妥善处理涉外事务，力争以和平协商方式逐步解决某些争端；对一时难以解决的问题，要在稳定现状的前提下，积极创造条件逐步加以解决，不能急于求成"。[①] 1997年党的十五大报告指出："要坚持睦邻友好。这是我国的一贯主张，决不会改变。对我国同邻国之间存在的争议问题，应该着眼于维护和平与稳定的大局，通过友好协商和谈判解决。一时解决不了的，可以暂时搁置，求同存异。"[②] 2002年党的十六大报告指出："我们将继续加强睦邻友好，坚持与邻为善、以邻为伴，加强区域合作，把同周边国家的交流和合作推向新水平。"[③] 2007年党的十七大报告指出："我们将继续贯彻与邻为善、以邻为伴的周边外交方针，加强同周边国家的睦邻友好和务实合作，积极开展区域合作，共同营造和平稳定、平等互信、合作共赢的地区环境。"[④] 2012年党的十八大报告指出："我们将坚持与邻为善、以邻为伴，巩固睦邻友好，深化互利合作，努力使自身发展更好惠及周边国家。"[⑤] 2017年党的十九大报告指出："按照亲诚惠容理念和与邻为善、以邻为伴周边外交方针深化同周边国家关系。"[⑥]

上述报告清晰地表现出中国周边外交理念随着与周边国家关系不断改善而不断发展的基本脉络。从1992年到2002年，我国周边外交的主要任务是消除疑虑、稳定周边，用和平协商的方式解决争端，维护和平稳定大局。随着中国与周边国家关系的改善以及不稳定、不确定因素的减少，从2002年到2012年，坚持与邻为善、以邻为伴，加强区域合作，共同营造和

① 《江泽民文选》第一卷，人民出版社，2006，第289页。

② 《江泽民文选》第一卷，人民出版社，2006，第40页。

③ 《江泽民文选》第三卷，人民出版社，2006，第567页。

④ 胡锦涛：《高举中国特色社会主义伟大旗帜　为夺取全面建设小康社会新胜利而奋斗》，《人民日报》2007年10月25日。

⑤ 胡锦涛：《坚定不移沿着中国特色社会主义道路前进　为全面建成小康社会而奋斗》，《人民日报》2012年11月9日。

⑥ 习近平：《决胜全面建成小康社会　夺取新时代中国特色社会主义伟大胜利》，《人民日报》2017年10月27日。

平稳定、平等互信、合作共赢的地区环境，构成中国周边外交理念的主要内容。随着中国综合国力的增强和国际地位的提升，自2012年开始，“亲诚惠容”，通过加强互利合作深化同周边国家关系，与周边国家实现共同发展、共赢发展，成为中国周边外交新理念的主要方面。

从依照“睦邻 、安邻、富邻”方针发展睦邻友好，到遵循“亲诚惠容”理念构建周边命运共同体，是改革开放40年中国周边外交理念经历的一个重大变化。

进入21世纪后，面对与周边关系出现的新变化，中国共产党与中国政府在坚持既有的“与邻为善、以邻为伴”的睦邻外交政策基础上，提出以“睦邻、安邻、富邻”为核心内容的新的周边外交政策。该政策最早是温家宝总理在2003年10月出席中国—东盟商业与投资峰会时提出的。温总理指出：“‘睦邻’就是继承和发扬中华民族亲仁善邻、以和为贵的哲学思想，在与周边国家和睦相处的原则下，共筑本地区稳定、和谐的国家关系的结构。‘安邻’，就是积极维护本地区的和平与稳定，坚持通过对话增进互信，通过和平谈判解决分歧，为亚洲的发展营造和平安定的地区环境。‘富邻’，就是加强与邻国的互利合作，深化区域和次区域合作，积极推进地区经济一体化，与亚洲各国实现共同发展。”[①] 其实质是在中国与周边国家平等友好的基础上，实现共同安全和共同繁荣，“表明中国正在把自身的利益同周边国家的利益紧密地联结在一起以实现共同发展，这意味着中国开始更多地把它们作为自己的伙伴和朋友”。[②] “睦邻、安邻、富邻”的周边外交理念既是对新中国成立以来传统周边外交的继承与发展，又为未来的周边外交实践提供了指南。

面对新的国内外形势，党的十八大以来，以习近平同志为核心的党中央为周边外交理念注入新内涵。在2013年10月的周边外交工作座谈会上，习近平指出，“我国周边外交的基本方针，就是坚持与邻为善、以邻为伴，坚持睦邻、安邻、富邻，突出体现亲、诚、惠、容的理念”。要坚持睦邻友好，守望相助，多走动、多做得人心、暖人心的事，增强亲和力、

① 温家宝：《中国的发展和亚洲的振兴》，《人民日报》2003年10月8日。

② 王光厚：《可持续发展中的中国周边外交》，吉林大学出版社，2013，第95页。

感召力、影响力。要诚心诚意对待周边国家，争取更多朋友和伙伴。本着互惠互利的原则同周边国家开展合作，把双方利益融合提升到更高水平，让周边国家得益于我国发展，使我国也从周边国家共同发展中获得裨益和助力。要倡导包容的思想，以更加开放的胸襟和更加积极的态度促进地区合作。[①]“中华民族历来注重敦亲睦邻，讲信修睦、协和万邦是中国一以贯之的外交理念。中国视周边为安身立命之所、发展繁荣之基。我们提出了‘亲诚惠容’的周边外交理念，就是要诚心诚意同邻居相处，一心一意共谋发展，携手把合作的蛋糕做大，共享发展成果。”[②]“亲诚惠容”根植于中国传统文化之中，在实践过程中，中国政府真诚欢迎周边国家搭乘中国发展的便车，积极参与和构建各种合作平台，为维护地区和平，促进地区发展发挥建设性作用。

倡导新“义利观”，即从原来更多地强调与周边国家互惠互利到强调互惠的同时“更多惠及周边”，这是党的十八大以来习近平关于新时代周边外交理念的一大创新。在中国周边，除日本等少数发达国家外，绝大多数国家都属于发展中国家，与中国有着相同或相近的历史境遇，同时也普遍面临经济发展落后、基础设施薄弱、资金短缺等发展难题，在不平等的国际政治经济秩序中长期处于弱势地位，经常受到不公平对待。与某些西方国家的霸权主义和强权政治行径相反，习近平关于周边外交的理念继承和发扬了中国传统文化的道德规范和行为准则，明确提出“坚持正确义利观，有原则、讲情义、讲道义，多向发展中国家提供力所能及的帮助”。[③]他主张先义后利，义利兼顾，义利平衡，坚决反对各种形式的霸权主义和强权政治行径，既不乘人之危，也不落井下石。党的十八大之后，中国政府加大了在经济、教育、农业等领域对周边国家的援助力度，大力支持周边国家发展民族经济、提高人民福祉的行动和主张，帮助周边国家提高和增强自身发展的能力，明显提升了我国对周边国家的影响力与周边国家对我国的信任。

① 《习近平在周边外交工作座谈会上发表重要讲话》，《人民日报》2013年10月25日。

② 习近平：《论坚持推动构建人类命运共同体》，中央文献出版社，2018，第157页。

③ 习近平：《为我国发展争取良好周边环境　推动我国发展更好惠及周边国家》，《人民日报》2013年10月26日。

提出构建周边命运共同体，是新时代中国周边外交理念发展达到新高峰的重要标志。当今世界，亚太地区已经成为最具活力的地区，也是发展速度最快的地区，但也是利益交错最为复杂的地区，政治、经济、安全、文化等领域差异巨大，同时面临着巨大的发展挑战。如何让不同文明、不同国家在交流互鉴与竞争合作中实现共同发展，增加互信，推动亚洲整体繁荣，是包括中国在内的所有亚洲国家必须思考和解决的重大问题。而中国作为亚洲的一员和当之无愧的大国，其无可选择的地理因素和自身的大国属性已经注定了中国在维护亚洲和平与促进亚洲发展中负有更大的历史责任。因此，面对新的国际环境，结合中国发展的现状和民族复兴的历史重任，党的十八大以来，以中国传统的天下情怀为出发点，习近平总书记站在人类历史发展的高度，提出打造人类命运共同体的伟大构想，并根据这一理念，针对周边外交领域，先后提出中国—东盟命运共同体、亚太命运共同体、亚洲命运共同体等构想。2014年11月28日，习近平总书记在中央外事工作会议上发表重要讲话，更加明确地指出，要切实抓好周边外交工作，打造周边命运共同体。[①] 2015年11月7日，习近平总书记在新加坡国立大学发表演讲，再次指出："中国始终将周边置于外交全局的首要位置，视促进周边和平、稳定、发展为己任。中国推动全球治理体系朝着更加公正合理方向发展，推动国际关系民主化，推动建立以合作共赢为核心的新型国际关系，推动建设人类命运共同体，都是从周边先行起步。"[②] 从本质而言，周边命运共同体就是各国在合作共赢思想指引下，中国与周边国家齐心协力打造一个政治上相互尊重、平等相待；经济上合作共赢、共同发展；文化上兼容并包、交流互鉴；安全上坚持共同、综合、合作、可持续，利益共享、责任共担、风险共承的共同体。为实现这一目标，中国政府不但借助既有的合作机制，同时主动创建新的合作平台，提出"一带一路"倡议、成立"亚投行"，推动和参与其他多边合作机制，这些新举措构建了中国周边外交的全新局面。

① 习近平:《论坚持推动构建人类命运共同体》，中央文献出版社，2018，第201页。

② 习近平:《中国始终将周边置于外交全局的首要位置》，2015年11月7日，新华网。

第三章
2019年周边安全形势：动荡不安中前行

张　洁

【内容提要】大国博弈加剧与周边中小国家及组织战略自主性的提升是2019年中国周边安全环境的两大突出特征，这两个因素决定了未来周边安全形势的不稳定性与地区秩序走向的不确定性。鉴于此，中国应在做好准备与美国长期博弈的同时，重视中小国家的作用，通过精细化的周边外交政策，维护地区安全，构造和平友好的周边环境。

【关键词】大国博弈；战略自主性；地区秩序

【作者简介】张洁，中国社会科学院亚太与全球战略研究院研究员。

2019年中国周边安全形势的显著特征是：第一，总体保持和平，没有发生大的军事冲突，但是动荡不安加剧。第二，大国博弈加剧，出现“一冷一热两缓和”。中美双边关系“冷化”，全面竞争加剧；中俄关系继续升温，双边关系迈入“新时代”，发展到“新高度”；中日、中印关系出现较为明显的回暖，各方经济合作意愿加强，争议问题暂时被搁置或冷处理。第三，地区国家的战略自主性加强，纷纷出台应对中美博弈的新态势，从而导致地区秩序重构的方向与进程的不确定性在加大。第四，地区热点问题增多。

周边安全形势的新变化，对于中国来说，既是机遇，也是挑战。机遇在于地区国家战略自主性的提升为中国周边外交政策提供了更多选择空间与回旋余地，挑战是中国需要更加精细化处理周边事务，在双边、小多边、次区域等各个层面下功夫，真正践行互利共赢与“亲诚惠容”的周边外交理念。

一、大国关系变化：博弈与缓和同时加强

在周边地区，中国与美国、中国与俄罗斯、中国与日本、中国与印度这四组大国关系出现“一冷一热两缓和”的态势。由于中美关系所占权重大，其他三组大国关系的“正能量”并没有在整体上减少中国周边安全面临的体系性压力。

（一）中美关系持续“冷化”

2019年，中美关系的竞争性进一步加大，而这种“冷化”的双边关系对于中国周边的影响尤其突出，因为周边是中美利益交汇最密集的地区。

在双边层面，贸易摩擦成为中美关系的“主旋律”，并对中国周边地区形成负面的外溢效应。中美贸易摩擦超出了贸易平衡的范畴，涵盖投资、知识产权、产业政策、科技发展等内容，成为中美竞争的主战场。虽然在2019年底中美宣布就第一阶段经贸协议文本达成一致，但是艰巨的挑战还在后头。中美贸易摩擦直接影响周边国家的经济发展，新加坡、老挝、菲律宾等国受到的负面影响较为明显，一些曾经高唱“机遇论”的国家对发展前景也逐渐转向不乐观。在安全领域，美国对中国的军事围堵更为突出。2019年的新情况是，美国退出《美苏消除两国中程和中短程导弹条约》（简称《中导条约》）后企图开启新的多边核裁军谈判进程，要求中国必须参与其中，理由是担心中国中导能力的快速发展和与俄罗斯的“事实结盟”打破美国的海上战略优势和发起第一波核打击的能力。① 考虑到上述因素与两国在意识形态、政治制度和社会文化等方面差异性增大相互叠加，如果中美各自继续坚持现有的国内战略选择，双边关系的恶化将是大概率事件。

在地区层面，美国继续推动“印太战略”。“印太战略”是美国重塑包

① 安刚：《新技术包裹下的中美竞争：未来已来，合作未至》，2019年12月28日，中美聚焦网站，http://cn.chinausfocus.com/foreign-policy/20191217/41672.html。

括中国周边地区在内的、西太平洋—印度洋的地区方案。这一战略在设计上是全领域覆盖，在战略推进中则是不平衡的。相比较之下，在安全领域,“印太战略”具有连续性和可持续性，是“亚太再平衡战略”的2.0版。在经济领域,“印太战略”的重心是基础设施建设投资，其针对中国“一带一路”倡议的意图十分明显。[①] 虽然目前美国实施“印太战略”的能力与意愿受到不少质疑，但其未来影响不容忽视。

（二）中俄关系“再上一层楼”

2019年是中俄建交70周年，6月初,《中华人民共和国和俄罗斯联邦关于发展新时代全面战略协作伙伴关系的联合声明》发表，宣布两国关系“进入新时代，迎来更大发展的新机遇”。[②] 当前，中俄关系的突出特征是：第一，两国元首对双边关系发展进行顶层设计和战略引领。习近平主席和普京总统实现年度互访，在双多边场合会晤多次。双方政府间合作机制级别高、架构齐、领域广、运转顺利。第二，安全合作筑牢“背靠背”关系，构建战略互信与安全协调是中俄关系的亮点。中俄双方在涉及彼此核心利益问题上加大相互支持力度，坚持进行每年度的“海上联合”演习和上海合作组织框架下的“和平使命”军事演习。2019年6月，两国元首签署《中俄关于加强当代全球战略稳定的联合声明》，声明提出了加强战略稳定、维护多边军控体系、政治解决防扩散热点问题的“中俄思路”。声明还特别批评了美国退出《中导条约》的行为。此外，中俄在叙利亚问题、伊朗核问题等地区热点上继续协调立场，战略默契不断深化。第三，经贸与基础设施建设合作逐步提质升级，挖掘新兴领域合作潜力。2018年，中俄贸易总额首次突破1000亿美元。同时,“一管两桥”[③] 等多项战略性大项目顺

---

① 张洁:《东盟版“印太”愿景：对地区秩序变化的认知与战略选择》,《太平洋学报》2019年第6期，第5页。

②《中华人民共和国和俄罗斯联邦关于发展新时代全面战略协作伙伴关系的联合声明（全文）》，2019年6月6日，中国政府网站，http://www.gov.cn/xinwen/2019-06/06/content_5397865.htm。

③“一管两桥”项目是指，2019年3月20日，中俄首座跨江铁路大桥同江—下列宁斯阔耶铁路桥全线贯通；5月底，两国合建首座跨境公路大桥黑河—布拉戈维申斯克黑龙江（阿穆尔河）大桥成功合龙；10月，中俄东线天然气管道工程黑河—长岭段（北段）全线贯通。

利实施。

俄罗斯高度重视亚太地区，这是由其“向东看”的现实需要和主导欧亚大陆一体化进程的“雄心”所决定的。2019年，俄罗斯通过强化自身“欧亚国家”身份、积极构建“大欧亚伙伴关系”、不断推进亚太伙伴“多元化”和亚太日程的“扩大化”。但是，俄“向东看”固有的一些制约因素并未得到解决。在国家身份认同问题上，“西化”仍是俄罗斯历史长河的主流。经济上，俄罗斯向往美欧的资金与技术，因此尽管俄罗斯积极与包括中国在内的亚太国家加强合作与互动，但是俄罗斯无法完成亚洲身份的内化，双多边的合作成果还是受到各种因素的制约。[①]

（三）中日关系继续回暖，“竞合并举”仍是基本特征

2019年，中日关系继续改善，协调合作因素增强，务实合作有所进展。第一，两国间高层政治互动与战略沟通加强，达成一系列重要政治共识。6月，习近平主席出席二十国集团（G20）领导人大阪峰会并会见安倍，双方达成十点重要共识，强调“构建契合新时代要求的中日关系”，重申两国“互为合作伙伴、互不构成威胁”的原则与相互定位；[②] 12月，安倍首相来华参加第八次中日韩领导人会议，习近平主席同其会面。第二，双边务实合作持续推进。日本表示将继续支持高质量共建“一带一路”，推进中日第三方市场合作；双方加快金融合作，资本市场往来密切；双方加强人文交流，力争改善中日民意基础，11月，首次中日高级别人文交流磋商机制会议举行；补齐安全合作的“短板”，谋求开展建设性安全互动。2019年，时隔十年后，中日军舰再度互访，日本防卫大臣访华。第三，在多边层面，中日两国互动协调，共同维护自由贸易体制与多边主义，推动构建开放型世界经济，推动全球治理进程，推动东北亚合作。

与此同时，中日关系中的矛盾和竞争仍时有凸显。双方围绕东海及钓鱼岛仍然存在矛盾分歧。同时，日本还加大力度介入南海问题，体现出强烈的防华、制华意图。对于“一带一路”合作，日方呈现出“官热民冷”

---

① 封帅：《俄罗斯在亚太安全体系中的地位与作用》，《国际关系研究》2017年第2期。

② 《习近平会见日本首相安倍晋三》，2019年6月28日，人民网，http://cpc.people.com.cn/n1/2019/0628/c64093-31200388.html。

的态势，日本民间资本顾虑在第三国投资风险，对中方商务合作模式存在质疑或偏见，第三方市场合作迟迟没有实质性进展。

在地区政策方面，日本积极推动“印太构想”，力图建构区域经济乃至政治规则。首先，2018年底，日本改称“印太战略”为“印太构想”，在此框架下重点打造美日印澳“四边机制”（Quadrilateral Security Dialogue），加强日印关系，加强与欧洲大国合作，支持东盟版“印太展望”，拓展自身战略构想的地缘政治基础与伙伴关系网络。其次，积极建构区域经济和政治规则，推动《全面与进步跨太平洋伙伴关系协定》（CPTPP）和《日欧经济伙伴关系协定》（EPA）生效，与东盟签署新经济伙伴协议，参与《区域全面经济伙伴关系协定》（RCEP）及中日韩自由贸易协定（FTA）谈判。同时，日本还推广符合西方价值观要求的经济、社会乃至政治治理规则。最后，积极改善日俄关系，苦心经营近邻外交。但是，目前除中日关系改善外，其近邻外交效果不佳，尤其是日韩关系跌入近年来的最低谷，在劳工赔偿、“慰安妇”等历史问题爆发的同时，日韩经贸、军事关系也明显恶化。日本改善近邻外交的努力面临相当大的挑战。

（四）中印关系缓和，印度突出多边外交

2019年，印度人民党在议会人民院第17届大选中以绝对优势获胜，莫迪取得连任，印度政治从过去相对动荡的多元政治过渡到稳定的印度人民党执政，印度教民族主义在印度进一步崛起，世俗主义与民族宗教多元主义明显式微。国内政治生态的演变为莫迪采取更为积极的大国外交政策奠定了基础。同时，南亚地区尤其是印巴对抗升级以及国际形势的不确定性，也为印度的大国外交提供了内在动力。

在印度与大国的互动中，美国、中国、俄罗斯和日本最为关键。首先，对美关系是莫迪政府大国外交的优先方向和重中之重。莫迪将深化与美国的战略伙伴关系作为应对变局、牵制中国在印太地区影响力上升以及实现其大国抱负的重要路径。印度致力于在“东进政策”与“印太战略”之间寻找契合，并通过“萨迦”（SAGAR）——“地区同安共荣”强调印度对“印太”框架包容性的塑造。而特朗普政府也重拾对印度的重视并极尽拉拢，“印太”框架已经成为印度与美国深化战略伙伴关系的基础性框架。

但是，美国的一系列“退群行动”以及贸易保护主义政策也加剧了莫迪政府对印美关系的担心，印美关系仍存在较多不确定因素。

其次，莫迪政府的对华政策具有明显的两面性。一方面，印度希望与中国形成良性互动，在此基础上塑造与中国的战略平衡。2019年10月，中印领导人在印度金奈举行了第二次非正式会晤。在高层引领下，中印关系朝着“向前看”的方向发展。另一方面，印度担心中国对其国家利益与安全造成挑战，迄今未积极回应中国提出的深度对接发展战略。

再次，印度将印俄关系作为其对外政策的基石，校准对俄政策，重拾对俄罗斯重视，将印俄“特殊与特权的战略伙伴关系”视为复杂国际形势的“稳定之锚”，以应对印美和印中关系不确定性对印度外交战略的影响。

最后，印度持续拓展对日关系，在利用日本资金与技术促进印度经济社会发展的同时，致力于与日本形成高度战略协调，与日本共同倡议建设“亚非增长走廊”，支持并倚重日本的“高质量基础设施伙伴关系”和“扩展的高质量基础设施伙伴关系倡议”，将印日战略协同作为其“东进政策”的“柱石”和印太地区稳定与繁荣的关键。

印度外交政策“纵横捭阖”，印度既参与包括中国、俄罗斯的上海合作组织和金砖国家等多边机制安排，也参与美日印澳“四边机制”；在小多边层面，在2019年6月的二十国集团领导人峰会期间，印度既与美国和日本举行三边会谈，又与中国和俄国举行三边会晤。

总体来看，中美关系是周边地区最关键、最有影响力的一组大国关系。而俄罗斯、日本和印度外交政策的多元性加强，战略自主性显著提升，这些国家的目的是通过“多头下注”和全面应对，缓冲大国竞争的压力并塑造有利于自身的地区秩序。这种战略自主性的提升，给中国处理中美关系、维护周边安全稳定同时带来了机遇与挑战。

二、地区热点问题：大国博弈聚焦，冲突风险潜藏

地区热点问题具有较强的不稳定性、危险性和外溢性，它们往往是大国博弈的焦点，同时深刻影响着大国关系的走向。2019年，周边地区最重要的安全热点仍然是南海问题与朝核问题，同时阿富汗问题、日韩关系恶

化等动向也值得高度关注。

（一）朝核问题：转圜与变数并存

自2018年以来，朝鲜半岛形势向好，和平与稳定的格局初现。然而，2019年2月，朝美第二次峰会以朝美谈判“无协议”的方式收场，朝美对话陷入僵局。朝美双方的主要分歧还是停留在“全面无核化”方案与“分阶段、同步走无核化”方案上。峰会后，美国继续强化对朝鲜的制裁，这是特朗普政府官僚层的核心手段。同时，美朝对话在两个轨道上并进。在元首层面，特朗普与金正恩保持着良好的联络和积极的互动，6月30日，特朗普在板门店朝韩边境非军事区与金正恩进行历史性会面，成为《朝鲜停战协定》签署以来首位踏入朝鲜领土的美国现任总统。而真正能够促使朝美关系走向突破的工作层对话则陷入僵持。美国政府虽然表达了对接触对话的期待，但是无核化的“大交易”立场没有任何改变，同时仍然强硬地维持对朝制裁，等待朝鲜“受不住压力”而做出妥协。而朝鲜也做好了充分准备以应对制裁和压力，强调彻底消除对朝敌对政策，包括解除制裁、停止韩美军演以及停止向半岛输送“尖端性战略装备”是朝鲜的条件。美国只要有所回应，对话仍有可能。

虽然目前半岛还维持着和平与稳定的格局，但朝美对话如不实现突破，半岛局势的变数将会逐渐增加。朝美都在把自己的盟友或“友好国家”引入到整个对话进程之中，这为未来半岛无核化进程与和平进程带来新变数。而朝美关系的变化将会引发朝韩关系的波动。对于中国来说，朝美对话迟迟无法突破，各方都对中国有利益诉求，中国的作用将更为重要，但也将面临来自各方的压力。

（二）南海问题：摩擦频发，暗潮涌动

2019年，南海形势总体稳定，没有发生大的冲突，但是复杂态势进一步增加。南海形势依然受到中国与东盟、中国与南海当事国、中国与美国这三组关系交织互动的影响，呈现出“两正一反”的态势，即中国与东盟、中国与南海当事国在南海问题上的对话磋商是积极的，中美博弈则有加剧趋势。

在中国—东盟层面，“南海行为准则”磋商顺利。2019年7月，中国和东盟国家提前完成“南海行为准则”单一磋商文本草案的第一轮审读。10月，落实《南海各方行为宣言》第18次高官会议召开，各方深入讨论了南海形势、全面有效落实《南海各方行为宣言》、加强海上务实合作以及“南海行为准则”磋商等议题。

在双边层面，中国与南海当事国保持外交与军事对话。2019年4月和10月，中菲举行了南海问题双边磋商机制第四次和第五次会议，双方在油气共同开发方面也有所进展；中越高层多次相互确认管控南海分歧、维护海上稳定的承诺。7月，中越海警在浙江杭州举行了第三次工作会晤。马来西亚在南海问题上延续以往相对平和、稳健的姿态，中马两国外长同意建立海上问题双边磋商机制，以管控分歧并维护南海的和平稳定。

另外，相关南海当事国在南海海域也出现烈度不等的摩擦。2019年初，中菲围绕中业岛展开斗争；4月，越南海警船与印尼军舰碰撞；6月，中菲发生渔船意外相撞事件；7月，中越围绕万安滩油气资源开发发生摩擦，对峙持续数月。引发上述摩擦的主要原因是，南海相关当事国意图在不影响整体国家间关系的同时，通过各种途径在南海获取更多实际利益。

美国的介入严重干扰了南海局势的稳定。2019年以来，美国加大与中国在南海的博弈，调整自身在南海的军事部署和行动：其一，“航行自由行动”中两艘舰艇参与且同时向多个岛礁发起挑衅的情况增多。其二，美国海岸警卫队参与南海行动，标志着抵制中国南海行动的手段进一步多元化。其三，加强南海议题与中美关系其他议题的联动性。美国海军2019年头两次“航行自由行动”均选择在中美贸易谈判开启之际，显示出将南海问题与贸易摩擦挂钩的考虑。其四，依托美日印澳“四边机制”和七国集团（G7）机制，联合盟友与伙伴力量加大在南海的军事存在，加剧南海问题的国际化态势。

南海问题正面临地区秩序的深刻变化，地区主要国家与组织提出“印太”战略、愿景或是展望，加紧战略布局，而海上安全，尤其南海海域是各方关注的焦点。基于此，南海问题的固有矛盾与新情况相互交织，域内域外博弈相互影响，南海局势可能随时再起波澜。

三、地区秩序仍处于深度调整与重构时期

2019年，中国周边地区仍然处于秩序重构进程中，但是发展方向具有很大的不确定性。这主要是因为除了中美大国竞争之外，本地区中小国家的战略自主性提升，它们试图通过引导大国关系，塑造有利于自身利益的地区秩序。

（一）中美继续推进各自的地区方案，博弈态势加强

从西太平洋到印度洋一线，是中美两国地区方案高度重合的地带，而中国周边的东部、东南部更是处于重合地带的核心，现阶段双方在此的竞争大于合作。

2019年，美国加强对“印太战略”的细化与实心化。在政策制定方面，美国防部和国务院先后发布了《印太战略报告》和《一个自由、开放的印度洋—太平洋地区——推进一个共同构想》，两份报告“相得益彰”，全面涵盖了经济、安全、意识形态等领域。《印太战略报告》不仅将盟友与伙伴分为四个层级，而且将蒙古、尼泊尔、斯里兰卡等国家纳入其中，试图在中国周边地区形成密集布局。在实践层面，美国在安全领域重点加大对南海的军事介入，推进南海问题的国际化。在经济领域，虽然美国着手重组经济机构以承担对印太地区的基础设施项目投资，但整体推进缓慢，从承诺的投资金额来看，也完全无法与“一带一路”相提并论。不仅如此，特朗普政府还将贸易保护主义的大棒指向日本、印度和越南等国。美国究竟有无意愿和能力在基础设施领域提供“可替代性”方案与资金，这不仅是地区国家所质疑的，也引起了美国学者的高度怀疑。[①]

2019年，中国强调高质量共建“一带一路”，并且多管齐下。首先，

---

① Gregory B. Poling, “For Lack of a Strategy: The Free and Open Indo-Pacific,” November 13, 2019，The War on the Rocks, https://warontherocks.com/2019/11/for-lack-of-a-strategy-the-free-and-open-indo-pacific/; “Keynote Address by Prime Minister Lee Hsien Loong 18th at the IISS Shangri-La Dialogue,” May 31, 2019，https://www.iiss.org/-/media/files/shangri-la-dialogue/2019/speeches/keynote-address-lee-hsien-loong-transcript.ashx.

加强机制化建设。4月，第二届“一带一路”国际合作高峰论坛在北京举行，实现高峰论坛常态化举办。同时，在合作中重点对接各国和国际组织的经济发展倡议和规划，加强双边和第三方市场合作；引入各方接受的有关国际法规，并将合作管理纳入科学化、规范化和制度化。[①] 其次，加大推动重点项目建设，如马来西亚东海岸铁路沿线开发、“马来西亚城”项目和缅甸皎漂经济特区等重大基础设施项目经过调整后重新启动或继续推进。最后，细化与次区域的合作机制，针对东南亚海岛地区与中南半岛地区发展的差异性，中国稳步推进次区域合作机制，着力推进东盟东部经济增长区的发展与澜湄合作。

需要指出的是，中国的地区方案布局在先，并且稳步推进；而美国的“印太战略”作为后来者，明显具有针对中国的意图。未来，中美在地区层面的竞争不仅无法避免，而且会继续加剧，在经济和安全领域的竞争将呈现相互交织的态势。

（二）地区国家与组织战略自主性提升，地区秩序走向的不确定性上升

2019年5月，新加坡总理李显龙在第18届香格里拉对话会的主旨演讲中指出，中美关系是现今世界最重要的双边关系，两国如何处理彼此的紧张关系和摩擦将决定整个国际环境的未来走向。新加坡和许多其他国家一样，非常担心这样的趋势，既不知道形势会如何发展，也不清楚世界各国是否能够携手开辟新的出路。应该说，李显龙的表述代表了区域内外多数国家的心声。伴随着中美博弈，使地区国家感到不安的还有“不确定的”美国“印太战略”，这使试图倒向美国的国家甚至是美国的盟友也加大了观望情绪。作为应对，这些国家不断加强战略自主性。正如李显龙所表达的，虽然诸如新加坡这般的小国能力有限，无法影响大国的决策，但这并不意味着完全任人支配。中小型国家有许多机会合作，如深化经济合作关系、推进区域一体化，并建立多边机构，在关乎自身的课题上采取共同的

① 《高质量攻坚“一带一路”的盛会》，2019年5月2日，新华网，http://www.xinhuanet.com/world/2019-05/02/c_1210124199.htm。

立场。[①] 从2019年地区国家的外交调整来看，与这一思路颇为一致。

第一，积极制定或调整本国、本地区的对外战略。日本认为，中美关系可能“长期冷战化”，日本需要“避免卷入（中美）对决，并争取与两方同时展开协调，以确保日本的行动自由”。[②] 为此，日本一方面继续巩固日美安全同盟，另一方面积极寻求改善中日关系，力争使日本的大国外交“基本保持平衡与灵活”。印度推进“印度制造”而美国却奉行“美国优先”，印度担心因无法满足美国的政策预期而制约印美关系深化。因此，印度对成为美国“盟友”极为敏感，在2018年首届印美“2+2”对话上，印度外长承认印美两国对“印太”概念的认知日益趋同，同时也强调印度与美国彼此坚持独立自主的外交政策。[③] 同时，印度以“战略自主”为由，在公开对抗中国上表现得较为谨慎。东盟则在2019年6月发布《东盟印太展望》，突出强调方案的“包容性”，意在塑造东盟“在利益竞争的战略环境中充当中间人”，协调中美等国的地区方案形成相互对接。[④]

第二，坚持多边主义，加强区域合作。周边国家多数主张改革并强化多边体系，建立更广泛的区域甚至是国际合作架构，这样不仅能够促进彼此的繁荣，而且还能加强集体安全。[⑤] 由自身实力所决定，它们的努力目标主要集中在地区层面。例如，《全面与进步跨太平洋伙伴关系协定》不仅签署并生效，并且吸引了韩国、泰国甚至英国，它们也表示有意加入；《区域全面经济伙伴关系协定》签署；中日韩自由贸易协定谈判也在2019年

---

① “Keynote Address by Prime Minister Lee Hsien Loong 18th at the IISS Shangri-La Dialogue,” IISS, May 31, 2019, https://www.iiss.org/-/media/files/shangri-la-dialogue/2019/speeches/keynote-address-lee-hsien-loong-transcript.ashx.

② 佐橋亮「米中競争の行方と日本の役割：過度の対決に向かわせない外交努力を」、2019年4月20日、日本网（nippon.com）、https://www.nippon.com/ja/currents/d00454/。

③ Ministry of External Affairs, Government of India, “EAM’s Press Remarks on India-U.S. 2+2 Dialogue,” September 6, 2018, https://www.mea.gov.in/Speeches-Statements.htm?dtl/30357/eams+press+remarks+on+indiaus+2432+dialogue.

④ 张洁：《东盟版“印太”愿景：对地区秩序变化的认知与战略选择》，《太平洋学报》2019年第6期，第10页。

⑤ “Keynote Address by Prime Minister Lee Hsien Loong 18th at the IISS Shangri-La Dialogue,” IISS, May 31, 2019, https://www.iiss.org/-/media/files/shangri-la-dialogue/2019/speeches/keynote-address-lee-hsien-loong-transcript.ashx.

重启。

第三，努力对新的地区规则和秩序施加影响。在支持区域合作的同时，地区国家还试图参与到多边机构的新机制、新规则的制定当中，日本在这方面的动向尤为值得关注。日本利用“印太构想”和其他区域多边外交框架，推广有利于日本的区域经济政治构想，在亚太区域多边机制中确保话语权，力争以秩序维护者及理念提供者（vision provider）的身份发挥作用。日本主打“双高”[①]，力争将其作为本地区基建开发合作及自贸机制谈判的“范本”，同时还推广符合西方价值观要求的经济、社会乃至政治治理规则，借维护海域开放及航道自由名义进行外交公关与舆论造势，宣称推广“以国际法与和平协商为前提的国际行为规则”。

在中小发展中国家集体崛起，多边主义仍然盛行的亚太地区，地区秩序的走向将由多种合力共同决定。支持多边主义与区域主义，加强在经济、安全多领域的合作，同样符合中国的利益。但是，一些国家不同版本的新规则新机制方案，各有复杂动机。对中国来说，则需要细化周边政策，准确而及时地因势利导，通过与地区中小国家合作，在中美博弈中获取更多主动权。

四、结语

未来，大国竞争与地区合作将同时存在，周边安全面临的体系性压力会持续存在，周边形势与地区秩序的走向将具有很大的不确定性。一方面，尽管中国无意与美国形成全面对抗，但是中美围绕地区秩序的博弈将不以中国的意志为转移，两国竞争的内容越来越实质化，诸如南海问题等地区热点或将成为最大的风险点。另一方面，本地区中小国家战略自主性提升，通过多边主义与区域合作形成共识，对冲大国竞争、维护自身利益的意愿加强，这将有助于减缓地区形势的对抗性与竞争性。而诸如第三方市场合作或许会成为未来一个时期地区合作的亮点与新模式。

① “双高”即“高质量基础设施标准”及“高标准自由贸易协定”。

第四章
2019年中国与周边国家人文交流评估与展望*

邢丽菊

【内容提要】在新时代中国特色大国外交体系中，人文交流与政治安全合作、经济贸易合作一道构成中国对外政策的三大重要支柱。2019年中国周边人文交流继续维持稳中向好的积极势头，在与日本、韩国、印度、俄罗斯、蒙古等双边领域以及中日韩、中国与东盟等多边领域的人文交流都比较活跃，呈现出不少精彩亮点。由于受到历史、政治、经济、文化、人员往来以及外部干扰等因素影响，中国与周边国家的人文交流依然面临历史和现实的种种挑战。这就需要我们在人类命运共同体视域下，继续发挥同周边国家地缘相近、人缘相亲的优势，积极探索官民并举的对外交流模式，为全面提高国家文化软实力作出积极贡献。

【关键词】周边国家；人文交流；近而不亲；全球化

【作者简介】邢丽菊，复旦大学国际问题研究院教授、博士生导师，复旦大学中国与周边国家关系研究中心研究员。

党的十九大报告指出，我国要加强中外人文交流，以我为主，兼收并蓄，提高国家文化软实力。在新时代中国特色大国外交体系中，人文交流的重要性越发凸显。在当前国际关系体系下，美国等一些西方国家坚持奉行强权政治和霸权政治，认为他们的人种、文化、文明优于其他民族，把

---

* 鉴于中国与周边国家人文交流涉及的国家、地区和案例有很多，本文主要考察周边国家中代表性国家的代表案例，不详细展开。

自身利益凌驾于他国利益之上。特别是在中美贸易摩擦僵持不下的情况下，2019年4月，随着美国某些政治官员的鼓吹和渲染，新一轮“文明冲突论”又开始上演。中国与周边国家的关系也因此受到一些影响，但总体而言，2019年中国周边人文交流维持稳中向好的积极势头。

一、2019年中国周边人文交流的亮点

2019年中国周边人文交流在双边领域和多边领域亮点纷呈。

（一）双边领域

首先看中国与日本。2019年中日人文交流最大的亮点是中日高级别人文交流磋商机制的正式建立。这也是我国建立的第10个中外高级别人文交流机制。[①] 2019年6月27日，习近平主席访日会见安倍首相时提出，年内启动中日高级别人文交流磋商机制。为落实这项提议，11月26日，国务委员兼外交部长王毅在东京同日本外相茂木敏充共同主持中日高级别人文交流磋商机制首次会议。王毅指出，中日建立高级别人文交流磋商机制，是两国领导人达成的重要共识，中日双方要以此为指引，对两国人文交流作出顶层设计，加强统筹规划，打造新时代多元互动、精彩纷呈的中日人文交流新格局。2019年中日人员往来达到1200万人次，各领域交流呈现蓬勃发展新气象，两国迎来前所未有的国民大交流时代。中日应该从历史文化的深厚积淀中找寻价值认同，从亲仁善邻的古老智慧中汲取现代启迪，开辟新时代两国民众相知相亲之道，推动中日关系行稳致远。[②]

中国与韩国的人文交流受到“萨德”事件的影响，中韩人文交流共同委员会基本停滞，但民间交流和公共外交一直在持续推进。先看地方交流与青少年交流。2019年8月29日，第16届中韩地方政府交流研讨会在贵州开幕。会议主题为“以沟通与理解为基础，共促韩中地方政府和谐发展”，

---

① 迄今我国已先后建立了中俄、中美、中英、中欧盟、中法、中印尼、中南非、中德、中印、中日十大高级别人文交流机制。

② 《王毅在中日高级别人文交流磋商机制首次会议上发表主旨讲话》，中国外交部网站，http://new.fmprc.gov.cn/web/wjbzhd/t1718831.shtml。

这不仅是中韩两国公务员之间沟通和交流的平台，也是两国地方政府共享行政经验，探索更高层次合作方案的渠道。2019年9月21日，“中韩青年交流论坛”在韩国清州举行，逾200名中韩学生、学者出席活动。论坛以“交流互鉴，合作共享”为主题，为两国学生介绍中韩文化、经贸、法律等领域交流历史与现状，并就青年学子未来发展进行了有益探讨。就公共外交来看，2019年10月17日，第7届中韩公共外交论坛在韩国仁川举行。与会中韩人士深入讨论了如何通过公共外交扩大两国各领域交流，夯实两国友好关系民意基础，助力东北亚地区繁荣合作。此外，开幕前一天的16日还举行了“中韩新媒体百人对话未来”“中韩电影节”等论坛相关活动。中国也在中韩公共外交论坛开幕的同一天，在北京举行了第11届中韩媒体高层对话，近30家中韩主流媒体的代表围绕“媒体在文明互鉴与文化传播中的角色”这一主题进行了深入探讨。

再看中国与印度。2019年习近平主席与印度总理莫迪的金奈会晤和巴西利亚会晤是重点。两次会晤除了寻求中印关系的缓和与升温，还在边境摩擦之外寻找文化和经济交流合作的增长点，决定2020年为“中印人文交流年”，并探讨智慧城市建设。通过两次会晤，再次体现了元首交流的高层战略引领能力和“中印+”模式的发展潜力。在金奈会晤时，双方就加强深层次战略沟通、促进文明交流互鉴达成共识，包括办好2020年中印人文交流年。习近平主席还特别提出要加强“中印+”合作，即在“中印+阿富汗”合作基础上，逐步将这项合作向南亚其他国家及东南亚、非洲拓展，共同扩大中印的朋友圈。

就中国与俄罗斯来看，地方交流、科技合作一直是热点。除了官方人文交流机制，中俄更多是在金砖国家、“一带一路”、二十国集团等多边框架下开展合作。地区一体化和欧亚经济联盟等区域合作也是双方关注重点。2019年6月，习近平主席访俄期间，与普京总统共同宣布发展中俄新时代全面战略协作伙伴关系，特别提到大型经济和人文项目的落实途径。中俄在宽体客机与重型直升机研制、太空探索、生物技术和制药以及其他高科技产业中的合作项目也在计划实施当中。中俄将于2020年和2021年互办“科技创新年”。科技创新是近几年的合作重点，中俄在航空航天、青少年交流以及教育与科技领域的交流合作尤其值得关注。

就中国与蒙古而言，中蒙文物考古领域合作已成为两国人文交流的新亮点。内蒙古自治区与蒙古联袂举办的“大辽契丹—中国内蒙古辽代文物精品展”在当地引起强烈反响。这是内蒙古首次在蒙古举办大型历史文物陈列展，中方希望通过本展览推动中蒙两国文明互鉴，巩固两国友好睦邻关系，促进文化交流，讲好草原丝绸之路的故事。而此前中国多个考古机构已经与蒙古同行联手，围绕中原文明与草原文明的交融碰撞展开多项合作。中蒙正携手推动经济走廊建设，特别是“一带一路”倡议的提出，使得草原丝绸之路文化内涵的发掘与提升显得尤为重要。

（二）多边领域

先看中日韩合作框架下的人文交流。作为东北亚的三个重要国家，中日韩三国一直有着紧密的合作机制，也提出了许多“中日韩+X”合作模式，共同致力于东北亚共同体建设。2019年8月中日韩外长会议期间，三方一致同意以相继举办奥运会和冬奥会为契机，开展奥运合作对话，办好“亚洲校园”“东亚文化之都”等品牌交流项目，特别是在体育、教育、文化、交流等方面，向世界传递和谐共生的东方文明理念。2019年12月中日韩领导人会议期间，三国共同发布《中日韩合作未来十年展望》。其中特别提到，要促进文明互鉴与民心相通；发扬东亚文化传统，促进东亚合作共赢；抓住三国相继举办奥运会和残奥会的历史性机遇，通过加强体育合作，弘扬友好协作精神。[①] 三国致力于通过丰富多样的文化、教育、人员交流活动，持续增进三国人民的相互理解和信任，为三国合作打下稳定、健康、友好的社会基础；积极推动旅游交流，深化民众互信。此外，三国的青少年交流也非常活跃，2019年先后举办了中日韩儿童戏剧节、青少年乒乓球挑战赛、足球高峰论坛、水墨画风格动漫团队赴日巡展等活动。

再看中国与东盟国家的人文交流。交流议题主要集中在经济、文化、教育以及地区间的交流网络等领域。中国和东盟在数字经济领域的合作尤为亮眼。2019年第35届东盟峰会及东亚合作领导人系列会议期间，中国与

① 《中日韩合作未来十年展望（全文）》，中国政府网站，http://www.gov.cn/xinwen/2019-12/24/content_5463712.htm。

东盟将2020年确定为中国—东盟数字经济合作年，推动双方在数字经济、人工智能、大数据、网络安全等领域开展创新合作。其间，双方还发表了《中国—东盟智慧城市合作倡议领导人声明》《关于“一带一路”倡议同“东盟互联互通总体规划2025”对接合作的联合声明》等，就中国与东盟国家在互联网、城市合作等领域提出了建设性的纲领意见。2019年10月24—27日，“东盟与中日韩（10+3）文化城市网络”启动仪式相关活动在江苏省扬州市举行，各方就加强东盟和中日韩城市间的文化交流与合作，促进区域务实合作可持续发展、推动东亚文明交流互鉴等议题进行了广泛深入的交流。此外，第四次中国—东盟艺术院校校长圆桌会议、第二次中国—东盟艺术高校联盟大会、2019东盟—中日韩“了解中国”培训项目等活动也展示了中国与东盟在教育领域的合作热情。

二、当前中国周边人文交流的困难与挑战

当前，中华民族的伟大复兴正处于关键历史时期。一方面，在中央领导和各级干部群众共同努力下，我国经济建设在过去几十年取得了巨大成就，目前经济总量已稳居世界第二位，远超居第三位的日本。有分析认为，中国将在今后10—20年内超越美国成为世界第一大经济强国。另一方面，中国的发展也面临各种内外问题、压力和挑战，尤其离不开一个良好的外部环境，特别是和平、稳定、友好的周边环境。

必须看到，尽管我国致力于实行睦邻友好政策，但由于受到历史、政治、经济、文化、人员往来以及外部干扰等因素影响，周边国家对中国普遍存在“近而不亲”的问题。这也是我国周边人文交流面临的最大挑战。这一问题事关中国周边外交政策的有效实施，事关中国周边稳定环境的构建，事关中国“一带一路”倡议的落实，事关中国维护并延长战略机遇期，事关中华民族复兴的宏图大业，为此，从深层次分析问题根源并妥为应对至关重要。

历史上，中国同周边国家有着复杂的历史渊源，多数邻国曾长期是中国藩属国。由于时代的发展变迁，周边国家民族自觉、民族独立、民族复兴的意识空前增强，担忧中国的崛起会使其回到藩属时期，对中国的“大

国”情绪非常敏感。特别是在当前中国经济实力稳步上升、综合国力显著增强的情况下，周边国家的这种心态也随之增强。

安全上，新中国成立后，中国与部分周边国家发生过边境冲突甚至战争，一些国家对中国依然存在隔阂。中国与韩国、美国等在20世纪50年代发生战争，与印度在60年代初发生边境冲突，与苏联长期存在边境紧张和冲突问题，与越南70年代末发生较大规模的局部性战争。此外，中国与东南亚一些国家存在南海争议，域外国家时常在南海问题上兴风作浪也影响中国与东盟国家关系的发展。周边国家时常将中国维护正当权益的行动视为示强，存在很多认知误区。

政治上，周边国家与中国政治制度和意识形态不同。除了越南、老挝等少数国家与中国社会制度相近，周边大多数国家或是君主立宪制，或是民主共和制，或是议会民主制，从政治体制和施政、议政规则方面视中国为异类，对中国施政理念既好奇又防范，亲近感的产生仍然需要时间。

经济上，由于中国经济发展成绩显著，周边一些国家一方面希望通过与中国加强合作获得益处，改善基础设施，获得长足发展；另一方面又对中国疑虑重重，不愿在经济上过度依存于中国。

文化上，中国与周边国家虽地理相连，但在意识形态、宗教、语言、习俗等方面存在差异。大量华人华侨在为中国与周边国家合作往来牵线搭桥的同时，也让一些国家感到不安，担心其进行利益输出和意识形态渗透。中国出访团组和对外文化交流活动有时在华人圈子展开，引发当地政府和民众担忧。

人员往来方面，随着中国与周边国家交流增多，一些人员、团体和企业更多追求短期或个人利益，没有以维护中国形象为己任，非但没有拉近与周边国家民众关系，反而破坏了他们对中国的好感。比如，一些企业追逐眼前利益，知法犯法，不承担社会责任，无视对象国的宗教文化习俗和环保需求，招致当地民众抵触甚至反抗。一些中国游客肆意破坏旅游设施，对他人缺乏尊重，对自己缺乏自律，挥金如土、恶言恶语，严重损害中国形象。

外部干扰方面，中国与周边国家关系一直受到域外国家干扰。美国、日本、澳大利亚等将中国视为本地区的战略竞争对手，除了在政治安全议程上加大遏制防范，在经济上展开竞争，在文化上进行排挤外，这些国家长期以来还通过非政府组织、民间团体、媒体舆论等渠道或手段，炒作“中国威胁”，对中国与周边国家的往来与合作进行阻挠甚至破坏。中国在斯里兰卡、缅甸、巴基斯坦等国的重大投资项目受到干扰无不与域外势力作梗有关。

三、中国周边人文交流的路径展望

人文交流已经成为新时代中国特色大国外交的第三大支柱。如何扎实推进并着力加强中外人文交流，更好地服务于人类命运共同体建设，是中国对外政策的重要内容，也是中国为实现人类和平、稳定、繁荣这一目标必须思考的重大课题。新时代的中国应该充分总结以往的经验教训，从内外两方面做起，排除干扰，化解偏见，增进互信，推动人文交流的持续发展。周边是我国维护主权、安全、发展利益的首要方向，是实施“一带一路”重大倡议和实现“两个一百年”目标的重要战略支撑。改善周边国家对我国“近而不亲”的状况已成为不可回避、不能回避的紧迫课题。具体建议如下。

第一，塑造和平而亲近的周边环境，确立“民间为先”新思路。中国塑造周边环境不仅要和平稳定，更要友好亲近。要根据习近平主席提出的构建人类命运共同体、“一带一路”民心相通的思路，对周边外交突出民间性，增加政治安全议程中的民间因素，学会与民众打交道，改进沟通方式，突出合作共赢，尊重本土人文理念，契合当地民生民意，减少对中国的疑虑和担忧，真正构建起对中国坚持走和平发展道路和睦邻友好政策的理解和信任。

第二，优化周边援助政策，增强民间主体性。我们要充分认识到对外援助不仅是经济手段，更是提高中国文化软实力、赢取周边民心民意的重要手段。中国可建立类似日本协力机构、美国开发署、澳大利亚发展署的中国发展援助委员会，具体操作中减少官方色彩，推动援助方式从政府对政府的直接资金援助和工程援建等传统方式向紧贴民众生活的民生项目转变，在项目选择、执行和目标实现过程中少依赖受援国政府，多听取民众声音，真正惠及受援国普通民众，提升其对中国的好感度。

第三，完善“走出去”战略，对民间往来加以引导规范。可建立健全中国跨国公司企业社会责任机制，弥补中国企业在产品质量、企业遵纪守法、劳工保障和环境保护方面的短板，提升在周边国家的经济软实力形象；通过旅行社、专题电视节目、新媒体等多种渠道对中国游客进行教育引导，及时曝光恶俗行为，不断提升中国游客素质，使之成为中国文明形象的传播者和塑造者；设立中国与东盟关系研究专项基金或奖学金，推动更多中国智库院校走出去，与周边国家民众加强沟通，提升对周边国家深入细致的研究。同时，可鼓励周边国家的更多智库院校访问中国，建立中国问题研究中心，增进对中国的客观认识。

第四，建立完善、持久并行之有效的对外交流政策和对外文化传播体系。应增强文化传播接受度，丰富文化传播内容，体现中国时代风貌，从华人华侨更多拓展至本土普通民众。提升“欢乐春节”等中国文化品牌项目在周边国家本土民众和草根阶层的知名度和喜爱度，增加“欢乐春节”送温暖的慈善项目，体现文化民间外交。丰富孔子学院内涵，从政府办学向民间合作转变，从城市向农村拓展，从语言培训提升至综合软实力影响。通过举办传统文化活动、传播中医药与武术、展示现代科技等，将孔子学院打造成中国文化基地和文化交流平台。

第五，着力做好周边国家青年工作，加大对青年一代的感召力和影响力。可通过建立周边国家在华留学生联谊会，设立优秀毕业生奖项，鼓励留学生在华生活就业等方式增强对华向心力。逐步实现语言过关的外国留学生与中国学生同班教育，增进彼此了解，让留学生侧重学习中国传统文化的同时，也了解当代中国的文化和先进科学技术，提升对中国综合软实力的认可度。整合各类各层次奖学金和交流项目，用好非政府组织和民间团体，打造青年交流品牌项目。注重对华人华侨新生代的影响和培养，加大对幼儿、少年、青年华文教育的师资培养和资金支持。

第六，切实提升媒体舆论话语权，改变周边国家西方媒体“一言堂”，增强驻站媒体对外影响力。应继续完善提升现有英语媒体网络，及时有效发出中国声音。充分发挥中国各大主流媒体遍布周边的优势，使驻站媒体从对内服务向对外影响拓展，除向国内报道当地情况外，更多要用驻在国语言讲好中国故事，与当地媒体加强沟通与合作，用好网络和新媒体渠道，影响舆论风向。

第二编
2019年中国周边大国外交

第一章
新时代的中俄关系：发展原则和未来方向

冯玉军

【内容提要】2019年是中俄建交70周年。70年来，中俄关系走过了不平凡的历程，其中的经验教训值得深刻思考。当下，国际关系进入大变局，中俄关系也步入新时代。要确保中俄关系行稳致远，要确保中国在中俄关系中更好地实现自己的国家利益，就需要深入理解和认识俄罗斯的思维方式和行为方式，遵循“睦邻、友好、合作、平等信任”“永久和平、世代友好”“不结盟、不对抗、不针对第三方”以及“非意识形态化”这些根本原则，更精细地权衡中俄关系的成本收益和效益边界。

【关键词】中俄关系；经验教训；发展原则；未来方向

【作者简介】冯玉军，复旦大学国际问题研究院副院长，复旦大学俄罗斯中亚研究中心主任、教授。

2019年是中俄建交70周年。70年来，中俄关系走过了不平凡的发展历程。2019年6月，中国国家主席习近平对俄罗斯进行国事访问，两国明确决定发展“中俄新时代全面战略协作伙伴关系”。在世界面临百年未有之大变局的形势下，总结过去、展望未来，就中俄关系的发展原则及未来方向进行深入思考，是非常有必要的事情。

一、中俄关系的历史经验与教训

总结70年来的中俄关系发展史，既有成功的经验，也有深刻的教训。

历史经验表明，中俄关系只能搞好、不能搞坏，合则两利、斗则两伤。

回顾20世纪六七十年代，中苏关系的紧张使中国国家发展战略方向从和平建设转向“备战备荒”，一定程度上影响了中国的现代化步伐。随着中苏关系的全面恶化，以准备同苏联“打大仗”为目标的大小“三线”建设成为重中之重，一直持续到70年代中期，给国家经济造成一定损失。

对苏联来说，同中国交恶也是影响其国家安全环境的关键因素，使其陷入准备在东西两线作战的不利境地。20世纪60年代，在整个中苏、中蒙边界上，苏联加强军事设施建设，为此耗资达2000 亿卢布。[①] 导弹不断增加，相当于苏联全部导弹的三分之一。军队人数也不断增加，包括派到蒙古的军队总数达到100万人。[②] 对俄罗斯来说，如果不能同与其拥有漫长边界的中国建立睦邻关系，也谈不上为国内发展创造有利的国际环境。

20世纪80年代中后期，中苏关系开始实现“正常化”。随着经济建设重新成为国家发展中心，特别是苏联解体，中国长期面临的国家安全威胁终于不复存在。也只有在这时，中国的全面改革开放，特别是“三北”地区的改革开放才得以成为现实。

1989年5月16日，邓小平在与戈尔巴乔夫的会晤中谈到，中苏关系有两大症结：一是自近代以来，“从中国得利最大的……一个是日本，一个是沙俄，在一定时期一定问题上也包括苏联……沙俄通过不平等条约侵占的中国土地，超过一百五十万平方公里”；二是中苏关系“真正的实质问题是不平等，中国人感到受屈辱”。[③] 而苏联解体以来，中俄两国汲取历史的经验教训，以国家利益而非意识形态作为两国关系发展的根本出发点，秉承相互尊重、平等协商、互利双赢的原则发展双边关系，两国关系不断提升：1992年，“互视为友好国家”；1994年，建立“新型建设性伙伴关系”；1996年，建立战略协作伙伴关系；2011年，建立平等信任、相互支持、共

① 《苏联外交部长爱·谢瓦尔德纳泽在苏共二十八大上的报告》，苏联《真理报》1990年7月5日。当时1卢布约相当于1.6美元。

② 邓小平：《结束过去，开辟未来》，《邓小平文选》第三卷，人民出版社，2001，第293—295页。

③ 邓小平：《结束过去，开辟未来》，《邓小平文选》第三卷，人民出版社，2001，第293—295页。

同繁荣、世代友好的全面战略协作伙伴关系；2014年，中俄全面战略协作伙伴关系进入新阶段。

政治领域，双方通过平等谈判，最终解决了长期困扰两国关系的边界领土争议；军事安全领域，两国结束了在边界地区陈兵百万、紧张对峙的状态，不仅在边界地区相互裁减军事力量，还采取了增加相互信任的措施。之后，双方在军事技术交流、打击“三股势力”、联演联训等方面的合作都取得了长足进展；经济领域，两国经贸、投资、能源、产业、金融等领域合作不断拓展，两国贸易额从1990年的54.25亿美元跃升至2018年的1000多亿美元；国际层面，两国从战略对手转变为战略伙伴，在全球治理和地区安全、发展等领域开展了广泛的合作。

中俄关系在苏联解体之后能够取得如此重大的进展，原因是多方面的。一个关键性因素在于，两国在经历了400余年的风雨之后，终于找到了处理双边关系的最佳原则和模式，那就是“睦邻、友好、合作、平等信任”“永久和平、世代友好”“不结盟、不对抗、不针对第三方”以及“非意识形态化”。[①] 可以毫不夸张地说，这些原则是中俄关系发展的“黄金定律”。坚持之，中俄关系就可健康、平稳、可持续地发展；背离之，中俄关系就可能扭曲变形，甚至重蹈忽热忽冷的覆辙。

二、如何理解中俄关系所处的“新时代”

世界发展正面临百年未有之大变局，中俄关系也进入了新时代。如何理解这个新的时代？我认为可分为两个层面认识。

一方面，新时代的中俄关系其实是发生在中俄两国综合国力落差迅速扩大的时候。实事求是地讲，今天中国的经济总量已经是俄罗斯的10倍。中俄两国的人均GDP历史性持平，甚至在某种程度上中国的还略高于俄罗斯。

这种落差是中俄关系400余年以来的巨大变化。在中俄力量对比如此

---

① 《中华人民共和国和俄罗斯联邦睦邻友好合作条约》，中国政府网站，http://treaty.mfa.gov.cn/Treaty/web/detail1.jsp?objid=1531876992084。

拉大的情况下，中俄关系应该如何向前发展？我认为习近平主席在出席第23届圣彼得堡国际经济论坛时作出了明确的界定，即相互尊重，中国乐于看到俄罗斯的发展振兴。俄罗斯总统普京也作出了相似的回应。但是从两国历史传统、战略文化、外交方略、相互认知等角度考虑，问题并不那么简单。俄罗斯如何看待一个强大的中国，将对中国采取何种战略，还值得深入研究。

另一方面，中俄两国所处的国际环境也正在发生深刻变化。近年来，很多人都认为美国在加速衰弱、新兴经济体正在群体性崛起。但是，实事求是地说，美国的综合国力和全球影响力并没有实质性衰落，在特朗普“美国优先”旗号的刺激下，美国的国际战略和对外政策甚至更加咄咄逼人。美国对外政策中的贸易战、禁运、制裁给对手所带来的伤害值得高度重视和研究。

我们可以批评美国的霸凌主义、单边主义、贸易保护主义，与此同时也应看到，特朗普在“退群”的同时正在积极地“建群”，美国正在加速构建新的、更加符合美国利益的国际规则和秩序。美加墨新自由贸易协定（USMCA）已经签署，美欧、美日正在加紧进行自由贸易谈判。日本和欧盟达成了相关的协议，《全面与进步跨太平洋伙伴关系协定》（CPTPP）在美国缺席的情况下也签署了新的协议，这些相关协议的一个共同特点是致力于构建“零关税、零壁垒、零补贴”的更加紧密的大市场，并显著提高了在环境、劳工、知识产权、国企地位等方面的标准。尽管美欧日等发达经济体在农产品保护、汽车关税等领域存在具体利益差异并将在今后的谈判中激烈讨价还价，但在“国有企业地位”“市场经济地位”“反对大规模政府补贴”等原则问题上却高度一致。美欧日三方的贸易谈判代表多次磋商并发表联合声明，强调“欲解决第三国非市场化政策导致不公平贸易、工业补贴、强制技术转移，以致破坏国际贸易运作等问题”，表示将基于国家安全目的和出口管制在投资审查方面进行合作。更有甚者，美加墨新自由贸易协定中还包含所谓“毒丸条款”，规定“若三国中有一国与某个‘非市场经济国家’签署自贸协定，则其他协议伙伴有权在6个月内退出USMCA协议”。美国政府官员公开表示，该协议将成为美国以后与各方开展自贸谈判的模板。基于这种共识，可以预见，几年之后，一个以美国为核心的、基本上实行“零关税、零壁垒、零补贴”政策的更加融合的大市场将会形成。

从这两个层面去理解“新时代”，可以使我们把握中俄关系在400余年历史长河中的定位，也能使我们把握中俄关系在世界大变局中的定位。在此基础上，我们才能真正明确发展中俄关系的“初心”所在、利益所在和路径所在。

三、中俄关系发展应把握的主要原则

美国挑起的贸易摩擦，其风险不在于关税问题，而是在于未来中国和美国是仍然可以在一个共同的规则体系下进行竞合，还是形成事实上的两个“平行市场”的问题。在这种情况下，中国和俄罗斯所面临的选择是不一样的。我们应该充分考虑中俄两国在国家身份、国家利益、与世界经济的关联度等方面存在的差异性。未来，在纷繁复杂的国际、国内形势下，应按以下原则把握中俄关系的发展。

一是要不忘初心，将维护和拓展中国国家利益作为发展中俄关系的根本出发点。要始终明确，发展健康、稳定、可持续的中俄关系的根本目的在于维护中国的国家利益，为中国的发展提供一个稳定的周边环境和国际环境，为中国的发展提供更多的经济和战略助力，不能将“关系的重要性”置于“利益的重要性”之上。

二是要准确把握中俄关系的效益边界。尽管中俄之间的关系发展势头良好，但也要清醒地认识到，不能将两国之间的这种良好关系作为解决所有问题的良药。如在中美贸易摩擦中，有人想当然地认为，作为中国的反制措施之一，中国完全可以不从美国进口大豆，而把从俄罗斯进口大豆作为补偿进口缺口的一条途径。但事实上，2017年中国从美国进口3700多万吨大豆，而俄罗斯全年的大豆总产量不过600万吨，经济结构、产业结构落差很大，短期内难以解决。在高科技领域，俄罗斯难以取代美国成为中国所需高科技产品的供应商。2015年，俄罗斯全年的科技研发投入是150多亿美元，而中国已经达到2300多亿美元。投入决定产出，俄罗斯究竟在哪些高科技领域能够给中国的发展提供助力、提供坚持，我们一定要做到心中有数；在国际战略方面，近几年来，中俄两国在联合国投票的相似性达到81%以上，而拥有“特殊关系”的美国和英国的投票一致率为75%。这在某种程度上表明，尽管中俄两国没有在军事领域内结成同盟关系，但在国际战略上两国的合作程度比西方、比美英这种具有特殊关系的盟友更加紧密。这种紧密程度效果如何，是否为中国带来了一个良好的国际环境，是否为中国提供了一个良好的发展空间，是一个需要深入思考的问题。

三是要把握成本和收益的关系。任何国家关系的发展都存在成本和收益的问题，以尽量小的成本获取尽量大的收益是国家对外政策和外交行为的重要原则。冷战结束后，“互利双赢”一度成为国际社会的常用话语。随着特朗普上台和美国对外政策的转型，“相对获益”的重要性日益凸显。换句话说，在国家关系中，只注重是否“双赢”已经不够了，还要关注“双赢”的均衡性，也就是不同主体“赢多”“赢少”的问题，否则我们就很难理解为什么原本是中美关系“压舱石”的经贸合作最终却成了中美贸易摩擦的燃爆点。同样，中俄关系也存在“相对收益”的问题。在中俄关系发展过程中，中国得到了什么、付出了什么？俄罗斯付出了什么、得到了什么？应该有一个精细的计算。

四是要把握知、言、行的关系，在发展中俄关系时应该更加了解对方，不仅要看对方说了什么，也要看对方做了什么。作为一个拥有300多年帝国历史的国家，俄罗斯拥有深厚的战略文化和丰富的外交经验。俄罗斯在几百年的时间里从偏居于东欧的一个小公国跃升为横跨欧亚大陆甚至一度在北美拥有领土的世界级帝国，在与不同民族、国家的交往、争斗中纵横捭阖，积淀了丰富的外交经验，形成了独特的外交传统。正如恩格斯所说，“对外政策，毫无疑问是沙皇政府所擅长的、而且是非常擅长的一个方面”，[①] 俄国外交家曾使俄国的边界潮水般向外扩展，他们的作用“超过了俄国所有的军队”。[②] 1807年，俄国在参加第四次反法同盟的战争中被法

① 恩格斯：《俄国沙皇政府的对外政策》，《马克思恩格斯全集》第22卷，人民出版社，1965，第16页。

② 恩格斯：《俄国沙皇政府的对外政策》，《马克思恩格斯全集》第22卷，人民出版社，1965，第18页。

国击败，沙皇亚历山大一世不得不与拿破仑缔结《提尔西特和约》。当时前者曾给其母亲写信称“与拿破仑的同盟只是改变了同他斗争的方式。为了能够获得自由喘息的时间并增强我们的手段和力量，俄国需要这个同盟。……因此我们要机密从事，对我们的武装和准备不要声张，对我们心怀不满的那些东西不要公开反对”，“我们要尽一切努力证明俄国与法国这个可怕巨人的亲密联盟是真诚的，直到我们能够冷静地观察法国倒台的那个时刻。最明智的政策就是静观其变，等待合适时机采取措施”。[①] 果然，在经历了外交上的纵横捭阖之后，俄国最终在1812—1814年的第一次卫国战争中战胜了强大的拿破仑军队，俄军奋马挺进了巴黎。尽管岁月流逝，但俄罗斯的战略文化和外交传统已经成为俄罗斯国家的“精神基因”，难以改变，至今依然发挥着强大影响。这也再次印证了马克思对于俄罗斯的判断，即“俄国政策中最显著的特点就是目的和方法上的传统的守恒性”。[②] 回顾中俄关系400余年的发展历程，中国对俄罗斯的思维方式、行为方式、战略文化、外交艺术缺乏深度的认知和理解。在国际环境更加复杂的当下，中国要充分认识到俄罗斯的复杂性，对俄罗斯的思维方式、行为方式了然于胸。

五是要摒弃“大三角”思维，正确把握中美俄三边关系的发展。20世纪七八十年代，中国成功地运用中美苏大三角关系改善了不利的国际环境，成为中国外交史上的一段佳话。可以说，中国的改革开放是在运筹“中美苏大三角”的过程中开启的。为了抗衡苏联的安全威胁并获得西方发达国家的资金、技术与市场，改善中美关系成为进行改革开放的重要条件，但这绝不意味着运筹“中美苏大三角”就是简单的“联美抗苏”。邓小平同志运筹“中美苏三角”是因势而动、因时而变的，其核心是以中国国家利益为核心，让中美、中苏关系相互影响，良性互动。最根本的，还是实现了中国对外战略的两个根本性转变，那就是：在战争与和平的问题上，逐步改变了“战争迫在眉睫”“世界大战不可避免”等传统认识，提出

① 西蒙·塞巴格·蒙蒂菲奥里：《罗曼诺夫皇朝：1613—1918》上，陆大鹏译，社会科学文献出版社，2018，第428页。

② 马克思：《政府在财政上的失败。—出租马车。—爱尔兰。》，《马克思恩格斯全集》第12卷，人民出版社，1998年第二版，第259页。

了“和平与发展是当代世界两大问题”的重要论断；在对外政策上改变了原来“一条线”的战略，在处理大国关系时逐步放弃“以苏划线”和“以美划线”的倾向，强调“中国的对外政策是独立自主的，是真正的不结盟”,“我们不能坐到别人的车子上去。我们这种独立自主的外交政策，最有利于世界和平”。[①]

改革开放以来，中美俄关系发生了根本性的变化。从实力对比上看，美国“一超独霸”的态势没有根本改变，中国跃升为世界第二大经济体并在全球治理上发挥日益重要的影响，而俄罗斯的综合国力和国际影响却呈现出持续衰退的势头。从关系性质上看，美国认为国际关系重回“大国竞争时代”，将中俄视为国际秩序的“修正者”和战略对手，对中俄两国同时施压。美俄关系螺旋性下滑，跌至冷战结束后的冰点。中美关系经历前所未有的贸易摩擦，双方在台海、南海等问题上的分歧凸显。

在此背景下，中俄两国都不乏通过结盟或以紧密的军事、安全协作来应对美国压力的观点。[②]但这种传统的大国关系“均势论”和“制衡论”忽视了当下国际关系日益复杂的现实，忽视了中俄两国在国家利益、国际身份和国际战略取向等方面的差异，也机械地理解了当年的“中美苏三角关系”的实质，不仅缓解不了中国面临的来自美国的压力，反而会使局势更加复杂。

首先，当下的国际关系早已不像是冷战时期那样仅仅是单纯的地缘政治，经济融合、人文联系、文化接触、共同应对全球性挑战的需求使今天的中美关系与当年的美苏关系不可同日而语，以结成军事同盟的方式与美国形成全面的竞争与敌对关系不符合中国的国家利益。

其次，尽管俄美关系处于冷战结束以来的冰点，但俄罗斯从主观愿望上希望与美国改善关系，出兵叙利亚的重要目标就是试图“逼和”美国，迫使其恢复与俄罗斯的合作。对于俄罗斯战略界来说，促使其他国家成为美国的对手是转移自乌克兰危机以来美国对俄压力、摆脱当前困境的最好方式。因此，对俄罗斯对抗美国的主观可信度是需要打一个问号的。2016

① 《邓小平文选》第三卷，人民出版社，2001，第57、156页。

② 阎学通:《俄罗斯可靠吗?》,《国际经济评论》2012年第3期；阎学通:《中俄战略关系最具实质意义》,《国际先驱导报》2013年3月26日。

年12月1日，普京总统批准2016年版《俄罗斯对外政策构想》，对发展与欧美的关系作出了全方位阐述，相形之下对“向东转”并未着墨太多。[①] 可以看到，2018年普京再次连任总统后，尽管困难重重，但其外交重点仍放在调整和改善自乌克兰危机以来不断恶化的对美欧关系上。

最后，尽管自2014年以来，俄罗斯归并克里米亚、强势出兵叙利亚，但俄罗斯的综合国力存在诸多短板，参与全球治理的能力与影响受到制约，未来还将面临经济增长模式、人口结构、创新能力等方面的诸多挑战，其抗衡体系变化和内外压力的能力值得观察。在中美俄三国力量对比发生历史性变化，而国际关系已远非冷战时仅是地缘政治的情况下，俄罗斯很难像中美苏三角关系中的中国一样发挥“四两拨千斤”的作用。

总体而言，今天的中美俄关系已与冷战时期的中美苏大三角有很大不同，中美、中俄、俄美三组双边关系各有各的价值、各有各的发展逻辑，简单的“二对一”对抗方式不符合中国的利益。在国际大变局下，中国需要跳出传统“三角关系”的思维框架，要将中俄关系的重心放在内生性的发展动力上，而不是外源性的动力上；要坚定不移地坚持“不结盟、不对抗、不针对第三方”原则；要坚定不移地发展中俄两国的睦邻友好合作关系，要致力于发展中俄之间的现代化伙伴关系；要充分运用自身的实力、影响和智慧，主动引导和塑造中美、中俄关系的发展，努力实现中美、中俄关系的良性互动。

---

① Концепция внешней политики Российской Федерации. Утверждена Указом Российской Федерации от 30 ноября 2016. №640. http://www.kremlin.ru/acts/news/53384.

第二章
2019年中国对美外交

潘亚玲

【内容提要】在“美国优先”战略下，特朗普政府上台后中美关系持续恶化。尽管如此，2019年中国对美外交的韧性仍持续提升，具体体现为三个方面：第一，面临特朗普政府咄咄逼人的态势，中国对美外交始终坚守战略底线，既不牺牲国家利益，也确保与美国的战略沟通畅通；第二，随着中美“战略竞争”态势基本确立，从短兵相接的贸易摩擦到持久竞斗的主权利益，再到竞合交叉的多边外交，中国对美外交的战术组合体系日渐完善；第三，在聚焦短期战略和战术竞争的同时，中国对美外交更加重视放眼长远，挖掘中美关系战略潜力，推进以协调、合作、稳定为基调的中美关系发展。

【关键词】中美关系；“战略竞争”；战略底线；战略潜力

【作者简介】潘亚玲，博士，云南大学国际关系研究院副研究员。

2019年是中美建交40周年，两国元首在元旦互致贺信，热烈祝贺两国建交40周年，并表达了共同推进以协调、合作、稳定为基调的中美关系的愿望。[①] 尽管如此，中美关系的现实发展远不乐观，导致部分人感叹“中美不得不面对部分‘脱钩’之现实”。[②] 的确，自特朗普担任美国总统以来，

① 《中美两国领导人互致贺信庆祝两国建交40周年》，2019年1月1日，新华网，http://www.xinhuanet.com/politics/leaders/2019-01/01/c_1123932138.htm。

② 余东晖：《中美不得不面对部分“脱钩”之现实》，2019年10月20日，中评网，http://www.crntt.com/doc/1055/7/2/0/105572072.html?coluid=7&kindid=0&docid=105572072。

中美关系持续恶化，在建交40年之际走到新的历史关头，[①] 必须妥加应对。2019年，中国对美关系在明显上升的复杂性和挑战性面前，继续提升战略韧性，真正做到了“斗而不破”，既坚守战略底线，又优化战术组合，更创新性地挖掘战略潜力，努力推进中美关系的长远稳定发展。

一、坚守战略底线

特朗普政府上台后高举“美国优先”大旗，无视通行的国际规范与实践，采取大量反外交的手法，[②] 主动挑起与包括中国在内的许多国家的经济、政治乃至安全争端。中国作为快速崛起的发展中大国，被特朗普政府视作最为迫在眉睫的“威胁”，因此中美关系也就成为“美国优先”战略的首要目标。正是在此背景下，中美关系在建交40年之际却难以展望未来发展，而是急需渡过当前难关。面对美国的出尔反尔，2019年中国对美外交变得更加成熟，从中美双方人民福祉和人类命运共同体的高度坚守对美外交的双重底线。

一方面，面对特朗普政府的无理挑衅、极端施压、长臂管辖等重大压力，中国对美外交始终坚守国家利益底线。

特朗普政府上任后频频挑起与主要贸易伙伴之间的贸易摩擦，并于2018年3月单方面发起中美贸易摩擦。面对突如其来的重大压力，中国不得不采取有力应对措施，坚决捍卫国家和人民利益。中国政府始终强调，美国的做法不利于问题的解决，但中国“不会畏惧任何压力，也做好准备迎接任何挑战。谈，大门敞开；打，奉陪到底”。“磋商中，一国的主权和尊严必须得到尊重，双方达成的协议应是平等互利的。对于重大原则

---

① 《王毅：中美关系走到新的历史关头，深刻牵动世界走向》，2020年1月20日，中国政府网站，www.gov.cn/guowuyuan/2020-01/21/content_5471122.htm。

② Michael A. Cohen, “Donald Trump’s Anti-Diplomacy,” *Boston Global*, November 14, 2017, https://www.bostonglobe.com/opinion/2017/11/14/donald-trump-anti-diplomacy/med9OizGsTOpWZi8pPqL6I/story.html; Wayne Madsen, “The End of Modern Diplomacy,” *OpEdNews*, November 9, 2019, https://www.opednews.com/articles/The-End-of-Modern-Diplomac-by-Wayne-Madsen-Diplomacy_Diplomats_Donald-Trump-Against-Climate-Change_Donald-Trump-Dislike-190911-386.html.

问题，中国决不退让。中美双方都应看到并承认国家发展的差异性、阶段性，尊重对方发展道路和基本制度。既不能指望通过一个协议解决所有的问题，也需要确保协议同时满足双方的需求，实现协议的平衡性。”[①] 在2019年的中美贸易磋商过程中，美国不时对中国输美产品加征关税，为维护中国国家利益、确保谈判的公平公正，中国也采取了针对性的反制措施，如精准对等对美国输华产品加征关税，暂停新的美国农产品采购、诉诸世界贸易组织争端解决机制等。

在贸易摩擦之外，特朗普政府在台湾、涉藏、涉疆、涉港、南海等问题上持续干涉中国内政。2019年是台湾地区选举年，美国自年初便采取各种动作为台湾当局提供实质性支持，如多次派遣军舰穿越台湾海峡，为蔡英文“出访”提供“过境”待遇，批准对台军售，国会通过多项涉台法案等，中方均予以强烈抗议。例如，外交部发言人在2019年9月26日就相关问题答记者问时强调，美国“严重违反一个中国原则和中美三个联合公报规定，严重违反国际法和国际关系基本准则，粗暴干涉中国内政，中方坚决反对。一个中国原则是人心所向、大势所趋，也是国际社会的普遍共识”。[②] 2019年下半年，美国加大力度干涉中国香港事务：美国不仅就香港警方应对示威的举措颠倒黑白，还在国会推动“香港人权与民主法案”讨论，公然为香港激进势力和暴力分子撑腰打气，其顶峰是特朗普于2019年11月27日签署“香港人权与民主法案”。针对美国的一系列干涉，中国外交部发言人强调，美国的行为“严重干预香港事务，严重干涉中国内政，严重违反国际法和国际关系基本准则，中国政府和中国人民坚决反对。中方已就此向美方提出严正交涉和强烈抗议。……中国政府反对任何外部势力干预香港事务的决心坚定不移，贯彻‘一国两制’方针的决心坚定不移，维护国家主权、安全、发展利益的决心坚定不移”。[③] 此外，年内美国还对

① 《关于中美经贸磋商的中方立场》，2019年6月，中国国务院新闻办公室，http://www.scio.gov.cn/ztk/dtzt/39912/40584/index.htm。

② 《2019年9月26日外交部发言人耿爽主持例行记者会》，2019年9月26日，中国外交部网站，https://www.fmprc.gov.cn/web/fyrbt_673021/jzhsl_673025/t1702197.shtml。

③ 《2019年11月28日外交部发言人耿爽主持例行记者会》，2019年11月28日，中国外交部网站，https://www.fmprc.gov.cn/web/fyrbt_673021/jzhsl_673025/t1719929.shtml。

中国国家制度、涉藏、涉疆及人权等问题横加干涉，多次派军舰穿越南海地区。针对美方的种种挑衅，中共中央政治局委员、中央外事工作委员会办公室主任杨洁篪在12月7日与美国国务卿蓬佩奥通电话时强调，近来美方允许所谓“香港人权与民主法案”成法，美国会众议院通过所谓“2019年维吾尔人权政策法案”，美官员多次发表歪曲、攻击中国政治制度和内外政策的言论，这是对中国内政的粗暴干涉，严重违反国际法和国际关系基本准则，严重违背中美两国人民和国际社会的意愿。中方对此表示坚决反对和强烈谴责。中方将坚定不移捍卫国家主权、安全、发展利益，任何人都不能指望我们吞下损害自身利益的苦果。中方敦促美方认清形势，纠正错误，立即停止对中方的歪曲诬蔑，立即停止干涉中国内政。①

另一方面，中国与美国分别是世界上最大的发展中国家和最大的发达国家，中美关系有着远超出双边关系的体系重要性，因此维护中美关系的基本稳定、确保中美最基本的战略沟通成为中国对美外交的另一重要底线。

中美关系的恶化产生了深远且全面的影响。2019年，中美领导人通电话两次，会见一次，自特朗普上任以来连续下降；② 双边贸易额在2018年基础上下降了10.7%，为3.73万亿美元，美国也从中国第二大贸易伙伴降为第三大贸易伙伴；③ 中美人文交流大大减少，特别是在美国强化签证限制、以所谓的“间谍罪”为由头阻碍双方人员交流等情况下。在此背景下，有关中美“脱钩”的论调日益盛行，尽管其中不乏争议。④ 即便如此，中国

① 《杨洁篪同美国国务卿蓬佩奥通电话》，2019年12月7日，新华网，http://www.xinhuanet.com/politics/leaders/2019-12/07/c_1125320219.htm。

② 2017年，习近平主席与特朗普总统在互访和汉堡会晤之外，还通了9次电话；2018年，习近平主席和特朗普总统仅通话4次，一次会面。

③ 《海关总署：2019年中国对美国进出口下降10.7%》，2020年1月14日，新浪财经，http://finance.sina.com.cn/china/gncj/2020-01-14/doc-iihnzhha2317762.shtml。

④ Dan Harris, “China-US Decoupling Continues and Will Continue, but Must be Done Right,” *China Law Blog*, April 28, 2019, https://www.chinalawblog.com/2019/04/china-us-decoupling-continues-will-continue-and-is-a-good-thing-when-done-right.html; David Shambaugh, “U.S.-China Decoupling: How Feasible, How Desirable?” *China US Focus*, December 6, 2019, https://www.chinausfocus.com/foreign-policy/us-china-decoupling-how-feasible-how-desirable; Sephen S. Roach, “US, China and the Myth of Global Decoupling,” January 3, 2020, https://www.wita.org/blogs/us-china-decoupling/.

始终认识到，维持与美国关系的稳定，维持基本的战略互动和战略沟通，不仅对中美双方有利，更符合国际社会的利益。在2019年6月29日同美国总统特朗普在大阪举行会晤时，习近平主席指出，“中美关系是世界上最重要的双边关系之一。……双方要按照我同总统先生确定的原则和方向，保持各层级交往，加强各领域合作，共同推进以协调、合作、稳定为基调的中美关系”。[①] 在11月22日会见美国前国务卿基辛格时，习近平主席再次强调，“当前中美关系正处在关键当口，面临一些困难和挑战”。“中美双方应该就战略性问题加强沟通，避免误解误判，增进相互了解。双方应该从两国人民和世界人民根本利益出发，相互尊重，求同存异，合作共赢，推动中美关系朝着正确方向向前发展。”[②] 中国国务委员兼外长王毅于2019年9月访问美国期间也特别强调，中美关系再次来到一个十字路口。美国国内一些鼓吹以中国为对手甚至渲染美中“脱钩”的主张是危险的。中美“要彼此‘脱钩’和‘关门’，简直就是天方夜谭，既不理智，也不现实。如果与中国‘脱钩’，那就意味着与机遇脱钩，与未来脱钩”。[③] 也正是基于这样的看法，中国始终致力于同美方实现不冲突、不对抗，相互尊重，合作共赢，共同建设以协调、合作、稳定为基调的两国关系。

二、优化战术组合

无论从维护国家利益还是中美关系稳定大局出发，中国对美外交在战略上都高度克制，但美国尤其是特朗普政府却将这当作中国“软弱”或“筹码不够”的体现。[④] 事实上，相比特朗普政府简单片面的战术与策略而

---

① 《习近平同美国总统特朗普举行会晤》，2019年6月29日，中国外交部网站，https://www.fmprc.gov.cn/web/zyxw/t1676866.shtml。

② 《习近平会见美国前国务卿基辛格》，2019年11月22日，中国外交部网站，https://www.fmprc.gov.cn/web/zyxw/t1718074.shtml。

③ 《王毅：与中国“脱钩”，就意味着与机遇脱钩，与未来脱钩》，2019年9月25日，中国外交部网站，https://www.fmprc.gov.cn/web/wjbz_673089/xghd_673097/t1701309.shtml。

④ 《2019年5月31日外交部发言人耿爽主持例行记者会》，2019年5月31日，中国外交部网站，https://www.fmprc.gov.cn/web/fyrbt_673021/jzhsl_673025/t1668407.shtml。

言[1]，中国对美外交的战术体系在2019年得到进一步优化，依据双边、多边及不同性质的议题而采取完全不同的战术，取得较为明显的效果。

第一，与2018年相似，中美关系中最引人注目的问题仍是贸易摩擦，但与2018年的双方高调对抗不同，2019年中国在对抗与对话之间的平衡更加合理和有效。

随着新一届总统选举日渐临近，特朗普政府在贸易问题上的强硬态度更加明显，在2019年5月和9月连续两次对中国商品加征关税。中国对此采取差异性反制予以回应。至此，中美贸易摩擦导致两国之间共有超过5000亿美元的商品被加征数额不等的高关税，双边平均关税率超过20%。不断升高的关税不仅冲击了中美两国经济，而且产生了体系性溢出，致使多国经济增长结构性放缓，同时还在向科技、全球供应链等领域扩散。[2]年内，美国还以国家安全、人权问题等为由，将包括华为在内的多达30家中国实体列入出口管制“实体清单”加以制裁。为应对美国的无理和反复，中国在年内先后发表《中国履行加入世贸组织承诺情况报告》和《关于中美经贸磋商的中方立场》白皮书，指出美国挑起贸易摩擦的虚伪性和单边主义、保护主义实质。

面对贸易摩擦的双边和体系性后果，中国反复强调，“中美经贸关系十分重要，具有很强的外溢性和全球影响。贸易战不利于中国，不利于美国，也不利于整个世界，企业和消费者的利益都会受到极大损失”。[3]为此，中国在反对美国贸易摩擦扩大化的举措并采取针对性反制措施的同时，持续推进中美经贸高级别磋商。2019年，中美共计举行了9轮经贸高级别磋商（参见表1）。尽管特朗普总统多次接见中方代表团，却严重缺乏信用。在特朗普出尔反尔导致中美经贸磋商陷入僵局的情况下，习近平主席与特朗普总统于6月29日在二十国集团峰会期间举行会晤，为谈判进程

① Michael Lewitt, “Trump’s China Policy: Simplistic, Inadequate and Harmful,” June 6, 2019, https://www.forbes.com/sites/michaellewitt/2019/06/06/trumps-china-policy-simplistic-inadequate-and-harmful/#557e56b22dc8.

② IMF, “Tentative Stablilization, Sluggish Recovery?” *WEO Update*, January 20, 2020, p. 6.

③ 《刘鹤分别会见国际组织负责人和美国工商界代表》，2019年10月10日，中国政府网站，http://www.gov.cn/guowuyuan/2019-10/10/content_5438198.htm。

注入新的动力，并推动中美第一阶段经贸协议在2019年底基本达成。在这一过程中，中共中央政治局委员、国务院副总理、中美全面经济对话中方牵头人刘鹤与美国贸易代表莱特希泽、财政部长姆努钦在磋商中既斗争又沟通，在9轮磋商期间还进行了11次通话。可以认为，正是本着“斗而不破”的精神，中方在贸易摩擦中既避免了“过度对抗”，又避免了“过度妥协”，最终推动了中美贸易摩擦的缓解和第一阶段协议的达成。

表1　2019年中美经贸高级别磋商

时间	名称	地点	双方团长	重视程度
1月30—31日	经贸高级别磋商	华盛顿	刘鹤、莱特希泽	特朗普会见
2月14—15日	新一轮经贸高级别磋商	北京	刘鹤、莱特希泽	习近平会见
2月21—24日	第七轮经贸高级别磋商	华盛顿	刘鹤、莱特希泽	特朗普会见
3月28—29日	第八轮经贸高级别磋商	北京	刘鹤、莱特希泽	
4月3—5日	第九轮经贸高级别磋商	华盛顿	刘鹤、莱特希泽	特朗普会见
4月30日—5月1日	第十轮经贸高级别磋商	北京	刘鹤、莱特希泽	
5月9—10日	第十一轮经贸高级别磋商	华盛顿	刘鹤、莱特希泽	
7月30—31日	第十二轮经贸高级别磋商	上海	刘鹤、莱特希泽	
10月10—11日	第十三轮经贸高级别磋商	华盛顿	刘鹤、莱特希泽	特朗普会见

资料来源：笔者根据中华人民共和国中央人民政府网站（http://www.gov.cn/）、外交部网站（https://www.fmprc.gov.cn）、中国驻美国大使馆网站（http://www.china-embassy.org/chn/）等的资料整理制作。

第二，美国对华“围堵”战略随其对华战略理念确立而全面展开，中国对美外交在强化斗争的同时也加大与美持续性交流的力度。

出于对中国崛起可能威胁其全球地位的担忧，美国对中国持续快速崛起相当恐惧，逐渐确立了以“锐实力”“影响战略”等概念为基础的全面“围堵”中国的战略。2019年10月，美国政府高层官员集中就“围堵”中美人文交流的正当性进行辩护：17日，美国国务院官员史达伟（David Stilwell）在威尔逊中心就美国对华政策发表演讲时声称，中美关系处于“战略竞争”阶段，美国应当改变同中国打交道的方式，审视意识形态日益淡化等因素；24日，美国副总统彭斯发表讲话时，对中国社会制度和人权宗教状况进行了蓄意歪曲，对中国内外政策进行了无端指责；[①] 30日，美国国务卿蓬佩奥在哈德逊研究所发表演讲，声称中国共产党敌视美国和美式价值观，给美国和全世界带来挑战。[②] 针对美方这些言论，中国外交部发言人一再表示，美国高官的言论恶毒攻击中国共产党和中国政府，蓄意歪曲诬蔑中国内外政策，充分暴露了美方一些人严重的对华意识形态偏见和根深蒂固的霸权思维与双重标准。这些言论体现的不是自信和力量，暴露的是傲慢与恐惧，对中国谋求民族复兴耿耿于怀。

在严厉驳斥美方各式“中国威胁论”、反制各式挑衅行为的同时，中国仍高度重视与美国的战略和战术交流与沟通，积极推进此前已有良好基础的各种交流机制的持续开展。2019年9月举行的中美反腐败工作组第十四次会议、2019年11月举行的第11届中美政党对话等，都有益于双方共同寻找妥善处理中美摩擦分歧的途径。2019年中美交流与沟通最重要的领域是进一步强化地方省州合作。2019年5月22—24日，第五届中美省州长论坛在美国肯塔基州莱克星顿市举行，来自中国重庆市、陕西省、江西省、甘肃省和美国肯塔基、田纳西、科罗拉多、密歇根、华盛顿等19个州及中美双方其他相关部门共约400名代表与会，双方地方政府、企业、院校等机构签署了加强友好省州关系以及农业、能源、教育等领域一系列合作协议。2019年11月12日，由中国人民对外友好协会与美国州立法领袖基金会、河北省共同主办的第4届中美省州立法机关合作论坛开幕式在河北省石家庄市举行，河北省省长许勤以及北京市、河北省等16省市官员和美国亚拉巴马州、加利福尼亚州等10个州的代表与会。中美友城工作也得到进一步推进，第四届中美友城大会于7月17日在美国得克萨斯州休斯敦市举行，《中国人民对外友好协会和美中友好城市协会推动友好交流合作谅解备忘录》于10月在美国签署。此外，首届中国—犹他州经贸投资论坛、2019年中国—加州经贸论坛、湖北—俄亥俄经贸洽谈会、第二届密歇根中

① Mike Pence, “Remarks by Vice President Pence at the Frederic V. Malek Memorial Lecture,” October 24, 2019, https://www.whitehouse.gov/briefings-statements/remarks-vice-president-pence-frederic-v-malek-memorial-lecture/.

② Michael R. Pompeo, “The China Challenge,” October 30, 2019, https://www.state.gov/the-china-challenge/.

国周、第13届中国—阿拉斯加商贸论坛等都在年内举行。

第三，美国不仅对中国国力增长相当敏感，对中国的全球影响力增长也格外担忧，2019年中国对美外交的重要内容之一便是有效、合理回应美国对中国国际作为的不实指责和攻击。美国国务院助理国务卿纳吉在2019年3月访问乌干达时声称，中非合作效果明显被夸大，中国贷款加重了非洲债务负担，中国人还在非洲同当地人“抢生意”“抢工作”。[①] 美国国务卿蓬佩奥在2019年4月访问智利等拉美国家期间对中国和中拉关系发表不友好言论，5月在芬兰出席北极理事会部长级会议期间又对中国参与北极事务横加指责，10月在传统基金会总统俱乐部讲话时进一步贬损中国。[②] 针对美方围绕中国与非洲、拉美、中亚国家关系及中国在北极事务、全球债务、“一带一路”等方面的全方位指责和攻击，中国一方面有理有据地加以反驳，另一方面则通过中美非洲事务磋商、领事磋商、司局级交流等加以沟通，以阻止美方在多边场合进一步干扰中美关系大局的图谋。

三、挖掘战略潜力

特朗普上任之后，中美关系迅速恶化。美国国会2019年的立法提议中共有274件涉及中国，而自1973年第93届国会以来涉及中国的立法提议最高纪录是整个2017—2018年的第115届国会，两年共计288件（见图1）；可以肯定的是，美国第116届国会将创下涉华议案的新纪录。而美国公众对中国的认知也在2019年创下自2005年以来的新低，仅有26%的受访者对华认知较为积极，对华持负面认知的则高达60%，这一差距是自2005年以来的最大值（见图2）。这意味着，中国对美外交需要创新性的思考，需从中美关系的长期可持续发展角度挖掘战略潜力。

---

① Semanda Allawi, “Critics of China’s Development Assistance to Africa Lack Facts,” April 25, 2019, CGTN, https://news.cgtn.com/news/3d3d774d30556a4d34457a6333566d54/index.html.

② Michael R. Pompeo, “Seizing the Opportunity for Freedom in the Americas,” April 12, 2019, https://www.state.gov/remarks-on-u-s-latin-american-policy/; Michael R. Pompeo, “Looking North: Sharpening America’s Arctic Focus,” May 6, 2019, https://www.state.gov/looking-north-sharpening-americas-arctic-focus/; Michael R. Pompeo, “Trump Administration Diplomacy: The Untold Story,” October 22, 2019, https://www.state.gov/trump-administration-diplomacy-the-untold-story/.

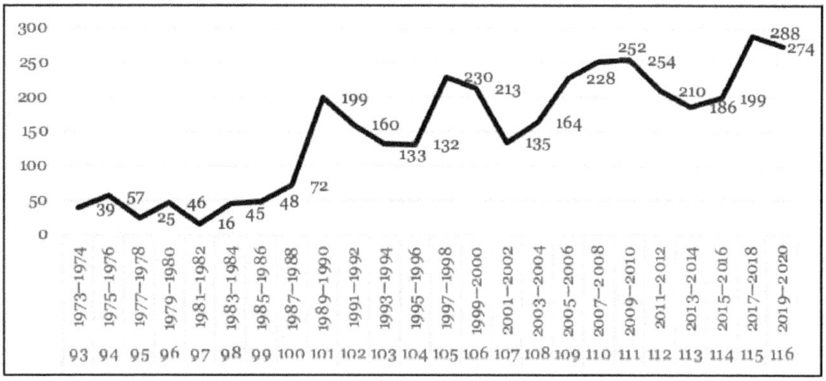

图1　1973—2019年美国国会涉华议案数量（件）

资料来源：笔者根据美国国会图书馆立法数据库（https://congress.gov）数据制作，数据截至2020年1月1日。

第一，中国国家领导人对挖掘中美关系可持续发展潜力的重要性有着深刻认知，尤其是充分认识到青年人的核心角色。在直接接触较为困难的情况下，国家领导人通过书信外交方式，提升中国亲和力，厚植中美关系长远发展基础。2019年4月，习近平主席在收到美国伊利诺伊州北奈尔斯高中中文班40多名学生用中文写的信后，在复信中回答了与他工作、生活情况和个人爱好等有关的问题，鼓励学生们在中文学习上取得更大进步，为增进中美人民友谊作出贡献，并欢迎他们有机会来中国看看。[①] 同在4月，美国佛罗里达州西棕榈滩市巴克艺术中学董事会主席曼蒂、执行董事迪亚兹致信彭丽媛教授，纪念彭教授访问该校两周年，积极评价彭教授访问以及同中国的艺术交流给该校带来的积极影响。彭教授在复信中回忆了2017年4月到访该校的情景，勉励师生继续以教育和艺术为桥梁，积极投身中美友好合作的崇高事业，为增进两国人民友谊作出更大贡献。[②] 习近平主席和彭丽媛教授在中美关系面临困难的情况下，通过书信方式促进

① 《2019年4月22日外交部发言人耿爽主持例行记者会》，2019年4月22日，中国外交部网站，https://www.fmprc.gov.cn/web/fyrbt_673021/jzhsl_673025/t1656537.shtml。

② 《李强民总领事向美国佛罗里达州巴克艺术中学转交彭丽媛教授复信》，2019年4月27日，中国驻休斯敦总领馆网站，http://houston.china-consulate.org/chn/zlgxw/t1658846.htm。

中美沟通特别是与青年人交流，充分说明中方对中美关系战略基础的高度重视。

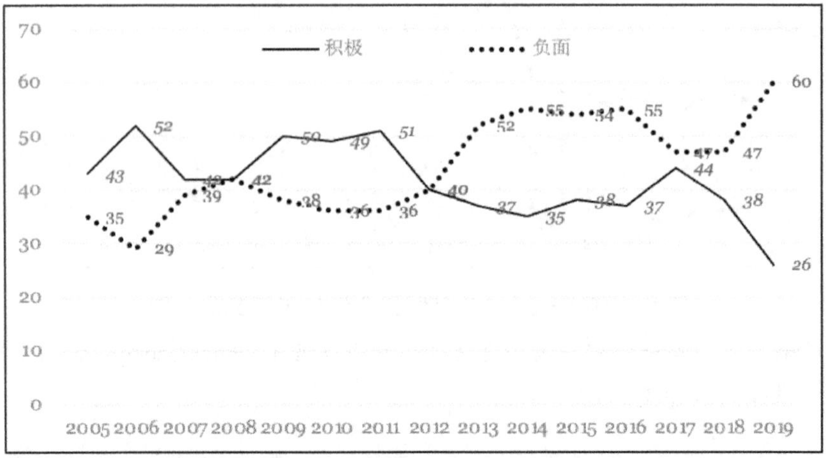

图2　2005—2019年美国公众对华认知的演变（百分比）

资料来源：Laura Silver, Kat Devlin, and Christine Huang, "U.S. Views of China Turn Sharply Negative Amid Trade Tensions," August 13, 2019, https://www.pewresearch.org/global/2019/08/13/u-s-views-of-china-turn-sharply-negative-amid-trade-tensions/.

第二，如前所述，尽管中美中央 / 联邦政府层面的关系面临明显困难，但地方省州交流仍得到积极推进。更为重要的是，中美地方省州交流仍有很大的提升空间。尽管特朗普总统上任以来给中美经贸关系带来严重障碍，但中美地方经贸合作仍有重要动力。对华出口方面，2018年美国仍有25个州（含华盛顿特区）在2016年的基础上增长超过10%，其中超过20%的有12个州（含华盛顿特区），华盛顿特区和新墨西哥州增长率分别达到174%和121%；自华进口方面，2018年有35个州（含华盛顿特区）在2016年的基础上增长超过10%，其中超过20%的有22个州，华盛顿特区和爱达荷州增长率分别达到686%和102%。[①] 正是由于这一深厚基础，美国地方政府和社会并不支持特朗普政府挑起中美贸易摩擦。因此，在中美

① 笔者根据美国国际贸易署（International Trade Administration, https://www.trade.gov/）数据计算得出。

中央／联邦政府关系陷入困难的背景下，美国地方政府纷纷与中国驻美使领馆接触，以强化中美地方合作。2019年初，中国驻美大使馆以及驻芝加哥、纽约、旧金山总领事馆等纷纷到相应州出席新一届州政府就职仪式并与各州新任领导人交流，以进一步促进中美地方合作。这一新发展也引发了特朗普政府的高度“警惕”。美国国务院于2019年10月要求，中国驻美外交人员在与地方官员会见之前，必须提前通知。对此，中国外交部发言人耿爽表示，美国国务院对中国驻美外交人员在美开展正常公务活动提出额外要求，人为设置障碍，中方对此表示反对，已经向美方提出了严正交涉。①

第三，尽管美国开始在全球事务中更加全面地“围堵”中国，但中美在很多国际问题上的确存在合作需要。2019年，中美围绕阿富汗事务展开了颇有成效的沟通和合作。3月，中国外交部阿富汗事务特使邓锡军、美国阿富汗和解事务特别代表哈利勒扎德和俄罗斯总统阿富汗问题特别代表卡布洛夫在华盛顿举行三方阿富汗问题磋商，就当时阿和平进程形势交换意见，并就共同努力助阿实现和平、安全与繁荣进行讨论。7月，中国外交部副部长乐玉成在钓鱼台国宾馆会见来华参加阿富汗问题第三次中俄美三方磋商和首次中俄美巴（巴基斯坦）四方会议的代表，就当前阿和谈和解形势、如何推动阿问题政治解决等交换意见。同日，第三次中俄美三方磋商和首次中俄美巴四方会议在京举行，并发表《中俄美巴四方阿富汗问题联合声明》。此外，中美还围绕朝鲜半岛问题、中东局势、非洲发展等展开了对话与交流。尽管围绕上述问题不乏争议，但对话对缓解中美双边关系紧张仍有着潜在的积极意义。

2020年注定不会平凡，一是中国在开年之际面临新型冠状病毒的严峻挑战，二是美国2020年大选将在年底收官。因此，2020年中美双方的战略和政策优先都可能变得更加“内向化”。对双边关系而言，其中蕴含的机遇与挑战同等重大。2020年中国对美外交应围绕两大优先展开：一是努力维持中美战略交流与沟通的既有水平，避免中美因整体“战略竞争”格局

---

① 《2019年10月17日外交部发言人耿爽主持例行记者会》，2019年10月17日，中国外交部网站，https://www.fmprc.gov.cn/web/fyrbt_673021/jzhsl_673025/t1708635.shtml。

和双方“内向化”态势而进一步疏离；二是强化危机预防和管理能力的培养与机制建设，进一步深化对美国政治、社会的前瞻性研究，预判2020年美国大选可能出现的意外冲击，尤其是特朗普总统的寻找“替罪羊”战略，尽可能充分地准备相关预案，推进以协调、合作、稳定为基调的中美关系的发展。

第三章
2019年印度对华外交政策趋势*

谢　超

【内容提要】印度对华政策的特点是竞争与合作并存，印度在政治和安全上不信任中国，但在经济上欣赏中国成就，并认识到对华合作有利于印度经济发展。印度对美政策的特点是猜忌与合作并行，印度在政治和安全上面临美国的拉拢，但总是抱怨得到的战略回报不够。因此印度对中国和美国都存在一定程度的不信任。莫迪就任以来的对华政策历经多次调整。在初期短暂试探对华合作之后，莫迪对华经济和政治关系日益强调竞争的一面，印中关系开始承受考验。进入2016年以来，莫迪对华政策的冲突领域不断扩大，双边关系下降速度加快，到洞朗对峙时期达到低谷。特朗普2017年上任后推动印美关系加速发展，莫迪政府作出积极响应，以共同应对中国日益上升的国际影响力，成为中印关系恶化的外部推动力。2018年以后，特朗普政府的全球贸易保护主义政策开始冲击印美关系，美国对印度实际执行的是安全与经贸议题脱钩的政策，对印美关系构成冲击并导致印度对美战略疑虑上升，这成为印度调整对华政策的外部动力，此时印度政府主动与中国缓和关系成为保持大国战略关系平衡的必要手段。

【关键词】莫迪政府；中印关系；战略平衡；务实外交

【作者简介】谢超，清华大学国际与地区研究院助理研究员，印度金德尔国际大学国际事务学院访问学者（2018—2019年）。

---

*　本文部分内容已经发表，详见谢超:《战略选边与战略平衡：莫迪政府对外外交战略及演变》,《印度洋经济体研究》2019年第5期，第53—71页。

一、导言

莫迪上任后在短暂尝试对华合作之后，很快开始强调对华对冲战略，这里面既有两国的冲突历史和边界纠纷的因素，也有印度利用国际时机主动推动自身的外交和安全日程的因素。[①] 莫迪促成奥巴马在任内将印度提升为美国“主要军事伙伴”，双方还签订了《后勤交流备忘录协议》，印美战略合作的力度之大，甚至引发学界关于印度在大国关系中全面向美倾斜，印度正在偏离不结盟政策的讨论。[②] 莫迪积极呼应美国总统奥巴马对于印美关系将成为21世纪具有决定性影响的双边关系的提法，美国也开始主动提升印度的国际地位，并在特朗普上任之初将印美战略合作推到更高水平。在此背景下，莫迪政府对华经济和政治关系日益强调竞争的一面，印中关系开始承受考验。

自2018年2月底以来，印度政府积极缓和印中关系，主动营造有利的国际氛围，促成了双方领导人在年内的三次会面。2018年6月以来，印度更是主动调整对华政策立场，包括松动对“一带一路”倡议的反对立场，极力否认印度在寻求加入旨在遏制中国的国际同盟，积极回应中方关切，并与中国在国际事务上进行一定程度的协调与合作。在较短时期内，印度重新调整对华政策，积极管控分歧，中印关系停止向恶化方向发展，并有向好的趋势，这出乎很多观察人士的意料。本文力图通过解析中印关系缓和的现状，寻求当前印度主动缓和对华关系的动因，在此基础上探讨印美关系，特别是特朗普对印政策对印中关系的影响，为更好地理解未来几年中印关系的发展趋势提供参考。

二、莫迪第一任期的对华政策演变

莫迪上任后，对我国提出的“一带一路”倡议持负面看法，并且将反

① 刘红良：《论印度对华政策的对冲刚性与合作韧性》，《南亚研究》2019年第1期，第1—28页。

② 李莉：《印度偏离不结盟及其动因分析》，《国际政治科学》2017年第1期，第1—35页。

对意见逐渐与印巴领土争议挂钩，将中巴经济合作安全化。莫迪政府表示，中巴经济走廊的规划路线经过印巴争议地区，构成对印度主权的侵犯。[1] 印度从安全角度看待“一带一路”倡议，也决定了莫迪政府对华政策的基调是冲突与竞争。作为对中方的回应，莫迪政府曾经提出过“季风计划”，还积极与日本商讨建立“自由走廊基建计划”等。随着印中在政治和经济领域的冲突日益增多，莫迪政府对“一带一路”倡议立场更加僵化。2017年5月，中国举行“一带一路”国际合作高峰论坛，印度政府决定公开抵制，将两国分歧推到前所未有的高度。[2] 冲突不断累积终于成为危机，随后发生的就是当年6月份开始的洞朗对峙。

2017年6月，在洞朗危机发生之前，莫迪成功访美并与特朗普在白宫深入会谈，印美关系似乎迎来一个加速发展期。但在洞朗对峙中，印度发现一直强调加强印美关系的特朗普政府并没有明确支持印度在对峙事件上的立场。[3] 虽然缺乏实质支持，特朗普在美印战略合作方面的辞藻日益丰富，当年11月，特朗普正式提出了“印太战略”概念，印度成为美国全球战略的支点国家，“印太”有望成为新的地缘政治热词；12月，特朗普发布任内首份《国家安全战略报告》，在将中国定位为美国竞争对手（rival power）的同时，明确表示欢迎印度成为“全球领先国家”。[4] 这可以说是

---

① “Pushing Back against China’s One Belt One Road, India, Japan Build Strategic ‘Great Wall’,” *Economic Times,* May 16, 2017, https://economictimes.indiatimes.com/news/economy/infrastructure/pushing-back-against-chinas-one-belt-one-road-india-japan-build-strategic-great-wall/articleshow/58689033.cms.

② Ministry of External Affairs, Government of India, “Official Spokesperson’s Response to a Query on Participation of India in OBOR/BRI Forum,” May 13, 2017, http://www.mea.gov.in/media-briefings.htm?dtl/28463/Official+Spokespersons+response+to+a+query+on+participation+of+India+in+OBORBRI+Forum;“India Won’t Accept OBOR, It Ignores Core Concerns on Sovereignty: MEA,” *Business Standard,* May 14, 2017, http://www.business-standard.com/article/news-ani/india-won-t-accept-obor-it-ignores-core-concerns-on-sovereignty-mea-117051400020_1.html.

③ Harsh V. Pant and Abhijnan Rej, “Is India Ready for the Indo-Pacific?” *The Washington Quarterly* 41 no.2 (2018): 47-61; Mahffoz Alam, “Magnifying Chinese Presence in South Asia and the Indian Ocean: Decoding Its Consequence for India,” *International Journal of Applied Social Science* 5 no.2 (2018): 156.

④ The White House, *National Security Strategy of the United States of America,* December 2017, https://www.whitehouse.gov/wp-content/uploads/2017/12/NSS-Final-12-18-2017-0905.pdf.

莫迪主导的“东向行动”获得的最大外部助力之一。[①] 在历届印度总理中，莫迪也是上任后短时间内从印美外交获益较多的领导人之一。

然而，美国政府在对印战略合作方面华丽热情的语言与现实政策之间的差距明显，可以说特朗普对印外交明显具备安全与经贸议题脱钩的特征，即安全上积极推动印美合作的深度和广度，经贸上则继续贯彻美国第一和单边保护主义的做法，印度的经贸利益受到冲击。2018年3月，特朗普宣布对外加征钢铝关税，以保护美国钢铁业和制造业。几个特定国家，主要是加拿大和墨西哥，在附加条件的情况下获得短期豁免，此后澳大利亚主动让步也获得一个豁免名额，但是包括印度在内的其他国家就没那么幸运，为此印度正式向美国提出请求，要求美国政府将其纳入豁免国名单。[②] 印度的理由在于，印度一直被认为是美国的“天然盟友”，而且印度相关产品对美出口总额只有2.4亿美元，总额较小，根本构不成对美国的“安全威胁”。[③] 但是，特朗普政府在5月公布的新一批豁免名单中，印度并不在榜上。让印度难堪的是，随后美国财政部又宣布将印度列入货币操纵国观察名单。[④] 虽然只是被列入观察国名单，但这成为悬在印度头上的“达摩克利斯之剑”，印度有理由相信特朗普政府随时试图以此作为施压手段，迫使印度在其他方面作出战略让步。

如果说以上还只是经济利益的得失，那么当美国开始干预印度与其他国家的军事合作时，印度发现自己珍视的战略自主（strategic autonomy）并没有得到美方尊重。印度一直进口伊朗石油，也有意采购俄罗斯S–400防空导弹系统，与伊朗的石油贸易事关印度能源安全，与俄罗斯的军技贸

---

① 杨瑞、王世达:《印度与“印太战略构想”：定位、介入及局限》,《现代国际关系》2018年第1期，第46页。

② “India Requests US for Exemption from Steel, Aluminium Tariffs,” *Times of India*, April 2, 2018, https://timesofindia.indiatimes.com/business/india-business/india-requests-us-for-exemption-from-steel-aluminium-tariffs/articleshow_new/63580129.cms.

③ Reuters, “India and EU Give WTO Lists of US Goods for Potential Tariff Retaliation,” May 18, 2018, https://uk.reuters.com/article/uk-usa-trade-eu-india/india-and-eu-give-wto-lists-of-us-goods-for-potential-tariff-retaliation-idUKKCN1IJ28N.

④ Bloomberg, “Why Chances of the US Naming India a Currency Manipulator Are Slim,” April 16, 2018, https://www.bloomberg.com/news/articles/2018-04-16/why-chances-of-india-being-named-a-currency-manipulator-are-slim.

易不仅事关印俄传统友好关系，也关系到印度国防现代化，但美国基于其国内《以制裁反击美国敌人法案》干预印度政府决策，引发印度国内对外交自主权的担忧。[①] 印度各界开始重新思考与美国深化战略合作是否值得付出如此高昂的代价。国际政治的现实，特别是特朗普政策的不确定性和大国关系互动的复杂性，让印度发现当前并不是在大国政治中选边站的有利时机。对于印度来说，特朗普对印政策的不确定性日益加大，印度外交存在受制于美国的风险，这成为印度决心调整对华政策的重要外部因素之一，而我国对印度损害我国领土主权行为的强硬反制，也是促使印度反思其对华对抗政策的另一个原因。

三、莫迪务实外交与大国战略平衡

如果说洞朗对峙及之前，印度是主动配合和参与美国围堵中国，那么进入2018年之后印度开始重新致力于在中美之间寻求战略平衡，着力减少可能促使外界形成有关印美正在结成国家集团防范和遏制中国的印象的行为，以平息外界特别是中国方面的猜测和担忧。例如，印度所主导的“马拉巴尔”军事演习，是美日印澳“四边机制”的重要平台。2015年日本被接纳为正式成员曾引发中方的严重关切，而澳大利亚一直想成为“马拉巴尔”演习的正式成员，因此每次澳大利亚能否如愿获邀参加演习，成为观察印度态度的重要指标。2018年以来，印度的有关决策也开始更多考虑中国的感受，在四国集团问题上的立场和表态日益谨慎。

面对外界对于2018年“马拉巴尔”演习的种种猜测，2018年6月，莫迪在香格里拉对话上发表演讲时，专门阐述了印度的外交战略，“印度并不把印太地区视为一个战略，也不认为它是一个由有限成员组成的集团，也不是一个试图占主导地位的集团。我们绝不认为它是针对任何国家

---

① “No Waiver? US Wants All Countries to Import Zero Oil from Iran,” *Times of India*, September 6, 2018,https://timesofindia.indiatimes.com/business/india-business/no-waiver-us-wants-all-to-import-zero-oil-from-iran/articleshowprint/65710612.cms.

的”。[①] 2018年6月6—15日，“马拉巴尔2018”演习正式开始，澳大利亚并没有如愿参加，而印度军方也特地在演习之前就对外界表示，没有必要赋予四国集团机制以军事意义。[②] 这也被认为是印度对待美日印澳“四边机制”的最新态度。印度政府低调处理与美国“印太战略”密切相关的四国集团机制，一方面是为了防止与美国在军事安全上捆绑太紧从而损害自身战略自主权，另一方面也是为了避免刺激中国，不伤害两国来之不易的合作态势。

2018年4月武汉非正式会晤以来，中印领导人和双方高层官员互动不断增加。在南非金砖峰会的会晤上，中印双方更是再次确认了“金砖+”机制的有效性。[③] 中国和印度是金砖国家中经济实力最强的两个国家，这种安排得到官方确认，表明双方在国际战略上已经出现一定程度的协调与合作，有助于防范和及时化解可能出现的冲突与问题。

双方对于潜在的冲突领域开始作出预防性的安排。边界问题长期影响双边关系的稳定发展。2018年8月，中国防长访印，两国探讨建立信任措施（CBM），军队之间建立军事热线，以及尽快恢复“手牵手”（hand in hand）军事演习等合作，力图构建双方战略沟通渠道，在未来处理分歧时采用“相互体谅且成熟”的方式，避免让分歧升级成为争端。[④] 预防性措施的引入，有助于为双方管控分歧和建立互信带来极大帮助，有助于守住中印之间不发生大规模冲突的底线。

两国的政治互信也有所提高，这体现在对待“一带一路”倡议上印度官方态度的微妙变化。2018年6月，莫迪在上合组织峰会上建议要推动“各

① “India, China Should Be Sensitive to Each Other’s Interests, Says PM Modi,” *Times of India*, June 1, 2018, https://timesofindia.indiatimes.com/india/india-china-should-be-sensitive-to-each-others-interests-says-pm-modi/articleshow/64419442.cms.

② “Indian Navy Chief Says No Need to Give Military Angle to the Quad,” *Hindustan Times,* May 23, 2018, https://www.hindustantimes.com/india-news/indian-navy-chief-says-no-need-to-give-military-angle-to-the-quad/story-VZVrnkwhvVRICt5UwXB9tN.html.

③ 《金砖国家领导人第十次会晤约翰内斯堡宣言（全文）》，2018年7月27日，中国网，https://news.china.com/focus/xjpcfyfwg/news/13002222/20180727/32738587.html。

④ “A Year after Doklam, India & China to Discuss Border CBMs, Hotline, Combat Exercise,” *Times of India,* August 21, 2018, https://timesofindia.indiatimes.com/world/china/a-year-after-doklam-india-china-to-discuss-border-cbms-hotline-exercise/articleshowprint/65491223.cms.

国在实体与虚拟层面的连接”，“印度将在上合组织框架内加强与邻国在实体与虚拟层面的连接”。[①] 莫迪政府的态度与中方“一带一路”倡议所追求的理念日益接近。印度政府还有意支持或参与多边框架下的具体基建项目。在莫迪上合组织峰会讲话之前，印度外长斯瓦拉吉提前透露中印正在探讨在阿富汗开展基础设施项目合作，印方还明确中印有关合作将不受巴基斯坦问题的影响。[②] 作为务实合作的一部分，中印双方联合举办阿富汗外交官培训班，致力于将“中印+”合作模式拓展到更广泛的领域。[③] 当然这并不是说印度已经完全放弃此前援引印巴边界争议反对中巴经济走廊的立场，但双方在区域互联互通方面的共识正在增加。双方对于如何深入拓展“中印+”模式仍十分谨慎，但类似协调与合作的尝试，已经凸显了双方致力于在新的多边合作理念下建立互信的努力。

四、对莫迪第二任期外交战略的展望

进入2019年，印度面临的国际环境得以延续。在莫迪胜选的当天，印度政府就不得不在美国的压力下正式停止从伊朗进口石油。[④] 美国插手委内瑞拉局势，使得印度另一个重要的石油供应国也处于动荡之中，如何确保印度的石油供应安全，将是莫迪第二任期的重要任务。贸易方面，美国政府高官和特朗普本人多次在公开场合批评印度的贸易政策，认为美国产品和美国公司在印度市场没有得到公平对待，印度“未能确保平等合理的

① “SCO Summit Highlights: PM Modi Says Connectivity with Neighbouring Nations Top Priority,” *Hindustan Times,* June 10, 2018, https://www.hindustantimes.com/india-news/sco-summit-live-pm-modi-meets-xi-jinping-at-welcome-ceremony-in-china-s-qingdao/story-Xb9qGSR9ol0kXvHJxeGmzL.html.

② 《印外长：中印在阿富汗项目不受巴基斯坦影响》，2018年5月29日，凤凰网，http://news.ifeng.com/a/20180529/58490439_0.shtml.

③ “India, China Launch Training Programme for a Diplomats,” *Times of India*, October 16, 2018, https://timesofindia.indiatimes.com/world/china/india-china-launch-training-programme-for-af-diplomats/articleshowprint/66230150.cms.

④ “India Stopped Importing Iranian Oil after US Waiver Expired: Envoy,” *Business Today,* May 23, 2019, https://www.businesstoday.in/current/economy-politics/india-stopped-importing-iranian-oil-after-us-waiver-expired-iran-sanction-oil-economy-trump-us-iran/story/349815.html.

市场准入”。[①] 可以想见，印度对美贸易顺差使得印度随时可能成为特朗普关税惩罚策略的目标。

特朗普政府对印度安全与经贸议题脱钩的政策仍在持续。一方面，特朗普在安全上的拉拢政策仍在继续。2019年3月27日，印度宣布成功进行反卫星试验，美国军方一度对试验造成的碎片表示关注，但随后在参议院听证会上表示理解印方有关试验是出于太空安全的关切，印度方面也欢呼美国为印度立场提供“前所未有”的保证。[②] 另一方面，特朗普政府在保持对中国贸易压力的同时，也开始对印美贸易采取措施。3月4日，美国宣布计划在3个月后终止此前给予印度的贸易优惠待遇，理由是印度没有确保美国企业在多个领域的公正合理市场准入权利。[③] 这意味着印度对美约64亿美元出口受到冲击，其绝对金额不高，但仍是美国对印度采取的最严厉的贸易措施之一。

除此之外，特朗普本人在多个场合公开谴责印度的关税政策，并威胁对印度进行关税惩罚。[④] 就在美国政府取消对印度的贸易优惠待遇之后，美国商务部长罗斯（Wilbur Ross）公开称呼印度为高关税国，敦促印度政府降低对美国出口印度商品的关税和放松对美国企业进入市场的准入要求。[⑤] 特朗普对印政策的两面性日益明确。对于莫迪政府而言，美国推行的战略合作同贸易问题脱钩的政策并不符合印度的国家利益，美国在美印

① “US Commerce Secretary Warns India on ‘Unfair’ Trade Policies,” *The Economic Times,* May 8, 2019, https://economictimes.indiatimes.com/news/economy/foreign-trade/us-commerce-secretary-warns-india-against-any-retaliatory-tariffs/articleshow/69217711.cms.

② “In Unprecedented Support, US Defends India’s Space Weapons Test Saying It Understands New Delhi’s Concerns,” *Times of India*, April 12, 2019, https://timesofindia.indiatimes.com/india/in-unprecedented-support-us-defends-indias-space-weapons-test-saying-it-understands-new-delhis-concerns/articleshowprint/68852883.cms.

③ “Donald Trump Plans to End India’s Preferential Trade Treatment,” *Times of India,* March 5, 2019, https://timesofindia.indiatimes.com/business/india-business/trump-informs-congress-about-intent-to-terminate-gsp-designation-of-india-turkey/articleshowprint/68263146.cms.

④ “Donald Trump Says India Charging US over 100% Tariffs on Many Products,” *Times of India*, April 7, 2019, https://timesofindia.indiatimes.com/world/us/trump-says-india-charging-us-over-100-tariffs-on-many-products/articleshowprint/68761360.cms.

⑤ “‘US Least Protectionist, India High-Tariff Nation’: Official,” June 14, 2019, https://www.ndtv.com/india-news/us-official-wilbur-ross-says-us-least-protectionist-india-high-tariff-nation-2052958.

贸易问题上咄咄逼人的态势，迫使印度尽快作出回应。

此前在美国加征钢铝关税时，印度已宣布将采取对等报复措施，在世界贸易组织备案了将对同等金额的29种美国农产品加征关税的报复措施，但莫迪政府一直对特朗普政府留有期望，一直未正式施行。面对特朗普政府正式取消印度的贸易优惠待遇和不断施加的贸易压力，印度政府于2019年6月16日正式宣布对美国输印的29种商品征收惩罚性关税作为回应。① 这标志着印美贸易冲突公开化，特朗普明确要求印度方面取消对美惩罚性关税，同时提议双方进行贸易谈判，但在随后7月份印美两国的贸易磋商中，双方除了各自宣示主张，并未能在贸易问题上取得任何突破。② 虽然现在谈论印美贸易战还为时过早，但是印度可能无法躲避特朗普的贸易霸凌行为，双方关系的不确定性增加。

2019年上半年，由于印度大选等原因，印中在推进合作方面的步调相对谨慎，但是从选举过程中的一些现象可以看到印中关系的很多积极因素。例如，2019年2月13日，印度安全部队在印控克什米尔地区的普尔瓦马（Pulwama）遇袭，事件引发了印巴敌对局势，双方爆发小规模冲突，对此中方积极斡旋推动印巴对话，为稳定印巴局势发挥了建设性作用。③ 中印两国关系进入理性沟通、良性互动的新局面。

五、结语

本文认为，在莫迪第二任期内，印度对华政策将大概率继续保持稳定，但这并不意味着印中之间双边关系的不确定性减少。应当清醒地看

---

① "Tariff War! India Imposes Higher Customs Duty on 28 US Goods from Today," *Business Today*, June 16, 2019, https://www.businesstoday.in/current/economy-politics/tariff-war-india-imposes-higher-customs-duty-on-28-us-goods-from-today/story/356512.html.

② "India-US Trade Talks End without Any Breakthrough: Sources," *India Today*, July 13, 2019, https://www.indiatoday.in/business/story/india-us-trade-talks-end-without-any-breakthrough-sources-1568152-2019-07-13.

③ "China Played Constructive Role in Easing Recent Tension between India and Pakistan: Envoy," *Times of India*, April 10, 2019, https://timesofindia.indiatimes.com/world/china/china-played-constructive-role-in-easing-recent-tension-between-india-and-pakistan-envoy/articleshowprint/68818053.cms.

到，印中关系的平稳健康发展仍然面临很大挑战，边界问题将成为影响双方关系稳定发展的不确定因素之一。2019年8月5日，印度政府宣布废除宪法第370条，取消印控克什米尔地区此前在宪法框架下享有的特殊地位，克什米尔地区也被分为两个联邦管辖区（Union Territory）。[①] 印方举措不仅引发印巴边界危机，同时还涉及中方领土被单方面非法划入印行政管辖范围，遭到中方的坚决反对。[②] 面对此次事件可能对双方关系带来的冲击，印度外交部长在随后的访华行程中，向中方解释了印方的立场，并明确作出"三不"表态，即"印方修宪不产生新的主权声索，不改变印巴停火线，也不改变印中边界实际控制线"，"恪守两国就维护边境地区安宁达成的共识"。[③] 2019年10月，两国领导人在印度金奈举行的第二次非正式会晤取得圆满成功，就两国关系、区域事务合作和国际问题协调等达成系列共识，为今后一段时期中印关系的平稳发展提供了方向性的指引。有理由相信，双方就事关两国战略关系的问题保持密切往来和沟通，将有利于推动双边关系的持续发展。

---

① "Jammu & Kashmir and Ladakh to Be Two Union Territories, Centre Scraps Article 370," *The Indian Express,* August 5, 2019, https://indianexpress.com/article/india/jammu-kashmir-and-ladakh-to-be-two-union-territories-5879211/.

② 《外交部发言人华春莹就印度政府宣布成立"拉达克中央直辖区"涉我领土问题答记者问》，2019年8月6日，中国外交部网站，https://www.fmprc.gov.cn/web/wjdt_674879/fyrbt_674889/t1686536.shtml。

③ *Ministry of External Affairs, Government of India, Visit of the External Affairs Minister to Beijing* (August 12, 2019), https://mea.gov.in/press-releases.htm?dtl/31727/Visit_of_the_External_Affairs_Minister_to_Beijing_August_12_2019;《王毅就克什米尔问题表明立场》，2019年8月12日，中国外交部网站，https://www.fmprc.gov.cn/web/wjbz_673089/zyhd_673091/t1688117.shtml。

第四章
2019年的中日关系：持续回暖，喜忧参半

吴寄南

【内容提要】2019年，中日关系持续回暖，总体平稳，在各个领域都取得了明显进展。应对百年未有之大变局的共同利益诉求和关切拉近了两国间的距离。但是，由于导致两国间对立的结构性矛盾一个也没有解决，双方战略互信尚未恢复，在内外多种因素交互作用下，中日关系企稳向好受到一定程度牵制，在双边关系回暖过程中出现了一些不协调的杂音。为构筑契合新时代要求的中日关系，两国亟须相向而行，共同努力，夯实双边关系持续企稳向好的基础。

【关键词】新时代；百年未有之大变局；增信释疑；夯实基础

【作者简介】吴寄南，上海国际问题研究院亚太研究中心研究员。

2019年对中日两国来说都是一个不寻常的年头。2019年恰值新中国成立70周年。随着德仁天皇在2019年即位，日本迎来了“令和”新时代。令人欣慰的是，在这一堪称历史新起点的关键之年里，中日关系呈现持续回暖的态势。无论是首脑外交、政府磋商、经贸合作，还是人文交流、防卫对话都取得了令人欣喜的进展。然而，由于过去几年中日关系“病”得很重，“疗伤”过程不仅耗时较久，也容易在内外各种因素交互作用下出现反复。中日关系总体上仍然处于爬坡过坎、不进则退的关键阶段。

本文拟就2019年中日关系持续回暖的特征、深层次的驱动因素及主要的牵制因素进行剖析，进而提出如何夯实双边关系持续稳定发展基础的若干建议。

一、中日关系持续回暖是两国相向而行、共同努力的结果

众所周知，中日关系在2018年告别持续多年的僵冷状态，重返正常轨道。这是符合时代潮流，也是契合人心所向的可喜变化。这一势头在2019年里得到了继续发展，中日关系呈现了持续回暖的局面，主要表现在以下五个方面。

（一）首脑外交发挥引领作用

2019年，中日间的首脑外交取得新进展，“重头戏”是习近平主席于6月27—29日出席了在日本大阪举行的二十国集团峰会。习主席抵达大阪首日便与安倍首相举行了双边会晤，出席安倍首相的宴请。双方围绕构建契合新时代要求的中日关系，达成了十点共识。10月23日，中国国家副主席王岐山应邀出席德仁天皇的即位庆典，对日本进行了友好访问，会见了日本首相安倍晋三等政要。11月4日，李克强总理在出席东盟系列峰会期间，也与安倍首相举行了会晤。

（二）高层磋商逐步走上正轨

2019年，中日政府间高层磋商日趋频繁，有关对话机制陆续启动。其中比较具有代表性的是，4月14日，中国国务委员兼外交部长王毅与日本外相河野太郎在北京共同主持第五次中日经济高层对话。这是2018年重启这一机制后第二次举行该对话。5月17日，中共中央政治局委员、中央外事工作委员会办公室主任杨洁篪与日本国家安全局局长谷内正太郎共同主持了在日本长野县举行的第六次中日高级别政治对话，杨洁篪还在会后赴东京与安倍首相会晤。8月20日，王毅在北京会见了来华出席中日韩外长会议的日本外相河野太郎。通过这一系列高层磋商，双方就共同应对国际政治经济秩序面临的严峻挑战，进一步加强两国在政治、经济、人文和安全领域的合作达成了一系列共识。

（三）经贸合作保持基本稳定

2019年，世界经济下滑压力明显加大，中美贸易摩擦逐步升级的波及效应日益凸显。中日经贸合作在逆风中砥砺前行，保持基本稳定。从中国海关统计来看，前三季度中日双边贸易总额比上年同期减少了4.9%，但低于中美、中韩双边贸易总额分别锐减14.8%和11.0%的幅度。① 值得注意的是，日本财界看好中国的商机，在全球经济普遍不景气的情况下仍重视在中国布局。日本对华直接投资连续第四年呈恢复性增长势头。据中国商务部统计，2019年前三季度日本对华直接投资总金额为31.4亿美元，而2015—2018年同期的这一数字分别为25.4亿美元、22.7亿美元、23.5亿美元和31.5亿美元。② 11月5—10日于上海举行的第二届中国国际进口博览会，日本有380家企业参展，位居各国之首。

（四）人文交流出现新的局面

2019年是中日两国政府决定的“中日青少年交流促进年”。双方从2019年起五年内共安排三万青少年访问对方国家。两国人员互访受这一举措推动，正在出现新的高潮。另据日本政府旅游局发布的统计，2019年前三季度，中国访日游客已逾740.26万人，同比增长14.8%，在访日外国人中保持一路领先的势头。③ 全年可能突破1000万人，远超2018年的838万人。2019年，中日人文交流中的一大“亮点”是首次举行中日高级别人文交流磋商。双方同意从历史文化的深厚积淀中寻找价值认同，从亲仁善邻的古老智慧中汲取现代启迪，开辟两国民众相知相亲之道，增进两国民众的相互认知和友好感情，为两国关系长远发展打造强劲的人文纽带和稳固

① 《统计快讯·2019年9月主要商品进出口国家（地区）总值表》，中国海关总署网站，http://www.customs.gov.cn/customs/302249/302274/302275/2638046/index.html，访问时间：2019年11月2日。

② 《对华直接投资前十位国家和地区》，中国商务部网站，http://data.mofcom.gov.cn/lywz/topten.shtml，访问时间：2019年11月2日。

③ 《2019年访日外国人统计》，2019年10月16日，日本旅游局网站，https://www.jnto.go.jp/jpn/statistics/data_info_listing/pdf/191016_monthly.pdf。

的民意基础。[①]

（五）防卫交流迈出新的步伐

安全领域一向是中日关系的“短板”。两国防务部门加强交流沟通，有利于妥善管控分歧，增进安全互信。继2018年6月中日正式启动海空联络机制后，2019年两国在安全领域的交流迈出了新的步伐。4月21日，日本海上自卫队“凉月”号驱逐舰赴青岛，参加了中国海军成立70周年海上阅兵。这是七年半来日本海上自卫队舰艇再次访华。接着，中国海军“太原”号导弹驱逐舰于10月10日抵达日本横须贺港，这是中国海军时隔十年首次访日，也是首次参加日本海上自卫队的阅舰式。两国舰艇访问始于2007年10月，一般都是隔年到访对方国家，实现年内互访还是有史以来的第一次，这意味着两国在安全领域的交流迈出了新的步伐。

二、应对百年未有之大变局的共同利益诉求拉近中日两国距离

这一波中日关系的改善究竟是哪一方主动推进？可谓众说纷纭。实际上这是双方互有需求，共同推动的结果。在两国领导人审时度势、抓住“机会之窗”的决断背后，最大的驱动因素是彼此都强烈意识到国际社会正在发生深刻变化，共同的利益诉求和关切拉近了两国的距离。

人们常用百年未有之大变局来形容当今的时代。毋庸讳言，中日两国共同面对一个大发展、大变革、大调整的世界。国际格局发生着深刻的震荡，有三大变化是有目共睹的。

（一）世界实力对比发生世纪大逆转

近20年来，随着中国等新兴经济体的崛起，出现了堪称“世纪大逆转”的变化。

---

① 刘军国：《中日高级别人文交流磋商机制首次会议在东京举行》，《人民日报》2019年11月26日。

一是“南北逆转”。根据国际货币基金组织（IMF）的统计，中国、巴西、俄罗斯、印度、印尼、墨西哥和土耳其等七个新兴经济体国家，在2014年按照购买力平价计算的GDP总额（38.141万亿美元）就超过了西方七国集团（34.74万亿美元）。[①] 国际上通常将新兴经济体、发展中国家称为“南方”，将发达国家称为“北方”。目前出现的“南升北降”局面可以说是百年来所罕见的。

二是“东西逆转”。国际货币基金组织的统计表明，包括中、日、韩在内的东亚地区按购买力平价计算的GDP总额为23万亿美元，超过了西欧地区的18万亿美元、美国的17万亿美元。这标志着世界经济的重心正由欧美转到亚洲。[②] 这种逆转也是百年来第一次。出现这两大逆转的根本原因是新兴经济体的群体性崛起，尤其是中国经济改革开放以来驶入了持续高速增长的“快车道”。中国的GDP占世界GDP总额的比重由1978年的2%上升为2017年的15%，成为仅次于美国的第二大经济体。中国经济对世界经济增长的贡献率从2013年以来一直保持在30%的高水准上。论经济体量和发展速度，中国已经到了让迄今一直处于霸主地位的美国不得不出手加以遏制的“临界点”。

（二）战后国际秩序遭到颠覆性挑战

二战结束后，以布雷顿森林体系为代表的国际经贸秩序，如国际货币基金组织、世界银行和世贸组织曾长期维系和推动着世界经济的发展。中日两国都是现行国际经贸秩序的受益者。但是，近20年来，由于跨国企业特别是金融资本追求利益最大化的结果，发达国家的制造业逐渐向外转移，出现了产业空心化、失业率上升等弊端。恰恰是在最先推进全球化的国家出现了反全球化的逆流。英国脱欧、特朗普当选为美国总统就是这股反全球化逆流的典型代表事件。

特朗普上任以来，美国动辄“废约”“退群”、挑起关税战，肆意践踏

---

① 久保孝雄:《大転換の時代—「南北逆転」「東西逆転」の進む世界と日本の課題》，刊载于朱建荣主编《世界のパワーシフトとアジア》，2017年12月，花传社。

② 久保孝雄:《大転換の時代—「南北逆転」「東西逆転」の進む世界と日本の課題》，刊载于朱建荣主编《世界のパワーシフトとアジア》，2017年12月，花传社。

现有的国际经贸秩序。这是二战结束70多年来前所未有的转变。特朗普政权力图恢复美国的制造业大国地位，确保美国在科技领域全面领先，在军事领域保持强大的威慑力量。为此，其越来越频繁地用国内法取代国际法，实行“长臂管辖”，其所作所为对现存的国际秩序形成颠覆性挑战，打破了国际社会在“守法”方面的基本心理预期。可以说，国际社会当前已出现严重的公共产品赤字、全球治理缺位。

（三）大国间的战略博弈空前激化

20世纪90年代美苏冷战宣告结束后，大国间的对话、协调渐趋频繁，冲撞、对立相对弱化，彼此间的战略博弈更多地表现为综合国力的竞争、国际话语权和软实力的角逐。但是，进入21世纪以后，美国先后发动了阿富汗战争、伊拉克战争，再加上由美国发端、波及全球的金融危机，美国一向引以为傲的硬实力和软实力都有不同程度的下降。这就导致美国当权者产生强烈的焦灼感、危机感。

2017年初，特朗普上任后，美国为维护自身的霸权地位，在外交、军事领域发动了咄咄逼人的攻势，释放出一系列强化大国竞争、加剧战略博弈的信号：其一是通过发布《国防战略报告》《国家安全战略报告》等，明确大国竞争是美国的“首要关切”，将中国和俄罗斯等“修正主义大国”定位为美国的“竞争对手”，加大军事威慑的力度；其二是将战略重点由西向东转移，推出所谓的“印太战略”，构建美日印澳“四边机制”，拼凑遏华制华的战略包围圈；其三是在中东、南海等敏感地区煽风点火，升高紧张局势，借以增强美国在热点冲突中纵横捭阖、从中渔利的战略态势；其四是执意退出《中导条约》等军控机制，斥巨资发展低当量核武器，降低核武器使用的门槛，导致大国间的军事角力白热化。这也导致国际社会对爆发核冲突的担忧达到冷战结束近30年来的最高程度。

在人类走到新的十字路口之际，中日关系也在经历重要的历史性变化。中日两国作为世界第二、第三大经济体，对国际社会的辐射力、影响力都在扩大。但两国在受惠于现有国际秩序的同时，也受到国际环境的严重制约。两国拥有越来越多的共同利益和关切，也承担着越来越重的共同责任和使命。为应对共同的挑战，中日两国亟须转变思维模式，超越狭隘的双边框架，更多地考虑如何深化相互合作，朝构筑“利益共同体”“责任共同体”和“命运共同体”的方向努力。正如中国国务委员兼外交部长王毅所指出的，“新时代要求我们共同打造更加成熟稳定的双边关系，书写合作共赢的新篇章；新时代要求我们共同促进地区的发展繁荣，引领亚洲的新未来；新时代要求我们共同承担应尽的国际责任，为地区和全球稳定发展作出新的贡献”。[①]

三、中日关系企稳向好尚需保持战略定力，不断迎难而进

2019年，中日两国关系虽持续回暖，但导致两国间对立的结构性矛盾一个也没有解决，双方战略互信尚未恢复，内外多种因素交互作用对中日关系企稳向好形成了一定牵制。

（一）安倍执政团队内部的牵制力量

安倍复出后推行遏华路线，一度造成中日关系严重倒退。他作为日本宪政史上任期最长的首相，迫切希望在卸任后能青史留名，而改善中日关系恰恰是他最能拿得出手的业绩。但是，安倍虽然有意改善对华关系，其执政团队内部却未必已形成共识。政策调整的滞后及习惯性思维的作用，会导致日本对华外交不时出现摇摆甚至局部后退。事实上，在王岐山副主席访日期间，正值靖国神社例行的秋季大祭。安倍内阁的两位阁僚冲绳北方事务担当相卫藤晟一和总务大臣高市早苗参拜了靖国神社。这是时隔两年半，日本阁僚再次踏进靖国神社大门。此举是对人类良知和国际正义的严重挑衅，自然也是干扰中日关系回暖的消极因素。按照日本已故政论家若宫启文提出的“翌年法则”，每当日本当政者与亚洲邻国改善关系迈出一大步时，第二年往往会出现倒退。[②]这就告诫人们，中日关系在回暖过程中必须高度警惕此类倒退。

① 《中国国务委员兼外交部长王毅在北京出席第15届北京东京论坛开幕式上的致辞》，2019年10月26日，中国报道网，http://www.chinareports.org.cn/jryw/2019/1026/11648.html。

② 若宫启文：《和解与民族主义》，吴寄南译，上海译文出版社，2007，第48页。

（二）日本国内“嫌华”思潮的掣肘作用

中日两国民众对对方国家的亲近感存在着显著的“温差”。2019年10月，日本言论NPO和中国外文局共同举行的民意调查表明，中国受访者对日本印象“很好”和“较好”的比例比2018年增加了3.7个百分点，达45.9%。但日本受访者里对中国印象“很好”和“较好”的比例却只比2018年增加了1.9个百分点，为15.0%。[①] 近几年来，日本媒体的对华报道基本上是以负面报道为主。这种负面报道持续发酵的结果造成日本民众中对中国持否定态度的占很高比例，在世界上可谓绝无仅有。在持续半年多的香港“反修例风波”中，日本媒体几乎一边倒地站在暴力分子一边，指责香港特区政府在中央政府授意下滥用武力，镇压和平示威的民众，甚至断言中国的“一国两制”构想已经濒于破产，等等。从趋势看，日本对华舆情难以在短时期内发生根本性的扭转，将在很大程度上牵制中日关系企稳向好的步伐。

（三）特朗普遏华攻势的溢出效应

特朗普上任后，美国政府将中国视为最大的安全威胁和头号战略竞争者，在贸易领域、台湾问题和南海问题上“三箭齐发”，遏华攻势愈演愈烈。日本虽在应对美国的单边主义、保护主义压力上与中国有共同利益，但毕竟是美国在亚洲的最大盟国，《日美安保条约》是其外交基轴。这就导致安倍内阁在处理对华关系时不能不受到来自美国的巨大压力，其战略选择的空间相当狭窄。事实上，安倍内阁虽然在口头上表示中日是“永远的邻国”、日本愿意改善与中国的关系，但在很多涉及中国核心利益的问题上，基本上是与美国保持一致的。最典型的例子是，美国迫使其盟国“封杀”在5G领域居于领先地位的中国华为公司。在欧洲很多国家执意与美国拉开距离的情况下，日本却对美国言听计从，亦步亦趋。目前，世界上禁止华为产品进入本国市场的只有美国、澳大利亚和日本。2019年的日本

① 《第15届中日联合舆论调查结果》，日本言论NPO网站，genron-npo.net/world/archives/7379.html。

《防卫白皮书》，将中国正常的军事活动和正当的国防建设歪曲为在日本周边“单方面升级”军事活动，在渲染“中国威胁论”上也与美国保持了高度的一致。[①]

综上所述，中日关系缓慢回暖，喜中有忧，总体上仍处于爬坡过坎、不进则退的关键时期。促进中日关系改善的积极因素和拖中日关系“后腿”的消极因素同时存在，互相较劲。在可预见的未来，中日间将呈既合作又竞争、机遇与挑战并存的局面。要清醒认识中日战略博弈的长期性、复杂性，坚持从大处高处着眼，努力增信释疑，保持中日关系企稳向好势头。

四、发展中日关系应秉持的方针

站在历史的新起点，发展中日关系应该秉持下列方针。

（一）夯实中日关系的政治基础

中日间四个政治文件和一系列共识既是两国历史经验的总结，也是彼此政治智慧的结晶。其中规定的一些重要原则，例如，“用和平手段解决一切争端，不诉诸武力或武力威胁”“长期友好、和平共处是双方唯一的选择”“互为合作伙伴，互不构成威胁”“相互支持对方的和平发展”等，是当前和未来处理中日间各种摩擦和对立的基本准则。中日关系跌宕起伏的历史表明，什么时候两国忠实履行四个政治文件和一系列原则共识，双边关系就能稳定和前进，反之则会出现倒退。正如习近平主席一贯所强调的，在事关中日关系政治基础的重大问题上“不能打任何折扣，更不能有一丝倒退”。[②]

（二）深化经贸领域的互利合作

发展经贸领域的交往一向是中日关系的“压舱石”。两国宜加强在节能环保、金融保险、医疗介护等领域的互动，扩大双方产业链、价值链和

① 日本防卫省·自卫队:《防卫白皮书》，令和元年，第59页。

②《习近平会见日本首相安倍晋三》，新华社2017年7月8日汉堡电，新华社网站，http://www.xinhuanet.com/2017-07/08/c_1121286706.htm。

供应链的高度契合。要细化落实两国在首届第三方市场合作官民论坛上缔结的一系列协定，在“一带一路”沿线国家互联互通和产能领域的合作中，共绘宏图，共担风险，共享利益，实现“三赢”或“多赢”。以“日本运通”为代表的日本物流企业已深度参与“中欧班列”的运营，通过“海陆联运”“空陆联运”架起沟通亚欧两大经济圈的“桥梁”。这是一个可喜的开端。

（三）促进民间层面的双向交流

“国之交在于民相亲”。中日友好的根基在民间，中日关系前途掌握在两国人民手里。鉴于两国民众对对方国家的亲近感都比较低，宜大力推动两国传媒界的交流合作，力求客观、准确地传递对方国家的有关信息。两国国民访问对方国家的数量出现明显不平衡，一定程度上影响了两国民众相互理解和对对方国家的好感度。[①] 要落实两国政府有关组织青少年访问对方国家的安排。重视地方自治体特别是“友好城市”间各种人文交流，努力促进民间交流队伍的“新陈代谢”“世代更替”，充分发挥社交媒体在舆论导向上的积极作用。

（四）加强知识精英的战略沟通

中国改革开放40多年来，两国的知识精英曾经进行过十分有效的信息交流、思想碰撞和战略沟通。改革开放初期，中日间有一个为中国改革开放和现代化建设出谋划策的高层交流机制，这就是由时任国务院副总理谷牧和日本前外务大臣大来佐武郎共同发起，于1981年成立的“中日经济知识交流会”。上海在改革开放以来也得到了日本知识界精英从宏观经济规划到微观企业管理的智力支撑。

现在，中日两国经济、社会都进入了重要的转型阶段，同时也面临着维护地区稳定和促进世界经济繁荣的共同挑战。鉴于双方都存在着对对方国家战略走向的疑虑和双边关系重新定位的困惑，两国的知识界精英需要

① 据统计，中国访日人数在2018年达838万人次，而同年日本访华人数仅258万人次，形成三比一的巨大差距。

进行直接、坦率的对话和交流，就双边关系和国际形势加强沟通，客观、理性地评价对方国家的发展趋势，消除各自对对方国家发展方向的不安感、不信任感，为真正迎来契合新时代要求的中日关系贡献更多的智慧。

第三编
2019年中国周边次区域外交

第一章
2019年中国东北亚外交

孟月明

【内容提要】当今世界面临百年未有之大变局，东北亚进入新的发展与变革期。2019年，东北亚地区各种矛盾相互交织，出现新的不稳定性和不确定性，甚至存在发生冲突的危险，然而中美关系并没有因贸易摩擦而失控，中俄关系、中日关系均出现良好发展态势，中、日、韩三国合作达成新共识。进入新的历史时期，和平与发展依旧构成地区局势的主要方面。量变积累质变，危机孕育生机，混沌酝酿有序，经济合作出现新提升与政治关系走向新缓和，是人们对未来东北亚局势的普遍预期。

【关键词】2019年；中国外交；东北亚局势

【项目基金】本文为辽宁“百千万人才工程”培养经费资助项目“深度融入共建‘一带一路’对策研究”的阶段性成果。

【作者简介】孟月明，中国社会科学院大学2019级博士生，辽宁社会科学院东北亚研究所副所长、研究员。

2019年是中华人民共和国成立70周年，也是中俄、中蒙和中朝建交70周年，中美建交40周年。2019年，东北亚地区整体上保持了和平发展、合作共赢的良好态势，元首外交起到重要引领作用，中国东北亚外交取得长足进展，同时也面临新的矛盾和挑战。中美关系及中美贸易摩擦是影响东北亚关系的重要因素，新时代中俄全面战略协作伙伴关系进入历史最好时期，中蒙俄经济走廊建设初见成效；中日关系持续向好，两国在“一带一路”、第三方市场合作方面有所深化，中日韩自贸区谈判加速推进，“中日韩+X”合作模式浮出水面；朝鲜半岛无核化在政治和谈的轨道上继续运行。与此同时，日韩贸易摩擦一定程度上影响着东北亚地区的深度合作，美朝会谈尚未取得实质性进展，朝鲜半岛问题的长期性和复杂性并未减弱。

一、中美关系出现新变数

中美关系是东北亚地区国际关系的重要构成要素，其性质与状态对东北亚局势有重大影响。随着综合国力的不断提高，中国对于东北亚地区和平稳定与繁荣发展的保障性地位更加突出。特朗普执政后美国对内对外政策发生重大调整，尤其是对朝政策的改变，使得东北亚由动乱之源向有利于地区缓和方向转变。与此同时，美国政府又开始实施单边主义和逆全球化政策，给世界经济发展带来巨大伤害，对东北亚局势及东北亚国家间的经贸合作产生一定负面影响。

2018年底到2019年初，美国军政两界先后出台5份研究报告，并得出一致性结论：恐怖主义已经不是美国的最主要威胁，取而代之的是来自中国和俄罗斯的大国威胁，与俄罗斯相比，美国认定中国是其更长期的竞争对手。从而美国对中国做出全新定位：战略竞争对手，或者说中美是竞争性共存关系。这五份报告分别是来自美国军界的《国家安全战略报告》《国防战略报告》及《核态势评估报告》，来自美国政界的《国情咨文》和《世界威胁评估报告》。美国对中国战略竞争者的定位直接影响美国对华政策走向及中美关系的发展态势。在此背景下，中美贸易摩擦只是美国对其所认为的最大竞争者采取的经贸领域的制约和遏制手段，此外还包含美国的南海政策，对中国台湾、中国香港及朝鲜半岛等政策。美国对华政策的改变，导致中美关系在2019年的曲折前行，也带来东北亚地区局势的新变化。

长期以来，作为“压舱石”和“稳定器”的经贸合作，始终是中美两国关系经得住考验并在波折中发展的重要保障。但自2018年3月以来，美国单方面发起以加征关税为手段的对华贸易制裁，中美之间贸易摩擦和争端不断升级，已成为影响中美关系发展的障碍性因素。尽管如此，中美双方始终保持着沟通和磋商，2018年，习近平主席同美国总统特朗普在布宜诺斯艾利斯的会晤中就中美关系发展、经贸问题等达成重要共识，在元首外交的引领下，中美经贸磋商频率加快。2019年前10个月，中美双方共进行了9次经贸高级别磋商，10月份举行的第13轮磋商取得了实质进展，使得一直紧张的中美贸易摩擦呈现暂时缓和趋势。

在贸易摩擦问题上，中国始终坚持通过对话协商解决争议的基本立场，中国不主动挑起贸易摩擦，但也不怕贸易摩擦，中美经贸问题应该通过磋商的方式加以解决。2019年6月2日，中国国务院新闻办公室发布《关于中美经贸磋商的中方立场》白皮书，用翔实的数据和生动的案例驳斥美方谬论，表明中国态度，重申中国立场和决心。① 中美40年交往经验表明，中美合则两利、斗则两伤，合作是两国关系发展唯一的正确选择。作为世界第一大经济体和第二大经济体，中美之间的贸易摩擦，已经不是单纯的双边问题，必然产生全球性影响，致使整个国际贸易和世界经济都承受巨大压力，各大国际机构均已下调世界经济增长预期，国际贸易结构、区域合作等也不同程度地受到影响。客观而言，中美两国确实存有一些分歧，但双方具有广阔的合作空间和众多利益融合点，中美双方定能找到一个重新定位的契合点。中美贸易摩擦终将以谈判的方式加以解决，中美两国经贸脱钩的可能性不大。目前，中美经贸关系仍处于竞争中合作的状态。

美国发起的以贸易摩擦为手段的逆全球化和“美国优先”战略，对其东北亚两个盟友日本和韩国也造成了一定的贸易冲击和压力。2019年10月7日签署的美日贸易协定中，双方削减和调低了农产品的关税，日本农民担心美国廉价农产品大量进入对日本农业造成冲击，最为重要的是日美贸易协定并未包括日本最关切的汽车产品关税。另外，在美国大肆挑起贸易摩擦的背景下，2019年7月以来，日本对韩国也发起了贸易制裁，两国已经都把对方从本国的贸易“白名单”中移出，双方贸易摩擦不断发酵，呈现长期化迹象。美国曾尝试调停，但未取得实际效果。当然这其中有多方面复杂因素，某种程度上可以看出，美国对日韩两国的影响力有所下降。

① 《关于中美经贸磋商的中方立场》，2019年6月2日，中国政府网站，http://www.gov.cn/guowuyuan/2019-06/02/content_5396858.htm。

日韩贸易摩擦的不断升级，已开始影响美、日、韩军事安保方面的同盟关系。韩国政府已表示不再续签《韩日军事情报保护协定》，并将根据协定规定，在续签时限内通过外交途径通知日本政府。在美国不断破坏既有国际规则的背景下，中国与东北亚国家改善关系，加强合作，既有利于中国在周边发展，也具有国际层面的战略意义。

二、中俄、美俄关系的新变化及中蒙俄经济走廊建设

中俄是毗邻而居的两个大国，在国际层面、地区层面和双边层面都有着对于彼此极为重要的共同利益和共同关切。在日益复杂多变的国际形势下，中俄作为世界大国和联合国安理会常任理事国，在共同维护以联合国为核心的现行国际体系和国际秩序方面，在积极应对地区挑战以及重大国际问题上，发挥着国际大变局中的稳定器作用。作为东北亚地区的当事国，在维护东北亚地区和平、发展以及自身利益方面，在朝鲜半岛无核化、联合反恐等方面，中俄两国有着高度的战略共识和深入合作，是维护东北亚地区安全与稳定的坚实力量。中俄关系已成为当今国际舞台上高度成熟的一对大国关系，两国元首之间全面而密切的直接交往发挥了重要的引领作用。中俄建交70周年之际，两国关系进入更高水平。2019年6月5日，国家主席习近平出访俄罗斯，与俄罗斯总统普京共同签署关于发展新时代全面战略协作伙伴关系和关于加强当代全球战略稳定两项联合声明，把两国关系提升为“中俄新时代全面战略协作伙伴关系”，中俄关系进入更大发展的新时代。[①]

中俄政治互信的增强带来经济合作和经贸关系的快速发展。中俄合作的领域越来越广，涵盖经贸、金融、能源、科技、农业、基础设施和地方合作等诸多方面。2018年，中俄贸易额首次突破1000亿美元，增幅达到27.1%，俄罗斯已成为中国贸易伙伴中增速最快的国家。中俄两国间的交通基础设施不断完善，2019年3月，中俄同江—下列宁斯阔耶铁路桥顺利

---

① 《为啥说中俄关系进入“新时代”，七份文件告诉你》，2019年6月6日，人民网，http://politics.people.com.cn/n1/2019/0606/c1001-31123644.html。

合龙；5月31日，中俄黑河—布拉戈维申斯克界河公路大桥合龙。“一带一路”倡议下的互联互通使得中国东北地区与俄罗斯远东地区的交通更加便捷，联系更加紧密，两国已把俄罗斯远东地区作为务实合作的优先方向。与此同时，8月26日，中国（黑龙江）自由贸易试验区获得批准。中国商务部统计数据显示，2019年前9个月，中国对俄罗斯的全行业直接投资额同比增长13%，中俄经贸合作不断向高质量迈进。

2019年是中蒙建交70周年，也是共建中蒙俄经济走廊倡议提出5周年。2018年，中国是蒙古国的最大贸易伙伴国和主要投资来源地，中国在蒙古国的投资占外国投资总额的近30%。蒙古国在“一带一路”互通性指数上排名第一（依据工行标准银行发布的2018年度《“一带一路”互通性指数报告》数据）。2016年中、蒙、俄三国签署《建设中蒙俄经济走廊规划纲要》后，在设施联通、产业开发、能源利用、民心相通等方面取得了实质性进展。2019年4月26日，蒙古国总统哈勒特马·巴特图勒嘎访华期间，中蒙两国元首达成多项共识，积极推动中蒙俄经济走廊建设取得更多实质成果。双方签署《推进“一带一路”倡议和“发展之路”倡议对接合作规划》等双边合作文件。[①] 据统计，2019年前三季度经中蒙最大陆路口岸——二连浩特的中欧班列运行1064列，已超过2018年全年总量。中蒙俄经济走廊是“一带一路”倡议下在东北亚地区的唯一经济走廊，对相关区域发展起着重要的辐射和带动作用。2019年，随着中俄之间公路、铁路等基础设施的畅通，中蒙之间发展倡议和规划的对接，加之中、蒙、俄三国政治关系发展态势良好以及中、蒙、俄经济的互补性，区域资源开发潜力巨大，中蒙俄经济走廊有望在“一带一路”建设合作中发挥示范和引领作用。但是，中蒙俄经济走廊建设也面临重大的生态环境挑战，在进一步的深化合作中，需充分考虑环境承载能力，做好环境评估和有效管理，加强互信，共建中蒙俄绿色丝绸之路。

美俄关系的改善受到诸多因素的掣肘。从竞选获胜到开始执政，特朗普一直受到“通俄门”困扰。美国高层多有人认为特朗普在2016年大选中

① 《习近平同蒙古国总统巴特图勒嘎举行会谈》，2019年4月25日，新华网，http://www.xinhuanet.com//politics/leaders/2019-04/25/c_1124415931.htm。

得到了俄罗斯总统普京的帮助才得以取胜，并为此专门组成以穆勒为首的调查团队进行了为时22个月的“通俄门”调查。调查结果虽然并未找到特朗普“通俄门”的充足证据，但无论是美国民主党还是共和党的政治精英，不管是建制派还是民粹主义以及美国主流媒体，均已把反俄作为“政治正确”，美俄关系改善之路仍很艰难。深层次上，美俄矛盾升级也是两国传统上意识形态和地缘政治竞争的延续和结果。美俄两国在乌克兰问题上博弈，在中东地区互不相让，在朝鲜半岛问题上意见相左，都对两国关系改善的空间和可能构成严重局限。在撕毁《中导条约》之后，特朗普总统又签署一项文件表示要退出《开放天空条约》，此举意味着美俄两国之间的军事紧张关系将进一步升级。

三、中日关系加速回暖

2019年的中国东北亚外交中，中日关系的发展颇为引人注目。2019年是新中国成立70周年，恰逢日本进入令和时代，中日关系持续改善并重返正常发展轨道，两国高层交往频繁，各领域、各层级对话陆续重启，经贸合作、人文交流也趋于活跃。4月14日，第五次中日经济高层对话在北京举行；5月17日，中日第六次高级别政治对话在日本长野县举行；6月28日，习近平主席赴大阪出席二十国集团峰会期间与日本首相安倍晋三会晤，两国领导人就构建契合新时代要求的中日关系达成共识。中日关系正在富有节奏地稳步推进。10月10日，中国“太原”号新型驱逐舰受邀访问日本神奈川县横须贺港，这是中国海军舰艇时隔10年再次访日。10月21—25日，国家副主席王岐山作为国家主席习近平的特使赴东京出席了日本德仁天皇的即位庆典。11月4日，李克强总理在出席第22次中国—东盟领导人会议期间会见日本首相安倍晋三。11月25日，国务委员兼外交部长王毅在东京同日本外相茂木敏充共同主持中日高级别人文交流磋商机制首次会议。王毅和茂木敏充分别宣读了习近平主席和安倍晋三首相向会议发来的贺信。12月23日，国家主席习近平会见来华出席第八次中日韩领导人会议的日本首相安倍晋三。在双方共同努力下，中日关系持续改善和发展。

国际变局、经贸互利、日本战略调整是中日关系持续改善的背景和动因。面对逆全球化风潮，中日两国在反对贸易保护主义和经济单边主义、坚持多边自由贸易、推动区域经济合作等共同关心的重要议题上同频共振。尤其是美国特朗普政府继续奉行“单边主义”与“美国优先”的原则，日美同盟关系的背后暗藏着诸多不和谐音符，客观上促使安倍政府不得不寻求与中国改善关系，从而对特朗普政府形成一定牵制之势。自2018年下半年以来，日本已连续两个半年出现贸易逆差，根据日本共同社2019年10月21日消息，日本财务省公布的贸易统计初值数据显示，2019年上半年日本贸易逆差为8480亿日元（约合人民币553亿元）。[①] 对于出口贸易大国日本而言，进出口明显滑坡是安倍政府难以承受之重，也是日本企业所不能接受的事实。因而，日本并未选择在经贸政策上对美国亦步亦趋，而是不断加强对华经贸合作。

当前中日关系呈现改善与发展良好势头的首要原因是两国领导人都非常务实，经贸关系始终是中日两国的合作基础。中日作为东北亚地区生产网络的双核心——生产加工中心和零部件及生产设备供给中心，对东北亚地区的产业链合作和经济合作起到重要的依托和引领作用。据统计，2018年中日双边贸易额已达3277亿美元，中国是日本最大贸易伙伴国，日本则是中国第二大贸易对象国。中日两国在中高端制造业、科技创新、“一带一路”、第三方市场合作方面前景广阔。“中国机遇”是推动日本产业转型的重要动力，而日本具有先进技术、领先产业和丰富经验，仍然是中国产业结构升级和经济转型发展的努力方向和合作伙伴国。正如国务委员兼外长王毅所指出的，“中日两国的利益从来没有像今天这样广泛而深入融合，中日两国的发展也从来没有像今天这样直接而紧密相连。中日之间拥有越来越多的共同利益和关切，承担着越来越重的共同责任和使命”。[②] 同时，与中国关系的改善，也能在某种程度上减缓日本与朝鲜半岛南北双方关系都僵持不下而带来的压力。

---

① 《日本2019上半年度再现贸易逆差，达8480亿日元》，2019年10月21日，新浪财经，http://finance.sina.com.cn/stock/usstock/c/2019-10-21/doc-iicezuev3707178.shtml。

② 《王毅国务委员兼外长在第15届“北京—东京”论坛开幕式上的致辞》，2019年10月26日，央广网，http://m.cnr.cn/news/20191026/t20191026_524833356.html。

当然，在2019年中日关系顺利发展的同时，中日关系背后的隐患和日本对华外交的“两面性”仍需引起关注。2019年9月，日本《防卫白皮书》仍把中国视为日本面临的最大威胁，称中国“单方面升级”在日本周边的军事活动让日本产生强烈的担忧。日本在南海地区仍存在日益频繁且强度渐增的军事活动。中日友好的民意基础仍不容乐观，2019年由中国外文局和日本言论NPO共同开展的中日民意调查结果显示，中国受访者对日本持有好感的比例达到近年来最高的45.9%（2018年为42.2%），日本受访者中对中国持有好感的比例达到15%（2018年为13.1%），① 虽然比例有所提高，但日本对华友好的民意基础仍很脆弱。在钓鱼岛问题上，中日之间同意管控分歧，但一些日本政客的右翼倾向和错误历史观仍然存在，安倍首相采取了折中主义的态度，每年春秋例行大祭期间，仍会以“自民党总裁”名义向靖国神社供奉“玉串料”（祭祀费）。中日关系要行稳致远仍有很长的路要走，面向新时代中日关系的构建仍需彼此进一步增强互信。

四、朝鲜半岛在和谈道路上曲折前行

2019年朝鲜半岛局势处于重要时期，中国继续为半岛局势的和平稳定发挥重要的建设性作用。在2018年6月12日美朝领导人会晤发表联合声明之后，2019年2月美朝首脑河内第二次会晤无果而终。6月30日在板门店美朝最高领导人会面之后，10月5日再度开启的美朝无核化工作会谈在瑞典斯德哥尔摩郊区举行，会谈结果让人失望。众所周知，无核化是一个复杂的系统工程，应该看到，朝鲜半岛局势从此前的剑拔弩张发展到目前的谈判僵局，政治和谈在曲折中前行，这仍然是重要且值得肯定的。中国始终倡导以政治对话的方式解决朝鲜半岛问题，并呼呼有关各方相向而行，保持沟通，共同维护来之不易的半岛缓和局面，共同积极寻找行之有效的解决办法。中方认为，施压和制裁解决不了问题，安理会应当根据决议的

① 《中日民意调查结果显示》，2019年10月24日，人民网国际频道，http://m.people.cn/n4/2019/1024/c23-13323599.html。

规定，结合半岛局势的积极进展，适时启动决议可逆条款的讨论。[①] 制裁的目的是要促使朝鲜意识到发展核武器是没有出路的，但在朝鲜已经选择放弃核试验和不想再走核试验道路的前提下，又应该让朝鲜看到弃核的出路和希望。因而，联合国适时启动可逆条款的讨论，有利于推进和谈取得实质性进展和阶段性成果。朝美是朝核问题的最关键角色，但朝核问题并不仅仅是朝美两家的事情，还影响中、俄、韩、日的安全。这四国尽管在解决问题的利益诉求和方法途径方面有分歧，但在不让半岛生战生乱和实现无核化方面则有共同利益，因此不会让朝美走向战争。随着世界和东北亚力量格局的变化，这种制约性力量更加显著。12月17日凌晨，中俄共同向联合国安理会提交关于政治解决朝鲜半岛问题的决议草案。在半岛形势较为紧张的背景下，12月24日，中、日、韩首脑仍在成都聚首，这都是地区国家间关系和力量格局变动效应的充分显现。

在美朝双方谈判未取得实质性进展的情况下，朝韩关系在一年前双方签署的《板门店宣言》进入履行阶段不久也陷入了胶着状态，尤其是韩国引进新型攻击武器并继续与美国举行联合军演的情况下，韩朝关系陷入僵局。朝韩合作的三大标志是金刚山旅游、开城工业园区和南北铁路。在韩朝进一步合作不顺畅的情况下，金正恩对金刚山旅游项目韩方设施有拆除的指示，下一个目标可能就是开城工业园区。虽然2018年通过了历史性的和平宣言，朝韩关系并未按照民族的共同志向和国际社会的共同期待发展，当然重要原因之一是韩国的对朝政策无法摆脱对美国政策的依赖。韩国表示与朝鲜和谈的大门从未关闭，仍希望通过和平谈判的方式解决朝鲜半岛问题。

在朝鲜半岛有关和谈艰难前行的局面下，中国是东北亚国家中坚持半岛无核化、推进半岛问题政治解决的坚定力量。2018年以来，中朝两国元首进行了5次会晤，达成一系列重要共识，中朝关系进入新的历史时期。在中朝建交70周年之际，2019年6月20—21日，习近平总书记对朝鲜进行国事访问，这是党的十八大以来习近平总书记首次访朝。中朝两国元首就

① 《2019年10月28日外交部发言人耿爽主持例行记者会》，2019年10月28日，中国外交部网站，https://www.fmprc.gov.cn/web/wjdt_674879/fyrbt_674889/t1711232.shtml。

谱写中朝友谊新篇章、维护半岛和平稳定达成重要共识，开启了两国合作的新篇章。此次出访为推动半岛局势缓和增添了正能量，注入了新动力，对于东北亚地区和世界的和平稳定都有重要意义。正如习近平总书记强调的，“推进半岛问题政治解决进程、维护半岛和平稳定，符合两国各自发展需要和两国人民共同利益”。[①] 中朝加强友好交往和务实合作，有利于朝鲜发展经济和改善民生，是朝鲜半岛最终实现无核化并在政治和谈道路上继续前行的最大积极因素。一段时间以来，朝方在无核化谈判方面展现出较大诚意，并采取了克制态度，但美方却迟迟未给予任何回应，拒绝减轻对朝制裁。2019年底，朝鲜半岛和平窗口再度面临变数，对话机会不断流失。在此情况下，中方呼吁美方尽快拿出落实新加坡共识的实际举措，鼓励朝美双方就建立半岛永久和平机制和实现半岛完全无核化形成可操作的路线图，中国也愿继续为此发挥建设性作用。

2019年，韩国面临与日本贸易摩擦升级和对朝关系发展不顺畅的双重压力，巩固与提升同中国的双边关系对韩国而言尤为重要。据韩国海关统计，2019年1—6月，韩国与中国双边货物进出口额为1198.3亿美元。中韩自贸协定是目前中国对外商签的开放水平最高的自贸协定之一，是东北亚国家中唯一的双边自由贸易协定。中韩经济互补性强，韩国政府希望把“新北方政策”“新南方政策”与中国的“一带一路”对接，中韩双方在“一带一路”的第三方市场合作和基础设施建设互联互通方面有很大的合作空间。2019年，中日韩自贸区第十五轮谈判启动，8月21日的第九次中日韩外长会议通过“中日韩+X”合作概念文件，并一致同意高质量共建“一带一路”。

众所周知，韩国的外交政策很大程度上受制于美国，韩国在“萨德”及对朝外交政策方面的自主性是极其有限的。同时，韩国与美国在第二轮军费分担谈判中产生了激烈的博弈。依据此前的第十份协定，韩国2019年分摊1.04万亿韩元（约合62.7亿元人民币）费用，比2018年增加8.2%。第十一轮谈判中，美国表示拒绝韩国搭共同防御的“便车”，要求韩方全部

① 《传承中朝友谊，续写时代新篇章》，2019年6月20日，求是网，http://www.qstheory.cn/yaowen/2019-06/20/c_1124646178.htm。

承担过去并未包括在内或者双方分担的费用，比如以防卫准备态势费用名义增加的战略资产使用费、联合军演及练习费等，驻韩美国军务员和家属的补贴等也被计入在内。[①] 韩国一方面希望进一步推进南北关系，又受制于美国的对朝政策，同时在国防安保方面对美有极大的依赖性，在军费问题上又不断面临美国的“狮子大开口”。2019年，朝鲜多次向半岛东部海域方向试射超大型火箭炮。韩国在朝鲜无核化的进程中需要进一步寻求与中国的沟通与合作。2019年10月20—22日，已中止5年的中韩国防战略对话在北京重启，双方在地区安全尤其是朝鲜半岛等问题上达成一些共识。

五、东北亚局势发展前瞻

周边地区是中国安身立命之所、发展繁荣之基，也是中国特色大国外交起航之地。中国长期按照“亲诚惠容”理念和与邻为善、以邻为伴周边外交方针深化同周边国家关系。中国特色社会主义进入新时代以后，周边在中国特色大国外交中的地位进一步获得提升。2015年11月7日，习近平主席在新加坡国立大学发表演讲时明确指出：“中国始终将周边置于外交全局的首要位置，视促进周边和平、稳定、发展为己任。中国推动全球治理体系朝着更加公正合理方向发展，推动国际关系民主化，推动建立以合作共赢为核心的新型国际关系，推动建设人类命运共同体，都是从周边先行起步。”[②]

东北亚是世界大国利益交汇最多的地区、矛盾交织最深刻复杂的地区，也是最有可能爆发冲突甚至战争的地区，是中国周边外交的重中之重，难中之难。东北亚地区充满不确定性，也寄托着未来世界发展的新希望，是中国特色大国外交寻求重大突破的不二选择，也是中国践行和平发展理念、推动建立以合作共赢为核心的新型国际关系、推动建设人类命运共同体的最大考验。正因为如此，2019年东北亚在中国外交总体布局中的地位有所提升，突出表现在习近平主席对东北亚相关国家的出访次数明显

① 栾若曦：《美韩军费博弈搅动韩国朝野》，《人民日报（海外版）》2019年10月31日。

② 《习近平：中国始终将周边置于外交全局的首要位置》，2015年11月7日，新华网，http://www.xinhuanet.com//world/2015-11/07/c_1117070341.htm。

增多。通过与相关国家元首会晤、互通电话、发贺电等方式，解决了很多一般外交所不能解决的问题，签署了重要双边文件，达成了诸多共识，对中国东北亚外交的走势和格局起到了重要引领作用。正如习近平主席所指出的，“作为东北亚地区一员，中方始终秉持和平发展理念，努力营造和睦友好的周边环境；始终本着相互尊重的精神，以建设性姿态参与地区合作；始终注重考虑和照顾各方关切，致力于推动地区各国交流对话”。[①] 鉴于中华民族伟大复兴已经成为历史发展的必然，中国国际社会地位的继续提升、在东北亚影响力的进一步增强，人们有理由对东北亚局势的未来发展作出谨慎乐观的判断。

中国东北亚外交将呈现总体向好、合作共赢的发展态势。中方将积极推动不冲突、不对抗、相互尊重、合作共赢的对美关系，旨在为东北亚和平稳定提供根本性保障。未来，中国会努力同美国一道，在互惠互利基础上拓展合作，在相互尊重基础上管控分歧，推进以协调、合作、稳定为基调的中美关系，不断增进两国和世界人民的福祉。中俄关系对维护东北亚地区稳定与和平具有不可替代的重要意义，可以预期，未来“中俄新时代全面战略协作伙伴关系”将进一步提升。中日关系在东北亚经济合作中具有关键性作用，而和解与合作正在成为未来双边关系的必然选择。中国在朝鲜半岛无核化过程中发挥着不可替代的斡旋和推动作用，中国坚决支持朝鲜半岛无核化，坚持与相关各方保持沟通，坚持使和平、外交和政治方式解决问题这一实现朝鲜半岛无核化的基础得以继续维持，使得东北亚地区由动荡逐渐转向合作。

东北亚在积极探索构建新型国际关系的同时，还将进一步积极探索形成新型经济关系。“新型经济关系就是调整原有的结构性互补型合作关系，提升共创性合作关系。”[②] 相互依存是基础，经济互利是动力。东北亚地区仍缺乏对共同利益一致性的认同，地区层次制度化机制的缺失是制约东北亚地区发展的根本性因素。在大变局背景下，美国“优先战略”对世界经

① 《习近平八个“我们要”畅谈远东和东北亚美好明天》，2018年9月13日，人民网，http://politics.people.com.cn/n1/2018/0913/c1001-30291393.html。

② 张蕴岭：《推进东北亚区域合作：困境、空间与问题》，《东北亚学刊》2019年第4期，第13页。

济秩序产生严重阻碍作用，世界经济发展速度放缓，世界贸易组织面临改革，对自由贸易和经济全球化前景的担忧，以及对东北亚国家共同利益的维护，是打造东北亚新型经济合作模式的重要契机。中国的“一带一路”倡议提出后，“丝绸之路经济带”与“欧亚经济联盟”对接，中蒙俄经济走廊建设初见成效，中日韩自贸谈判顺利推进，日本和韩国对“一带一路”中第三方市场合作的认同度不断提高，“中日韩+”模式不断成熟。在中日韩合作20周年之际，2019年12月24日，第八次中日韩领导人会议在中国成都举行。会议发表了《中日韩合作未来十年展望》，通过了《中日韩+X早期收获项目清单》等成果文件，明确重申：三方将加快中日韩自贸协定谈判，力争达成全面、高质量的自贸协定。在中日韩合作的基础上，东北亚区域生产链条将获得有机延伸，有望使俄罗斯和蒙古国真正融入东北亚生产网络的分工体系，从而扩大东北亚地区的消费市场规模，实质上提升东北亚六国间的经济共创性合作。以“中日韩+”对话合作为出发点，东北亚可以通过举办东北亚六国经济部长会议、召开东北亚经济合作大会等方式，规划和推动东北亚经济发展的互联互通议程和框架性协议，努力构建“东北亚经济圈”。

东北亚地区孕育着积极变化，同时也面临不小的挑战。机遇与挑战并存，百年未有之大变局下的世界和东北亚更需加强沟通、寻求共识，超越传统国际关系，以文化之交流化解信任危机，从而营造良好的东北亚国际政治生态。东北亚地区应加强文化交流互鉴，进一步促进民心相通。中国已经把倡议变成了实践。2019年5月的亚洲文明对话大会聚焦“亚洲文明交流互鉴与命运共同体”主题，共商亚洲文明发展之道，共话亚洲合作共赢大计，达成《亚洲文明对话大会2019北京共识》。东北亚各国地相近、文相通，定能进一步夯实共建亚洲命运共同体的人文基础和文化共识。国之交在于民相亲，2019年是中日青少年交流促进年，中日政府已经决定在此后5年内安排3万名青少年实现交流互访。中日高级别文化交流磋商机制首次会议，已为中日进一步的人文交流与合作提供了新的顶层设计和制度保障。会议达成八项重要共识：确定2020年为“中日文化体育交流促进年”；恢复和扩大中日双向修学旅行；均衡扩大两国人员往来，争取尽快突破1500万人次等。东北亚其他各国之间也将不断拓展人员往来和交流渠道，旅游、文化产业和文化消费将在东北亚未来发展中占据更显著的位置。东北亚各国文化的相互理解程度较高，可以在历史文化保护、文化产业融合和传统文化产业转型升级等领域加强互学互鉴，通过不断加强官民并举、多方参与、灵活多样的人文交流，进一步促进东北亚各国民心相通。东北亚各国在不断加强了解、增进互信基础上的共商共建共享，既符合东北亚各国人民的共同利益，也是推动东北亚地区繁荣发展的力量源泉。

第二章 2019年中国东南亚外交

赵卫华

【内容提要】东南亚是中国重要的周边区域。2019年，东盟成为中国第二大贸易伙伴，更加凸显了东南亚地区在中国周边外交中的地位。随着美国“印太战略”的深入实施和中美之间激烈的贸易博弈，中国的东南亚外交依然呈现出机遇与挑战并存的局面。一方面，中国与东南亚国家关系总体向好的大趋势没有改变。在中国的不懈努力下，无论在双边层面，还是多边层面，中国与东盟各国的关系总体上保持良性发展。另一方面，霸权主义、冷战思维给中国对东南亚外交带来严峻挑战。美国不仅持续升级对华贸易摩擦，还公开挑拨东盟国家与中国的关系，公然挑动个别东盟成员国与中国对抗，使得南海风波不断。在美国支持下，个别国家乘机制造事端，但中国对东南亚地区的外交依然成绩斐然。特别值得一提的是，中国与老挝和柬埔寨分别签订共建命运共同体行动计划，显示中国的主张日益获得拥护。

【关键词】周边外交；东南亚；“一带一路”；命运共同体；区域公共安全产品

【作者简介】赵卫华，广东外语外贸大学教授，广东国际战略研究院研究员，硕士生导师。

东南亚位于太平洋与印度洋的交汇处，从地缘结构上审视，中南半岛和南洋群岛从海陆两面呈U形隔着南海将中国环绕，而东南亚地区则是中国通过南海联系太平洋地区、印度洋地区和欧洲的海上必经之路。上述结构决定了中国和东南亚的关系与中国的安全和利益呈高度的正相关性，双方友好时，东南亚会成为维护中国安全的外围屏障和发展互利友好关系的睦邻伙伴；反之，东南亚则会成为域外敌对势力遏制中国发展、威胁中国安全的前沿。从战略角度看，东南亚当属中国地缘利益的核心区域，历来都是中国周边外交的重点经营地区。2019年，美国出于遏制中国的目的，深入推进“印太战略”，蓄意扩大中美贸易摩擦，继续在南海以“航行自由”为借口对中国进行挑衅，挑拨东南亚国家与中国的关系，直接引发南海形势的紧张。然而，中国成功平息了与越南等国在南海的事端，整个中国与东盟关系也继续稳步提升，东盟从中国的第三大贸易伙伴提升为第二大贸易伙伴。同时，特别值得提起的是，中国同老挝和柬埔寨在双边层面签署构建命运共同体行动计划，显示命运共同体理念日益获得认同。

一、2019年中国东南亚外交的背景和挑战

2019年对中国来说是充满挑战和考验的一年。纵观全年，美国加速实施“印太战略”，升级中美贸易摩擦，对中国东南亚外交造成了强烈冲击。

早在2018年夏，美国国务卿蓬佩奥就向东南亚国家提出“促进亚洲能源增长与发展倡议”（EDGE Asia），作为“印太战略”的东南亚版。蓬佩奥表示，美国将把政府的资源与私营部门的资金和专业知识结合起来，协助东南亚各国解决能源需求，摆脱对“一带一路”倡议的依赖。美国这项倡议的实质是企图利用本国的资源和影响力杠杆，撬动尽可能多的私人资金和智力储备，发动东南亚各国来遏制中国，围堵“一带一路”建设。

2018年12月6日，美越双方在越南胡志明市举行了一场名为“关于在越南发展电力和液化气潜能”的国际研讨会，包括美国能源巨头在内的西方各国石油公司的代表和专家，越南相关部委的负责人、相关公司的代表和专家出席，会议主要探讨如何在资金、专业技术和管理方面对越南能源和基础设施建设提供支持。美国贸易开发署和国际开发署代表及美国驻越南大使丹尼尔·克莱登布莱克出席了研讨会。克莱登布莱克就越美关系和美国“印太战略”发表了演说，明确表示蓬佩奥的“促进亚洲能源增长与发展倡议”就是美国“印太战略”的东南亚版，其主要目的就是“平衡中

国的‘一带一路’倡议”，为东南亚各国提供一种不同于中国的选择，使各国免遭中国的压迫，避免陷入中国的债务陷阱。克莱登布莱克在演讲中向越南和东南亚各国作出了三点承诺，主要包括：其一，继续在南海进行自由航行，确保美国、越南和其他南海周边国家的公司在南海合法油气项目的安全；其二，继续为东南亚各国提供软性军援，帮助东南亚各国培训军官和海洋执法人员，增强其抵抗侵略和维护国家安全的能力；其三，鼓励美国私营部门利用资金和技术帮助东南亚各国进行基础设施建设，助其实现经济社会发展，与这些国家共同致力于建设一个基于平等伙伴关系、自由选择和遵守规则的秩序。克莱登布莱克尤为强调反对以武力或武力威胁改变南海现状，并表示美国军舰在南海自由航行的目的就是要反对任何国家单方面控制南海的企图。为了达到拉拢东南亚各国并遏制中国的目的，美国还拉上日本一起分工援助东南亚各国。根据美日分工，美国主要负责援助东南亚各国的军队，而日本则主要负责培训东南亚各国的海警和海上执法力量。

在蓬佩奥提出“促进亚洲能源增长与发展倡议”和克莱登布莱克的胡志明市演讲后，中美贸易摩擦也不断升级。个别国家在此背景下以为中国在美国的贸易攻势下已经没有还手之力，于是企图利用中国不利处境落井下石，坐收渔利。例如，越南前副外长、驻美大使范光荣在接受越南《青年知识》杂志采访时表示，当前的贸易摩擦中两国争雄，美国掌握着主动，而中国疲于应对，无暇他顾。越南不应机械地盲守大国平衡政策，而是应该不遗余力地抓住时机，追求越南利益的最大化。[①] 在这种思维的驱动下，2019年4月以后，一些国家在南海搞小动作，企图利用中国在贸易摩擦中的困境在南海造成既成事实，迫使中国接受。例如，马来西亚企图趁机扩大油气开采，印尼企图在纳土纳海域制造事端，最为突出的是越南在万安滩扩大油气开采，引发中越两国在万安滩的对峙。

2019年5月，越南租用日本公司的设备，与俄罗斯油气公司合作，企图进一步扩大在万安滩中国管辖海域的开采范围，造成既成事实，从而引

---

① 范光荣:《国际政治与国家博弈视角下的中美贸易战》,《国际研究》2019年9月5日，https://nghiencuuquocte.org/2019/09/05/thuong-chien-my-trung-chinh-tri-doi-ngoai/，访问时间：2019年11月1日。

起了中越两国在万安滩长达4个月的对峙。对峙期间，越南利用媒体和外交部发言人表态与中国开展舆论战，企图迫使中国让步。

除了在南海挑动周边国家挑起事态外，以美国为首的域外大国和以越南为首的域内国家还相互利用，炒作中国“水威胁”论。例如，越南报刊、网络公开传播美国、印度等国媒体对中国的诬蔑，声称中国以水资源为武器，企图控制湄公河次区域下游各国。而越南则指责中国通过对澜沧江—湄公河上游不可持续的开发和大规模修建水电设施，破坏了次区域的环境，导致次区域下游出现旱涝等各种灾害，使得沿海平原遭受海水倒灌。美国则在原有的“湄公河下游之友”和“湄公河下游倡议”等机制的基础上提出“湄公河水文数据共享倡议”，攻击指责中国的水文资料不透明是导致湄公河流域自然灾害和生态灾难频发的主要原因，借此挑拨中国与中南半岛各国的关系，阻挠澜湄合作的顺利进行。

二、2019年中国东南亚外交面临的有利条件

2019年是中国东南亚外交承上启下的一年，尽管美国不断制造麻烦，挑拨东南亚国家与中国的关系，妄图遏制中国的发展，但却难以得逞。中国先前提出的周边命运共同体等理念，推进“一带一路”倡议、促进互联互通基础设施建设、成立亚投行等一系列战略性举措，都已逐渐进入收获季节，这标志着中国不仅在经济上成为仅次于美国的大国，而且逐渐成为地区议程和规则的提出者与制定者，从而超越地区大国角色，在国际治理中开始发挥重要作用，这为中国在东南亚更加有所作为创造了前所未有的机遇。

首先，中国在东南亚地区已经积极参与政治经济议程设置。改革开放后，中国以异乎寻常的速度主动融入国际，积极加入各种组织和合作机制，但基本上都是参加既有组织和机制，接受既定的国际规则，遵守既定的秩序。由于这些组织和机制大多是在没有中国参与的情况下创建的，其规则并非完全符合中国的利益，中国融入国际获得收益的同时也付出了巨大代价，例如加入WTO，中国在农业和知识产权等诸多问题上均作出了重大让步。

党的十八大之后，中国以更加积极的姿态融入国际社会，提出“一带一路”倡议，推进中国与东南亚国家的互联互通，建立澜湄合作机制，成立亚投行，建设中国—东盟命运共同体，这一系列战略性举措标志着中国已经由单纯适应国际规则向设置议程、主导规则制定和主动塑造国际秩序方面转变。议程设置和规则制定能力是一个国家国际地位的指向标，也是一个国家大国地位的重要标志。中国上述倡议得到了东南亚各国的积极支持，显示中国在东南亚的话语权和影响力不断提高，为进一步推进东南亚外交打下了坚实基础。

其次，东南亚地缘格局向着有利于中国的方向发生重大变化。经过40多年的改革开放，中国在政治、经济、军事等各方面获得全面发展。2018年中国GDP总额约13.46万亿美元，相当于美国20.51万亿美元的66.8%，超过排名第三至第五的日本、德国、法国三个传统资本主义发达国家的总和，稳居世界第二位。[①] 中国坚持改革开放，和平发展，中国模式对东盟各国日益具有吸引力。同时，中国的军事实力也获得飞跃性发展，空军成为除美国外唯一列装第四代战机的国家。

东盟各国中，从人均GDP来看，新加坡、文莱、马来西亚目前比中国高,其他国家都低于中国。整体而言，中国GDP总量约为东盟总量的4.43倍，人均约为东盟的2.45倍。[②] 中国实力虽日益超越东盟，但在地区事务中却始终支持东盟，从不干涉东盟各国的内政。强大而和平的中国，日益赢得了东盟各国的信任。即使是菲律宾、泰国这样的美国盟友也坚定奉行对华友好政策，希望在中美之间维持中立。2019年5月，新加坡外长维文呼吁美国接受中国崛起，不要逼迫小国选边站即代表了各国的心声。这表明美国在东南亚地区压倒性的地缘优势已不复存在，随便拉几个盟国围堵中国的局面已很难重现。菲律宾总统杜特尔特选择与中国合作对话，柬埔寨等国不理会美国禁令，坚持采用华为技术，恰是新的地缘现实的写照。

---

① 《2018年美国GDP增量高达1.11万亿美元，接近墨西哥的GDP总量》，http://3g.163.com/news/ article_cambrian/EBGPOPHB0517BT3G.html。

② 该数据依据2017年中国和东盟各国GDP数据计算而出，数据来源于世界银行数据库，https://data. worldbank.org.cn/indicator/NY.GDP.MKTP.CD?locations=CN-ID-TL-KH-LA-VN-TH-PH-MM-US-MY-BN-SG。

2019年8月，习近平主席与杜特尔特总统就发展中菲关系、维护南海和平稳定进行了深入交流，达成重要共识。杜特尔特表示："我主张选择合作而非对抗的方式和平解决南海争议，维护地区友好合作、和平稳定大局，这符合本地区各方利益。菲方愿同中方加快推进海上油气共同开发。"[①] 作为南海问题当事国，杜特尔特的表态极具代表性，表明即使与中国尚存分歧的东盟国家也不愿完全站在美国一边，而是希望在中美之间维持中立，发展对华友好关系，这显示中国在东南亚的地缘环境相比以前已大为优化。

最后，中国东南亚区域政策获得大部分域内国家欢迎和支持。东南亚各国除了新加坡、文莱和马来西亚外，大部分国家都属于中等偏下收入的发展中国家，其中老挝、缅甸和东帝汶依然属于世界最不发达国家之列，越南和柬埔寨虽然已脱离最不发达国家名单，但人均GDP也不足3000美元。从现实情况看，交通基础设施落后，资金和技术缺乏，成为制约本地区发展的严重障碍。中国的"一带一路"倡议，核心就是通过互联互通和基础设施建设，打通中国和东南亚各国的经济联系通道，本着"亲诚惠容"的理念，通过中国和东盟各国的经贸合作和产业的有序转移，带动东盟各国共同发展，实现中国和东盟国家的共同繁荣，打造中国与东盟国家的命运共同体，这完全符合东南亚各国的利益。

中国和东盟的经济互补性非常强，中国巨大的经济体量已日益成为东盟经济发展的引擎。随着中国工业化和现代化的不断推进，东盟也日益成为中国许多重要产品的进口来源。目前，中国已经成为东盟大多数成员国排名前两位的出口市场，也是大多数国家最大的贸易伙伴。[②] 通过互联互通和基础设施建设，打通中国与东盟各国的经济走廊和战略通道，可以有效促进中国和东盟各国的贸易水平，推动各国的经济社会发展，通过优势互补，实现中国与东南亚各国的共同发展和共同繁荣。因此，中国的政策符合东盟各国的利益，得到了各国的积极支持，这为中国进一步推进对东

---

① 《环球时报》2019年5月17日第6版。杜一菲：《习近平会见菲律宾总统杜特尔特》，《人民日报》2019年8月30日第1版。

② 石源华、祁怀高主编《中国周边国家概览》，世界知识出版社，2017，第64—184页。同时参见外交部网站东南亚各国概况相关国家与中国贸易状况部分。

南亚地区外交营造了积极外部环境。

三、2019年中国东南亚外交的新进展

尽管遭遇严重的冷战思维和霸权主义挑战，中国依旧高举命运共同体的旗帜，本着“亲诚惠容”的理念，不断排除各种干扰，积极提出参与地区治理的中国方案，深入推进东南亚外交，使得中国与东南亚的关系，无论是双边层面，还是中国—东盟整体层面均迈上了一个新的历史台阶，进一步增进了中国和东南亚各国的相互了解，为中国和东南亚各国的经济社会发展争取了一个和平的环境。

首先，从双边层面而言，中国继续在命运共同体意识的指导下，本着“亲诚惠容”的理念，积极推进与各国关系。过去的2019年，中国与东盟各国双边高层互访不断，各个领域的对话合作不断加深，中国和东盟各国高层毫无遗漏地保持着经常性的会晤，部分国家甚至在一年当中进行了多次领导人会晤，如中菲之间和中柬之间。这种密切的双边交流有效增进了双方感情，加深了彼此了解。在项目合作方面，雅万高铁、中老铁路均获得了实质性突破。中泰之间除了中泰铁路之外，双方在李克强总理访问泰国期间就粤港澳大湾区和泰国东部经济走廊的对接问题达成高度共识。在执法合作方面，中、老、缅、泰四国湄公河联合巡逻执法继续推进，“澜湄执法中心”框架下的合作逐步加强。

值得强调的是，随着中国和东南亚关系的深入发展，命运共同体理念在东南亚日益深入人心。2019年，中国与柬埔寨、老挝两国就在双边层面建设命运共同体签署了行动计划。2019年4月29日，中柬两国首脑会晤，柬埔寨首相洪森表示，“一带一路”已经成为柬中共同的事业，柬方感谢中方长期以来的宝贵帮助，愿同中方继续相互支持，一道落实好两国构建命运共同体行动计划，在“一带一路”框架内推进双方的务实合作。[①] 4月30日，中老两党总书记签署了《中国共产党和老挝人民革命党关于构建中老命运共同体行动计划》。习近平总书记强调，中老双方要以《构建中

① 杜一菲:《习近平会见柬埔寨首相洪森》,《人民日报》2019年4月30日第2版。

老命运共同体行动计划》为抓手，为推进人类命运共同体建设作出积极贡献。中老双方首次在双边层面签署命运共同体的合作文件，不仅造福两党两国和两国人民，也是关系到人类进步事业的有益探索，意义重大、影响深远。老挝方面完全赞同习近平总书记对构建老中命运共同体建设的指导意见，表示双方签署构建命运共同体行动计划，必将把打造老中具有战略意义的命运共同体落到实处，也必将进一步推动构建人类命运共同体。[①]

其次，在中国和东盟之间，双方关系同样获得了长足发展。其一，在南海问题上中国和东盟国家保持密切对话的合作势头，2019年5月和10月，中国同东盟国家分别在中国贵阳和越南大叻举行落实《南海各方行为宣言》第17、18次高官会。其二，在“一带一路”建设和互联互通方面保持密切合作。2019年4月下旬，在北京召开的“一带一路”国际合作高峰论坛上，东盟各国领导人悉数到场，显示了中国和东盟之间的亲密关系。其三，中国和东盟在共同推进更高水平经济一体化上取得重大进展。中方支持东盟地区的互联互通建设，东盟与中日韩领导人发表《互联互通再联通倡议的声明》。中方积极推进“一带一路”倡议与地区互联互通倡议深入对接，在共建经济走廊、发展经贸产业园区、加快市场规则及标准“软联通”等方面与东盟加强合作。其四，在夯实地区金融合作，促进可持续发展方面与东盟达成重要共识。其五，在人文交流上取得重要进展。[②]

再次，妥善处理了中越万安滩争端，维护了中越和平友好大局，保持了南海局势稳定。在美国幕后挑唆与推动下，越南挑起万安滩事件，美国媒体又将相关信息透露给越南媒体，企图在越南国内制造反华事端，加剧中越冲突。然而，事与愿违，在万安滩事件进行之时，越南国会主席阮氏金银如期访华，并与习近平主席等中国高层领导进行了会晤，双方就维护中越关系稳定达成高度一致。[③] 2019年10月，越共中央召开十二届十四中全会，会后，越共总书记、国家主席阮富仲在会见选民时表示，越南和平发展的环境来之不易，不能轻易丢弃。越南要处理好和平稳定与维护主权

---

① 王迪：《习近平同老挝人民革命党中央总书记、国家主席本扬举行会谈》，《人民日报》2019年5月1日第1版。

② 《李克强出席第二十二次东盟与中日韩领导人会议》，《人民日报》2019年11月5日第3版。

③ 赵卫华：《近期南海事态的台前幕后》，《世界知识》2019年第6期。

之间的关系，在维持国家和平稳定的前提下维护国家的领土主权。[1] 阮富仲的表态代表了越南高层在南海问题上的总体态度，也标志着中越双方在万安滩的对峙告一段落。

① 潘草:《决不在独立主权和领土完整上让步》,《西贡解放报》2019年10月16日第2版。

第三章
2019年中国西亚外交

郭　锐　王雪松

【内容提要】2019年，中国与西亚国家在政治、经济、文化、安全等各个领域的合作不断取得新的成就，双方关系进一步发展。面对当前西亚局势剧烈变化、大国深度竞争且更有针对性、域内国家政局不稳且经济发展水平差距拉大、地区安全形势错综复杂等突出状况，中国要保持战略定力，坚定战略目标，长效共建“一带一路”，积极参与地区新秩序建设，努力开启全方位外交新局面，推动构建中国—西亚命运共同体。

【关键词】西亚局势；大国外交；“一带一路”建设；命运共同体

【作者简介】郭锐，吉林大学行政学院国际政治系主任、教授、博士生导师；王雪松，吉林大学行政学院国际政治系硕士生。

2019年，中国与西亚国家关系进一步发展，同时也面临复杂多变的西亚局势的多种影响。在地区安全秩序失衡、经济社会发展差距拉大、大国竞争愈发激烈的敏感局面下，中国要坚定战略立场，坚持有所作为，综合灵活运用多种方式，努力开创中国西亚外交新局面。

一、中国西亚外交的进展与成果

2019年，中国灵活运用首脑外交、政治外交、经济外交、公共外交等多种方式，进一步密切了同西亚国家关系，为开拓和深化双方往来奠定了良好基础。

（一）首脑外交

2019年5月15日，李克强总理在亚洲文明对话大会期间与亚美尼亚总理帕希尼扬举行会谈。[①] 李克强表示，中方始终从长远角度来看待双方关系，愿在相互尊重、平等相待、互利共赢的基础上巩固双方政治互信，加强"一带一路"倡议同亚方发展战略对接。中方将继续支持本国企业同亚方商谈合作事宜，愿扩大进口亚方优质农产品，发挥双方互补优势，加强技术合作。帕希尼扬表示，亚洲文明对话是一个重要倡议，为各方共商文明大计提供了重要机会。亚中拥有许多共同利益，亚方愿延续古丝绸之路精神，积极参与共建"一带一路"，推进双边合作，不断为双方关系发展注入动力。中亚总理会面进一步密切了两国关系，为新时期双边合作奠定了基础。

2019年9月23日，习近平主席会见伊拉克总理阿卜杜勒马赫迪。习近平指出，在新的历史起点上，中方坚定支持伊方为维护国家主权、独立、统一、领土完整所做的努力，愿继续积极支持和帮助伊方开展反恐和重建，实现国家长治久安和发展。[②] 阿卜杜勒马赫迪表示，伊方愿在共建"一带一路"框架内深化两国各领域务实合作，并致力于缓和地区紧张局势，愿与中方加强沟通协调。此次会面表明了中方参与西亚地区新秩序建设、维护该地区和平与稳定的决心，有助于推动中伊战略伙伴关系深层次发展。

（二）政治外交

中国借力国际传播多种途径，积极向西亚国家展示改革开放与和平发展的成果。2019年1月29日，西亚北非国家30余位驻华使节在中国国家

---

① 《李克强会见亚美尼亚总理帕希尼扬》，https://www.fmprc.gov.cn/web/gjhdq_676201/gj_676203/yz_676205/1206_677028/xgxw_677034/t1663645.shtml，访问时间：2019年11月25日。

② 《习近平会见伊拉克总理阿卜杜勒马赫迪》，https://www.fmprc.gov.cn/web/wjdt_674879/gjldrhd_674881/t1700548.shtml，访问时间：2019年10月10日。

博物馆参观了“伟大的变革——庆祝改革开放40周年大型展览”。[①] 外宾表示，改革开放以来中国取得世界瞩目的成就，他们希望加深了解和借鉴中国成功经验。此次活动既向上述国家使节展示了改革开放40年中国所取得的重大成就，表明中国建设性参与全球治理改革和地区热点问题处理的信心与底气，也有助于西亚国家进一步了解中国、感受中国、携手中国，提高彼此的认同感。

中国外长与阿联酋外长会面并就相关问题达成共识。2019年9月27日，国务委员兼外交部长王毅在纽约出席联合国大会期间，与阿联酋外长阿卜杜拉举行会谈。[②] 王毅表示，双方应继续推进中阿产能合作示范园等标志性合作项目，为中阿关系发展注入不竭动力，并加强国际地区事务的协调配合。阿卜杜拉表示，阿方重视高度发展同中国关系，期待与中方一道认真落实两国领导人达成的重要共识，进一步深化两国全面战略合作。此次会面对加强中阿合作及开拓两国外交新局面有重要意义。

（三）经济外交

其一，中国积极为西亚国家提供经济建设保障。2019年6月6日，沙特麦加轻轨列车驶离车库，标志着本年度沙特麦加朝觐前的试运营工作正式展开，这是中国铁建国际集团再次承担该任务。[③] 沙特麦加轻轨项目由中国铁建承建，工期仅用16个月，于2010年11月13日开通运营。2010—2014年，中国铁建国际集团圆满完成连续5年、累计运送朝觐者达上千万人次的运营维保工作，得到沙方各界及全世界穆斯林的高度评价。2019年，沙特铁路公司主动联系中国铁建国际集团，于4月24日签订麦加轻轨朝觐运营维保合同，并签署了此后5年的运营合作框架协议。这既体现了中国高质量、高效率、高速度的基础设施建设能力，也展现了中国积极援助西

① 《“期待借鉴中国改革开放的成功经验”——西亚北非地区国家驻华使节集体参观庆祝改革开放40周年大型展览》，http://www.xinhuanet.com//politics/2019-01/29/c_1210050547.htm，访问时间：2019年10月11日。

② 《王毅会见阿联酋外交部长阿卜杜拉》，https://www.fmprc.gov.cn/web/wjdt_674879/gjldrhd_674881/t1702746.shtml，访问时间：2019年10月11日。

③ 《沙特麦加轻轨开始朝觐试运营》，http://www.chinatradenews.com.cn/content/201906/11/c72265.html，访问时间：2019年10月11日。

亚国家并助其经济社会发展的一贯立场。

其二，中国和西亚国家基础设施联通建设取得突破。2019年9月24日晚11时30分，首列“兰州—伊朗”国际货运班列从甘肃（兰州）国际陆港出发，15天后抵达伊朗德黑兰。[①] 该班列由兰州铁路口岸东川作业区海关监管场所始发，从霍尔果斯铁路口岸出境，途经土库曼斯坦，全程达6000千米。首趟班列载运50个集装箱，货运量达263.4吨，货值为948.6万元人民币，主要货物为汽车、汽车零配件、水泥添加剂等。该班列的开通运行，既可以深化中国同西亚国家贸易关系，也有助于提高西亚国家经济社会水平，为双方关系发展奠定了坚实基础。

二、中国西亚外交面临的挑战

当前，西亚地区处于局势剧变的敏感期。一些国家的战后重建，美俄等大国的针锋相对，西亚国家政局不稳、经济发展水平各异、安全威胁存续深化等突出问题交织，致使该地区局势错综复杂，充满了不确定性。

（一）西亚局势剧烈变化

1. 叙利亚问题

2019年，叙利亚战后重建进入关键期，其在政治上面临政府与反对派政治团体、库尔德人激烈博弈，中央政府与地方自治机构权力分配等棘手问题。对外关系上，叙利亚在维持同伊朗、俄罗斯等国家盟友关系的同时，要处理好同美国、土耳其、沙特等国家的关系，为自身营造良好的国际环境。经济重建则是叙利亚战后的当务之急。2011年叙利亚国内动乱发生后，其国内经济陷入消费锐减、税收大跌、高通胀高失业率并行、财政赤字严重、经济长期滞胀的严峻局面。长期战乱沉重打击了叙利亚经济，使其制造业、石油工业、农业等严重衰退。[②] 叙利亚深陷政治建设阻力重重、外交关系微妙复杂、国民经济深度重创、民生水平严重下滑、重建资

① 《甘肃（兰州）国际陆港首发“兰州—伊朗国际货运班列”》，http://www.sohu.com/a/343688448_137123，访问时间：2019年10月11日。

② 王晋：《叙利亚重建的困境、归因与超越》，《西亚非洲》2019年第1期，第3—29页。

金缺口巨大的严峻局面，其如何稳定持续地走上战后重建道路，是叙利亚和国际社会均要认真思考的现实问题。

2. 伊拉克问题

2019年，伊拉克战后重建仍未完全步入正轨，诸多矛盾不时爆发并时有激化。政治重建方面，伊拉克面临政治力量分化严重、各派别竞争十分激烈的突出状况，中央政府缺少权威性，诸多政策难以落实。经济重建方面，“伊斯兰国”给伊拉克的民生和经济造成了沉重打击，伊方重建资金缺口巨大，民众对政府不满情绪加剧。加之石油价格走低、外汇收入减少和打击“伊斯兰国”的高昂代价，政府财政赤字一再攀升。由于伊拉克政府无法满足恢复经济、改善民生的迫切需求，民众对政府信任度持续走低，国家凝聚力不断减弱。安全重建方面，虽然“伊斯兰国”被整体击溃，但仍有残余势力在伊拉克与叙利亚接壤处活动。恐怖分子在伊境内多地不断发动袭击，造成大量人员伤亡。可以说，伊拉克安全形势仍不容乐观。强化中央政府权威、整合各派武装力量、维护国内安全秩序，是摆在伊拉克政府面前的难题。

3. 美国与伊朗关系问题

特朗普总统上台后，美国对伊朗政策从奥巴马时期的有所缓和转为“极限施压”。在外交领域，美国推动构建“阿拉伯版北约”，怂恿其他国家共同遏制伊朗。美国悍然退出“伊核协议”，由此引发伊朗的极大反弹。在金融领域，美国财政部连续针对伊朗个人和实体实施定向制裁。在能源和资源领域，美国也推出一系列的限制性举措。比如，2019年5月8日，特朗普总统签署行政命令，美国开始对伊朗除石油出口外的最大外汇来源——铁、钢、铝、铜等产业实施制裁。在军事领域，美国除在伊朗周边地区设有军事基地或驻有军队外，还采取多种措施试图武力遏制伊朗。2019年9月14日凌晨，也门胡塞武装的数架无人机袭击了沙特北部的两处石油设施，美国借机将矛头指向伊朗，并在一周后向海湾地区增兵，同时宣布对伊朗追加制裁。在西亚局势总体动荡、越发紧张的背景下，美国与伊朗冲突的风险性进一步增大。

叙利亚、伊拉克等西亚国家艰难的战后重建进程，美国与伊朗关系的紧张升级态势，以及在此背景下域内外国家的复杂组合、该地区极端势力的嚣张表现，均对中国西亚外交带来挑战，如何应对并弱化这些影响，是中国要审慎思考的现实问题。

（二）大国竞争更有针对性

西亚是大国长期竞争的重点地区。“9·11”事件后，美国以打击恐怖主义、维护国家安全为借口，发动阿富汗战争和伊拉克战争，意在攫取该地区的主导权。事与愿违的是，美国在两场战争中投入大量的人力、物力、财力，但收效不佳，甚至影响到美国全球战略的部署与实施。奥巴马时期，美国被迫在西亚地区实施“战略收缩”，把重心转移到亚太地区。特朗普总统上台后奉行“美国优先”，以另一种方式延续“战略收缩”政策，以便集中力量遏制“战略竞争者”。美国在西亚地区的“战略收缩”行动，留下一些所谓的“真空地带”，由此引发各方势力的激烈争夺，导致西亚地区的新一轮洗牌。可以说,2019年以来西亚局势的剧烈动荡，与美国“定向式”“有选择”的“战略收缩”政策不无关系，域内一些国家的“大国梦”开始苏醒，这成为搅动域内外大国敏感神经的原因所在。围绕叙利亚问题、也门问题、库尔德问题等地区热点，域内外大国更有针对性的政策指向也与美国的此种战略抉择有着必然联系。美国则极有可能重演搬起石头砸自己脚的闹剧，难以获得预期的战略收益。这从俄罗斯强势介入西亚事务、俄土有选择地加强战略接近、伊朗的强势反弹且地区影响力扩大中可见一斑。

“9·11”事件的爆发、2003年的伊拉克战争、2011年的“阿拉伯之春”等一系列事件，不可避免地对俄罗斯在西亚地区的利益造成打击。叙利亚战争的长期化，使俄罗斯在西亚地区的影响力降至冰点。然而，西方国家借“克里米亚危机”对俄罗斯加大联合制裁及战略围堵的做法，成为俄方强势重返西亚地区的催化剂。2016年，巴沙尔政权在叙利亚内战中处于最危险的时刻，俄方直接派出地面部队力保巴沙尔政权，显示了其坚定维护自身在西亚地区核心利益的决心，也使巴沙尔政权有了绝地反击、收复失地的最强资本。虽然2019年叙利亚问题仍处于胶着状态，但局势变化对巴沙尔政权越发有利。其间，库尔德问题的不时激化，美土关系的紧张，俄土关系的接近，伊朗与以色列的多次冲突，均表明叙利亚问题的最终解决不会在短期内实现，而域内外大国的战略调整和力量组合则进入“白热化”新阶段。可以说，在美俄竞争加剧，美国加强重点围堵及遏制，土耳其、沙特、伊朗等域内大国抬头的错综复杂局势下，如何稳妥展开外交活动，考验着中国的战略智慧和大国作为。

（三）西亚国家自身问题突出

其一，政治不稳定。伴随国际形势的不断变化，西亚国家内部的民主化呼声越来越高，该地区已进入政治转型的敏感时期。由于社会问题具有长期性、复杂性、扩散性的特点，加之外部势力的不断介入、内部力量的激烈博弈、国际油价的低位震荡等政治经济情势的复杂交错局面，西亚国家的民生问题日益突出、社会矛盾日趋激化，使其陷入政局动荡的危险状况。而阿拉伯变局后的地区主导权之争，更是激化了域内国家的地缘政治矛盾，致使地缘冲突日益升级。[①] 在也门，以沙特为首的多国联军和伊朗支持的胡塞组织的持续冲突，不仅使也门部分原油产区长期停产，也对沙特部分原油输送管道和油轮运营安全造成了严重影响。毫无疑问，这对中国在该地区开展外交活动造成了不利影响。

其二，经济欠发达。受地理位置、历史原因、资源程度等多种因素的影响，西亚国家的基础设施建设极不均衡。有些国家建立了相对现代化的基础设施体系，有力促进了经济增长和民生改善；有些国家的基础设施建设仍很落后，成为制约经济增长的一大瓶颈；还有些国家的基础设施体系受到长期战乱和冲突的严重破坏，亟待重建。此外，在交通运输业方面，西亚国家的公路和铁路建设明显滞后，其电力基础设施存在较大缺口，难以适应经济社会发展的现实需要。加之一些西亚国家地理位置封闭、自然资源匮乏、国内政局不稳，致使其政治、经济、社会、文化等各方面发展难以为继。这对中国开展全方位的西亚外交来说，可谓是机遇与挑战并存。

其三，安全威胁不断。在动荡的政治局势和落后的经济发展水平下，

① 于宏源:《地缘安全中的体系均衡：新时期中国能源安全的挑战与应对》,《西亚非洲》2019年第4期，第143—160页。

西亚地区滋生了各种恐怖主义势力，其中“伊斯兰国”尤为突出。“伊斯兰国”在西亚地区制造了大量的恐怖袭击事件，如袭击政府军警、外国使领馆、石油设施和进行自杀式袭击等，造成了极为恶劣的影响。虽然“伊斯兰国”势力在多方联合打击下实力大不如前，但不排除其“死灰复燃”的可能性。究其原因，不彻底解决政局动荡、经济落后、民生凋敝的根源性问题，西亚地区就依然是恐怖主义等极端力量滋生的温床。即使击溃“伊斯兰国”组织实体，也不能从根本上铲除西亚地区恐怖主义泛滥的土壤。可以说，如何联合各方、集中力量彻底消灭恐怖主义势力和不稳定因素，切实保障中国和西亚国家的核心利益不受损失，是亟待解决的现实问题。

三、中国加强西亚外交的举措思考

面对西亚地区的复杂局势变化，中国可从多个方面着手，通过共建“一带一路”、积极参与西亚国家战后重建等，全方位开展对西亚外交，更好地应对和处理各种问题及挑战，推动新时期中国与西亚国家关系不断发展。

（一）共建“一带一路”，打造中国—西亚命运共同体

其一，深化共同利益，夯实国家发展战略对接平台基础。经济建设是中国同西亚国家开展交往的重要方式。面对西亚国家基础设施建设不均衡、经济发展水平差距拉大等突出状况，要努力发挥共建“一带一路”的独特作用，积极打造中国—西亚经济共同体。要借助亚投行和丝路基金等重要平台，加大对西亚国家基础设施建设领域的投入，改善其基础设施状况，加快建立健全中国与西亚国家互联互通的基础设施体系。由此，为中国与西亚国家发展战略对接夯实基础，畅通渠道，助力双方共同发展和互利共赢。

其二，加强政治互信，增进相互理解和消除战略疑虑。中国要继续加强和深化同西亚国家的政治关系尤其是高层政治往来，努力探索中国与西亚国家政治关系发展的新路径。要保持和增强国家元首、政府首脑间的常态化会晤，加强和拓展部长级官员对话渠道并使之定期化、制度化。要不

断丰富政治交往形式，探索和实践新的交往方式，如加强政党交往等。由此，在不断加强和深化彼此政治交往的过程中，增进相互理解、消除战略疑虑，为探索面向新时代的中国与西亚国家关系发展提供坚实的政治保障。

其三，增进安全共识，建设长效机制以维护地区稳定。安全问题始终是中国与西亚国家开展交往的重要问题。面对西亚地区错综复杂的安全局势变化，中国要加大外部合作力度，凝聚各方共识，与西亚国家共同应对日趋严峻的安全挑战；积极探索维护西亚局势稳定的长效机制，推动建立新型多边安全合作机制，增进地区性安全共识，不松懈打击恐怖主义等极端势力；要推动构建中国—西亚新型安全关系，为中国进一步开展对西亚外交营造和平稳定的内外部环境。

（二）积极参与西亚地区新秩序构建，有所作为贡献中国智慧

其一，坚持和平发展理念，妥善处理与西亚国家的关系。当前，大多数西亚国家面临战后重建、经济恢复、安全威胁等突出问题。为此，中国要在相互尊重主权独立和领土完整、尊重每个国家处理问题的方式方法、不采取暴力手段和不干涉他国内政的前提下，积极参与西亚国家的战后重建工作，尽可能地提供各种援助，帮助西亚国家尽快走出战争阴霾、走上复兴道路。由此，树立中国负责任、有作为的大国形象，唱响新时代和平发展的主旋律。

其二，建设性参与地区热点问题解决，维护地区安全秩序。稳定的外部环境是国家间开展交往的重要保障。2019年7月28日，中国外交部军控司司长傅聪率团参加“伊核协议”联合委员会特别会议时强调，确保全面协议得到完整有效执行，既是安理会决议的要求，也是解决伊核问题唯一、现实、有效的路径。中方将坚持在联委会框架内解决分歧，继续坚定维护和执行全面协议，坚定维护自身合法权益。[①] 遵守并坚持“伊核协议”，是中国切实维护地区安全与稳定的重要方式。中国要更加积极主动地参与

① 《各方重申将坚定维护和执行伊核问题全面协议》，https://www.fmprc.gov.cn/web/wjbxw_673019/t1684037.shtml，访问时间：2019年10月13日。

地区安全秩序建设进程，建设性参与地区热点问题处理。

其三，坚持“正确义利观”，与西亚国家携手发展。改革开放40余年来，中国综合国力显著增强，国际地位不断提升。面对中国持续强势崛起，一些国家心有疑虑，担心中国会走“国强必霸”的老路，这在西亚地区也不例外。为此，中国要坚定和平发展目标不动摇，保持发展稳定大局不松懈。在国际事务中，中国要坚持“正确义利观”，做到义利并举、义重于利；在对外援助领域，中国要做到不附加任何政治条件，不把自己的意愿强加给其他国家。这些举措对全方位开展中国对西亚外交来说，具有根本性的重大指导意义，既可以助推西亚国家渡过战后重建的艰难阶段，也有助于展现新时代中国负责任、敢担当、有作为的大国形象，为构建中国—西亚命运共同体夯实基础。

（三）强化西亚外交的战略定位，打造全方位外交体系

其一，战略深化首脑外交。首脑外交具有地位特殊、效果直接、影响重大等突出特点，在国家交往过程中发挥着重要作用。全方位推进和加强中国的西亚外交，要充分发挥首脑外交的独特优势和作用，不断增进和确保双方领导人常态化会晤，并就某些重大问题及时作出回应，这需要在国家层面上做好顶层设计和战略规划。双方要努力建设和优化领导人互访机制，在加深理解、增进友谊、增信释疑的同时，为双方关系进一步发展提供最为坚实的政治基础和制度保障。

其二，持续推进公共外交。要注重文化传播作用，发挥“润物细无声”的效果，在社会层面深化彼此联系。伴随时代发展，国家在重视政治、经济、军事等硬实力提升的同时，越来越关注文化等软实力的独特作用。中国要充分借助文化外交这一重要平台，进一步丰富中国的西亚外交体系及层次。可通过大众传媒如新闻报道、电视、广播、电影等，通过期刊、图书等出版物，以及互派留学生、学者交流、文化、艺术或体育活动等多种方式，拓宽中国与西亚国家关系发展的社会渠道和公共路径，促进个人、民间团体往来，增进双方民众的相互了解，打造中国对西亚外交的新亮点。

其三，高度重视军事外交。面对西亚地区剧烈多变的局势尤其是复杂

敏感的安全形势，中国要适时开展和加强军事外交，以中国特色军事外交带动与西亚国家关系的新发展，为西亚地区的安全与稳定贡献中国力量。一方面，可通过开展军事外交、提供军事援助、举行联合军演、军队高层互访等活动，提高双方维护国家安全、增进地区稳定、确保和平发展的应有能力。一定意义上，这有助于消除西亚国家对中国快速发展所产生的误解与担忧，起到增信释疑的积极作用。另一方面，以军队为主体开展军事外交，可以充分发挥军队在打击恐怖主义势力、消除地区不稳定因素等方面的独特作用，更好地维护西亚地区的和平与稳定。由此，在外交和军事两个方面，为中国全方位加强与西亚国家关系保驾护航。

第四章
2019年中国南太平洋地区外交：趋稳与突破

费　晟

【内容提要】2019年，中国南太平洋地区外交整体趋稳向好，尤其是在南太岛国取得重大突破。2019年，澳大利亚举行大选，但选举过程中，关于中澳关系并未出现杂音。由于澳大利亚执政党获得连任，继续采取对华稳健保守的立场，中澳外交也就持续相对冷淡。中国对新西兰外交在经贸与人文交流领域保持积极态势。南太平洋地区岛国成为2019年中国外交突破的亮点，所罗门群岛与基里巴斯先后与台湾地区“断交”，进一步证明接受崛起的中国、支持“一个中国”原则已经成为南太地区处理对华关系无可回避的原则。

【关键词】澳大利亚；所罗门群岛；基里巴斯

【作者简介】费晟，中山大学大洋洲研究中心副教授、博士生导师。

一、中澳关系持续低迷

中澳关系在2018年中出现了触底反弹的迹象，但在该年底澳大利亚执政党内部政变、总理更迭后，由于新内阁面临内部整合的重压，对外交缺乏足够投入，双方关系丧失了快速回升的契机。面对2019年即将来临的大选，澳大利亚两大政党均把主要注意力放在内政议题上，这一方面造成大选过程中罕见“中国威胁论”的舆论炒作，另一方面也缺乏提升中澳关系的积极表态。2019年5月18日，澳大选结果最终确认，现任总理斯科特·莫里森（Scott Morrison）胜出，联盟党政府继续执政。这一选举结果意味着联盟党执政时代不断遭受波折的中澳关系失去了从澳方角度主动调整的机会。

事实上在大选前，澳大利亚舆论普遍认为澳大利亚工党会取得这次大选的胜利。尤其是大选前夜对外力主中澳友好、对内广受尊敬的工党前总理鲍勃·霍克去世，被认为会勾起民众的缅怀心理从而助攻工党的选情，然而实际投票结果却出人意料。从选举前澳大利亚媒体以及一些工党政客的表态来看，假如工党获胜将更有可能给中澳关系带来积极变化。比如，工党候选人比尔·肖顿（Bill Shorten）在接受电视台采访时则明确指出，澳大利亚应当与中国建立起紧密友好的关系，“应当从历史中看到这些年来与中国在实践中带来的巨大改变”。[①] 然而，也有澳大利亚媒体认为即便是工党赢得大选，澳中关系短期内也不太会出现大的改善。《澳大利亚金融评论报》的报道就指出，工党外交事务发言人黄英贤已经表示，即便胜选，外交上更多是“一切照旧，不会出现大的调整”。[②]

事实上，澳大利亚新政府成立后的确采取了“照旧”的态度。虽然澳方并不希望中澳关系继续滑坡，但也没有展现出积极消除中澳关系负面因素的姿态。2019年8月初，澳大利亚新任驻华大使傅关汉到任。傅关汉拥有丰富的对华外交经验，此前在接受媒体采访时表示，澳大利亚政府非常清楚地认识到中国一直致力于改善中澳关系。不可否认，中澳在包括意识形态在内的许多问题上有一定冲突或者争议，但两国在包括教育、文化、农业、基础设施建设和健康等方面共识良多，双方应在这一基础上最大化地建立起共赢的合作关系。[③] 然而，8月28日，澳政府宣布设立“大学应对外国干预特别工作组”，联合大学和安全部门应对外国政府干预，旨在保护澳大利亚利益在敏感项目研究、网络安全等领域不受损害。澳政府尤其担忧人工智能、量子物理学和一些工程学科方面的合作。悉尼大学副校长

---

① 《澳洲大选倒计时，中澳关系将走向何方?》，2019年5月17日，http://www.sohu.com/a/314687126_100103081，访问时间：2019年11月5日。

② 《澳大利亚大选爆出重大意外结果，中澳关系再度不明》，2019年5月18日，新浪网，https://news.sina.com.cn/w/2019-05-18/doc-ihvhiqax9655457.shtml，访问时间：2019年11月5日。

③ “New Australian Ambassador to Beijing Answers Questions on Weibo,” September 2, 2019, https://www.theaustralian.com.au/nation/new-australian-ambassador-to-beijing-hosts-qa-on-weibo/news-story/f3383c55be9a5e04d7ad269f3b19bf21.

斯宾塞（Michael Spence）接受澳大利亚广播公司采访时说，关于澳大利亚研究机构和中国合作的争论，已经被“歇斯底里的反华症”所笼罩。[①]

美国因素依然是影响中澳关系的重要第三方力量。受益于中美贸易摩擦，澳大利亚对华出口激增，对华贸易顺差创纪录，但这并没有动摇澳大利亚就美国对华施压表达广泛支持。澳大利亚总理莫里森指出，“我们得确保所有人都在同一个竞技场上竞争”，中国不能享有特权。[②]除此之外，在5G问题上，澳大利亚将华为5G设备排除在外。早在2019年初，澳大利亚国内网络运营商TPG就发布声明，表示因为华为因素将停止在澳大利亚建设5G网络。随后，澳大利亚贸易、旅游和投资部长西蒙·伯明翰发布声明，称其坚持有关5G网络的决定并不是针对任何国家和公司。他还说，澳大利亚将通过世界贸易组织正常程序回应中国提出的问题，即澳大利亚是出于国家安全考虑而非歧视性的贸易政策在5G建设中排斥华为。由此澳大利亚成为“五眼联盟”中第一个将华为排除在5G建设之外的国家。[③]2019年9月4日，澳大利亚政府发布报告，公布了15个稀土和关键矿产项目，意在与美国联手挑战中国在全球稀土市场上的支配地位。[④]澳大利亚政府认为自己是美国“再也找不到的坚定朋友”，在一系列对华问题上采取同美国一致的立场。尤其是澳大利亚内政部长达顿称“中国在国际上的行为常与澳大利亚的价值观冲突”，被认为是出自部长级别的“对华最强硬言论”。[⑤]

对此，中国政府的态度是淡定处之、有理有节。在对澳高层外交方面，2019年11月，在出席东亚合作领导人系列会议期间，李克强总理和莫

---

① 《澳搞特别工作组“针对中国”，有人警告：澳已被“反华症”所笼罩》，2019年8月29日，环球网，http://baijiahao.baidu.com/s?id=1643154874558037498&wfr=spider&for=pc，访问时间：2019年11月8日。

② 《澳大利亚支持美国对华施压，如果再做这件事就愚不可及》，2019年9月16日，http://dy.163.com/v2/article/detail/EQ0ISAUH0518NO0O.html，访问时间：2019年11月10日。

③ 《彻底撕破脸皮？澳洲表态坚持禁止华为并拒绝中国向WTO申诉》，2019年4月18日，搜狐网，http://m.sohu.com/a/308761832_166680，访问时间：2019年11月10日。

④ 《澳大利亚公布重磅项目筹备与中国开打稀土战》，2019年9月4日，多维新闻网，http://news.dwnews.com/global/news/2019-09-04/60148072.html，访问时间：2019年11月19日。

⑤ 《大选将至澳两党互相指责“通中”外交部驳斥》，2019年11月4日，观察者网，https://www.guancha.cn/internation/2019_04_11_497259_s.shtml，访问时间：2019年11月19日。

里森总理举行第七轮中澳总理年度会晤。两国总理就改善双边关系达成共识。中国外交部11月4日对外表示，李克强在会谈中提出“让两国关系重回正常轨道”。李克强指出，中国和澳大利亚没有历史积怨和根本利益冲突，中澳合作不损害第三方，不针对第三方，也不应受第三方影响。[①]

在对地方政府方面，10月23日，中国发改委副主任宁吉喆会见澳大利亚维多利亚州州长安德鲁斯。会后，双方签署《中华人民共和国国家发展和改革委员会与澳大利亚维多利亚州政府关于共同推进“一带一路”建设框架协议》，并见证签署《中国商用飞机有限责任公司与蒙纳士大学共建中国商飞—蒙纳士技术中心合作协议》。协议涉及多个合作领域，包括让更多中国企业参与维多利亚州价值1070亿美元的基础设施“大建设”，以及让维多利亚州的企业参与世界各地的“一带一路”项目。内政部长达顿质疑这是否符合澳“国家利益”。安德鲁斯则称，“我认为大多数澳大利亚人都觉得这是好事。我们（澳大利亚）需要一个强有力的伙伴关系，维多利亚就有这样一个伙伴关系。希望每一个州和地区，甚至英联邦都能与中国建立强有力的伙伴关系和友谊”。[②]

在华为5G问题等具体争端上，中国商务部率先表达强烈不满，要求澳方以书面形式进一步作出解释和澄清。4月12日，在世贸组织货物贸易理事会上，中方就澳方5G的相关限制措施提起关注，提请澳方注意履行其在世贸组织中的义务，要求澳方就相关措施与世贸组织规则的一致性作出说明。中方认为，就5G而言，基于国别的、歧视性的限制措施，非但不能带来安全，反而会扰乱全球的供应链，阻碍技术应用和科技进步。[③]对此，中国外交部也明确表示坚决反对，发言人华春莹9月12日答记者问时指出：“澳大利亚政府滥用国家安全理由，在拿不出任何证据的情况下带头禁止中国企业参与澳第五代通信网络建设，是赤裸裸地针对中国企业的

① 《李克强分别会见澳大利亚总理莫里森、日本首相安倍晋三、新西兰总理阿德恩、美国总统国家安全事务助理奥布莱恩》，《人民日报》2019年11月5日，http://www.gov.cn/xinwen/2019-11/05/content_5448700.htm，访问时间：2019年11月20日。

② 《不顾政府反对澳大利亚一州长与中国签署一带一路协议》，2019年10月24日，多维新闻网，http://news.dwnews.com/global/news/2019-10-24/60154174.html，访问时间：2019年11月9日。

③ 《商务部回应“澳大利亚禁止中国企业参与5G建设”：扰乱全球供应链》，2019年4月18日，https://finance.ifeng.com/c/7lyb4MAbraQ，访问时间：2019年11月19日。

歧视性做法。澳方还对别国的5G网络建设指手画脚，试图游说、煽动其他国家仿效错误做法。这种行为违反基本的市场精神和国际规则，既不光彩、也不道德。中方对此坚决反对。”[①] 据《悉尼先驱晨报》报道，电信设备供应商华为日前向澳大利亚联邦议会众议院提交了一份文件，通过对现状的分析，敦促澳大利亚解除对其5G技术的禁令，否则澳大利亚可能会在全球5G竞赛中落后。华为在这份提交给澳大利亚众议院通信与艺术常务委员会的文件中指出，“澳大利亚在全球5G的竞赛中已经落在了后面，这对澳大利亚的竞争力和未来的繁荣正在产生巨大影响”。[②]

应该说，当前中澳关系长期低迷有三个基本原因：首先，在政治体系与价值观存在根本分歧的条件下，中澳关系已逐步达到合作的极大化。尤其是2015年双边自贸协定签署后，中澳合作提升的空间出现边际效应递减，尤其缺少需要高层交流才能解决的重大新议题。其次，中国的崛起明显改变了地区秩序，使得长期受益于既有秩序的澳大利亚产生恐慌，“路径依赖”受到挑战。对此，澳大利亚安全情报系统以“中国威胁论”主导对华政策，不惜让中澳关系陷入僵局，也迫使澳政府在多个涉华问题中决策失当。最后，中国逐步理解也意识到澳大利亚不得不寻求自身国际新地位的困难，不再一味以达成形式上的亲密为对澳外交目标。[③] 综上所述，中澳关系的回暖越来越取决于澳大利亚联邦政府对中国崛起带来秩序变化的接受程度，只要中国长期保持经济健康稳定发展，同时继续保持积极活跃的外交，澳大利亚就越来越无法回避对华理性务实的战略选择。

二、对新西兰及南太平洋地区岛国外交的突破

中国与新西兰外交关系保持了整体稳定，双方都推动积极互动。2019

① 《澳大利亚带头禁止中国企业参与其5G建设外交部回应》，2019年9月12日，中国新闻网，https://baijiahao.baidu.com/s?id=1644471546276399098&wfr=spider&for=pc.，访问时间：2019年11月20日。

② 《华为敦促澳大利亚解禁：不论如何澳洲5G都将是中国造》，2019年11月5日，集微网，https://tech.sina.com.cn/it/2019-11-05/doc-iicezuev7215407.shtml，访问时间：2019年11月20日。

③ 《美国最坚定盟友或倒戈就北京要求达成共识》，2019年11月5日，多维新闻网，http://news.dwnews.com/global/news/2019-11-04/60155494.html，访问时间：2019年11月20日。

年11月4日，国务院总理李克强在曼谷会见新西兰总理阿德恩（Jacinda Ardern）。李克强表示，中国和新西兰两国合作非常紧密。中新自贸协定升级谈判已顺利完成，这向外界发出了中新用实际行动支持自由贸易的强烈信号。“当前国际形势不确定因素增多、世界经济下行压力加大，需要包括中新在内的各方携手应对。我们愿同新方在平等相待、求同存异的基础上，相互尊重彼此核心利益和重大关切，扩大各领域交流合作，推动中新关系继续健康稳定向前发展。中方致力于打造市场化、法治化、国际化的营商环境，希望新方为中国企业在新投资营造公平竞争环境。中新旅游年活动受到两国各界人士欢迎，双方要进一步加强旅游、文化、教育等人文领域交流。”①

对此，阿德恩表示，新方高度重视新中全面战略伙伴关系，坚定奉行“一个中国”政策，祝贺中国的全球营商环境排名大幅上升。新方坚定支持以世界贸易组织为核心的多边贸易体制。自贸协定升级将为双方带来更多互利合作的机遇。新方愿为各国企业在新西兰投资提供一视同仁的环境。双方在应对气候变化问题上保持着密切沟通协调。新方赞赏中国为促进太平洋地区岛国发展作出的贡献，愿同中方加强在岛国地区的三方合作。中国和新西兰的出口商都将从升级后更加便利的贸易规则中获益。中新自贸协定升级谈判对原有的海关程序与合作、原产地规则及技术性贸易壁垒等章节进行了进一步升级，新增了电子商务、环境与贸易、竞争政策和政府采购等章节。双方还在服务贸易和货物贸易市场准入、自然人移动和投资等方面作出新的承诺。②

在过去40年中，新西兰一直是西方国家中对华开放较全面、合作水平较高、双边关系较稳定的国家。中新自贸协定本身是中国与西方国家签订的最早相关协定之一，此次提升反映了两国确保中国与新西兰自贸水平的雄心与信心，尤其是对高质量合作的诉求，这有利于建设未来规模更大、更富有活力的双边经贸关系，顺应了双方进一步互联互通的需要，也

---

① 《李克强会见新西兰总理阿德恩》，2019年11月4日，https://www.chinacourt.org/article/detail/2019/11/id/4608179.shtml，访问时间：2019年11月20日。

② 《李克强会见新西兰总理阿德恩》，2019年11月4日，https://www.chinacourt.org/article/detail/2019/11/id/4608179.shtml，访问时间：2019年11月20日。

体现了两国坚持开展自由开放贸易、支持以规则为基础的多边贸易体制的承诺。

2019年见证了中国与南太平洋地区岛国外交飞跃发展的一年。2019年9月20日，继所罗门群岛于9月16日与台湾“断交”后，基里巴斯亦宣布与台当局“断交”。9月27日，国务委员兼外交部长王毅在纽约中国常驻联合国代表团同基里巴斯共和国总统兼外长马茂签署《中华人民共和国与基里巴斯关于恢复外交关系的联合公报》，两国恢复大使级外交关系。① 目前与中国建交的南太平洋地区岛国已经达到10个，台湾方面所谓“邦交国”仅剩最微小的4个。

所罗门群岛议会在台湾有关部门负责人率队前往拉拢的情况下，依然无反对票通过对台“断交”决议，充分体现了该国与中国建交的坚定决心，也严重打击了反华分裂势力。“一是所罗门相对人口较多，面积较大，地理位置具有重要的军事和战略价值；二是所罗门对剩余的四个尚未与中国建交的太平洋岛国具有导向和风标作用，连锁效应不可小觑；三是岛国在与中国建交后，往往效仿中国‘独立自主’的外交政策，不再因企望西方援助而俯首帖耳；四是‘北望’渐成岛国主流社会思潮，中国在岛国地区的存在和影响日益扩大。”②

基里巴斯也是拥有重要战略位置的岛国。该国国土南北纵跨赤道，东西则横越180度经线，是全世界唯一同时横跨东西南北四大半球的国家。由于其独特的地理位置，基里巴斯还十分有利于航天测控，因此2003年中基断交对中国航天监测事业造成了一定影响。此次与中国复交，至少意味着未来中国的相关活动有了新的发展空间。

中国与南太平洋地区岛国关系的正常发展，引发了澳大利亚的不安与小动作。2019年10月7日，澳大利亚总理莫里森和所罗门群岛总理索加瓦雷（Manasseh Sogavare）发布联合声明，表示澳大利亚将为所罗门群岛援建边防巡逻艇哨所，两国为安全合作和友谊欢呼。2019年，澳大利亚共向

---

① 《中华人民共和国与基里巴斯共和国恢复外交关系》，2019年9月28日，http://www.gov.cn/xinwen/2019-09/28/content_5434326.htm，访问时间：2019年11月30日。

② 《于镭：中国和南太岛国不惧“妖魔化”》，2019年11月5日，环球网，http://baijiahao.baidu.com/s?id=1649297112462073248&wfr=spider&for=pc，访问时间：2019年11月20日。

所罗门群岛提供2.5亿美元援助。澳总理莫里森访问所罗门群岛期间，公布了双边基础设施项目，称这是政府区域战略的最新举措之一。[①]就在所罗门群岛同中国建交的次日，该国马莱塔省的部分人士即宣布“独立”；在中国森田集团与所罗门群岛中央省宣布合作开发图拉吉岛后，澳大利亚又怂恿某些机构宣称“合作协议”无效。与此同时，澳政府十分默契地再次炒作太平洋岛国“债务危机论”和中国“债务外交与债务陷阱论”。此举显然是为了“抗衡”中国在太平洋“不断增强的影响力”。然而，澳大利亚罗伊研究所一份最新研究报告引用大量数据证明，太平洋岛国并不存在严重的“债务危机”，而且若干岛国的“债务问题”是西方某些“捐助国”造成的，根本与中国无关。最后，报告客观评价了中国对岛国的援助和“一带一路”为岛国发展经济、改善民生所作的贡献。[②]

事实上，中国并没有因此动摇加大发展与南太平洋地区岛国关系的决心。10月21日，第三届中国—太平洋岛国经济发展合作论坛在萨摩亚首都阿皮亚举行，贸易、农业、渔业、旅游业、基础设施建设和气候变化是此次论坛的核心议题。国务院副总理胡春华出席开幕式，宣读习近平主席贺信并致辞。胡春华强调，2018年11月，习近平主席同建交岛国领导人在巴布亚新几内亚会晤，宣布将双方关系提升为相互尊重、共同发展的全面战略伙伴关系，开启了中国同岛国关系新阶段。习近平主席的贺信为中国—太平洋岛国经济发展合作论坛指明了方向。中方表明愿与各方一道，落实好领导人共识，深化战略对接，推动共建“一带一路”合作，分享发展经验，提高岛国可持续发展能力，扩大贸易投资往来，拓展农林渔业、能源资源、海洋、旅游等合作，促进人员往来和民心相通，进一步充实中国与岛国全面战略伙伴关系的内涵。胡春华宣布了中国进一步支持岛国经济社会发展的八项举措，并与建交岛国领导人共同见证签署《中国—太平洋岛国经济发展合作行动纲领》。访问萨摩亚期间，胡春华分别会见了10个建交岛国领导人、代表团团长和岛国有关地区组织负责人，就共建“一带一

① 《所罗门刚与台“断交”，澳就想帮忙建边防哨所》，2019年10月8日，观察者网，https://www.guancha.cn/internation/2019_10_08_520518.shtml，访问时间：2019年11月20日。

② 《于镭：中国和南太岛国不惧“妖魔化”》，2019年11月5日，环球网，http://baijiahao.baidu.com/s?id=1649297112462073248&wfr=spider&for=pc，访问时间：2019年11月20日。

路”、贸易投资、基础设施、农林渔业、旅游、应对气候变化等领域合作和共同关心的问题交换了意见，并见证签署了相关合作文件。胡春华还考察了中国援萨有关项目。[①] 在两个南太平洋地区岛国与中国建交（复交）的背景下，此次论坛的举行意味着中国在强化南太地区影响力上进入一个新的制度化建设高峰。

对南太平洋地区岛国而言，其主要问题是面临世界各大洋海平面因全球气候变暖而上升的威胁。在此情况下，作为世界化石能源生产、贸易及人均消费量最大的国家之一，澳大利亚被寄予希望能够在应对气候变化的国际合作中更有担当。但澳大利亚当前的执政党长期以来对全球气候变暖的灾难性后果以及相关研究持怀疑、犹豫的态度，因此岛国首脑对莫里森领导下的澳大利亚的冷漠颇为失望。澳大利亚并未从战略上考虑岛国的国家安全问题，在面对中国加大对岛国援助力度的态势下，澳将越来越难以操纵传统上的所谓“后院国家”抵制中国影响。

三、总结与展望：2019年中国南太平洋地区外交的成就与潜在挑战

2019年，中国南太外交呈现出明显的主动性、突破性与不平衡性共存的特征。其主要表现为保持对澳大利亚外交平静冷淡，同时努力提升对南太平洋地区岛国关系。这体现了中国南太外交的进一步成熟与自信。长期以来，中澳外交关系主要受到澳方对华态度的影响。事实证明，澳大利亚在战略上接受中国崛起还需要较长的适应期。因此，在中美贸易摩擦发展态势趋稳的大背景下，在澳大利亚政府与主流媒体没有改变对华警惕态度的氛围下，中国不能期盼中澳关系的快速回升。

对南太地区大国的低水平期待格外映衬了中国南太岛国外交的高水平增长。无论是同所罗门群岛和基里巴斯建交（复交），还是中国—南太平洋地区岛国峰会的召开，都说明中国不仅以更多的资源和更高的期待处理

① 《胡春华出席第三届中国—太平洋岛国经济发展合作论坛开幕式宣读习近平主席贺信并致辞》，2019年10月21日，http://www.gov.cn/guowuyuan/2019-10/21/content_5442826.htm，访问时间：2019年11月20日。

对岛国外交，也用更大的善意、真诚与实际行动赢得了岛国的回应与支持。这极大撼动了澳大利亚等地区传统大国宰制岛国命运的格局，说明中国崛起至少对第三世界国家具有一种积极正面的刺激作用。

当然，尽管中国与南太平洋地区岛国合作取得相当成效，但也面临许多困难与阻碍。第一，南太平洋地区岛国内部存在不利因素。该地区经济发展水平参差不齐、国内政治环境不稳定及外交情势不断变化为双方合作增添了一定变数。部分岛国对中国在该地区日益增长的影响力心存芥蒂，担心过分依赖中国而丧失自主性，因此这些国家实行大国平衡策略，在几个大国之间游走与摇摆。在这种情况下，其在与中国开展合作时会有所保留，从而将削弱合作效能。第二，其他大国的动作带来不利影响。近年来，澳大利亚、美国、日本、法国等出于地缘政治的考量，纷纷增强在南太的活动，使该地区成为大国博弈的竞技场，并把中国作为警惕、防范与遏制的对象，这给中国与该地区合作带来消极影响。

未来中国南太平洋地区外交不仅要面对与岛国巩固合作的巨大压力，也要对澳大利亚等国施加小动作做好心理准备。

第四编
2019年中国周边热点议题

第一章
朝鲜半岛局势及朝美关系走势

虞少华

【内容提要】朝鲜半岛局势在2018年出现重大积极变化，但2019年朝美对话未能取得期待进展，双方关系重陷僵局，半岛局势也再现不确定性。尽管如此，形势仍可能由一些因素支撑而不致完全逆转，朝美关系和对话进展仍是今后一段时间内整体局势的风向标，但相关国家出于各自需要有可能比当前加大参与力度，无核化与和平机制建设“双轨并行”的思路也有待成为各方共识与合作目标。有关各方就协商原则及行动方式与思路形成更多共识，以六方会谈为基本框架，在朝美对话之外再开启其他互补的双多边磋商，适时激活六方会谈，或可是下一步努力方向。

【关键词】半岛无核化；朝美关系；“双轨并行”

【作者简介】虞少华，上海大学朝鲜半岛研究中心主任、特聘教授，中国国际问题研究院亚太研究所研究员。

2019年，朝鲜半岛局势并未在2018年重返对话轨道的基础上续有积极进展。相反，朝美围绕半岛无核化问题的协商无果停滞，给整体形势蒙上阴影。朝鲜半岛是否再次陷入周期性缓和与紧张交替中，无核化前景能否期待，朝美关系又将如何发展，需要以新思维去解读和前瞻。

一、半岛形势在2018年出现重大积极变化后再度进入停滞

朝鲜半岛形势在2017年濒临失控之际迎来转圜，2018年出现重大积极变化，也给半岛无核化进程与和平稳定前景带来极大期待。但随着2019年初朝美河内首脑会谈无果而终，形势再次显出不确定性。

在新加坡首脑会谈基础上，2019年2月27—28日的朝美第二次首脑会谈即河内会谈被寄予极大期待，但实际情况是朝鲜带来了“废除宁边核设施换取解除制裁”的方案，而美国总统特朗普向金正恩传递了内容为“将现有所有核武器以及核材料转交给美国”的小纸条。有分析认为这是美朝河内首脑会谈提前结束的根本原因，美国所要求的内容是总统国家安全事务助理博尔顿一直坚持的“朝鲜必须按照利比亚模式弃核”，[①] 而朝鲜势必将此视为挑衅。河内会谈的戛然提前结束给朝美协商前景蒙上阴影。

6月30日，正在韩国访问的美国总统特朗普在板门店与朝鲜最高领导人金正恩会面，并跨过军事分界线，成为《朝鲜停战协定》签署以来首位踏上朝鲜国土的美国在任总统。这次会面是由特朗普此前通过社交媒体表示“有意借访韩之机前往朝韩非军事区与金正恩握手”，并得到朝方回应实现的。尽管金正恩就此表示，“这表明朝美展现出与过去长期敌对关系完全不同的面貌”，特朗普也称“这是历史性的一天”，[②] 但会晤并未有任何具体成果，使舆论对双方通过首脑会谈推动无核化进程更不看好，也由此把关注点向事务级磋商倾斜。

然而，10月5日在瑞典斯德哥尔摩举行的朝美工作磋商也以破裂告终。朝方首席代表金明吉在会谈结束后表示，朝美谈判破裂的原因是美国不肯放弃他们原有的观点和看法。对此，美国务院发言人否认称，“美国带来了

---

① 《英媒：特朗普曾亲手向金正恩递纸条，要求朝鲜移交现有核武器》，搜狐网，http://www.sohu.com/a/304803942_115479，访问时间：2020年1月26日。

② 《特朗普与金正恩板门店握手》，新华网，http://www.xinhuanet.com/world/2019-06/30/c_1124691111.htm，访问时间：2020年1月26日。

创造性的想法，并与朝方进行了良好会谈”。[①] 虽然外界无法了解更多实际情况，但事务层面谈判也毫无结果更凸显双方立场分歧是不争事实。

临近年末，朝美相互施压又轮番升级。朝鲜一方面在年内多次发射不明飞行器，还试射超大型火箭炮等新型武器，虽然未被美韩明确指责为违反联合国决议的弹道导弹，但分析认为至少是打了擦边球。与此同时，美国总统特朗普12月3日在伦敦出席北约峰会时对记者表示，美国不希望需要对朝动武，但如有必要则将动武。[②] 美国军方也在敏感时间点罕见地公开了生擒或斩首朝领导人的军事演习，美防长甚至直接发出“如有需要，今晚就可以战斗和获胜”的威胁。

在此背景下，国际舆论变得消极。一方面，朝鲜在2018年将工作重心转入发展经济是战略性调整、半岛无核化进程将因此迎来机会的观点持有者不免担忧形势反复；另一方面，朝鲜所称“完全无核化”是欺骗性策略的观点持有者更确信对话只会给其提供继续推进核导计划的机会，半岛形势将随着朝美协商破裂再陷危机。而在上述两者之间，更多半信半疑者趋于相信，两年内的形势温差是20多年来无核化问题紧张与缓和交替的再次重复。

二、形势并非以往轨迹的简单重复，而是开启新态势角力

虽然不能完全排除形势再次逆转的可能，但总体看2018年的形势变化是一个历史性转折，半岛无核化问题摆脱失控重返对话，可能成为地区安全格局与各方力量组合深刻变化的起始征兆。至少从无核化进程演绎看，以下特点显示出2019年的曲折反复与以前的形势轮回有所不同。

首先，朝鲜以“经济建设为中心”的战略转变非常明确且有望持续。

---

① 《朝美工作磋商朝方首席代表：未达预期，谈判破裂》，环球网，https://baijiahao.baidu.com/s?id=1646606123866031859&wfr=spider&for=pc，访问时间：2020年1月26日。

② 《美朝再交锋：朝对特朗普言论“大为失望” 美军方称未放弃军事选项》，东方网，http://news.eastday.com/eastday/13news/auto/news/world/20191206/u7ai8956201.html，访问时间：2020年1月26日。

从劳动党七届三中全会正式宣布政策调整，到陆续推出多项经济发展措施，直至朝鲜各阶层对经济建设的高涨热情与能动参与，都显示出朝鲜国家战略中心是以经济建设为重的导向。为了改善周边环境、减轻联合国制裁对经济发展的制约、逐步融入国际经济体系并参与更多地区经济合作，朝鲜以有条件放弃核导计划来换取外界认同的战略考量有其可信性。

其次，大国关系近两年来发生深刻变化，中、美、俄等国基于自身亚太战略的半岛政策也会在2018年调整的基础上相应稳定。一段时期以来，相对稳定的中美竞争与合作大格局被美将中俄视为战略对手的定位调整打乱，这一重大背景对大国半岛事务合作产生了明显的负面影响，而且还可能更加严重。一方面，周边大国在半岛无核化协商问题上的政策差异较前凸显。另一方面，有关大国在其他领域的摩擦甚至对抗加大，也压缩了各自在半岛问题上与对方相互协调政策的空间。虽然大国在无核化问题上的合作需要有增无减，但从2019年的情况看，中美的协调合作并不顺畅，在对朝发声和对朝制裁等问题上能否再回到几年前的合作样态也很不确定。无疑与此同时，中、美、俄等国也在尽力避免由于政策分歧而形成新的美日韩与中俄朝对立，特别是中美两国在多个领域均有较大不确定因素的情况下，对于曾是中美合作亮点的半岛无核化问题，显然都不希望看到再有更大的歧见。

最后，其他双边关系也出现不同于以前的新态势。中朝关系在2019年继续向好发展。应习近平邀请，金正恩1月7—10日对中国进行访问。这也是2018年3月以来金正恩对中国的第四次访问。6月20—21日，习近平总书记应邀对朝鲜进行国事访问，这是中国党和国家领导人时隔14年再次访问朝鲜。双方领导人在会晤中分别表示，“无论国际形势如何变化，中方都坚定支持朝鲜社会主义事业，坚定支持朝方实施新战略路线，坚定支持朝方为政治解决半岛问题、实现半岛长治久安所作的努力”；“朝中友谊历史悠久、根基坚实，朝方愿在新的历史起点上继承和发展朝中友好关系，续写朝中友谊更加辉煌未来”。[①] 后来的半岛局势证明，中朝首脑的互访不

① 《习近平会见金正恩》，新华网，http://www.xinhuanet.com/mrdx/2019-06/22/c_138163693.htm，访问时间：2020年1月26日。

仅进一步提升了双边关系，对半岛整体局势不脱离对话轨道也提供了重要保障。

中日关系的改善与深化合作势头也在2019年得到持续。两国领导人年内多次会面，中国国务院总理李克强与日本首相安倍晋三在第八次中日韩领导人会议时分别表示，“双方应恪守四个政治文件确立的各项原则，继续本着以史为鉴、面向未来的精神，立足当前，着眼长远，妥善处理敏感问题，推动两国关系在重回正轨的基础上不断实现新的发展”；“日中两国对地区和世界的和平稳定与发展繁荣负有重要责任，双方要密切高层交往，加强沟通对话，共同开创日中关系新时代”。[①] 这些表明，虽然分歧和敏感问题仍然存在，但双方管控分歧、加强务实合作的姿态可见，前景可期。

中韩关系在2019年也取得了进展。12月4—5日，中国国务委员兼外交部长王毅正式访问韩国，这是中国外长时隔四年再次访韩。12月23日，中国国家主席习近平会见前来出席第八次中日韩领导人会议的韩国总统文在寅时指出，过去两年多来，中韩关系保持了稳定发展的大方向，面对当今世界百年未有之大变局，中韩应深化和发展战略合作伙伴关系，照顾彼此核心利益和重大关切，推动双边关系迈上更高水平。文在寅则表示，韩中两国拥有悠久交往的历史和相通的文化渊源，两国是命运共同体。两国元首还就朝鲜半岛和平进程表示了共同努力推进的立场。[②]

值得一提的是，韩日关系2019年在经贸、历史、安全合作领域一度矛盾集中爆发，在两国都难以承受对抗继续升级而又不便先于对方松动之际，中日韩领导人会议为日韩首脑提供了会晤平台，成为两国打开僵局的契机。中、日、韩三国在会议上发出将“继续为无核化取得实质性进展付出多边外交努力”的声音，[③] 也成为维护地区和平稳定的积极信号。

---

① 《李克强同安倍晋三会谈》，人民网，http://world.people.com.cn/n1/2019/1226/c1002-31523405.html，访问时间：2020年1月26日。

② 《习近平会见韩国总统文在寅》，中国政府网站，http://www.gov.cn/xinwen/2019-12/23/content_5463293.htm，访问时间：2020年1月26日。

③ 《韩媒：中日韩三方同意为实现半岛无核化将紧密合作》，新浪网，http://news.sina.com.cn/c/2019-12-24/doc-iihnzahi9625006.shtml，访问时间：2020年1月26日。

上述2019年半岛形势体现的三个特点，相对而言有利于整体形势朝着中国力主的对话协商、和平稳定的大方向发展，从而对美国依靠同盟体系借助施压制裁等强力手段解决地区热点问题形成制约。正是在此意义上，半岛形势虽然还显示出不确定性，但也并非简单重复，而是呈现出更多新样态，对话解决问题的大趋势也较前增加了支撑因素。当前不同于2018年的形势特点，或可视为各方在对话框架下维护自身利益、实现战略考量的新一轮博弈。即，或是以对话为名，希图达到对抗不能实现的既定目标，这更突出表现在美朝进行了多次协商努力；或是有意通过对话实现与对方的利益交换，但也同样并未放弃基于长期对抗形成的习惯思维，对利益置换目标有不切实际的考量，这更多表现在美朝最终未能进一步相互妥协取得进展。

三、朝美协商进展仍是今后一段时期形势的风向标

如前所述，朝鲜在2019年不断以年末为期限敦促美国就核问题协商付出相应行动。2019年12月28—31日，朝鲜举行劳动党七届五中全会。金正恩在会议的报告中指出，"由于美国的强盗行径，朝鲜的外部环境丝毫没有改变。朝鲜用不着寄希望于美国的制裁解除，如果美国一味追求敌视朝鲜政策，朝鲜半岛无核化就会走向失败。[①] 无论从朝美各自的战略与政策需要，还是相互留有余地的表态看，双方还将继续围绕核问题角力，可能出现以下几种前景。

其一，朝美出于既定目标在相互指责一段时间后恢复对话，双方首脑和工作层协商交替穿插进行，接触逐步走上务实轨道，谈判在难有突破中维持相应稳定。

其二，对话始终难以正常运行，双方相互进行各种施压，半岛局势长期处于消极不确定中。

其三，朝鲜对美国失去信心，示强和施压性挑衅升级。

---

① 《朝鲜劳动党七届五中全会公报》，http://www.uriminzokkiri.com/index.php?lang=chn&ptype=cfonew&mtype=view&no=26053。

第二种前景的可能性相对大些。原因是朝鲜在河内朝美会谈受挫后，已对美无意平等解决双方关切的立场有深刻认识，从而做好了长期应对美国压力的心理准备。为此，朝鲜一方面会愈发谨慎行事，守护来之不易的安全自保武器，另一方面也会不时显示强硬施压对方。特别是朝对美不信任加深，难以首先做出弃核的一揽子承诺。而美国虽然一直在表态上显示“特朗普式”的灵活姿态，但在对朝实施制裁的措施可逆性方面握有主动，事实上不会真正与朝平等、同步解决问题。总体来看，在美国只是策略性调整核协商政策、朝鲜发展经济的战略调整还必须以不首先弃核为保障的情况下，双方虽然可能都不完全放弃接触与对话，但协商时断时续，难以取得实际成果，整体形势可能随之长期呈现消极和不稳定。

第一种前景对半岛局势稳定最为有利。由于半岛无核化问题错综复杂，涉及相关国家深层利益，核协商快速推进取得“突破”恐非幸事。相反，朝美如能从避免形势失控的利益共识出发，维持对话局面，并启动具体事务性、探索性磋商，在分步取得进展的基础上积累相互信任，会有助于问题的根本解决。

四、“双轨并行”能否成为共识将更多决定半岛形势走向前景

美朝对话一段时间内还会是形势发展的焦点，但2019年内朝美围绕无核化问题的协商原则与行动方式分歧严重，无核化进程离不开多边合作和共同安全理念引领的趋势已越来越凸显。地区形势的积极发展很难仅寄望于朝美，其他国家出于各自需要有可能比当前加大参与力度，无核化与和平机制建设“双轨并行”的思路也有待成为各方共识与合作目标。

（一）2019年围绕协商原则与行动方式的朝美分歧，实质是对话主动权与利益索求之争

2018年达成的朝美新加坡共同声明四点内容，可以看作是双方利益置换的意愿承诺，其中前两条更多体现了朝方诉求，即“承诺依照两国人民对和平及繁荣的愿望，建立新型朝美关系、将合作在半岛建立长久稳定的和平机制”；后两条则是朝方相应的交换代价，即“朝鲜重申承诺努力实

现半岛完全无核化、找回战俘和失踪人员遗体”。但是在朝美河内会谈时，朝方自认为已按承诺有所行动，包括炸毁核试验场和交还美方遗骸等，但美方未就朝方的关切事项拿出方案，反而对朝方提出了超出其预料的索求，使朝方按自身对交换价值判断所准备的谈判方案被弃置。2019年朝美谈判毫无进展，实际是朝鲜希图首先采取行动换取美国“分阶段、同步走”未达成目标，而美国则坚持朝鲜应全面地、可核查且不可逆地弃核甚至“双轨并行”，以确保单方面利益关切不受损害和相应的协商主动地位。

（二）中国的“双轨并行”主张和中俄联合提案是务实解决问题的方向，也符合多数国家的利益

2019年12月，中俄两国在联合国安理会联合提出解决朝鲜半岛问题的决议草案，内容包括重申各方应致力于实现半岛无核化、敦促美朝继续对话、呼吁恢复六方会谈、根据朝鲜遵守决议情况解除部分对朝制裁措施。此前中国于2018年即在联合国大会上提出“并行推进半岛无核化和建立半岛和平机制”的“双轨并行”思路。这些主张和方案的核心，就是相互照顾安全关切，通过对等同步的行动，逐步建立互信，最终从根本上解决问题。具体而言，上述提案和思路反映的不仅是中俄利益，更符合地区国家的根本和长远利益。从无核化问题长期在对抗施压框架下一再恶性循环的过往看，这也是最为现实可行的解决问题之道。再考虑到无核化问题的产生根源是停战机制难以维持冷战结束后失衡的地区局势，和平机制转换就成为根本解决无核化问题的必须。

（三）确保对话不脱轨并继续进展，需要地区国家更多的共识度与更广的参与度

从上述视角看，2019年朝美对话再次走入僵局也是包括朝美在内半岛各方利益与矛盾交织现状的正常反应，既不必因此认定围绕无核化问题的形势反复就是问题无解的表现，也不能一味将解决问题前景仅聚焦于朝美谈判与核问题本身。要抓住2018年形势重大转圜的机遇，努力维护对话势头，并促使对话朝无核化与和平机制建设并行推进的方向发展。当前域内国家都不希望缓和局面逆转，在朝美对话难有进展的情况下，相关国家会

从各自角度出发加大介入力度、影响形势发展。为此，就协商原则与行动方式，包括“双轨并行”思路形成更多共识，以六方会谈为基本框架，在朝美对话之外再开启其他互补的双多边磋商，适时激活六方会谈，或可是下一步的努力方向。

第二章
美国“印太战略”新发展及其对中国周边环境的影响

韦宗友

【内容提要】特朗普政府在2019年正式颁布了“印太战略”报告，全面阐释了美国政府在印太地区的战略目标、主要威胁及实现目标的手段。不仅如此，特朗普政府还从舆论、经济和安全三大维度，采取了一系列政策措施，具体推进“印太战略”的实施。一方面，这些政策举措对我国周边环境产生了一定负面影响，需要我们高度重视。另一方面，美国政策实施也面临诸多挑战。文章还对美国的“印太战略”实施前景进行了展望，并在结论部分提出了政策建议。

【关键词】美国；“印太战略”；特朗普政府；“一带一路”；南海

【作者简介】韦宗友，复旦大学国际问题研究院美国研究中心教授。

2019年堪称美国“印太战略”的落实年。特朗普政府先后采取了一系列新政策、新举措，具体落实其“印太战略”构想。特别是6月份国防部颁布的《印太战略报告》，全面阐释了特朗普政府的“印太战略”目标、主要威胁及实现目标的手段，成为今后一段时期美国推进“印太战略”的重要政策文件。特朗普政府的“印太战略”覆盖我国周边主要陆海通道，也是“一带一路”倡议的重点实施地带。美国“印太战略”的具体实施及其发展动向，无疑会对我国周边环境产生重要影响，需要我们高度重视，未雨绸缪。

一、美国“印太战略”新发展

第一，发布《印太战略报告》。2019年6月，美国国防部发布《印太战略报告》，这是美国政府的首份“印太战略”文件，凸显对印太地区战略地位的高度重视。报告全面阐释了特朗普政府的“印太战略”目标、主要威胁及实现目标的手段，成为今后一段时期美国推进“印太战略”的重要政策文件。报告延续2017年《美国国家安全战略报告》对中国的战略定位，将中国视为美国在印太地区的主要战略竞争者，强调美国将通过强化亚太双边军事同盟体系，拓展与印度、越南、印尼等国的安全伙伴关系，借助三边、四边等小多边机制，维护美国在印太地区的政治、经济与安全利益，抑制中国在印太地区日益上升的经济影响与安全存在。值得注意的是，报告首次将我国台湾地区列入美国的印太安全伙伴，显示美国以台制华的战略意图。[①] 曾任印太安全事务助理国防部长的薛瑞福在一个场合声称，美台就是正常的安全伙伴关系。

第二，将中美在印太地区的“战略竞争”上升为自由主义与威权主义、自由市场与国家主导的两种不同意识形态和发展模式的竞争。副总统彭斯、国务卿蓬佩奥及国防部官员在不同场合强调，中国与美国的竞争，从根本上说是不同地区秩序观、不同梦想的竞争。[②]“中国寻求塑造一个有利于威权主义模式与国家目标的世界”，美国“不能再忽视中美两国存在的根本性制度差异及其对美国国家安全产生的影响”。[③]

第三，美、日、澳三国联手推出“蓝点网络”（Blue Dot Network）计划。2019年11月4日，在泰国曼谷召开的第二届印太商业论坛期间，美国宣布，美国的海外私人投资公司将与日本国际合作银行和澳大利亚外交

---

① The Department of Defense, *Indo-Pacific Strategy Report: Preparedness, Partnerships, and Promoting a Networked Region*, June 1, 2019, pp.1-4.

② Jim Garamone, “U.S. Competition with China Ongoing Challenge,” October 1, 2019, https://www.defense.gov/explore/story/Article/1976756/us-competition-with-china-ongoing-challenge/.

③ “2019 Herman Kahn Award Remarks: U.S. Secretary of State Mike Pompeo on the China Challenge,” October 31, 2019, https://www.hudson.org/research/15444-2019-herman-kahn-award-remarks-u-s-secretary-of-state-mike-pompeo-on-the-china-challenge.

贸易部联手推出“蓝点网络”计划，制定一套基于透明度与问责、尊重财产及资源主权、尊重人权与法治、保护环境以及采购及融资的良治实践等标准，对印太乃至全球的基础设施项目进行筛选和认证，以促进市场驱动的、透明的、经济和社会环境可持续的基础设施建设。“蓝点网络”计划由美国海外私人投资公司领导，并与日本国际合作银行及澳大利亚外交贸易部共同合作。美、日、澳三方将组成一个管理委员会，制定实施细则，并邀请其他国家、私人公司以及社会团体参与。[①] 美国官员将“蓝点网络”计划比喻成餐饮行业的“米其林指南”，确立公路、港口、桥梁等基础设施领域的全球认可的评估标准及认证体系，对印太地区（以后逐渐拓展到全球）的基础设施进行评估和认证。[②]

第四，美日印澳“四边机制”升级换代。2019年9月26日，美、日、印、澳四国外长在纽约联大开会期间举行了首次四国外长会议，将此前局限于司局级的四国外交对话机制升级为部长级。四国外长会议主要探讨了支持私营企业在建设高质量基础设施中的作用，加强四国在海洋安全领域的协调与磋商，促进印太地区的人权和良治，构建基于规则的国际秩序。四国还重申支持东盟的中心地位。“四边机制”升级，凸显四国有意进一步加强彼此在印太地区的外交与战略协调。

第五，加强对印太地区特别是东南亚国家的能源基础设施建设。能源特别是向东南亚国家输出美国液化天然气在特朗普政府的“印太战略”中占据重要位置。2019年，在美国政府的大力支持下，美国公司在东南亚电力基础设施建设上用力尤勤，主要包括：美国爱伊斯电力公司（AES）在越南投资15亿美元，建立两亿瓦发电厂；投资13亿美元在越南建设液化天然气进口终端。通用电力公司宣布在孟加拉国投资3.9亿美元建立发电厂，同时投资3.5亿美元建立天然气电厂，向台湾投资12亿美元建立发电厂。美国得州埃克斯莱特（Excelerate）能源公司在孟加拉国建立液化天然

---

① “The Launch of Multi-Stakeholder Blue Dot Network,” November 4, 2019, https://www.opic.gov/press-releases/2019/launch-multi-stakeholder-blue-dot-network.

② Editorial, “A ‘Michelin Guide’ to Infrastructure in Asia,” *The Japan Times*, November 13, 2019, https://www.japantimes.co.jp/opinion/2019/11/13/editorials/michelin-guide-infrastructure-asia/#.XeCFrC275n4.

气浮动终端，是该国第一个液化天然气进口基础设施项目。此外，美国还加强了与日本政府在东南亚能源基础设施建设上的协调与合作。① 2019年11月4日，美国在推出“蓝点网络”计划的同时，宣布将协调推进日本出资100亿美元的亚洲液化天然气基础设施项目。②

第六，大幅提升在南海地区“航行自由行动”的频率。2019年（截至12月10日）美国已在南海进行了9次“航行自由行动”，频率大为提升（2017年4次，2018年5次）。美国军方公开宣称，“航行自由行动”旨在挑战美济礁、渚碧礁等海岛的岩礁地位（美国坚称美济礁、渚碧礁等是低潮高地，不是岩礁，不享有12海里领海），挑战西沙群岛中国领海基线主张及我国关于外国军舰经过我国领海12海里的法律规定。③ 此外，2019年以来，美国还派遣海岸警卫队船只在中国东海及南海地区执法及串联。④ 美国国会部分议员还提出所谓的“东海南海制裁法案2019”，提出如果今后进行岛礁建设、设立南海防空识别区或部署新的防空武器系统等，美国将实施新的制裁，包括制裁中国相关实体。⑤

第七，密切关注中国在“一带一路”沿线地区潜在的军事部署或安排。2019年5月7日，众议院部分议员提交“美中经济与安全评估法案2019”，要求国家情报总监向国会提交报告，评估中国在“一带一路”沿线地区现有及潜在的基地或军事部署安排对美国航行自由及海洋控制、对美国在该

---

① The Department of State, *A Free and Open Indo-Pacific: Advancing A Shared Vision*, November 4, 2019, pp.17-18.

② Rob La Terza, “Connecting the Dots-the U.S.’ Answer to the BRI?” November 11, 2019, https://uscnpm.org/2019/11/11/connecting-the-dots-the-us-answer-to-the-bri/.

③ “U.S-China Strategic Competition in South and East China Seas: Background and Issues for Congress,” *Congressional Research Service Report*, November 26, 2019, pp.19-20, 80-85.

④ Frances Mangosing, “China Keeps Eye on PH-US Coast Guard Drills in South China Sea,” *Inquirer*, May 15, 2019, https://globalnation.inquirer.net/175239/china-keeps-eye-on-ph-us-coast-guard-drills-in-south-china-sea; Dan Lamothe, “To Help Counter China, U.S. Turns to the Coast Guard,” *The Washington Post*, April 20, 2019, https://www.washingtonpost.com/national-security/2019/04/20/help-counter-china-us-turns-coast-guard/?utm_term=.de252a0951da.

⑤ H. R. 3508, *South China Sea and East China Sea Sanctions Act of 2019*, 116th Congress, 1st Session, June 26, 2019, pp.1-27 ; S. 1634, *South China Sea and East China Sea Sanctions Act of 2019*, 116th Congress, 1st Session, May 23, 2019, pp.1-27.

地区的政治和安全利益构成的影响。[①] 在美中经济与安全委员会提交给国会的2019年报告和《2020财年国防授权法》中，对中国在吉布提的后勤补给基地和中国与柬埔寨可能签署的海军基地协议给予了特别关注。[②]

第八，东盟、韩国对美国“印太战略”态度发生变化。作为地区两个重要行为体的东盟和韩国，对美国“印太战略”的态度一直十分暧昧，不置可否。然而，2018年底和2019年初，东盟与韩国态度相继发生变化。印尼积极推动东盟接受印太概念，并力主推出东盟版的印太概念文件。韩国政府也在2018年12月举行的美韩第四次高级别经济对话会上，就韩国如何与美国印太基础设施倡议进行合作进行了讨论。[③] 在美国国防部颁布《印太战略报告》后不久，东盟在印尼等国推动下，于2019年6月23日提出了“东盟印太展望”，认为亚太和印度洋已经日益成为一个紧密相连的区域，地处印太中心地位的东盟应该积极利用东盟既有多边机制，依照东盟方式，塑造有利于东盟利益和偏好的地区经济和安全架构，维护东盟的中心地位。文件提出，东盟将在海上安全、互联互通及发展等领域，加强东盟内部及与相关方的合作。[④] 2019年6月30日，文在寅在访美期间表示，“在开放、包容和透明的地区合作原则下，我们同意韩国新南方政策与美国印太战略进行和谐合作”。[⑤] 2019年9月30日，美国国际开发署与韩国国际合作署签署谅解备忘录，以加强两国在印太地区的发展合作。11月，美韩发表联合声明，要加强两国在湄公河地区的水安全合作，深化基础设施金融

① H. R. 2565, *U.S.-China Economic and Security Review Act of 2019*, 116th Congress, 1st Session, May 7, 2019, pp.1-12.

② *2019 Report to Congress of the U.S.-China Economic and Security Review Commission*, 116th Congress, 1st Session, November 2019, pp. 297-300; S. 1790, *National Defense Authorization Act for Fiscal Year 2020*, 116th Congress, 1st Session, September 17, 2019, pp. 1372-1374.

③ David Scott, “South Korea’s Indo-Pacific Harmonization,” *Indo-Pacific July 2019*, NATO Defense College Foundation, http://www.natofoundation.org/indo-pacific/south-korea-indo-pacific-harmonization-nato-foundation/.

④ “ASEAN Outlook on the Indo-Pacific,” June 23, 2019, https://asean.org/asean-outlook-indo-pacific/.

⑤ David Scott, “South Korea’s Indo-Pacific Harmonization,” *Indo-Pacific July 2019*, NATO Defense College Foundation, http://www.natofoundation.org/indo-pacific/south-korea-indo-pacific-harmonization-nato-foundation/.

合作以及未来安全机构合作。①

二、美国“印太战略”的发展前景

展望2020年，美国将会出台更多政策措施，进一步落实“印太战略”，与中国展开正面竞争，维护美国的地区霸权。

第一，正式启动美国国际开发金融公司，替代此前的海外私人投资公司。为抗衡中国的“一带一路”倡议，促进美国私营部门海外基础设施投资，特朗普政府在2018年成立了美国国际开发金融公司，代替海外私人公司，作为向发展中国家的基础设施建设和发展提供资金支持、为私人投资提供政府担保的新机构。美国国际开发金融公司原计划2019年10月1日正式运营，但由于国会迟迟未能通过《2020财年国防授权法》，国际开发金融公司因资金未到位而未能启动。② 随着《2020财年国防授权法》的通过，美国国际开发金融公司在2020年正式投入运行。新机构的资金规模比原先扩大一倍之多，达600亿美元。印太地区的基础设施建设是新机构的重点关注领域。

第二，初步制定印太基础设施建设的行业标准，即“蓝点网络”计划的实施标准。目前，美国正在与日本、澳大利亚协商拟定基础设施建设的行业标准，推出印太乃至全球基础设施投资的行业标准，作为今后对基础设施项目进行评估和认证的依据。

第三，继续高度关注南海局势发展，特别是中国与东盟的“南海行为准则”磋商。随着中国与东盟国家关于“准则”的磋商进入二谈阶段，美国将加大关注的力度，甚至不惜施压东盟国家，防止中国与东盟国家在该问题上达成可能对美不利的协议。

第四，继续在南海地区推进“航行自由行动”，并采取军舰与海岸警

---

① The Department of State, *A Free and Open Indo-Pacific: Advancing a Shared Vision*, November 4, 2019, p. 8.

② Adva Saldinger, “Failure to Launch: Why Congressional Budget Drama Delayed US DFC,” *Devex*, October 1, 2019, https://www.devex.com/news/failure-to-launch-why-congressional-budget-drama-delayed-us-dfc-95718.

卫队舰只在南海地区航行的双轨模式。一个值得注意的动向是，美国国防部开始倾向于用“海洋自由”（freedom of the seas）行动指代“航行自由”（freedom of navigation）行动。美国认为，“航行自由”有时被误解为商业船只穿越国际航道的权利，而“海洋自由”则包括国际法承认的商业船只、军舰和飞机的所有权利和自由，以及对海洋及海洋上空的合法使用。用“海洋自由”代替“航行自由”，可以更明确针对中国限制美国军舰或军机在中国专属经济区活动的法律和政策。[①] 2020年，美国舰机在南海地区进行更为“常态化”的航行和飞越行动。另外，为了应对所谓中国的“灰色地带”行动（特别是针对中国海警和渔船在南海的行动），美国已经将几艘海岸警卫队船只部署到美国在日本的第七舰队基地，与美国军舰一道在东海和南海进行执法和“海洋自由”行动，并参加同东南亚国家的联合海上执法演习。2020年，美国军舰和海岸警卫队更加频繁地在东海、南海地区开展联合行动。此外，美国国会还会继续加大对东海特别是南海地区的关注力度。

第五，美、日、澳三国继续推进在东南亚及南太平洋地区岛国的能源、基础设施及数字建设。随着美国国际开发金融公司投入运行，美日在能源特别是液化天然气领域的投资及建设方面的协调与合作加大，美、日、澳三国在南太平洋地区岛国能源及基础设施建设上的协调，以及在东南亚及南太平洋地区岛国能源、基础设施及数字建设上的合作与协调将会继续深化，同中国“一带一路”项目展开正面角逐。

第六，美日印澳“四边机制”将正式迎来“部长会+高官会”的双轨并行机制。2020年春季，美、日、印、澳四国将在东南亚举行新一轮司局级高官会，加强四国在海上安全、地区互联互通及区域治理领域的磋商与协调。此外，美日印澳四国外长会议也会选择适当时机及地点继续举行。顾及到东盟，外长会议可能继续选择在东盟地区之外举行，而司局级高官会议则会按照此前的模式在东盟地区举行。换言之，美日印澳“四边机制”将会出现外长会与高官会议并行的双轨制模式。

---

① “U.S-China Strategic Competition in South and East China Seas: Background and Issues for Congress,” *Congressional Research Service Report*, November 26, 2019, pp.11-12.

第七，美印可能会在西印度洋地区加强安全合作。2019年7月12日，美国众议院通过《2020财年国防授权法案》舍尔曼修正案，拓展美印之间的防务合作。该修正案要求进一步加强美印的战略与防务合作关系，首次提出加强两国在西印度洋地区的防务合作。其主要内容包括：加强美印在多边框架，如美日印澳"四边机制"中的接触；拓展两国高级文职及军官的交流范围和频率；通过提升对印度的技术转让更好落实印度的主要防务伙伴地位；帮助印度发展防务能力；增加美印联合军演的范围和频率。授权法还特别提出要加强美印在西印度洋地区的防务合作，要求美国印太司令部、中央司令部及非洲司令部与印度在西印度洋地区进行最大限度的防务合作，增加军事交流。① 尽管这一修正案未能写入最终通过的《2020财年国防授权法》，但是，美国国会要求国防部在2020年3月前汇报美印在西印度洋地区防务合作的范围及前景。② 此举意味着，美国对美印合作"保护"印度洋海上安全通道高度重视，也意味着美印"印太观"的地理战略空间基本重合，美印在太平洋地区的海上安全合作将进入新阶段。

三、对我国周边环境影响的评估

特朗普政府所提"印太战略"的经济倡议、安全举措，乃至外交和舆论攻势，明显针对中国，特朗普政府对此也直言不讳。这一战略的逐步落实，将对我国周边环境造成一系列负面影响。

（一）对"一带一路"倡议实施形成干扰

美、日、澳三国合力推出的"蓝点网络"计划，试图通过制定印太基础设施建设"行业标准"，对中国"一带一路"倡议特别是基础设施建设

---

① S. 1790, *National Defense Authorization Act for Fiscal Year 2020*, 116th Congress, 1st Session, September 17, 2019, pp.1295-1308.

② "Congress Seeks Pentagon Briefing on India US Cooperation in Western Indian Ocean," *The Economic Times*, December 11, 2019, https://economictimes.indiatimes.com/news/defence/congress-seeks-pentagon-briefing-on-india-us-cooperation-in-western-indian-ocean/articleshow/72467503.cms?from=mdr.

形成“标准压力”，从而让印太沿线国家在与中国合作时三思而后行或望而却步，从而达到“拆台”的目的。另外，美国单独或与日本等国联手推进的印太能源基础设施和数字建设，也有针对中国在印太沿线地区推进电力基础设施建设以及5G网络和智能城市建设的意图。特别是特朗普政府对中国5G网络安全及所谓输出“监控威权主义”模式的指控与抹黑，[①] 无疑会对中国在“一带一路”沿线国家的5G网络和智慧城市建设形成干扰。

（二）给南海局势增添新的不稳定因素

美国在南海问题上有“三怕”：一怕中国与东盟国家达成可能不利于美国的“南海行为准则”；二怕中国在南海地区采取新动作；三怕中国海军、海警和渔民的“灰色地带”[②] 战术。为此，特朗普政府增加了“航行自由”行动频率，通过“印太海上安全倡议”加大对东南亚国家的海上安全和执法援助。此外，美国还采取了三项措施：一是向东盟国家施压，不让其达成任何可能影响美国在南海地区利益的协议；二是将美国海岸警卫队派驻美国第七舰队，与美国军舰一道参加在南海乃至东海地区的“海上自由”行动，应对中国的“灰色地带”行动；三是通过国会立法倡议，对中国在南海的行为进行“威慑”。美国这些新举措无疑不利于南海局势的稳定，也不利于南海问题尽早实现合理解决。

（三）加剧中美在亚太地区的战略对抗风险

特朗普政府提出的“印太战略”的经济、安全和外交舆论攻势，剑指中国，外交拆台，舆论抹黑，经济竞争，安全施压，多管齐下。特别是特朗普政府将与中国的竞争描绘成自由民主和威权主义、市场驱动与国家主导两种不同意识形态和发展模式的战略竞争，恶化了中美关系氛围，严重削弱了两国本已动摇的战略互信，加剧了中美两国在亚太地区的战略对抗。

---

① “Hearing: China’s Digital Authoritarianism: Surveillance, Influence, and Political Control,” U.S. House Permanent Select Committee on Intelligence, May 16, 2019, https://intelligence.house.gov/calendar/eventsingle.aspx?EventID=632.

② 美国诬称中国在南海地区建造人工岛等合法行为是“灰色地带”战术。

（四）恶化中国周边的安全环境

美国舰机在南海地区“横行”，海岸警卫队船只在中国家门口“执法”；与东盟、日本、澳大利亚、印度等国在南海地区举行联合军演；向越南、菲律宾等国“转让”退役舰船，加强东盟国家的海上军事和执法能力；强化美日、美澳等双边同盟关系；拓展与印度、越南等国的安全伙伴关系；提升美日印澳“四边机制”；开辟美印在西印度洋地区的防务合作，凡此种种，构成了对中国“攻防兼备”的安全组合拳。这些行为挤压了中国的安全空间，增加了中国的不安全感，恶化了中国的安全环境。

（五）加大中国睦邻外交的阻力

特朗普在亚太地区的外交和舆论攻势，对我国推进“亲诚惠容”外交理念，推动与周边国家的睦邻友好合作，改善中国地区形象，打造地区利益和命运共同体，无疑构成挑战。据东盟2019年的一份民调，73%的受访者认为，中国在该地区经济影响力最大，但45.4%的受访者认为，“中国将成为一个试图把东南亚变成其势力范围的修正主义国家”。此外，74.1%的受访者认为，中国“将会谋求政治领导权，作为美国对东南亚和东盟日益不关注的回应”。在被问及是否相信中国会对全球和平、安全、繁荣和治理作出贡献时，超过一半的受访者回答“几乎没有信心”和“不相信”。[①]这份民调可能与美国政府在该地区的舆论攻势并无因果关系，但从一个侧面显示，在美国加紧对华抹黑的背景下，中国要改善地区形象，必须付出更为艰苦的努力。

当然，在强调特朗普政府的“印太战略”对我国负面影响的同时，应该清醒认识到，美国“印太战略”的实施并非一帆风顺，也面临诸多挑战。

第一，美国盟友对美国是否可靠并不放心。特朗普奉行“美国优先”的外交理念和“交易”哲学，处处拨打美国利益小算盘，对日韩盟国挥舞“公平贸易”和“防务分担”大棒，在经贸问题上敲打印度、越南等安全

① *The State of Southeast Asia: 2019 Survey Report*, The ASEAN Studies Center, ISEAS-Yusof Ishak Institute, Singapore, January 29, 2019, pp.1-36.

伙伴，三次缺席东亚峰会，让盟友及伙伴对特朗普政府是否有足够的意愿和能力实施“印太战略”，对特朗普治下的美国是否可靠，并不放心。作为“保险”，日、韩、印等印太盟友与伙伴在加强与美国合作的同时，也努力拓展彼此间的经贸与防务关系，并积极发展与中国、俄罗斯乃至欧盟的关系，多头下注，避免把所有鸡蛋放在一个篮子里。

第二，大部分国家不愿意在中美之间选边站。21世纪以来，亚太地区格局的一个显著变化是，中国替代日本成为大多数国家的最重要贸易伙伴，地区国家从中国经济发展中获得了巨大“红利”。随着中国“一带一路”倡议的推进，更多国家从中国的投资热潮中获得收益，有力推动了当地能源及基础设施建设。对此，大部分地区国家是欢迎的。当然，部分国家对“一带一路”倡议也存在一些不满，希望美国继续在地区发挥影响，或提供安全保障。换言之，大部分国家想继续从中美的适度竞争中获益，不想在中美两国之间选边站。特朗普政府如果想让地区国家在经济上选边站队，或在安全上施压中国，可能会适得其反。

第三，美国的经济倡议雷声大雨点小，实际作用可能有限。表面上看，特朗普政府提出了美国版印太经济构想，成立国际开发金融公司，与日本、澳大利亚共同抛出“蓝点网络”计划，似乎轰轰烈烈，要从倡议、机制和规则三个维度与中国在印太地区展开正面角逐。但仔细探究，美国实际能够投入的资源特别是地区国家能够获得的收益十分有限。美国版印太经济计划（印太经济构想）首批投入仅1.13亿美元，对于东南亚的数字、能源及基础设施建设的巨大缺口来说，是杯水车薪。国际开发金融公司虽然资金规模为600亿美元，但却是面向全球而非仅仅针对印太地区，同时它规定了十分烦琐的劳工、环境标准，对于亟须基础设施投资的地区发展中国家来说，几乎是难以逾越的障碍。至于美、日、澳三国联手推出的“蓝点网络”计划，只是一个基础设施评估和认证标准，本身并不提供资金支持，地区国家谁会理睬这些“看上去很美”的高标准，将是未知数。更关键的是，基础设施建设不同于其他项目，投资大、周期长、风险高，私人资本往往对此望而却步。一项研究显示，55%—65%的亚洲互联互通项目，如果没有政府或多边金融机构支持，银行就根本不愿意贷款。[①]

第四，东盟不希望南海问题再次升温。部分东盟国家无疑欢迎美国继续在地区安全议题上发挥作用，保持在南海地区的军事存在，希望获得更多的美国军事援助和支持。但是，即便是与中国存在海洋争端的菲律宾和越南，也不希望南海争端激化，或擦枪走火。东盟作为一个整体，更不希望南海问题再次成为地区热点。这是中国与东盟国家及南海争议当事方最大的利益交汇点，也是中菲双方以及中国与东盟能够就南海海洋争端及“南海行为准则”进行磋商、谈判，并取得进展的重要原因。这些利益共识对特朗普政府试图炒作南海议题或将南海问题安全化，形成了某种软约束。

四、结论

特朗普政府在2019年采取了一系列经济、安全举措，具体落实其“印太战略”构想。这些政策举措明显针对中国，对我国周边的经济、安全乃至外交舆论形势产生了诸多负面影响，需要我们高度重视。同时也要看到，特朗普的“印太战略”也面临诸多挑战，其实施前景还具有一定的不确定性。这为我们未雨绸缪，制定积极、稳妥的应对措施，提供了一定的政策回旋余地。

第一，在外交和舆论上，我们要积极应对，不能消极无为。特别要强调，中国不搞意识形态输出，更无意与美国进行意识形态或发展模式的竞争，认为各国都有自己独特的国情和历史文化传统，应该努力探索适合本国国情的发展道路。针对美国政府指责“一带一路”倡议是“债务陷阱”，侵害对象国主权，我们要强调，中国是和平共处五项原则的提出者和践行者，互相尊重主权和领土完整，互不侵犯，互不干涉内政，平等互利，和平共处一直是指导中国外交的基本准则。中国的“一带一路”倡议致力于促进地区基础设施建设及互联互通，中国不会损害他国主权或制造债务陷

① Kaewkamol Karen Pitakdumrongkit, “The Impact of the Trump Administration’s Indo-Pacific Strategy on Regional Economic Governance,” *Policy Studies* 79, 2019, East-West Center, Hawaii, p.16.

阱，更无意建立排他性的势力范围或中国经济的“后花园”，中国秉持共商共建共享原则，愿将“一带一路”建设为一个开放、包容、均衡、普惠的区域经济合作平台。

第二，在推进“一带一路”建设时，要强调透明度、打击工程腐败；强调高标准，确保商业和财政上的可持续，防止恶性竞争和出现烂尾工程或豆腐渣工程；要尊重国际通行规则和当地法律法规，注重环境保护和促进当地经济发展。

第三，对于美、日、澳三国提出的基础设施建设“蓝点网络”计划，我们可以公开表态，欢迎包括美、日、澳在内的各国提出的具有包容性和广泛参与性的国际基础设施建设标准，促进全球基础设施特别是发展中国家的基础设施建设，帮助发展中国家早日脱贫、更好融入地区及国际经贸体系。同时我们要强调，一切涉及基础设施建设的国际标准，都应该充分考虑到基础设施建设资金需求大、投资周期长、风险高及私营部门不愿意投资的独特特点，应该鼓励包括国家担保、国有企业融资及私人部门投资在内的一切投资和担保，从而更有效地进行基础设施融资和投资，更好地造福于当地社会，特别是促进发展中国家的基础设施建设。

第四，对美日印澳“四边机制”升级换代及其安全意图向四国表达关切，提醒四国不要在中国周边“筑墙”，不要人为制造对立阵营。对美印可能加强在西印度洋地区的防务和海上安全合作表达关切，探寻其战略意图。

第五，继续与东盟国家就“南海行为准则”进行磋商与谈判，争取尽早达成符合彼此期待的“南海行为准则”；与菲律宾、越南等争端当事方举行磋商，制定防止南海海洋争端升级或发生意外的临时措施；与菲律宾、越南等国就争端海域的资源保护、勘探和开采继续举行磋商，本着先易后难的原则，寻求分阶段解决方案。

第三章
日本自由贸易战略的身份转换及其内在机理*

贺　平

【内容提要】由核心观念汇聚而成的“国家身份”在宏观层次规范了一国自由贸易战略的基本立场、核心利益和政策取向。在安倍晋三政权下，日本在自由贸易战略上主要表现为相互交织的三个国家身份：“核心”“主导”和“桥梁”。其中，“核心”是前提和基础，“主导”和“桥梁”则分别是其在政策议题和伙伴关系上的突出表现。这种国家身份的成型过程始于2010年前后，在自民党重新执政后不断加速并初具雏形。其背景主要有三个方面：国际贸易政治的风云变幻将日本推到前台；雄心勃勃的自由贸易战略是安倍政府大国志向和长期政权的重要体现；国内经济社会变化的长期积累是日本国家身份跃进的根本基础。在自由贸易战略上的形象革新和实践突破对建构更良性的日本整体国家身份产生了积极作用，也为其他国家提供了镜鉴。

【关键词】日本；自由贸易战略；身份变迁；安倍政府

【作者简介】贺平，复旦大学国际问题研究院日本研究中心副教授。

日本曾被视为一个在自由贸易政策上相对内向、谨慎乃至保守的国家，既是双边自由贸易协定（FTA/EPA）① 的“后来者”，在多边贸易自由化进程上也鲜有独到的倡议和实践。然而，自安倍晋三于2012年再度执政以

---

* 本文原稿曾刊于《国家身份视角下日本的自由贸易战略变迁》，《日本学刊》2019年第1期。

① 除了下文列出的极少数早期文献，日本政府和学界多以“经济伙伴关系协定”（EPA）表述本国的“自由贸易协定”（FTA）。两者基本通用，本文根据具体情况互换使用。

来，日本成为推动“巨型自由贸易协定”最为积极的国家，而且频频收获阶段性成果。尤其是2018年，日本参与的《全面与进步跨太平洋伙伴关系协定》(CPTPP)、《日本—欧盟经济伙伴关系协定》(日欧EPA)相继签署，实际生效亦接踵而至。2020年11月15日，日本参与的《区域全面经济伙伴关系协定》(RCEP)正式签署。可以说，在国际经贸机制化建设和跨区域一体化进程中，日本正处于自身前所未有的有利地位，展示出一马当先的正面形象。

国际学界日益重视国家身份定位与该国经济政策的内在关联。二战后，日本在自由贸易战略上体现出的国家身份演进，特别是进入21世纪后身份话语的变迁及其成效，为分析日本的经济外交乃至国家整体战略提供了特殊而有价值的视角。本文将梳理近20年来日本自由贸易战略中的国家身份变迁，聚焦当前日本的核心身份，并着重分析其逐渐成型的背景原因及今后走势。

一、21世纪以来日本自由贸易战略中的国家身份变迁

2017年末，正值辞旧迎新之际，《日本经济新闻》雄心勃勃地宣告，全球经贸格局和日本贸易政策已经进入第四个时代。前三个时代分别是二战前以邻为壑的壁垒时代、二战后由关贸总协定和世界贸易组织（WTO）引领的多边自由主义时代、20世纪90年代之后兴起的双边自由贸易协定时代，第四个时代则是“不同地区的数个国家结成‘巨型自由贸易协定’的时代”。[①] 第一个阶段近乎于自由贸易的“史前史”，而在第二个阶段，囿于冷战格局、经济全球化和区域一体化发展的初级水平以及日美贸易摩擦等结构性障碍因素，日本在自由贸易战略上难言积极，更谈不上激进。进入21世纪后，日本与时俱进，对其国家身份作出相应调整，其自由贸易战略所体现出的国家身份突出地表现出第三和第四阶段的新特征。

---

① 「メガFTA、米中関与カギ、通商第4の時代、日本はTPP11主導」、『日本経済新聞』(夕刊) 2017年12月15日、2頁。在此之前，中富道隆等日本学者已有过类似的分期阐述，参见中富道隆「メガRTA後のWTO」、『国際貿易と投資』100号記念増刊号、2015年、41—53頁。

（一）双边自由贸易区时代的“摸索者”与“追赶者”

在进入21世纪之前，日本政府侧重多边层次的贸易自由化，对区域贸易自由化这一政策选项较为消极。2000年之后，日本经过对双边自由贸易区近十年的“摸索”和“试探”，虽态度日益积极，但整体而言，在全球层面仍是议程和机制的“追随者”，在区域与双边层面仍处于对韩国等先进国家的“追赶者”地位。

1999年日本政府发表的《通商白皮书》，首次作为官方立场对区域贸易协定特别是其积极作用给予关注和肯定。在小泉纯一郎执政时期，日本政府的态度出现了更为明显的整体变化。日本的自由贸易政策逐渐由多边主义向多边主义、区域主义和双边主义协同并进的方向转变，而且后者的重要性日益提升。在“后小泉时代”，尽管经历了频繁的政府换届乃至政权更替，但无论是自民党还是民主党，多届政府都推出了各自的自由贸易区政策主张。通过对这些政策阐述的文本分析，可以一窥十余年来日本在自由贸易战略中的自我认同与身份设定（参见表1）。

表1　日本政府在自由贸易战略上的国家身份设定

	政策文件	制定机构	国家身份设定
2002年（小泉纯一郎）	日本的自由贸易区战略	外务省	由日本主导实现东亚区域经济体系的建立和完善
2004年（小泉纯一郎）	关于今后推进经济伙伴关系协定的基本方针	促进经济合作相关阁僚会议	无
2006年（小泉纯一郎）	全球化战略	经济财政咨询会议	“作为产业领跑者的世界领导国”和“在国际社会中发挥知识型领导作用的、有品质的国家”
2009年（鸠山由纪夫）	新增长战略	经济财政咨询会议	全球问题的“问题解决型国家”“与亚洲共生的国家”以及“亚洲的桥梁”

续表

	政策文件	制定机构	国家身份设定
2010年（菅直人）	关于全面经济合作的基本方针	内阁	在亚太地区扮演“主导性角色”，为在亚太地区形成“21世纪型的贸易和投资规则”起“主导性作用”
2011年（菅直人）	日本再生战略	内阁	无

2002年1月13日，日本与新加坡签署第一个经济伙伴关系协定。同年10月，日本外务省经济局发布《日本的自由贸易区战略》，成为集中阐述日本自由贸易政策的首份官方文件。该文件阐述了自由贸易区的意义、价值以及值得关切之处，明晰了日本自由贸易区战略的应有姿态、判断标准和战略优先度，提出了“综合性、灵活性、选择性”的战略原则，倡导以邻近的东亚地区作为最具战略优先度的自由贸易区目标。[①] 尽管这一文件属于省厅级别的部门文件，并非日本政府的整体立场，但对日本自由贸易区战略的阐述却是之后所有相关文件中篇幅最长的。考虑到日本决策体系中的“禀议制”特点，可以说这一文件为此后日本自由贸易区战略的细化和推进确定了基调。2004年9月，经济财政咨询会议设立了“日本21世纪愿景”调查委员会，该委员会2005年4月公布的报告《新的跃动时代》描绘了2030年日本的应有形象，并提出：日本应尽量在签订自由贸易区（经济伙伴关系协定）方面不处于落后地位，进而避免在全球化中滞后于时代。[②]

2004年12月，“促进经济合作相关阁僚会议”制定了《关于今后推进经济伙伴关系协定的基本方针》，这是日本政府制定的第一份全面的经济伙伴关系协定战略。该方针基本延续了《日本的自由贸易区战略》中确定的标准和方针，事实上仍强调日本应积极参与以世界贸易组织为核心的多

① 外務省『日本の自由貿易区戦略』、2002年10月、https://www.mofa.go.jp/mofaj/gaiko/自由贸易区/policy.html。

② 「日本21世紀ビジョン」に関する専門調査会『新しい躍動の時代—深まるつながり・ひろがる機会—』、2005年4月。

边自由贸易体制，经济伙伴关系协定对其仅是补充作用。[①] 作为一份纲领性文件，该方针并没有提出明确的国家身份认定和战略目标，表现出务实渐进和缓步摸索的特征。

2006年5月，经济财政咨询会议制定的《全球化战略》提出了较为具体的国家身份目标，敦促日本在全球化进程中成为“作为产业领跑者的世界领导国”和“在国际社会中发挥知识型领导作用的、有品质的国家”。在这一文件中，经济伙伴关系协定战略尽管仅占较小部分，却后附详细进度表，提出应加速经济伙伴关系协定谈判，并设定了到2010年与经济伙伴关系协定对象国的贸易额占贸易总额25%以上的目标。[②] 2008年的《通商白皮书》将主题确定为“面向创造新市场的通商国家日本的挑战”。在国际金融危机的背景下，该白皮书提出，日本要追求新的发展战略，需要在三个新市场的创造中起主导作用：成为世界经济新的良性循环原动力的“50亿人市场”（新商圈），成为世界经济发展基础的“亚洲大市场”（新经济圈），促进应对全球问题的“可持续发展的市场”（新经济领域）。为此，日本需要加紧推进经济伙伴关系协定的建设。

政党轮替后，民主党政府于2009年12月30日和2010年6月18日分别确定了《新增长战略》的基本方针和具体内容。为了彰显与前任自民党政权的差异，鸠山由纪夫政府和菅直人政府提出了诸多激动人心的政策设想和宏大愿景，但在经济伙伴关系协定政策上却着墨不多，只是建议借2010年日本主办亚太经合组织（APEC）峰会的契机，在2020年实现建立亚太自贸区（FTAAP）的目标，将其作为细化“东亚共同体构想”的一环。[③]

在2010年11月制定的《关于全面经济合作的基本方针》中，菅直人政府对经济伙伴关系协定战略进行了相应的细化，结合民主党政府“开国”和“开拓未来”的理念，提出要在积极推进亚太地区的双边经济伙伴关系协定、“巨型经济伙伴关系协定”以及亚太经合组织等各个领域的建

---

① 経済連携促進関係閣僚会議『今後の経済連携協定の推進についての基本方針』、2004年12月21日。

② 経済財政諮問会議『グローバル戦略』、2006年5月18日。

③『新成長戦略（基本方針）——輝きのある日本へ——』、2009年12月30日閣議決定。『新成長戦略——「元気な日本」復活のシナリオ——』、2010年6月18日閣議決定。

设中扮演“主导性角色”，为在亚太地区形成“21世纪型的贸易和投资规则”起“主导性作用”。[①] 在此前后，是否加入《跨太平洋伙伴关系协定》（TPP）的谈判成为日本国内争论的焦点，究其实质，反映的正是日本的国家定位问题，即如何与主要贸易对象国建立“高水平”的经济伙伴关系，并以“美日主导”的方式构筑亚太地区的21世纪规则体系。韩国与美国重启的自由贸易区谈判于2010年12月正式结束，并于2011年7月部分生效，这也对日本造成了极大触动。

2011年8月，离任之前的菅直人主导制定了《日本再生战略》。在这一文件中，面对日本大地震及一系列次生灾害的现实，经济伙伴关系协定政策被置于“强化国与国之间纽带”的语境之下。此时的日本经济伙伴关系协定战略似乎陷入两难境地：一方面不得不正视韩国等其他国家自由贸易区的蓬勃发展以及日本相对落后的局面，另一方面又必须顾及“受灾农业和渔业从业者的心情、国际谈判的进程、对产业空心化的担忧”等，因此显得较为踌躇。[②] 后继的野田佳彦政府没有推出关于日本经济伙伴关系协定战略的新理念，却在任期内做出了加入《跨太平洋伙伴关系协定》谈判的明确表态，从而无形中使日本的自由贸易战略谋划进入一个新阶段。野田佳彦主张，在21世纪贸易和投资规则形成中，日本应扮演“主导角色”，而《跨太平洋伙伴关系协定》的规则有可能成为向亚太乃至整个世界拓展的标准。[③]

综上可以看出，在2010年前后，日本在自由贸易战略上展现的国家身份设定出现了明显变化，开始不断提升，但囿于实践时效和谈判进程，实际成果仍乏善可陈。民主党执政时期的内忧外困、频繁更迭、政官对立，也使其政策理念和行动倡议大多停留于纸面或口号，难以在短期内真正付诸实施。因此，在亚太地区所谓的“自由贸易热心国俱乐部”（新加坡、新

① 包括的経済連携に関する閣僚委員会『包括的経済連携に関する基本方針』、2010年11月6日。

② 『日本再生のための戦略に向けて』、2011年8月5日閣議決定。

③ 「第180回国会衆議院本会議録第3号」、2012年1月27日、10 頁。「第183 回国会衆議院予算委員会議録第 7 号」、2013年2月28日、 8 頁。「第192 回国会参議院本会議録第10 号」、2016年11月11日、3頁。今井和昌「環太平洋パートナーシップ協定とアジア太平洋秩序のゆくえ—TPP交渉開始から国会承認までを振り返って—」、『立法と調査』2017年3月号、24—27頁。

西兰、澳大利亚、加拿大、美国、智利、巴拿马）中尚无日本的身影，日本甚至与第二梯队国家（墨西哥、秘鲁、韩国）也尚存距离。[①]

（二）“巨型自由贸易协定”时代的“倡言者”与“引领者”

2012年12月，自民党重夺政权，安倍晋三再度执政，日本的经济伙伴关系协定战略实施骤然加速。在安倍任职以来的6年内，日本在“巨型自由贸易区”蓬勃兴起的大潮中，日益展现出“倡言者”乃至“引领者”的国家身份和国际形象。

2013年3月15日，安倍政府声明将参加《跨太平洋伙伴关系协定》谈判，同年7月23日正式加入谈判。从2013年开始，安倍政府每年6月公布《日本振兴战略》（2017年起更名为《未来投资战略》），这一系列文件成为透视该时期日本自由贸易战略的重要来源（参见表2）。

表2　安倍政府自由贸易战略中对国家身份的表述

年份	政策文件	对国家核心身份的表述
2013年	日本振兴战略——“JAPAN is BACK”	在推进全球贸易和投资规则制定上成为“重要的参与者”
2014年	日本振兴战略2014年修订版——未来的挑战	在推进数个经济伙伴关系谈判时保持“战略感及速度感”
2015年	日本振兴战略2015年修订版——对未来的投资与生产性革命	在推进数个经济伙伴关系谈判时保持“战略感及速度感”
2016年	日本振兴战略——面向第四次产业革命	作为贸易和投资的“国际核心据点”，实现可持续的增长；在构筑新的广域经济秩序中发挥“核心的作用”，在制定全面、平衡、高水平的世界规则中成为“牵引者”

① Christopher M. Dent, “Free Trade Agreements in the Asia-Pacific a Decade on: Evaluating the Past, Looking to the Future,” *International Relations of the Asia-Pacific* 10 (2010): 214.

续表

年份	政策文件	对国家核心身份的表述
2017年	未来投资战略——为实现5.0社会的改革	作为贸易和投资的“国际核心据点”，实现可持续的增长；在构筑新的广域经济秩序中发挥“核心的作用”，在制定全面、平衡、高水平的世界规则中成为“牵引者”；“自由贸易的旗手”
2018年	未来投资战略——面向“5.0社会”和“数据驱动型社会的”变革	作为贸易和投资的“国际核心据点”，实现可持续的增长；在构筑新的广域经济秩序中发挥“核心的作用”，在制定全面、平衡、高水平的世界规则中成为“牵引者”；“自由贸易的旗手”

2013年的《日本振兴战略》提出三大行动计划，主要包括促使国内企业再生和强化产业基础的“日本产业复兴计划”、应对社会问题和构筑新兴市场的“创造战略市场计划”、扩大企业海外收益和国际市场的“国际拓展战略”等。其中，构筑战略经贸关系、推进经济伙伴关系协定、参与制定全球贸易和投资规则是“国际拓展战略”的重要组成部分，涉及以下四个方面。一是根据国家利益和产业需要，积极推进日本—欧盟经济伙伴关系协定、《跨太平洋伙伴关系协定》等自由贸易协定的谈判进程，强化相应的政府体制和谈判机能。二是设置“规制改革会议”，推进规制改革。三是缔结或修改投资协定和关税协定。四是引入或扩充外籍护士和护工。[①] 在这一战略中，安倍政府还提出了一个宏大目标：到2018年，将与经济伙伴关系协定伙伴国的贸易额占日本对外贸易总额的比例由19%提升到70%。尽管如此，这一时期日本政府的国家身份设定仍相对低调，仅仅提出要通过各个经济伙伴关系协定的相互刺激和灵活运用，在推进全球贸易和投资规则制定上成为“重要的参与者”。2014年之后的各份战略报告可视为日本政府对“安倍经济学”的自我评估和后续补充，在行动计划上基本延续了2013年版本的内容，只是依据政策实践，对具体内容进行了细

① 首相官邸『日本再興戦略 JAPAN is BACK-』、2013年6月14日。

化、更新和调整，并适时提出了“第四次产业革命”和“5.0社会”等引领性概念。2016年2月《跨太平洋伙伴关系协定》谈判结束后，日本在经济伙伴关系协定战略上的论调骤然提升。当年的《日本振兴战略》中，安倍政府提出，日本要成为贸易和投资的“国际核心据点”、新的广域经济秩序中的“核心”以及全面、平衡、高水平的世界规则中的“牵引者”。[①] 在此基础上，2017年和2018年的战略报告又连续提出了“自由贸易的旗手”等身份设定。[②]

此外，2015年日本经济产业省围绕中长期结构性政策的讨论，提出了关于规则、革新和人口的三大领域、几条建议，其中“进一步深化经济伙伴关系”位列第一条。日本政府提出，一方面，在东亚地区要在现有贸易投资的基础上，向金融自由化、自然人流动自由化、国内制度协调等“更深的一体化”迈进；另一方面，需要积极参与以美、欧、日三极为核心的高标准经济规则制定，并在规则形成中成为连接发达国家和新兴经济体的“主导角色”。[③] 2016年5月，日本政府各省厅又联合发布了关于促进投资关联协定的行动计划，提出到2020年，力争与100个国家和地区签署或生效投资协定以及包含投资章节的经济伙伴关系协定。[④] 2017年11月25日公布的《与〈跨太平洋伙伴关系协定〉等相关的综合政策大纲》中再次重申“国际核心据点”的目标，宣告《跨太平洋伙伴关系协定》揭开了新“亚太世纪”的大幕，要以《全面与进步跨太平洋伙伴关系协定》和日欧经济伙伴关系协定等为契机，将日本建设成“新的出口大国”，“强化国内产业的竞争力”，开创“农政新时代”。[⑤]

进入21世纪后，世界贸易组织每两年对日本进行一次贸易政策评

---

① 首相官邸『日本再興戦略2016–第4次産業革命に向けて–』、2016年6月2日。

② 首相官邸『未来投資戦略2017–Society 5.0の実現に向けた改革–』、2017年6月9日。『未来投資戦略2018–「Society 5.0」「データ駆動型社会」への変革–』、2018年6月15日。

③ 経済産業省『経済産業政策を検討する上での中長期的・構造的な論点と政策の方向性（議論用）』、2015年4月。

④ 総務省・法務省・外務省・財務省・農林水産省・経済産業省・国土交通省『投資関連協定の締結促進等投資環境整備に向けたアクションプラン』、2016年5月11日。

⑤『総合的な《跨太平洋伙伴关系协定》等関連政策大綱』、《跨太平洋伙伴关系协定》等総合対策本部決定、2017年11月25日。

估，从近年来日本提交的自我评价报告中亦可发现其国家身份定位的微妙变化。在之前的报告中，日本始终强调经济伙伴关系协定等协定的补充作用，将其视为在多边层次促进更高水平贸易自由化的“垫脚石”。但在2013年的报告中，日本第一次提出，将在促进亚太地区的双边经济伙伴关系协定、更广泛的区域经济伙伴关系协定以及亚太经合组织的部门路径（sectoral approach）中“扮演领导角色”，同时在为亚太地区制定“面向21世纪的投资和贸易规则”中“发挥主动”。2015年和2017年的报告中，日本的表态更进一步，表示应当将高水平的双边和诸边倡议的结果反映到多边贸易体系中，评估其可能性。上述变化及外界日益积极的评价在世界贸易组织秘书处的最终评审报告中也有所呈现。①

对日本国家身份的正面评价，在经济合作与发展组织（OECD）每两年对日本的经济评估报告中也得到反映。在2009年的报告中，日本在自由贸易区上仍被视为是相对“孤立的”，降低壁垒迫在眉睫。在2011年和2013年的报告中，对农业等领域的市场保护依然被认为是日本在自由贸易区上迈出更大步伐的症结。到2015年，尽管农业政策仍受诟病，但参与《跨太平洋伙伴关系协定》、日欧经济伙伴关系协定等“高水平贸易协定”成为影响日本经济结构性改革的关键建议之一。到2017年，这一报告的批评口吻有所弱化，转变为鼓励日本继续积极参与区域和双边自由贸易区。②

二、当前日本在自由贸易战略中的国家身份：成因与走势

身份决定偏好，偏好决定目标，目标决定路径。从上文的梳理可以看出，21世纪以来，日本在自由贸易战略上所展现的国家身份定位经历了三个彼此关联的重大转变：在机制建设上，变消极追随者为积极引导者；在规则体系上，变后续接受者为前期塑造者；在议题设置上，变被动防守者

① The World Trade Organization, *Trade Policy Review: Japan*.

② *OECD Economic Surveys Japan*, OECD Publishing, 2009, 2011, 2013, 2015, 2017.

为主动进攻者。这些转变并非一蹴而就，仍处于变化过程之中，远未定型，但从《全面与进步跨太平洋伙伴关系协定》、日欧经济伙伴关系协定等阶段性成果来看已初见端倪。

在此进程的作用下，当前日本在自由贸易战略上主要存在相互交织的三个国家身份设定："核心""主导"及"桥梁"。其中，"核心"是指在全球贸易和投资规则制定中居于"轴心"（hub）地位，尽可能地参与主要诸边或双边经济伙伴关系协定，从而在各个协议的国别重叠部分始终位于焦点。"主导"是指在各个经济伙伴关系协定谈判中起引领作用，努力提高其一体化深度和市场开放的雄心水平。"桥梁"是指在发达经济体和发展中经济体之间、在亚太等不同区域之间起连接、中介、传导的作用，能够最大限度地反映、协调、平衡各方的共同利益。这三个身份是紧密联系在一起的，"核心"是前提和基础，"主导"和"桥梁"则分别是政策议题设置和伙伴关系上的突出表现。与欧美相比，无论是在全球议程设置还是在经济自由度上，日本要想实现真正的"主导"或"超越"仍具有相当的难度。因此，对日本而言，基于一定"主导"作用的"桥梁角色"事实上是最能体现其比较优势的身份设定的，亚太地区则是检验和实践这一定位最为重要和邻近的地区。考虑到与中国、印度、东盟等核心新兴经济体的地缘经济关系，与欧美相比，日本在发挥"桥梁作用"上确实更具优势。这在《区域经济伙伴关系协定》和《全面与进步跨太平洋伙伴关系协定》等谈判中已经有所体现。例如，在《全面与进步跨太平洋伙伴关系协定》的部长级声明中，各参与方在"坚持高标准、总体平衡和《跨太平洋伙伴关系协定》完整性的同时"，也强调"在设定立法和规制优先事项上参与方的灵活性"。[①]

这些国家身份设定不但成为日本政府的官方表述，也频频出现在日本学者的著述和日本媒体的报道评论中，尽管没有也暂时不可能成为众声一律的"社会共识"，但称其为"主流话语"并不为过。在研究身份政治时一个常见问题是身份源自何处，是对现实状况和未来需求的客观反映，还是不切实际的某种憧憬乃至幻想？传统的研究认为，日本的经济伙伴关系

① "Trans-Pacific Partnership Ministerial Statement," November 11, 2017.

协定战略从相对低调到更为激进的转变过程中，有两个因素尤其重要，即财界院外游说的强度大小以及贸易决策的集权程度高低。[①] 不可否认，这两个因素不容忽视，仍起到相当的作用，但在观察2010年之后日本自由贸易战略的纵深发展时可以发现，一系列新的因素的重要性日益突出。特别是从安倍政府自由贸易战略中的国家身份演进来看，离不开下述三方面的特殊背景。

（一）国际贸易政治的风云变幻将日本推到前台

《跨太平洋伙伴关系协定》等“巨型自由贸易区”起步之时，正值发达经济体试图走出金融危机阴影、美国奥巴马政府推出“亚太再平衡战略”、中日关系震荡下行的时期，这些国际环境的重大变化要求日本在经贸领域更加积极有所作为。而特朗普执政之后国际和地区局势的剧烈动荡，使日本在经贸领域陷入前所未有的复杂态势，也使其战略决断面临某种意想不到的“机遇之窗”。

早在美国尚存于《跨太平洋伙伴关系协定》时，日本国内就有声音，主张日本应跳出“脱离美国”或“以美国为基轴”的传统二元悖论，从“全球参与者”的角度塑造更为积极主动的外交。[②] 特朗普成为美国领导人后，相继作出了退出《跨太平洋伙伴关系协定》、暂停“跨大西洋贸易与投资伙伴协定”（TTIP）谈判等决定。美国的缺位，不但对其地缘政治和地缘经济造成巨大打击，而且造成了某种“战略真空”和区域领导力的匮乏。[③] 在特朗普政府奉行一国优先的保护主义乃至孤立主义、国际经济秩序缺乏真正领导者的背景下，日本渐渐激发起“舍我其谁”的冲动。[④] 日本在贸易、投资、物流、信息等各个方面成为世界的“核心”，由此成为“提高日本

---

① Mireya Solís, “Can FTAs Deliver Market Liberalization in Japan? A study on Domestic Political Determinants,” *Review of International Political Economy* 17, no.2 (May 2010): 37-209.

② 渡邊啓貴「日本外交の活路はグローバル・プレイヤーをめざすことにある」、ニッポンドットコム、2011年10月14日。

③ Melissa K. Griffith，Richard H. Steinberg and John Zysman, “From Great Power Politics to a Strategic Vacuum: Origins and Consequences of the TPP and TTIP,” *Business and Politics* 19, no.4 (2017): 573—592.

④ 田所昌幸「日本は自由貿易の擁護者たれ」、『外交』2018年7・8月号、44—50頁。

存在感的首要捷径”。[①] 特别是加入《跨太平洋伙伴关系协定》，使日本提高了在实践和推广经济自由化中的“可信度”或领导力，从而变身为一个自由贸易区网络中的“支点国家”（pivotalstate）。[②] 而在从《跨太平洋伙伴关系协定》向《全面与进步跨太平洋伙伴关系协定》转变的关键节点上，日本非但没有在原有条款立场上趁机退缩，反而力劝加拿大、越南等犹豫摇摆的国家。

有观点认为，日本不过是替美国走到前台摇旗呐喊、缺乏主体意识的“代理人”。这恐怕仍是传统印象的延续，并不能反映最新的变化。可以看到，自特朗普政府退出《跨太平洋伙伴关系协定》之后，日本一直试图在敦促美国重返《跨太平洋伙伴关系协定》上施加“伙伴压力”。这一方面固然不乏规避日美双边自由贸易区谈判的利益考虑，期望以《跨太平洋伙伴关系协定》等既有的诸边协议作为迂回路径和替代方案，另一方面也确实反映了日本在对美经贸政策上自主权和独立性的相对提高。而在亚太地区，作为美国的重要盟友，同时参与《跨太平洋伙伴关系协定》以及《区域经济伙伴关系协定》与中日韩自由贸易区，又展现了日本开展“自立外交”的一面，有助于选择“中间路径”而将自身嵌入中美的复杂博弈之中，争取更大的战略空间。[③] 2018年8月，意在实现“自由、公正、互惠”（FFR）的日美双边贸易谈判正式启动。9月26日日美首脑会议之际，两国又就正式开始“日美货物贸易协定”（TAG）谈判达成了共识。日本甚至希望，通过《全面与进步跨太平洋伙伴关系协定》、日欧经济伙伴关系协定等自由贸易协定和区域一体化进程的发展，间接促使美国重返自由贸易体制、弱化其保护主义倾向。[④]

---

① 飯田敬輔『経済覇権のゆくえ——米中伯仲時代と日本の針路——』、中央公論新社、2013年、250—251頁。

② Mireya Solís and Saori N. Katada, “Unlikely Pivotal States in Competitive Free Trade Agreement Diffusion: The Effect of Japan’s Trans–Pacific Partnership Participation on Asia–Pacific Regional Integration,” *New Political Economy* 20, Issue 2 (2015): 162.

③ Larry Catá Backer, “The Trans–Pacific Partnership: Japan, China, the U. S., and the Emerging Shape of A New World Trade Regulatory Order,” *Washington University Global Studies Law Review* 13, Issue 1 (2013): 49-81.

④ 浦田秀次郎「崩壊の危機に直面する自由貿易体制」、『国際問題』2018年12月号、4—5頁。

2015年，《跨太平洋伙伴关系协定》结束谈判并达成协议。这一年恰逢日本加入关贸总协定60周年，这一时刻对于日本而言，颇具历史象征意义。而在区域层次，同样不乏历史联想和类比。鉴于亚太自贸区（FTAAP）的建成仍属远景，《跨太平洋伙伴关系协定》的成立，在相当程度上实现了小岛清等日本学者早在20世纪60年代末提出的"太平洋自由贸易区"（PAFTA）的目标，甚至远远超越了当时仅由日本、美国、加拿大、澳大利亚、新西兰参加的设想。

安倍晋三明确表示，《跨太平洋伙伴关系协定》作为亚太自由贸易圈的最初核心，日本在其中担负起"主导性作用"具有重要意义。面对美国退出《跨太平洋伙伴关系协定》的阴云密布，在2017年底的第192届日本国会上，安倍将参与《跨太平洋伙伴关系协定》的意义进一步提升，将日本"牵引自由公正的贸易投资规则"视为其"阻止保护主义蔓延的使命"。也正是在这一届国会上，日本通过了对《跨太平洋伙伴关系协定》的国内立法审议。① 在2018年的施政演说中，安倍再次呼吁，日本要"继续作为自由贸易的旗手，将基于自由公正规则的21世纪型的经济秩序推广至世界"。外务大臣河野太郎也表示，日本应继续担当"自由贸易旗手"，例如在《区域经济伙伴关系协定》谈判中，应尽可能实现"高品质"，除了市场准入之外，在电子商务、知识产权等规则领域，尽早谈妥"高品质"的协议。② 2018年7月17日日欧正式签署经济伙伴关系协定之后，安倍在记者招待会上再次强调，在保护主义日益泛滥的当前情况下，这一经济伙伴关系协定充分展示了日本与欧盟作为"自由贸易的旗手"和拥有"领导世界的坚定政治意志"。③

不难发现，自由贸易的身份或形象往往超越纯粹的经济范畴，而具有政治象征意义、价值导向乃至意识形态色彩。这也是美、欧、日贸易

① 「第180回国会衆議院本会議録第3号」、2012年1月27日、10 頁。「第183 回国会衆議院予算委員会議録第 7 号」、2013年2月28日、 8 頁。「第192回国会参議院本会議録第10 号」、2016年11月11日、3頁。今井和昌「環太平洋パートナーシップ協定とアジア太平洋秩序のゆくえ一TPP交渉開始から国会承認までを振り返って一」、『立法と調査』2017年3月号、24—27頁。

② 河野太郎「二〇一八年日本外交の展望」、『外交』2018年1月号、6—19頁。

③ 首相官邸「日EU共同记者会見」、2018年7月17日。

部长频繁举行三边会晤、商讨世界贸易规则走向和世界贸易组织改革的重要背景。同时，在自由贸易中，“中枢”的意义在于政策扩散（policy diffusion）。美、欧、日等少数国家先行确立的议事日程、核心原则、谈判模式、具体规则将成为其他国家后续实践不得不参照的模板。日欧经济伙伴关系协定谈判与《跨太平洋伙伴关系协定》等谈判并行的姿态，充分反映了日本与其他发达经济体力图把握规则制定先导权、进而向他国输出规则的强烈意向。[①] 除了严格的经济伙伴关系协定等形式外，在电子商务、汽车关税减让等特定议题上，日本也正在谋求与韩国、加拿大、墨西哥等拥有相近立场的国家构建某种“志同道合的协议”，从而在规则制定中占据先机和主动。

（二）自由贸易战略是安倍政府大国志向和长期政权的重要体现

日本在自由贸易战略上的国家身份变化是“角色学习”（rolelearning）的产物。“角色学习”与传统的“社会化”（socialization）概念相联系，但又存在区别。“社会化”更强调在既定的规范和规则下的不对称关系——被社会化者与社会化的力量存在差别，而“角色学习”还突出“角色创造”（rolemaking）的行为对于传统社会结构的“再塑造”作用。也正是在此交互意义上，“角色创造”比简单的“角色选择”（roletaking）更进一步。[②] 如果说上文的分析仍强调日本的“角色选择”及其某种意外感、被动性，那么以下三点因素则促使日本在自由贸易的国家身份上主动寻求积极的变化。

首先，这一自由贸易领域的国家身份和角色定位是日本在与韩国等其他国家比较和竞争的背景下展开的。在过去的十几年中，卢武铉、李明博、朴槿惠等几届韩国总统都在其任内制定过明确的自由贸易路线图，并提出过核心、基轴（linchpin）、枢轴（pivot）、支点（fulcrum）等诸多身份设定。韩国整体上将自身定位为在区域乃至全球发挥积极作用的“中等

---

① 鶴岡路人「EUの『協定外交』を考える一日・EU間EPAへの視点一」、東京財団、2012年2月28日。

② Sebastian Harnisch, “Conceptualizing in the Minefield: Role Theory and Foreign Policy Learning,” *Foreign Policy Analysis* 8, Issue 1 (January 2012): 47-69.

强国”，在自由贸易上的身份设定与这一国家身份是分不开的。与韩国领导人相比，在推动经济伙伴关系协定建设方面，日本领导人一度被认为缺乏决断力，在相应的行政机构设置上也乏善可陈，这是两国在自由贸易区（经济伙伴关系协定）的数量和质量上产生显著差距的重要原因。[①] 这一情况在安倍第二次执政后出现了明显变化，而且随着其政权的稳固和延续进一步得到发展。在经济领域，“安倍经济学”的成效是安倍政权安身立命的根本基础。其中，“三支箭”中的“增长战略”除了创新、节能、创业等内容外，以《跨太平洋伙伴关系协定》为代表的市场开放也是核心要务。而在政治外交领域，安倍政府提出的“俯瞰地球仪”外交以及“积极的和平主义”等政策理念和主张同样与日本自由贸易战略中的身份设定相交织。

其次，日本政府和执政党在自由贸易战略上主动塑造国家形象、突破传统限制的能力和意愿均有所增强。由于安倍长期政权的确立，日本政治决策中的“政官关系”出现了微妙变化，首相及其核心团队的作用日益提升，“官邸主导型”决策体系逐渐成型。传统上，除了利益集团的作用之外，日本的自由贸易政策往往受到不同省厅之间“部门主义”或“势力范围之争”的困扰。外务省、经济产业省、农林水产省等省厅出于各自部门利益的考虑，对于签署经济伙伴关系协定的对象和条件往往意见不尽相同。[②] 这一牵制在“政强官弱”或“政主官辅”的时代得到一定程度的缓解。因此，在经济全球化深度运行和亚太国际经贸格局调整的背景下，有日本学者呼吁，日本应脱离国内政治的束缚，追求战略行动。[③]

最后，日本政府试图在自由贸易政策上调整不同侧面的形象错位，提升“政策洼地”，塑造更为正面的整体国家形象。纵观日本现有的经济伙伴关系协定，可以发现表面上存在一个悖论。一方面，仅就关税削减幅度而言，日本的经济伙伴关系协定自由化率普遍较低，除了与印度尼西亚、

① Hidetaka Yoshimatsu, “Political Leaders’ Preferences and Trade Policy: Comparing FTA Politics in Japan and South Korea,” *Asian Politics & Policy* 4, no.2 (2012): 193–212.

② Hidetaka Yoshimatsu, “Japan’s Quest for Free Trade Agreements: Constraints from Bureaucratic and Interest Group Politics,” in Mari Pangestu and Ligang Song, eds., *Japan’s Future in East Asia and the Pacific* (Canberra: Asia Pacific Press, 2007), pp.80–102.

③ 木村福成「メガFTAs時代と日本の国際通商戦略」、『外交』2015年7月号、109—115頁。

东盟、越南、印度、蒙古国等少数经济体的经济伙伴关系协定之外，日本的自由化率往往低于对象国。[①] 另一方面，由于强调经济伙伴关系而非传统的自由贸易协定，日本的经济伙伴关系协定在一体化的范围和水平上在世界各国中位于前列，仅次于美国、秘鲁等少数国家。[②] 而且，对1958—2015年189个国家签署的279个特惠贸易协定的研究发现，日本已经签署的协定处于较高水平，平均每个协定覆盖21个政策领域。[③] 在日本率先建立的一批经济伙伴关系协定中，合作对象大多为各个地区的自由贸易区中枢国，例如东亚的新加坡、南美的智利、北美的墨西哥等。这有利于日本通过这些国家的“门户作用”进一步开拓所在地区的市场，并拓展自身的经济伙伴关系协定网络。但与韩国等直接竞争对手相比，日本的经济伙伴关系协定伙伴中长期缺乏全球主要经济体和本国的主要贸易伙伴，这也是日本加速与美国、欧盟等建立双边或多边经济伙伴关系协定的重要原因。

值得注意的是，尽管时常给人以“贸易立国”的印象，但目前日本的贸易依存度在经合组织成员国中处于末端，2016年为31.2%，仅仅高于美国，居第35位。[④] 另外，日本的就业人口中，仅有12%与国际贸易直接相关，而在其他一些经合组织国家中，就业人口与国际贸易相关度高达30%。这些数据从一个侧面间接说明，尽管对外贸易对于日本经济的积极作用毋庸置疑，但与那些高度依赖进出口的国家相比，日本的市场开放潜力和抗风险能力都颇为可观。另外，从1994年到2012年，日本的出口产品价格下降了25%，进口产品的价格则由于油价飙升等原因上浮，由此造成其贸易条件在20年内下降了约40%，成为亚太经合组织国家中最低的国

---

① 石川幸一「米国のTPP離脱と日本のFTA戦略」、日本国際問題研究所『ポストTPPにおけるアジア太平洋の経済秩序の新展開』、2017年3月、52頁。

② Alberto Osnago, Nadia Rocha and Michele Ruta, “Deep Agreements and Global Value Chains,” Global Value Chain Development Report 2016 Background Paper Conference, Beijing, March 17–18, 2016.

③ Claudia Hofmann, Alberto Osnago and Michele Ruta, “The Content of Preferential Trade Agreements,” *World Trade Review*, May 28, 2018, pp.1–34.

④ Organization for Economic Cooperation and Development, “Trade in Goods and Services,” https://data.oecd.org/trade/trade–in–goods–and–services. htm#indicator–chart.

家。[①] 这充分说明，提高贸易自由化程度对于日本经济的可持续发展具有迫切的现实意义。

一言以蔽之，在本国经济的结构性问题始终未能得到实质性解决、金融危机之后全球经济增速普遍放缓的“艰难时世”下，签署自由贸易协定有助于彰显安倍政府抵御利益寻租和保护主义的诱惑、寻求通过市场开放促进经济整体发展的有利形象，从而反过来支撑和延续其政权。[②]

（三）国内经济社会变化的长期积累是日本国家身份跃进的根本基础

在探讨国家身份对贸易政策取向的影响时可以发现，这种传导机制往往需要通过国内结构和政策议题上“联盟构建进程”的中介才能发挥作用。[③] 国家身份设定的成功，关键之一在于借助机制化的安排，对政策作用对象的偏好和行为产生规范和制约，而这一机制化的安排本身往往又是经济社会长期变化不断积累的产物。已有研究在分析日本加速区域和双边经济伙伴关系协定战略时，在收益因素之外，往往强调日本对这些协议的“控制力”大小。两者的权衡决定了日本在多大程度上有意愿参与这些经济伙伴关系协定以及对经济伙伴关系协定对象的先后选择。[④] 这事实上是不言自明的，后者也即一般所谓的“舒适地带”（comfort zone）。这种“控制力”亦体现了日本对相应成本和负担的承受能力。

国家身份的变化往往象征着“政策范式”（policy paradigm）的变化。行政当局决策者、国会议员、特定产业、普通选民对自由贸易的身份认同未必全然相同，但最终的身份设定仍可视为各方最大公约数的结果。进入21世纪，随着经济伙伴关系协定建设的不断进展，日本社会正在经历某

---

① *OECD Economic Surveys Japan*, OECD Publishing, 2015, pp.60–61.

② Edward Mansfield and Helen V. Milner, “The Domestic Politics of Preferential Trade Agreements in Hard Times,” *World Trade Review* 17, no.3 (2018): 371–403.

③ Andrei P. Tsygankov, “Defining State Interests after Empire: National Identity, Domestic Structures and Foreign Trade Policies of Latvia and Belarus,” *Review of International Political Economy* 7, no.1 (Spring 2000): 101–137.

④ Saadia M. Pekkanen, Mireya Solís and Saori N. Katada, “Trading Gains for Control: International Trade Forums and Japanese Economic Diplomacy,” *International Studies Quarterly* 51, no.4 (Dec., 2007): 945–970.

种“认知转换”，尽管自由贸易政策中的“利益集团政治”力量尚存，“公益政治”视角的地位却日渐提升。[①] 例如，在内阁府连续组织的“关于外交的舆论调查”中，认为日本应将“积极推进贸易和投资自由化”作为对外经济政策重点领域的受访者比例从2013年的31.9%分别提升到2014年的34.6%、2016年的41.9%、2017年的39.4%和2018年的40.5%。[②] 这种市场开放的底气，需要有充分就业、适度通胀等经济“景气循环”的支撑，归根结底来自国内的结构性改革，特别是基础设施、医疗、绿色经济等优势产业的巩固和进一步发展。这也正是《与〈跨太平洋伙伴关系协定〉等相关的综合政策大纲》等政府文件往往将贸易投资政策与国内各个产业领域的改革相提并论的原因所在。

首先，以经济团体联合会（简称“经团联”）为代表的日本产业界继续成为推动本国在全球贸易中国家身份转型的中坚力量。一大批具有国际竞争优势的日本企业以政策建议、审议咨询、政治献金等方式，向日本政府施加长期而微妙的影响。在2007年的建议中，经团联关注的重点在于从被动应对对象国的要求和压力向主动的、战略性的姿态转换，2011年的建议则开始强调加速确立日本通商政策的基轴，不断拓展其规则的适用范围。[③] 2013年4月，经团联发表了《关于重新构筑通商战略的建议》，呼吁日本应奉行进攻性通商战略，在全球规则制定中占据主导。具体而言，除了要推进“巨型自由贸易区”之外，还需要加强这些自由贸易区之间的调和，从而形成贸易投资规则的“统一轴”，并积极推进信息技术协定、服务贸易协定等其他领域的协定。[④]

其次，传统的抵抗势力出现了一定的弱化乃至瓦解。其最具代表性的

① 関沢洋一『日本のFTA政策：その政治過程の分析』、東京大学社会科学研究所研究シリーズ、No. 26、2008年1月。

② 内閣府政府広報室「外交に関する世論調査」、https://survey.gov-online.go.jp/index-all.html。

③ 日本経済団体連合会「対外経済戦略の構築と推進を求める—アジアとともに歩む貿易・投資立国を目指して—」、2007年10月16日。「わが国の通商戦略に関する提言」、2011年4月19日。

④ 日本経済団体連合会「通商戦略の再構築に関する提言—グローバルルールづくりを主導する攻めの通商戦略へ—」、2013年4月16日。

就是农林水产业。过去常言，一小部分农户“绑架了”日本整个国家的贸易政策，这意味着日本在贸易领域的形象受到了少数群体的左右。现在，这种现象正在发生明显变化，农业从业者的老龄化趋势加剧，而且后继无人、收益低下的现象日益突出。长期作为日本农业保护代言人的“日本农业协同组合”（简称“农协”，JA）自身也面临改制的巨大挑战。2015年2月，日本政府已计划废止“全国农业协同组合中央会”（JA全中）对地方农协经营状态等的监察权和指导权，并在2019年3月将其由特别认可法人改组为一般社团法人。[①] 这就意味着，掌握着大量农村选票的这一农业特殊集团面临战后以来的重大变革。尽管从选举基盘乃至自民党内派阀政治的角度考虑，北海道、岩手、新潟等农业主产区的地方利益仍将得到一定的照顾，但无论是从历史纵向还是从政策权衡的横向比较来看，其左右日本经济外交的能量都已出现明显的萎缩。国内政治势力版图的变迁，在谈判桌上得到了间接却鲜明的反映。例如，在《跨太平洋伙伴关系协定》向《全面与进步跨太平洋伙伴关系协定》转变的过程中搁置了22项条款，但其中几乎没有日本的身影，特别是一度被视为“圣域”的部分敏感产品并未趁机卷土重来。在日欧经济伙伴关系协定中，日本政府对于北海道等地奶酪农户的态度也可管中窥豹。

有学者在分析日本的对外经济政策时，提出两大变量：（1）政策的目的（或称国内利益动员的触发点）在于“避免损失”还是“实现收益最大化”；（2）国内利益集团的数量大小及其利益融合度高低。两大变量的不同组合导致四个象限的不同结果：当政策目的在于“避免损失”时，如果国内利益集团数量较少且利益融合度较高，产生“能动主义”，反之则导致“政策僵局”；当政策目的在于“实现利益最大化”时，如果国内利益集团数量较少且利益融合度较高，日本政府往往奉行“渐进主义”，反之则导致“无所作为”（参见表3）。[②] 借用这一分析逻辑可以发现，近年来，由于农业利益集团等反对势力的日渐式微，在事关自由贸易战略的国内利益博

---

① 「農協60年ぶり改革　JA全中、指導権廃止を受諾」、『日本经济新闻』2015年2月9日。

② Saori N. Katada and Mireya Solis, “Domestic Sources of Japanese Foreign Policy Activism: Loss Avoidance and Demand Coherence,” *International Relations of the Asia-Pacific* 10, Issue 1 (January 2010): 129-157.

弈中，传统利益集团的分化和对立出现了减缓和弱化的趋势，因而在整体上，日本政府得以采取更为积极主动的进取姿态。而相比《区域经济伙伴关系协定》、中日韩自由贸易区等强调收益的自由贸易区谈判，《跨太平洋伙伴关系协定》、日欧经济伙伴关系协定等“巨型自由贸易区”对日本施加的伙伴压力更为巨大，为了在这一轮区域一体化的高潮中不落人后，日本表现出更为突出的“能动主义”，在现实中也取得了更为明显的阶段性成效。

表3 国内利益分化与经济伙伴关系协定政策取向

政策目的	避免损失	“能动主义”（activism）：《跨太平洋伙伴关系协定》、日欧经济伙伴关系协定等“巨型自由贸易区”	“政策僵局”（gridlock）
	实现收益	“渐进主义”（gradualism）：《区域经济伙伴关系协定》、中日韩自由贸易区	“无所作为”（immobilism）：传统的自由贸易区/经济伙伴关系协定
		数量少/融合度高	数量多/融合度低
		利益集团融入度	

资料来源：案例分类的分析逻辑参见 Saori N. Katada and Mireya Solís, “Domestic Sources of Japanese Foreign Policy Activism: Loss Avoidance and Demand Coherence,” *International Relations of the Asia-Pacific*, Volume 10, Issue 1, January 2010, pp.57-129.

为了推进“能动主义”的顺利进展，“以攻为守”“迂回突破”成为日本政府软化既得利益集团、打破其长期构筑的“岩盘规制”的重要方式。在人口等客观条件变化的前提下，这一方式进一步加剧了各个政策领域内部的分化组合，降低或中和了抵抗势力。例如，在农业领域，传统的防御性立场固然有所松动，但更重要的是另辟蹊径，提出了“进攻性农业”以及“六次产业”等新概念。推进日本食材在世界料理中的灵活应用（made from Japan）、注重日本饮食文化和饮食产业的海外拓展（made by Japan）、扩大日本农林水产品和食品的出口（made in Japan）等一系列进取姿态，显然比一味抵御外来产品更为主动，也更易取得利益攸关方乃至全体国民的认同。在医疗健康等其他领域亦可发现类似的案例。

此外值得一提的是，日本的各大主要政党在自由贸易战略上是有基本共识的。例如，民主党在重新成为在野党之后，尽管在食品安全、国民保险等议题上更为谨慎，在《跨太平洋伙伴关系协定》等具体议题上也有所反复，但在其竞选纲领中仍提出，应“推进高水平的经济伙伴关系，主导世界的规则制定”。[①] 换言之，日本国内的党派博弈和选举政治或许在不少议题上使安倍政府倍感压力，但在自由贸易战略上的掣肘并不明显。

最后，除了业界和技术官僚的作用之外，经济学家的学术论证及其理念对于促进自由化等经济政策正当性、合法性的作用也不容忽视。[②] 例如，尽管“巨型自由贸易区”的概念未必是日本首创，但日本或许是当前使用这一概念最为频繁和最为突出的国家。2011年，日本亚洲经济研究所（IDE–JETRO）与世界贸易组织关于附加值贸易（TiVA）的联合研究是关于“巨型自由贸易区”研究的重要学理铺垫，对这一概念的提炼和推广起了积极作用。[③] 日本学者也在后续过程中推波助澜，曾经担任经济产业省通商政策局特别贸易谈判代表的中富道隆在“巨型自由贸易区”的研究中起了重要作用。通过独著或与理查德·鲍德温（Richard Baldwin）等国际知名学者合作等方式，他以日文和英文在短时间内发表了大量论著，集中阐述“巨型自由贸易区”的概念及其与世界贸易组织的关系。[④] “巨型自由贸易区”的概念问世后，除了大量单篇论文之外，日本国内的《国际问题》《世界经济评论》《国际贸易与投资》《商工杂志》《日立总研》《全球经营》等学术期刊都陆续推出过关于“巨型自由贸易区”的特集，《日经BP》《经济学家》等商业类期刊也对此概念和议题做过深入报道。这对前述媒体舆论乃至社会共识也产生了积极影响，为日本在自由贸易战略中的国家身份

---

① 「民主党の政権公約 マニフェスト」、2014年12月2日。

② Malcolm Fairbrother, “Economists, Capitalists, and the Making of Globalization: North American Free Trade in Comparative–Historical Perspective,” *American Journal of Sociology* 119, no.5 (March 2014): 79–1324.

③ IDE–JETRO and World Trade Organization, “Trade Patterns and Global Value Chains in East Asia: From Trade in Goods to Trade in Tasks,” 2011.

④ 中富道隆「メガFTAの時代のGlobal Value Chain（GVC）ガバナンスとInternational Supply Chain Agreement（ISCA）提案」、経済産業研究所、2013年。

转型提供了侧面支持。

三、结语

从世界各国来看，自由贸易战略背后的国家身份设定是一个“艺术”与“科学”兼修的产物。过于保守或平淡无奇，则泯然众人，无法起到指引和激励的目的；过于激进或遥不可及，则沦为空想，甚至徒增笑柄。放眼全球，两者都不乏鲜活的例子。

从上文的分析可以看出，近年来日本在自由贸易战略上的国家身份设定是相对成功的，有力地推动了相关谈判和政策的实际进展。《全面与进步跨太平洋伙伴关系协定》在取得日本等6个国家的国会批准后，已于2018年12月30日生效。日欧经济伙伴关系协定在相继取得日本参议院和欧洲理事会的批准之后，也将于2019年2月1日生效。实现这些高水平谈判及其协议之间的“正向连锁”（positive linkage），成为日本扮演“核心”“主导”以及“桥梁”等角色的重要基础。[①] 其背后体现的日本国家身份设定，也将对中日韩自由贸易区等尚在进程中的若干亚太自由贸易区谈判以及中日经济关系造成微妙的影响。

当然，日本自由贸易战略所反映的国家身份不是一劳永逸的静态成果。为了维持乃至进一步提升这一国家身份，日本在短期内至少面临三方面的挑战。首先，无论是从“东亚国家”的地缘身份出发，还是为了实现前述日本与自由贸易区伙伴的贸易比例目标，中国和韩国都是日本落实自由贸易战略无法回避的邻国。日本在“巨型自由贸易区”上的尝试及其成就，或可视为对域内结构性障碍的一时应对之举，但这一围魏救赵的迂回成果归根结底仍无法替代本地区的一体化进程。当前，东亚各国的经济下行压力使基于市场开放的区域深度合作前景进一步复杂化。在地区局势有所缓和的背景下，能否克服自满情绪和“制度疲劳”，一鼓作气推进中日韩三边自由贸易区等谈判，将考验包括日本在内的域内各国领导人的战略

① 山野内勘二「メガFTA—自由で公正な貿易・投資を世界へ」、『外交』2018年7・8月号、64頁。

决断和政治气魄。其次，《全面与进步跨太平洋伙伴关系协定》、日欧经济伙伴关系协定等协议毕竟刚刚起步，在动荡的国际经贸环境中还面临诸多变数。特别是在全球自由贸易势头受挫、贸易保护主义乃至单边主义高涨的气氛中，主要大国间的贸易政策博弈及其外溢效应将深刻影响日本的现实抉择。最后，在全球竞争性自由化（competitive liberalization）的进程中，如何真正处理好“先进”与“渐进”的平衡感，如何妥善应对身份和形象背后的成本收益矛盾，对于日本而言仍将是一个重大命题。这不仅关系到在国际上有多少“志同道合者”愿意相向而行，也与维持国内的执政条件息息相关。因此，自由贸易战略中日本国家身份变迁的内在机理和演变态势值得进一步追踪和研判。

第四章
巴基斯坦就克什米尔争端争取多边支持的外交斗争

杨思灵

【内容提要】2019年8月，印度改变克什米尔地区现状导致印巴关系持续紧张。印度改变现状的原因包括“保卫”印控克什米尔地区的安全、印度国内的政治压力、印度煽动民族主义情绪牟利、平衡中国与中巴地区的经济合作、经济与军事能力增长带来的自信等。争端升级之后，巴基斯坦在多边舞台采取了积极行动，在安理会与人权理事会上争取支持。就前景来看，在当前国际政治格局大变局下各方的不同利益诉求导致印巴双方外交博弈的复杂性，其负面后果值得重视，尤其是联合国在安全作用方面的弱化、地缘政治现实主义的强劲作用均有较为充分的体现，地区局势发展前景不容乐观，印巴局势的持续恶化对中印关系及中国的南亚政策选择也会造成重要影响。

【关键词】印度；中国；巴基斯坦；克什米尔

【作者简介】杨思灵，中国社会科学院大学马克思主义学院博士研究生，云南省社会科学院南亚研究所副所长、研究员。

2019年8月5日，印度宣布废除宪法第370条，取消印控克什米尔地区的特殊自治地位，建立“查谟与克什米尔”和“拉达克”两个中央直辖区，拟于10月31日生效。印度此举引起巴基斯坦激烈反弹与中国的不满，巴基斯坦不仅主动降级与印度的外交关系，并且巴基斯坦总理伊姆兰·汗一改此前对印度克制忍让的态度，认为应当给予印度一个教训，并吁请联合国出面讨论让印度撤销该决定。为什么印度要选择成立两个“中央直辖区”，导致克什米尔地区局势的紧张？在局势升级过程当中，巴基斯坦在外交上采取了哪些策略？争端的前景如何？本文简要介绍克什米尔紧张局势升级的原因，梳理巴基斯坦争取多边外交支持的线索，在此基础上重点评估印巴克什米尔争端的前景及影响。

一、印度改变克什米尔现状的原因

克什米尔一直是印巴关系中的一个核心问题。1947年，根据蒙巴顿方案，各个土邦可以通过谈判自由加入印度或巴基斯坦，但克什米尔要求独立，为地区争端埋下隐患。在独立诉求难以实现的情况下，当时的克什米尔上层宣布加入印度，巴基斯坦则认为克什米尔以穆斯林居民为主，理应加入巴基斯坦。1947年10月，互不相让的印巴在克什米尔地区爆发大规模武装冲突。1948年1月，印度主动向联合国安理会提出议案，要求安理会阻止巴对克什米尔地区的入侵并退出所占领土。1948年8月31日，安理会通过《关于克什米尔问题的决议》，命令印巴停火并签署休战协定，并在决议的第3条规定，克什米尔的未来地位应当根据克什米尔人民的意志决定。1949年1月15日，安理会又通过克什米尔问题公民投票表决的决议，以此方式决定克什米尔地区的归属，克什米尔公决问题由此产生。[①] 此后双方围绕克什米尔，先后于1965年、1971年爆发了战争冲突，对双边关系构成了严重的影响。虽然后来双方在克什米尔问题上取得一些进展，比如开通交通路线、允许贸易等，但印巴边境冲突持续不断。2016年之后，印度开始实施孤立巴基斯坦的战略，对巴基斯坦缓和双边关系的诉求设置前提条件，即巴基斯坦停止支持恐怖主义，双方在克什米尔地区的冲突呈不断扩大趋势。2019年2月，印度采取单边行动越境，与巴基斯坦进行“空战”，导致双边关系紧张，但巴基斯坦总理伊姆兰·汗主动降低姿态，要求与印度缓和两国关系，莫迪不仅未接巴基斯坦的橄榄枝，反而在大选获得压倒性胜利后，于2019年8月5日宣布成立查谟和克什米尔与拉达克两

① 赵克仁:《关于克什米尔问题的由来》,《世界历史》1997年第1期，第104页。

个中央直辖区，直接引发克什米尔新一轮争端，大有爆发“第四次印巴战争”之势。

为什么印度选择改变查谟和克什米尔地区的现状？第一，“保卫”印控克什米尔地区的安全。印度一直认为印控克什米尔地区的恐怖主义活动均由巴基斯坦支持，特朗普与塔利班的“交易”可能使克什米尔地区面临更大的恐怖主义压力，随着美国撤出阿富汗，塔利班必然复兴，将会为查谟与克什米尔带来更多的麻烦，包括武装圣战分子进入克什米尔地区。因此，有人认为，是特朗普的阿巴新策略触发印度改变查谟和克什米尔的宪法地位，“保卫”印控克什米尔的安全。[①]

第二，印度国内政治压力的推动。印度国内政治压力迫使印度政府在应对巴基斯坦方面采取更进一步的行动。2017年7月19日，印度人民议员质询外交部，与“伊斯兰国”（ISIS）有关系的巴基斯坦境内恐怖主义组织“圣战者党”（Hizb-ul-Mujahideen）是否应当为克什米尔山谷的骚乱负责？莫迪访问美国期间，美国总统是否向印度保证愿意消除以宗教为基础的恐怖主义？印美两国的联合声明是否呼吁巴基斯坦当局不要为跨境恐怖主义提供支持？美国是否听从印度的建议将“圣战者党”头目赛义德·萨拉赫丁（Syed Salahuddin）列为全球恐怖主义分子？[②] 2019年7月24日，人民议员质询印度外交部，印度政府是否已经准备好与巴基斯坦举行谈判？政府是否已经看到巴基斯坦采取消除印度对恐怖主义关切的行动，自印巴双方停止对话以来，印度政府在阻止巴基斯坦支持恐怖主义方面采取了什么举措，正在考虑的下一步行动是什么？[③] 在很大程度上，正是在国内政治压力的情况下，在克什米尔成立两个中央直辖区就成为印度政府的“下一步行动”。

---

① Brahma Chellaney, *J & K Move: The Real Test Begins Now*, August 8, 2019, https://www.hindustantimes.com/columns/j-k-move-the-real-test-begins-now-opinion/story-3bHXy3CMBxo3ki8gC6XJhM.html, accepted on September 2, 2019.

② *Question No.463 Unrest in Kashmir*, July 19, 2017, https://www.mea.gov.in/lok-sabha.htm?dtl/28635/QUESTION_NO463_UNREST_IN_KASHMIR, accepted on September 6, 2019.

③ *Question No.5080 Bilateral Talks With Pakistan*, July 24, 2019, https://www.mea.gov.in/lok-sabha.htm?dtl/31653/QUESTION_NO5080_BILATERAL_TALKS_WITH_PAKISTAN, accepted on September 6, 2019.

第三，印度当局煽动民族主义情绪牟利。2019年2月，印度以巴基斯坦支持恐怖主义对印度进行袭击为由，对巴基斯坦发起空战，曾使两国局势达到岌岌可危的地步。巴基斯坦捕获了印度飞行员，为示好而主动释放了被俘印度飞行员，不过巴基斯坦此举并没有赢得印度橄榄枝，反而为莫迪凝聚民族主义力量提供了条件。当时普遍猜测莫迪为了大选肯定会对巴基斯坦保持强硬。印度的大选结果也证明莫迪在民族主义工具化的使用方面取得较大成功，莫迪以比2014年更优异的成绩赢得大选。赢得大选的莫迪并未提出与巴基斯坦缓和关系，依然强调要巴基斯坦先解决恐怖主义问题，再来与印度进行对话。从这点可以看出，在大选获胜之后，莫迪自感执政之基已经稳固，同时受高涨的印度教民族主义鼓舞，决心在查谟与克什米尔地区问题上有所作为，采取行动。

第四，平衡中国及中巴经济走廊。中国显然也是克什米尔地区的利益攸关方，中国不仅从未承认过印度对拉达克地区的主权，同时印度仍然将阿克赛钦及根据中巴边界协议划归中国的部分领土视为其所有。就拉达克地区而言，在2019年最新发布的国防报告中，印度毫不避讳对中国的战略防备与平衡，无视中国主权，声称该地区对印度的安全具有重要战略意义，其不仅在拉达克大力修建军事基础设施，并宣扬这些基础设施可将印度军队快速运输到中印边境地区。正如有人指出的，拉达克接近巴基斯坦和中国边境以及印度陆军和准军事部队的存在凸显了该地区的战略重要性。[①] 就整个克什米尔地区而言，印度认为中巴经济走廊改变了现状，[②] 印度官方多次抗议经济走廊侵犯了印度主权。因此，印度此举有明显针对中国及中巴经济走廊的意味。

第五，随着经济与军事能力的不断加强，印度的大国自信膨胀，采取一系列冒进举措。这是印度改变查谟与克什米尔地位现状的根本原因。正

---

① *Amrita Madhukalya, Ladakh Celebrates Its Union Territory Status but Concerns Remain*, August 19, 2019, https://www.hindustantimes.com/india-news/ladakh-celebrates-its-union-territory-status-but-concerns-remain/story-KJmXDP5tDRUxNLSzHlLM7O.html, accepted on September 6, 2019.

② *Pak-China's Efforts to Internationalise J&K at UNSC Snubbed: Report*, https://www.hindustantimes.com/india-news/pak-s-efforts-to-internationalise-j-k-at-unsc-snubbed-report/story-g0aPKL3Tdk6bXOWS2kWlTL.html, accepted on September 6, 2019.

如莫迪在8月15日独立日演讲时所说：在这不到70天的日子里，我们做到了过去70年来都没有做到的事。与70多年前相比，印度的自信心得到极大增强，彼时在与巴基斯坦的克什米尔战争冲突中，印度还主动要求联合国出面调停。即使在1971年，英迪拉·甘地还曾遍访西方国家，请求各国政府首脑利用他们的影响改变巴基斯坦的“破坏性”政策。[①] 印度信心满满地认为改变克什米尔特殊地位是印度的内政，其他任何国家无权置喙，克什米尔争端应由印巴自己解决。这种态度上的转变一方面与印度经济与军事能力的增长有关，也与印巴实力差距越来越大相关，同时还得益于现今印度较佳的地缘政治环境。

二、巴基斯坦争取联合国支持的外交斗争

印度宣布成立两个中央直辖区之后，印巴紧张局势陡然加剧，此前一直希望与印度缓和关系的巴基斯坦总理伊姆兰·汗发出强硬声音，印度也以强硬姿态回应。与此同时，双方在外交领域展开博弈，两国的外交官穿梭于国际舞台，各自申诉理由并争取国际支持。印巴两国的外交博弈目标比较清楚。印度的目标是强化成立两个中央直辖区系印度“内政”的概念，[②] 并给巴基斯坦扣紧“支持恐怖主义”的帽子，通过密集外交活动，强化上述两个意象。巴基斯坦的目标是迫使印度取消成立“中央直辖区”的决定，把自决的权力还给克什米尔人民，坚持认为印度违反了联合国决议。

印度宣布成立两个中央直辖区之后，在国内，伊姆兰·汗号召巴基斯坦人每个星期走出家、办公室、工作场所半个小时以显示和克什米尔人民紧密团结，与印度的侵占行为做斗争，并宣称自己是克什米尔事业的大使，发誓要在每个国际会议上提出印度侵占克什米尔的问题。[③] 随后，巴

---

① 赫尔曼·库尔克、迪特马尔·罗特蒙特:《印度史》，王立新、周红江译，中国青年出版社，2008，第421页。

② 比如，印度驻联合国代表赛义德·阿克巴鲁丁坚持认为废除宪法问题是印度内政，不会对地区和平构成威胁，坚称印度在克什米尔问题上一直遵守《西姆拉协定》。

③ 参见网页https://www.dawn.com/news/1502096/policy-adrift，访问时间：2019年9月9日。

基斯坦持续向联合国安理会和联合国人权理事会提出请求，希望国际社会不要“绥靖”印度，要对印度的“纳粹”行为给予关注，建议联合国介入解决。[①] 印度在多边舞台针锋相对地表示，废除宪法第370条及35A款是印度内政，巴基斯坦在国际社会没有资格提出该问题。[②]

2019年8月6日，巴基斯坦外交部长库雷希致信联合国秘书长古特雷斯，[③] 指控印度废除印度宪法第370条及35A款的行为严重违反了联合国决议，不仅意味着印度加强了对印控克什米尔的非法占领，事实上无异于非法兼并，印度还派出大量军事部队对该地区进行大规模镇压和封锁，巴基斯坦希望古特雷斯及安理会能够关切印度的所作所为，呼吁安理会采取措施促使印度遵守联合国决议。[④] 8月13日，库雷希致信联合国安理会，请安理会注意印巴之间的严重局势，再次强调印度的行为不仅违反了联合国1948年47号决议、1948年51号决议、1950年80号决议、1951年51号决议（这些决议规定克什米尔地区人民有自决权），而且印度在印控克什米尔地区严重侵犯人权，正试图将克什米尔地区的人口结构从穆斯林占主体改变为印度教徒占主体，认为印度将在该地区进行种族清洗，巴基斯坦要求联合国安理会召开紧急会议讨论印巴问题和印度的“侵略”行为。[⑤]

应巴基斯坦要求，联合国安理会于8月16日举行了克什米尔局势非正式闭门磋商会议，15个安理会成员参加，巴基斯坦要求派代表参加，没有被允许。会议最终没有发表声明，也未形成决议。8月26日，库雷希再次致信联合国安理会，继续强调印度违反联合国决议和侵犯人权，希望联合

---

① Helen Regan and Sophia Saifi, *Pakistan's Imran Khan likens India's Actions in Kashmir to Nazism*, August 12, 2019, https://edition.cnn.com/2019/08/12/asia/kashmir-imran-khan-pakistan-hitler-intl-hnk/index.html, accepted on September 9, 2019.

② Rezaul H Laskar, *India's Quiet Bid to Shore up Support for Kashmir Move in UN*, September 8, 2019, https://www.hindustantimes.com/india-news/kashmir-india-s-quiet-bid-to-shore-up-support-in-un/story-JZ2oKi44013nGj2vSJhWrJ.html, accepted on September 9, 2019.

③ 在此前的8月1日、2日、3日，巴基斯坦外交部就致信联合国秘书长及安理会、联合国大会、人权委员会，提请注意印度在印控克什米尔采取的行动。

④ *Foreign Minister Letter to United Nations Security Council*, August 6, 2019, http://www.mofa.gov.pk/documents/Latest-FM/letter-06-Aug-2019.pdf, accepted on September 9, 2019.

⑤ *Foreign Minister Letter to United Nations Security Council*, August 13, 2019, http://www.mofa.gov.pk/documents/Latest-FM/letter-13-Aug-2019.pdf, accepted on September 9, 2019.

国采取行动。[①]

除了在安理会交锋之外，印巴还在联合国人权理事会进行较量。2019年8月21日，库雷希致信联合国人权理事会，再次强调印度在克什米尔地区造成的人权威胁，并就如何纠正印度行为给出了具体建议：一是督促印度撤销单边主义行为，并遵守联合国有关决议；二是让印度保证不允许非克什米尔人在查谟与克什米尔获得土地所有权或居住权；三是让印度停止在克什米尔违反人权的行为；四是要求印度在克什米尔地区让人权组织与国际媒体进入；五是调查印度在克什米尔地区违反人权的整体情况。[②]

9月9—27日，联合国人权理事会举行会议。9月9—12日，库雷希在日内瓦对印度提出指控，9月19日之前，巴基斯坦需要提供并解释印度在克什米尔违反人权的证据及行动。巴基斯坦的目标是推动人权理事会形成针对印度的决议，印度的目标是让人权理事会通不过任何决议。巴基斯坦团队以其外交部长库雷希为代表，印度则以外交秘书维杰·塔库尔·辛格（Vijay Thakur Singh）为代表，毕沙里亚（Ajay Bisaria）予以协助，后者曾被巴基斯坦驱逐。[③] 印度做了较为充分的准备，印度外交部长苏杰生联系或拜访了联合国人权理事会47个成员。[④] 针对巴基斯坦的指控，印度政府将证明查谟与克什米尔没有一个人丧生在印度安全部队手中。[⑤] 9月10日，库雷希在人权理事会第42次会议上发表声明，称印度向印占克什米尔地区派出了70万—100万的军队，将克什米尔变成了巨大的监狱，表示如果印度没有不可告人的目的，那么应该让人权组织、国际媒体进入调查，并敦

---

① *Foreign Minister Letter to United Nations Security Council*, August 26, 2019, http://www.mofa.gov.pk/documents/Latest-FM/letter-26-August-2019.pdf, accepted on September 9, 2019.

② *Foreign Minister Letter to United Nations High Commissioner for Human Rights*, August 21, 2019, http://www.mofa.gov.pk/documents/Latest-FM/letter-21-August-2019.pdf, accepted on September 8, 2019.

③ India's Quiet Bid to Shore up Support for Kashmir Move in UN.

④ Shishir Gupta, *Team Modi Looks to Foil Pakistan Designs on Kashmir at UNHRC*, September 8, 2019, https://www.hindustantimes.com/india-news/team-modi-looks-to-foil-pak-designs-at-unhrc/story-L81pB3xjO9jEC7QXxIkRjM.html, accepted on September 12, 2019.

⑤ Shishir Gupta, *Team Modi Looks to Foil Pakistan Designs on Kashmir at UNHRC*, September 8, 2019, https://www.hindustantimes.com/india-news/team-modi-looks-to-foil-pak-designs-at-unhrc/story-L81pB3xjO9jEC7QXxIkRjM.html, accepted on September 12, 2019.

促印度停止对克什米尔人的镇压行动。[①] 同一天，巴基斯坦向联合国人权理事会提交了获得50多个国家支持的联合声明，声明提出六点主张：尊重和保护克什米尔地区人民的人权；立即取消宵禁，结束通信关闭和释放被任意拘留的人；立即停止过度使用武力；执行联合国人权理事会调查印占克什米尔地区人权状况的建议；联合国人权理事会定期通报查谟和克什米尔地区人权状况；通过执行联合国安理会决议和平解决查谟和克什米尔争端。[②] 对于巴基斯坦声称其联合声明获得50多个（印度报道是60个）国家支持，印度提出了质疑：一是巴基斯坦没有明确这些国家都有谁；二是巴基斯坦代表声称将向印度代表提交一份支持名单，但其实并未提供。[③]

三、权力政治现实主义对巴基斯坦争取外交支持的影响

在外交博弈中，印巴均认为自己的主张获得了支持。巴基斯坦认为联合国安理会召开闭门会议本身就是一个了不起的外交胜利。但也有人批评，世界对印度在印控克什米尔的行为保持沉默，这说明巴基斯坦的外交是失败的。[④] 印度则认为联合国安理会在美国、法国等国家反对下没有形成明确的决议和结果，绝大多数联合国安理会成员均支持印度主张，即克什米尔是印巴之间的问题，作为8月安理会轮值主席国的波兰也没有发表

① *Text of the Statement Made by H.E. Makhdoom Shah Mahmood Qureshi, Minister for Foreign Affairs at the 42nd Session of the Human Rights Council*, September 10, 2019, http://www.mofa.gov.pk/pr-details.php, accepted on September 12, 2019.

② *Joint Statement Delivered by Pakistan on Behalf of over 50 Countries at the Human Rights Council on the Human Rights Situation in IOJ & K*, September 10, 2019, http://www.mofa.gov.pk/pr-details.php, accepted on October 12, 2019.

③ *Pakistan Claims Backing of 60 Countries on Its Jammu and Kashmir Statement*, September 12, 2019, https://www.hindustantimes.com/india-news/pak-submits-kashmir-joint-statement-to-un-rights-body/story-nXf7DcfjUaxgIvEyOLnFeJ.html, accepted on September 14, 2019.

④ 参见网页 https://www.dawn.com/news/1502096/policy-adrift.

声明。[①] 国际社会对待印巴外交博弈的态度有三种：支持、反对和沉默。明确支持巴基斯坦或印度的国家非常少，大多数国家均选择了沉默。鉴于印度是改变现状的挑起国，沉默无疑等于支持了印度。这显然体现了国际政治的现实。在中美竞争加剧的背景下，以美国为首的一些西方国家小心翼翼，不愿惹怒印度这个平衡中国的棋子。印度此次单边行动似乎再次验证了修昔底德现实主义的精髓：强者可以做他们能够做的一切，而弱者只能忍受他们必须忍受的一切。[②] 联合国人权理事会没有应巴基斯坦的要求，形成对印度不利的决议。在这种情况下，巴基斯坦争取联合国支持的外交斗争难免大打折扣。

首先，巴基斯坦的外交斗争很难促使联合国形成有效决议，并促使印度撤销新成立的中央直辖区。在现实主义政治下，联合国的作用毫无疑问已经极大褪色，尤其在维护国际安全方面的作用在下降。霸权国家的单边主义行为日益增多，加之现实主义政治的影响，世界主要国家对印度的所作所为颇有绥靖的味道，尽管在印控克什米尔地区的人权问题上，有证据说明莫迪政府说了谎。比如，8月9日，外媒报道印度用催泪弹和射击镇压克什米尔上千人抗议，印度政府否认，后英国广播公司发布视频片段指认印度政府没有说实话。[③] 不过，在克什米尔地区人权问题上，联合国不会特别针对印度，其常规做法是各打五十大板，也很难形成针对印度的决议，国际政治环境会让一些大国对印度在克什米尔地区违反人权的行为睁一只眼闭一只眼，很难施压印度撤销新成立的中央直辖区。

其次，巴基斯坦的外交斗争难以使联合国对印度形成与巴基斯坦缓和关系的压力。由于联合国难以形成一致决议，印度在坚持其立场方面有恃无恐，而且自认为握有印巴关系的主导权，持续对巴基斯坦强硬将是印度在一定时期内的战略选择。在国际场合，印度宣称克什米尔是印巴双方之

---

① *Pak-China's Efforts to Internationalise J&K at UNSC Snubbed: Report*, August 17, 2019, https://www.hindustantimes.com/india-news/pak-s-efforts-to-internationalise-j-k-at-unsc-snubbed-report/story-g0aPKL3Tdk6bXOWS2kWlTL.html, accepted on September 9, 2019.

② 修昔底德:《伯罗奔尼撒战争史》下册，徐松岩译注，上海人民出版社，2017，第496页。

③ Karan Thapar, *How the British See the Dilution of Article 370*, August 18, 2019, https://www.hindustantimes.com/columns/how-the-british-see-the-dilution-of-article-370/story-kDecyAtlTBggO3r1aGImHM.html, accepted on September 12, 2019.

间的问题，应当通过双边渠道解决，但在双边层面，印度目前显然没有与巴基斯坦进行对话的打算。印度坚持巴基斯坦必须先在恐怖主义问题上做出行动，印度才有可能与巴基斯坦进行对话。但在印度教民族主义情绪的鼓舞下，即使巴基斯坦真如印度所说在恐怖主义问题上采取了行动，印度就真会与巴基斯坦进行双边会谈吗？可以说，继续对巴基斯坦实施孤立战略仍然是印度的既定选择，在莫迪与伊姆兰·汗执政时期，很难看到双方有转圜的余地。从巴基斯坦外交斗争来看，联合国难以形成促使印巴进行对话、缓和关系的压力。

最后，在外交斗争中，巴基斯坦有一些不利因素。比如，其“支持恐怖主义”的形象，导致在争取外交支持的活动中，反被印度指责不断支持恐怖主义。对印度的指责，巴基斯坦未能提供有力的反击。外交博弈也是实力的较量，实力是政治现实主义最核心的组成部分。巴基斯坦的经济规模及实力远弱于印度，印度在国际社会的“朋友圈”更宽更广。印度一方面许以重利及印度发展前景，另一方面有意塑造和宣传巴基斯坦是恐怖主义分子的庇护天堂的形象。这样的行为必然使国际社会对巴基斯坦的国家形象产生疑虑，毕竟恐怖主义是国际社会的公害。印巴双方都表示愿意展开双边会谈，但自8月5日以来双方并没有就克什米尔问题进行过任何会谈，主要原因在于印度拒绝与巴基斯坦进行会谈，并为会谈设置了前提条件。9月6日，印度外交部长苏杰生在新加坡参会时表示，印度愿意与巴基斯坦进行会谈，但前提条件是“没有恐怖主义之枪瞄准我们的脑袋”，并宣称大多数国家已经接受废除查谟与克什米尔的特殊地位是印度内部事务。他进一步表示，印度一贯的立场是如有问题就要商谈，印度对会谈是开放的，但应该像两个文明邻国一样商谈，而不是说“我愿意与你会谈，但是我保留炸你城市的权利”。苏杰生再次强调了巴基斯坦在恐怖主义问题上没有采取行动：“我们听到的是巴基斯坦愿意会谈，但你听说它们在恐怖主义问题上做什么了吗?”[①] 印度国防部长辛格也声称只有在巴基斯坦停

---

① *No Talks with a Gun to Our Heads: Jaishankar to Pakistan*, September 7, 2019, https://www.hindustantimes.com/india-news/no-talkswith-a-gun-to-our-heads-jaishankar-to-pakistan/story-m9IjLu8YfGwKVvZxkPZdLJ.html, accepted on September 8, 2019.

止支持恐怖活动时，才会与之谈判。[①]9月11日，莫迪宣称恐怖主义是全球问题与全球威胁，深深扎根于邻国且不断在发展壮大。[②]莫迪的讲话挑选了一个好时机，不仅继续坐实巴基斯坦支持恐怖主义，而且能博取美国的同情与支持。

四、结语

从上述分析中可以看出，在现实主义权力政治的影响之下，联合国对地区霸权国家采取的一些单边行动已经难以采取有效的遏阻行动，这是巴基斯坦争取外交支持难以见到成效的重要原因。尽管印度拥有一定优势，但也不会在这次争端中完胜。印度的预期目标可能难以达到，在相当长一段时间内，印占克什米尔地区不会从“乱”到“治”，更有可能从“乱”到“更乱”。从双方的外交博弈可以看出，显然印度废除克什米尔地区的特殊地位招致当地巨大的反弹，否则印度也不会增派大量军队对该地区进行封锁，切断交通通信，抓捕政治领导人。按照巴基斯坦的说法，印度派出的军队已经达到70万—100万人，证明印占克什米尔地区的形势非常严峻。尽管印度可以将印占克什米尔地区所发生的一切暴力行为归咎于巴基斯坦，但该地区仍然是穆斯林占据主体，而且有着较强的独立主张与意识，当地的反抗运动可能会加剧，并且极有可能导致印度教徒与穆斯林之间的对立加剧。这将对印度“有声有色”大国地位的实现造成不可估量的影响与掣肘。

---

① *Talks only on PoK: Rajnath Singh Stings Pakistan on Kashmir*, August 18, 2019. https://www.hindustantimes.com/india-news/talks-only-on-pok-rajnath-singh-stings-pakistan-on-kashmir/story-fMp5Kfp6vPpdNMqQxfKXSN.html, accepted on September 8, 2019.

② *Terrorism: A ‘Global Threat’, Has Deep Roots in Pakistan: PM Narendra Modi*, September 11, 2019, https://www.hindustantimes.com/india-news/terrorism-a-global-threat-has-deep-roots-in-pakistan-pm-narendra-modi/story-ZukQoVeFaRc7x031AhLk3I.html, accepted on September 12, 2019.

附录一：2019年中国周边外交大事记

赵卫华　付齐兵　金东黎　编制[①]

1月1日　中美两国领导人互致贺信庆祝两国建交40周年。国家主席习近平与美国总统特朗普互致贺信，热烈祝贺两国建交40周年。习近平在贺信中指出，中美建交40年来，两国关系历经风雨，取得了历史性发展，为两国人民带来了巨大利益，也为世界和平、稳定、繁荣作出了重要贡献。历史充分证明，合作是双方最好的选择。习近平强调，当前，中美关系正处于一个重要阶段。我高度重视中美关系发展，愿同总统先生一道，总结两国关系发展经验，落实好我们两人达成的共识，共同推进以协调、合作、稳定为基调的中美关系，让两国关系发展更好造福两国人民和世界各国人民。[②]

1月2日　习近平就俄罗斯马格尼托哥尔斯克市居民楼煤气爆炸造成重大人员伤亡向俄罗斯总统普京致慰问电。习近平在慰问电中表示，惊悉贵国马格尼托哥尔斯克市一幢居民楼发生煤气爆炸，造成重大人员伤亡和财产损失。我谨代表中国政府和中国人民，并以我个人的名义，对遇难者表示沉痛的哀悼，向受伤者和遇难者家属致以诚挚的慰问。同日，国务院总理李克强也就此向俄罗斯总理梅德韦杰夫致慰问电，向遇难者表示深切哀悼，向遇难者家属致以诚挚慰问。[③]

1月5日　据缅甸官方媒体和缅甸军方4日证实，布迪当镇区4处警察哨所当天同时遭若开军武装袭击，共造成13名警员死亡、9名警员受伤，丢失40支轻型武器和1.6万发子弹。对此，中国驻缅甸大使馆5日发布声明，对若开

① 赵卫华，广东外语外贸大学、广东国际战略研究院教授。付齐兵，广东外语外贸大学国际关系学院硕士研究生。金东黎，广东外语外贸大学南国商学院讲师。

② 《中美两国领导人互致贺信庆祝两国建交40周年》,《人民日报》2019年1月1日第1版。

③ 《习近平向俄罗斯总统普京致慰问电李克强向俄罗斯总理致慰问电》,《解放军报》2019年1月3日第1版。

邦北部地区再次发生暴力袭警事件并导致多人伤亡，予以强烈谴责，对遇难者表示沉痛哀悼。声明说，中方支持缅方为维护若开邦和平稳定所做努力，坚决反对任何形式的暴力袭击，呼吁有关各方保持克制，通过对话协商妥善处理有关问题，共同维护若开邦稳定和安宁。[①]

1月7日 针对美国军舰擅自进入中国西沙群岛领海一事，外交部发言人陆慷表示，美国海军“麦坎贝尔”号军舰未经中方允许，擅自进入中国西沙群岛领海。中方随即派出军舰军机依法对美舰实施查证识别，予以警告驱离。中方已经就此向美方提出严正交涉。他表示，美舰有关行为违反中国法律和相关国际法，侵犯中国主权，破坏有关海域的和平、安全和良好秩序。中方坚决反对美方有关行径，敦促美方立即停止此类挑衅行动。中方将继续采取必要措施捍卫国家主权和安全。至于美方这一行径对当前中美正在进行的经贸磋商有何影响，陆慷说，妥善解决好中美之间现在存在的各种问题包括经贸问题，对两国、对世界都是有利的。“双方都有责任为此营造必要的良好氛围。”[②]

国务委员兼国防部长魏凤和今天下午在京会见了泰国陆军司令阿披叻。魏凤和说，中泰“一家亲”传统情谊源远流长。近年来，在习近平主席和巴育总理指引下，中泰全面战略合作伙伴关系发展顺利，中泰关系成为中国同周边国家关系的典范。中国军队视泰国军队为重要合作伙伴，支持泰国在地区安全事务中发挥重要作用，愿同泰方一道，继续落实两国领导人共识，加强战略沟通、多边协作，深挖潜力，拓展联演联训、装备技术、人员培训等领域务实合作，推动中泰军事合作提质升级，共同维护地区安全稳定。[③]

尼泊尔总统班达里在加德满都的总统府接受中国新任大使侯艳琪递交国书时表示，中国是尼泊尔亲密友好邻邦和重要合作伙伴，尼方愿积极参与“一带一路”建设，推动尼中关系不断取得新进展。尼方坚定奉行一个中国政策。感谢中方支持尼泊尔维护主权独立与领土完整，并为尼经济社会发展提供无私帮助。侯艳琪表示，中国政府高度重视发展对尼关系，愿意打造中尼命运共同

---

① 庄北宁:《缅警方以反恐法立案调查若开邦警察哨所遭袭事件》,《解放军报》2019年1月7日第4版。

② 李宁:《外交部发言人——就美派军舰进入西沙群岛附近海域中方已向美方提出严正交涉》,《人民日报》2019年1月8日第17版。

③ 尹航:《魏凤和会见泰国陆军司令》,《解放军报》2019年1月8日第1版。

体，开辟中尼关系新局面。[1]

1月10日 习近平同抵京对中国进行访问的朝鲜劳动党委员长、国务委员会委员长金正恩举行会谈。两国领导人在亲切友好的气氛中，就中朝关系和共同关心的问题深入交换意见，达成重要共识。双方一致表示，愿共同努力推动中朝关系在新的时期不断取得新的发展，持续推进半岛问题政治解决进程，更好造福两国人民，为地区和世界和平稳定与繁荣发展作出积极贡献。习近平强调，在双方共同努力下，中朝关系在2018年掀开了新的历史篇章。双方以实际行动展示了中朝友谊的强大生命力，彰显了中朝共同致力于推动半岛问题政治解决进程的坚定意志。今年是中朝建交70周年，对中朝关系发展具有承前启后、继往开来的重要意义。我愿同委员长同志一道，共同引领好中朝关系未来发展。双方要保持高层交往、加强战略沟通、深化友好交流合作，推动中朝关系长期健康稳定发展。关于朝鲜半岛形势，习近平积极评价朝方为维护半岛和平稳定、推动实现半岛无核化所采取的积极举措，表示去年在中朝及有关方共同努力下，半岛问题政治解决进程取得重大进展。当前，半岛和平对话的大势已经形成，谈下去并谈出成果成为国际社会普遍期待和共识，政治解决半岛问题面临难得的历史机遇。中方支持朝方继续坚持半岛无核化方向，支持北南持续改善关系，支持朝美举行首脑会晤并取得成果，支持有关方通过对话解决各自合理关切。希望朝美相向而行，中方愿同朝方及有关方一道努力，为维护半岛和平稳定，实现半岛无核化和地区长治久安发挥积极建设性作用。双方通报了各自国内形势。习近平表示，今年是新中国成立70周年。在70年的历程中，中国共产党领导中国人民迎来了从站起来、富起来到强起来的历史飞跃。中国共产党有决心、有信心团结带领全国各族人民战胜一切艰难险阻和风险挑战，朝着实现“两个一百年”奋斗目标和中华民族伟大复兴的中国梦奋勇前进。朝鲜劳动党实施新战略路线一年来，取得不少积极成果，展示了朝鲜党和人民爱好和平、谋求发展的强烈意愿，得到了朝鲜人民的衷心拥护和国际社会的积极评价。中方坚定支持委员长同志带领朝鲜党和人民贯彻落实新战略路线，集中精力发展经济、改善民生，相信朝鲜人民一定会在社会主义建设事业中不断

① 周盛平:《尼泊尔愿积极参与“一带一路”建设》,《光明日报》2019年1月9日第12版。

取得新的更大成就。[①]

纪念中美建交40周年招待会10日在北京人民大会堂举行，国家副主席王岐山出席并致辞。王岐山说，40年前，中美两国领导人从两国人民根本利益出发，以非凡的战略眼光和卓越的政治勇气，作出中美建交的历史性决定，掀开了中美关系新的一页。回望40年，中美关系历经风雨，砥砺前行，取得当年人们难以想象的巨大成就，不仅给两国人民带来巨大利益，也有力促进世界和平、稳定、繁荣。王岐山指出，近期习近平主席和特朗普总统成功会晤、通电话，并就中美建交40周年互致贺信，积极评价40年来中美关系的历史性发展，为双方推动中美关系进一步发展指明方向。双方要始终牢记中美建交的初衷，坚持协调、合作、稳定的基调，更好造福两国、兼济天下；要相互尊重，求同存异，坚持中美三个联合公报和两国领导人重要共识，尊重彼此主权、安全、发展利益，坚持通过对话协商妥善处理和管控分歧；要适应新的现实，不断寻找和扩大利益交汇点，深化和推进务实合作，让两国人民有更多获得感；要秉持开放的胸襟，顺应两国人民加强交流合作的愿望，积极鼓励各界扩大交往，进一步夯实中美关系民意和社会基础。王岐山表示，今年是中华人民共和国成立70周年。无论国际风云如何变幻，中国将坚定不移走自己的路，踏踏实实办好自己的事，让中国人民过上更美好的生活。中国改革的脚步不会停滞，开放的大门只会越开越大。我们将始终做世界和平的建设者、全球发展的贡献者、国际秩序的维护者，推动构建人类命运共同体。包括美国在内的世界各国必将从中国的发展进步中获得更大机遇和利益。美国前总统卡特发来贺信指出，新时期美中两国关系的建设者必须以独特的视野、勇气和开创精神来应对考验和机遇。美中两国应携手共创未来，造福两国人民和全人类。[②]

1月18日　国务委员兼国防部长魏凤和上午在八一大楼会见了来华参加中新国防部第七次防务政策对话的新加坡国防部常务秘书陈英杰。魏凤和说，在习近平主席和李显龙总理共同关心引领下，中新关系与时俱进、不断深化，成为中国与周边国家合作共赢的典范。中方重视新加坡在国际和地区事务中的重要作用。中国军队愿与新加坡武装部队一道，认真落实两国领导人共识，加强

① 李忠发：《习近平同朝鲜劳动党委员长金正恩举行会谈》，《人民日报》2019年1月11日第1版。

② 李伟红：《纪念中美建交40周年招待会举行》，《人民日报》2019年1月11日第1版。

高层交流和战略沟通，深化务实合作和多边协作，拓展合作领域和合作方式，为推动中新关系全面深入发展，构建更加紧密的中国—东盟命运共同体，维护地区和平稳定作出积极贡献。①

1月17—20日 应老挝国会邀请，白玛赤林副委员长率全国人大代表团访问老挝，与老挝人民革命党中央总书记、国家主席本扬，国会主席巴妮，政府副总理宋赛，国会副主席森暖、本邦分别举行会见会谈。白玛赤林说，中老友好近年来持续深入发展。中国全国人大愿同老挝国会共同落实好两党两国最高领导人关于打造中老具有战略意义的命运共同体重要共识，进一步加强交流合作，推动中老关系不断取得新的更大发展。老方领导人表示，老中是好邻居、好朋友、好同志、好伙伴。老方愿以今年老中全面战略合作伙伴关系建立10周年为契机，推动双方合作迈上新台阶。②

由中华人民共和国国防部出资援建的老挝人民军103医院综合医疗楼移交开诊仪式，当地时间19日下午在老挝首都万象举行。103医院院长苏里潘说："这座综合医疗楼外观漂亮，建设标准很高。感谢中方在老挝人民军建军70周年之际，送给我们的珍贵礼物。"③

1月21日 习近平在钓鱼台国宾馆会见柬埔寨首相洪森。习近平欢迎洪森来华进行正式访问。习近平指出，去年是中柬建交60周年，两国关系保持高水平发展。共建"一带一路"不断走深走实。当前，中柬关系面临新的发展机遇。中方愿同柬方一道努力，以建设中柬具有战略意义的命运共同体为目标，进一步明确合作重点，规划发展蓝图，推动中柬关系迈上新台阶。习近平强调，中方支持柬埔寨走符合本国国情的发展道路，相信在首相先生领导下，柬埔寨一定会在国家建设事业方面取得新的更大成就。中柬要在现有基础上，重点加强政治、经济、安全、人文四大领域合作。要保持高层往来，加强治国理政经验交流，扩大两国政府、立法机构、政党、地方交往，深化在联合国、中国—东盟、澜湄合作等机制内的沟通协作。要加快"一带一路"倡议同柬埔寨发展战略对接，推进交通、产能、能源、贸易、民生等五大版块合作。要加强

---

① 欧阳浩：《魏凤和会见新加坡国防常务秘书》，《解放军报》2019年1月19日第3版。

② 章建华：《白玛赤林率团访问老挝》，《人民日报》2019年1月21日第3版。

③ 琚振华、章建华：《中国援老挝人民军103医院综合医疗楼开诊》，《人民日报》2019年1月21日第3版。

文化、旅游、文化遗产保护和修复、青年等交流合作，深化执法安全合作。洪森表示，柬方赞同中方关于加强柬中关系的重要意见，愿同中方共建“一带一路”，加强在民生、农业、贸易、投资、旅游、基础设施等领域合作，增进人文交流，加强执法安全合作，密切在国际和地区事务中的沟通协调，继续在涉及彼此重大关切问题上相互理解和支持。①

1月22日 李克强在北京同来华进行正式访问的柬埔寨首相洪森举行会谈。李克强表示，中柬传统友谊深厚，两国关系与合作取得长足发展，中柬友谊的种子已经深深扎根两国人民的心中。昨天，习近平主席同你举行亲切友好的会见。中方愿同柬方共同努力，本着相互尊重、平等相待、互利共赢的精神，继续为中柬全面战略合作伙伴关系注入新动力。李克强指出，中国将一如既往坚定支持柬埔寨走符合本国国情的发展道路，愿将“一带一路”倡议同柬方发展战略更好对接。我们支持中方企业参与柬产能、交通、电力等基础设施建设和运营，希望柬方提供必要便利条件。双方要共同建设好西哈努克港经济特区等重点合作项目，办好2019年“中柬文化旅游年”，加强在中国—东盟合作、澜沧江—湄公河合作等框架下的沟通协调。中方愿继续为柬埔寨加快发展、改善民生提供力所能及的帮助。②

1月25日 魏凤和在八一大楼会见了菲律宾国防部副部长卢纳。魏凤和说，在习近平主席和杜特尔特总统的亲自引领下，近年来，中菲关系实现由转圜、巩固到提升的发展。特别是习近平主席2018年11月对菲进行国事访问，双方决定建立中菲全面战略合作关系，为中菲关系未来发展指明了方向。中菲两军关系是两国关系的重要组成部分。中国军队愿同菲方一道，落实两国领导人的重要共识，把握正确方向，推进务实合作，加强多边协调，妥处矛盾分歧，推动中菲军事合作深入发展，为维护地区安全稳定贡献力量。③

2019年“中国—老挝旅游年”在老挝万象开幕。习近平致贺词，对旅游年的开幕表示热烈祝贺。习近平强调，中老政治上相互支持、经济上全面合作，传统睦邻友好持续深入发展。中方视老挝为好邻居、好朋友、好同志、好伙伴，愿同老方一道，加强发展战略对接，深化共建“一带一路”合作，推动

① 孙奕：《习近平会见柬埔寨首相洪森》，《光明日报》2019年1月22日第1版。
② 孙奕：《推动中柬友好迈向更高水平》，《光明日报》2019年1月23日第3版。
③ 欧阳浩：《魏凤和会见菲律宾国防部副部长》，《解放军报》2019年1月26日第1版。

两国全面战略合作伙伴关系取得新成果。习近平指出，中老都有灿烂的文化、优美的风光。两国人民同饮一江水，共取一瓢饮，都有加深了解、增进友谊的强烈愿望。希望双方以举办旅游年为契机，扩大人员往来，加强文化交流，为构建中老命运共同体培育更为深厚的民意和社会基础。[①]

1月27日 习近平和夫人彭丽媛在北京会见以朝鲜劳动党中央政治局委员、中央副委员长、国际部部长李洙墉为团长的朝鲜友好艺术团。习近平和彭丽媛欢迎朝鲜友好艺术团访华演出。习近平指出，此次访演既是落实中朝双方重要共识的一项重要文化交流活动，也是中朝建交70周年一项重要庆祝活动。习近平指出，2018年以来，我同金正恩委员长4次会晤，就新时期中朝两党两国关系发展达成重要共识。今年是中朝建交70周年。中方愿同朝方一道，落实好双方重要共识，更好造福两国人民，为地区和世界和平、稳定、发展、繁荣作出积极贡献。习近平强调，文化艺术交流是中朝关系中富有特色和传统的重要组成部分。希望双方共同努力，落实好我同金正恩委员长就加强中朝文化艺术领域交流合作达成的重要共识，继续为巩固中朝友好民意基础、传承中朝传统友谊、推动各自社会主义文化建设作出积极贡献。[②]

柬埔寨国防部上午在金边授予中国人民解放军第13批援柬医疗专家组暨海军军医大学第七批医疗专家组“和平骑士勋章”，以表彰他们为柬埔寨王家军总医院学科建设、医疗水平提高和柬埔寨医疗卫生事业发展作出的贡献。[③]

1月28日 习近平与越共中央总书记、国家主席阮富仲互致新年贺信。习近平在贺信中表示：值此己亥春节即将来临之际，我代表中国党、政府、人民，并以我个人的名义，向你并通过你向越南党、政府、人民，致以诚挚的新春问候和祝福。2018年是中越建立全面战略合作伙伴关系10周年。这10年里，我们坚持弘扬中越传统友谊，加强交流、增进互信，相互支持、携手互助，加强对双边关系的政治引领，共同推动社会主义事业发展。我们深化两国各领域务实合作，实现互利共赢。习近平指出，展望未来，双方要以更广阔的视野谋划两国关系发展蓝图，加强高层交往，推进发展战略对接，深化各领域交

---

① 《习近平向2019“中国—老挝旅游年”致贺词》，《解放军报》2019年1月26日第1版。

② 李忠发、潘洁：《习近平和夫人彭丽媛会见李洙墉并观看朝鲜友好艺术团演出》，《人民日报》2019年1月28日第1版。

③ 毛鹏飞：《柬埔寨授予中国军医“和平骑士勋章”》，《人民日报》2019年1月28日第16版。

流合作，增加两国民众在合作中的获得感和幸福感，让中越友好薪火相传。春节是新的开始。我坚信，在双方共同努力下，中越关系一定能够取得新的更大发展。[①]

澜湄国家青年文化交流营在缅甸文化名城曼德勒开幕，来自中国、柬埔寨、泰国、老挝、缅甸、越南六国青年将在此充分交流各自国家的传统文化艺术。中国驻缅甸大使洪亮说，中方愿同缅方共同落实好澜湄相关合作项目，让澜湄取得更加丰硕的成果，更好地造福各国人民。当天启动的项目旨在为青年开展文化交流提供平台，提升青年对澜湄合作的认知。[②]

1月29日 习近平就菲律宾苏禄省发生爆炸袭击事件向菲律宾总统杜特尔特致慰问电。习近平在慰问电中表示，惊悉菲律宾苏禄省发生严重爆炸袭击事件，造成重大人员伤亡，我谨代表中国政府和中国人民，并以我个人的名义，对遇难者表示深切的哀悼，对伤者和遇难者家属表示诚挚的慰问。习近平强调，中方坚决反对任何形式的恐怖主义，强烈谴责针对无辜平民的暴力恐怖行径，愿同包括菲律宾在内的国际社会一道，共同打击恐怖主义，维护国际和地区和平稳定。[③]

1月30日 2019年“中国—柬埔寨文化旅游年”开幕式在柬埔寨金边举行。李克强和柬埔寨首相洪森分别向开幕式致贺词。李克强在贺词中表示，中柬传统友谊源远流长，彼此互为好邻居、好朋友、好伙伴、好兄弟。中柬两国都拥有悠久历史、灿烂文化和优美风光。吴哥古迹的壁画上刻有两国人民一千多年前友好交往的生动场景。几天前，洪森首相应我的邀请成功访华，共同举办2019“中柬文化旅游年”是我同洪森首相达成的一项重要共识。希望双方以文化旅游年为契机，加强文化交流，扩大人员往来，促进文明互鉴和民心相通，为共建中柬命运共同体培育更为深厚的民意和社会基础。洪森表示，中柬两国传统友谊历久弥坚，各领域合作日益密切，成果丰硕。“中柬文化旅游年”的开幕对深化“一带一路”框架下中柬友好合作，实现互利共赢，推动两国旅

---

① 《习近平与越共中央总书记、国家主席阮富仲互致新年贺信》,《光明日报》2019年1月29日第1版。

② 庄北宁、黄庆义:《澜湄国家青年文化交流营在缅甸启动》,《人民日报》2019年1月29日第17版。

③ 《习近平向菲律宾总统杜特尔特致慰问电》,《人民日报》2019年1月30日第1版。

游发展具有重要意义。[①]

1月30—31日 中共中央政治局委员、国务院副总理、中美全面经济对话中方牵头人刘鹤带领中方团队与美国贸易代表莱特希泽带领的美方团队在华盛顿举行经贸磋商，双方进行了坦诚、具体、建设性的讨论，取得重要阶段性进展，并明确了下一步磋商的时间表和路线图。这一进展是中美经贸团队认真落实两国元首重要共识的结果，表明中美双方朝着达成协议的方向又前进了一步。[②]

1月31日 美国总统特朗普在白宫椭圆形办公室会见来美进行新一轮中美经贸高级别磋商的中方牵头人刘鹤。刘鹤首先转达习近平主席致特朗普总统的口信。习近平在口信中指出，当前，中美关系处在一个重要关键阶段。上个月，我同总统先生在阿根廷成功会晤，一致同意共同推进以协调、合作、稳定为基调的中美关系。根据我们达成的共识，两国经济团队近来开展了密集磋商，取得积极进展。希望双方本着相互尊重、合作共赢的态度，继续相向而行、加紧磋商，争取尽早达成对双方都有利的协议，向两国人民和国际社会发出积极信号，推动中美关系健康发展，促进全球经济稳定增长。我愿继续同总统先生以各种方式保持密切联系。在中国春节到来之际，我和我夫人彭丽媛教授向总统先生、梅拉尼娅女士和家人致以新春问候。刘鹤表示，一段时间以来，双方经贸团队一直在抓紧落实两国元首阿根廷会晤达成的重要共识。本轮磋商期间，双方围绕贸易平衡、技术转让、知识产权保护、双向实施机制等共同关心的议题以及中方关切问题进行了坦诚、具体和建设性的交流，取得了重要的阶段性进展，为下一阶段磋商奠定了基础。双方将继续保持密切沟通，争取在相互尊重、平等互利的基础上，尽快达成符合两国和两国人民利益的经贸协议。[③]

2月2日 国务委员兼外长王毅在北京会见来华出席中日安全对话和外交当局定期磋商的日本外务审议官森健良。王毅表示，去年习近平主席同安倍首相多次会晤，为中日关系改善发展指明方向，两国总理实现互访，中日关系重

---

① 《李克强和柬埔寨首相洪森向“中国—柬埔寨文化旅游年”开幕式致贺词》,《光明日报》2019年1月31日第3版。

② 韩洁、熊茂伶:《中美经贸高级别磋商结束》,《人民日报》2019年2月2日第3版。

③ 周效政、胡友松:《美国总统特朗普会见刘鹤》,《光明日报》2019年2月2日第4版。

回正轨。双方要恪守中日四个政治文件，切实维护两国关系政治基础；与时俱进，不断为两国关系注入正能量。2019年对双方来说都是重要年份，中方愿与日方一道，推动中日关系沿着正确轨道健康顺利向前发展。中日是近邻和重要经济体，确保双边关系稳定发展，也有利于两国在国际和地区事务中开展协调合作。[①]

2月14—15日 刘鹤与美国贸易代表莱特希泽、财政部长姆努钦在京举行第六轮中美经贸高级别磋商。双方认真落实两国元首阿根廷会晤共识，对技术转让、知识产权保护、非关税壁垒、服务业、农业、贸易平衡、实施机制等共同关注的议题以及中方关切问题进行了深入交流。双方就主要问题达成原则共识，并就双边经贸问题谅解备忘录进行了具体磋商。双方表示，将根据两国元首确定的磋商期限抓紧工作，努力达成一致。双方商定将于下周在华盛顿继续进行磋商。[②]

2月15日 习近平在人民大会堂会见来华进行新一轮中美经贸高级别磋商的美国贸易代表莱特希泽和财政部长姆努钦。习近平指出，中美关系是当今世界最重要的双边关系之一。两国在维护世界和平稳定、促进全球发展繁荣方面拥有广泛共同利益、肩负着重要责任。保持中美关系健康稳定发展，符合两国人民根本利益，也是国际社会普遍期待。去年12月，我和特朗普总统在阿根廷会晤，达成重要共识，两国要共同推进以协调、合作、稳定为基调的中美关系。希望双方团队按照我同特朗普总统确定的原则和方向，加强沟通、聚焦合作、管控分歧，推动中美经贸合作和两国关系健康稳定向前发展。习近平指出，去年12月以来，两国经贸团队开展了密集和有益的磋商。我多次讲过，中美两国谁也离不开谁，合则两利，斗则俱伤，合作是最好的选择。对于双方经贸分歧和摩擦问题，我们愿意采取合作的方式加以解决，推动达成双方都能接受的协议。当然，合作是有原则的。这两天，世界的目光聚焦在北京。双方团队的磋商又取得了重要阶段性进展。下周，双方还将在华盛顿见面，希望你们再接再厉，推动达成互利双赢的协议。[③]

王毅在北京会见上合组织新任秘书长诺罗夫。王毅祝贺诺罗夫履新并表

---

① 朱超：《王毅会见日本外务审议官森健良》，《人民日报》2019年2月3日第3版。

② 张斐晔：《中美经贸高级别磋商结束》，《光明日报》2019年2月16日第2版。

③ 李伟红：《习近平会见美国贸易代表和财政部长》，《人民日报》2019年2月16日第1版。

示，中方愿同上合组织秘书处保持密切沟通，弘扬“上海精神”，落实好青岛峰会成果，持续推进反恐合作，启动自贸区可行性研究，开展更多人文交流，深入推进“一带一路”建设同各国发展战略对接，促进区域融合发展。①

2月16日 应泰国外长敦邀请，王毅赴清迈与敦举行战略磋商。王毅表示，中泰一家亲，双方是全面战略合作伙伴，泰国今年担任东盟轮值主席国，双方应密切战略沟通，加强战略合作，携手为地区和平稳定与发展作出积极贡献。中方将全力支持泰国履行东盟轮值主席国职责，推动中国—东盟关系和东亚合作取得更大发展。愿与泰方规划好两国高层交往和重点领域合作，推动中泰关系迈上新台阶。欢迎巴育总理赴华参加第二届“一带一路”国际合作高峰论坛。②

2月18日 美国副总统彭斯在慕尼黑安全会议上发表讲话称，美国一直向其安全伙伴明确指出华为及中国其他电信公司构成的威胁，因为中国法律要求这些企业允许中方安全部门访问其网络或设备所接触到的所有数据。对此，外交部发言人耿爽指出：美方有关说法是对中国有关法律的错误和片面解读；中国政府一贯要求中国企业在外国开展业务时要严格遵守当地法律法规，这一立场不会改变；美方及其个别盟友在此问题上搞双重标准，混淆视听，实质是为打压中国企业的正当发展权利和利益编织借口，是以政治手段干预经济行为，是虚伪的、不道德的、不公平的霸凌行径。③

2月19日 魏凤和在八一大楼会见了来访的越南国防部副部长阮志咏。魏凤和说，中越友谊根基深厚，理想信念相通，关系特殊重要，是具有战略意义的命运共同体。近年来，在习近平总书记和阮富仲总书记共同引领下，中越全面战略合作伙伴关系保持健康稳定发展势头。中国军队愿同越军共同努力，落实好两党两国高层重要共识，加强战略沟通协调，深化各领域交流合作，妥善处理矛盾分歧，相互理解、相互支持、相互帮助，推动两军关系跨上新台阶，为维护两国根本利益、维护地区安全稳定作出积极贡献。④

2月19日 王毅在北京会见由美国全国商会常务副会长薄迈伦率领的美前

---

① 潘洁：《王毅会见上合组织新任秘书长诺罗夫》，《人民日报》2019年2月16日第3版。

② 杨舟、张可任：《王毅与泰国外长敦举行战略磋商》，《人民日报》2019年2月17日第3版。

③ 韩晓明：《外交部回应：不应断章取义》，《人民日报》2019年2月19日第3版。

④ 尹航：《魏凤和会见越南国防部长》，《解放军报》2019年2月20日第1版。

政要代表团。王毅指出，中美关系是当今世界最重要的双边关系之一。相互尊重，互利合作，不仅对我们双方是正确的选择，也是国际社会的普遍期待。中国的改革开放首先符合中国自身发展的需要，同时也符合时代进步的潮流和方向，中国开放的大门必将越开越大。只要中美双方积极相向而行，经贸合作仍然可以在中美关系中发挥压舱石作用。王毅强调，美方应当认识到，中国的发展符合世界的利益，也符合美国的利益。只有把中国的发展看成美国的机遇，才能有助于从根本上解决中美之间包括经贸在内的一些问题。希望美方能够以开放的心态接受一个拥有近14亿人口的中国走向发展繁荣。①

2月20日 2019年中国—东盟媒体交流年开幕式在北京举行，习近平向开幕式致贺信。习近平指出，中国和东盟国家山水相连、人文相通，友好交往源远流长。近年来，双方加强战略沟通，共建“一带一路”，深化人文交流，妥善处理分歧，维护地区稳定。中国—东盟关系已进入全方位发展的新阶段。习近平强调，举办中国—东盟媒体交流年是深化双方战略伙伴关系的重要举措。媒体作为开展交流合作、促进民心相通的桥梁，可以为中国—东盟关系发展发挥更大作用。希望双方媒体做友好交往的传播者、务实合作的推动者、和谐共处的守望者，讲好共促和平、共谋发展的故事，为共建更为紧密的中国—东盟命运共同体作出更大贡献。②

2月21日 普京在年度国情咨文中表示，俄中平等互利的双边关系是保障欧亚地区和国际和平与安全的重要稳定因素，同时对外树立了富有成效的经济合作的榜样。对此，外交部发言人耿爽表示，中方高度赞赏普京对中俄关系的积极评价。近年来，在习近平主席和普京总统的战略引领下，中俄全面战略协作伙伴关系取得长足发展，不仅在双边层面收获丰硕合作成果，也为维护全球战略稳定注入巨大正能量。耿爽说，去年中俄双边贸易额突破1000亿美元，各领域务实合作提质升级，给两国和两国人民都带来了实实在在的好处和利益。今年是中俄建交70周年，双方将以此为契机不断深化全面战略协作，共同推动两国关系实现更大发展，更好惠及两国人民和世界安全稳定。③

---

① 温馨:《王毅会见美国前政要代表团》,《人民日报》2019年2月21日第5版。

② 《习近平向中国—东盟媒体交流年开幕式致贺信》,《光明日报》2019年2月21日第1版。

③ 侯晓晨:《我外交部发言人高度赞赏普京总统对中俄关系的积极评价》,《解放军报》2019年2月22日第4版。

2月21—24日 刘鹤与美国贸易代表莱特希泽、财政部长姆努钦在华盛顿举行第七轮中美经贸高级别磋商。双方进一步落实两国元首阿根廷会晤达成的重要共识，围绕协议文本开展谈判，在技术转让、知识产权保护、非关税壁垒、服务业、农业以及汇率等方面的具体问题上取得实质性进展。在此基础上，双方将按照两国元首指示做好下一步工作。①

2月25日 王毅在北京应约同巴基斯坦外长库雷希通电话。库雷希通报了巴方对近期印控克什米尔地区自杀式袭击事件的立场及巴方有关举措，表示巴方有诚意和决心与印方进行对话合作，查明事件真相。巴方在维护地区和平包括反恐问题上的立场没有变化，愿同各国加强有关合作。王毅感谢库雷希的通报。王毅表示，中方支持巴印双方尽快通过对话妥善解决问题，避免局势紧张升级，推进反恐合作，共同维护南亚地区的和平稳定。②

2月26日 中央军委副主席许其亮、国务委员兼国防部长魏凤和分别在京会见了来访的柬埔寨王家军副总司令兼陆军司令洪玛奈。许其亮说，中柬两国是世代友好的亲密邻邦，是名副其实的铁杆朋友。作为两国关系的重要组成部分，中柬两军交流合作近年保持强劲势头。中方坚定支持柬国防和军队建设，愿与柬方共同努力，落实两国领导人重要共识，保持高层交往，深化在联演联训、院校教育等各领域交流合作，为推动中柬关系不断发展作出更大贡献。魏凤和说，中柬是情同手足的兄弟，两国的深厚友谊经受了国际风云变幻的考验。中方愿与柬方加强各领域各层级交流合作，不断探索新的合作领域与合作方式，将两军关系打造成为两国全面战略合作伙伴关系的重要支撑，共同维护双方根本利益和地区安全稳定。③

王毅在浙江乌镇会见前来出席中俄印外长会晤的俄罗斯外长拉夫罗夫。王毅表示，今年是新中国成立70周年和中俄建交70周年，双方要精心筹备好年内两国元首交往，并围绕建交70周年举办好系列庆祝活动。中俄作为全面战略协作伙伴，应该进一步加强战略沟通，为促进世界和平与发展作出新贡献。中俄印三国加强沟通、协调立场、深化合作对地区和世界具有重要意义。中方愿同俄方、印方共同努力，推动此次会晤取得实质成果。拉夫罗夫赞同王毅对

① 韩洁、朱东阳：《第七轮中美经贸高级别磋商结束》，《人民日报》2019年2月26日第3版。

② 《王毅同巴基斯坦外长库雷希举行会谈》，《人民日报》2019年2月26日第3版。

③ 樊永强：《许其亮魏凤和分别会见柬埔寨客人》，《人民日报》2019年2月27日第3版。

两国关系的评价和建议，表示俄中有必要共同维护多边主义和国际关系基本准则。俄方将与中方、印方密切配合，推动三方合作迈上新台阶。①

2月27日 王毅和俄罗斯外长拉夫罗夫、印度外长斯瓦拉杰在浙江乌镇共同举行中俄印外长第十六次会晤。王毅主持会晤。王毅表示，当前世界处于百年未有之大变局。中俄印作为具有世界影响的大国和主要新兴经济体，应加强协调、凝聚共识、增进合作，共同促进世界和平与稳定。三国应坚定维护以联合国为核心的国际体系，坚持不干涉内政原则，深化反恐安全合作；要坚决反对单边主义和保护主义，继续推动贸易投资自由化与便利化，推动构建开放型世界经济。中俄印都提出了互联互通倡议，应相互合作、形成合力，共促区域一体化进程发展。会晤结束后三国发表了联合公报。②

王毅会见印度外长斯瓦拉杰。王毅说，去年习近平主席和莫迪总理在武汉成功举行非正式会晤，引领中印关系进入成熟稳定发展新阶段。新的一年里，双方要落实好领导人重要共识，规划好明年两国建交70周年纪念活动，推动中印关系行稳致远。中方对当前南亚局势的紧张表示关注，希望印巴双方保持克制，通过对话，查明事件真相。③

3月1日 中共中央政治局委员、中央外事工作委员会办公室主任杨洁篪应约同美国国务卿蓬佩奥通电话。蓬佩奥向杨洁篪通报了美朝领导人越南会晤情况，表示美方将同朝方保持接触，继续寻求通过对话协商解决朝鲜半岛问题。美方高度赞赏中方在半岛问题上发挥的积极作用，愿同中方保持沟通协调。杨洁篪表示，朝鲜半岛问题错综复杂，解决起来难以一蹴而就。希望美朝双方坚定信念，保持耐心，相向而行，坚持不懈将和谈推进下去，努力争取新成果、新进展。中方愿继续在半岛问题上发挥建设性作用。④

3月7日 老挝人民革命党中央总书记、国家主席本扬在万象会见中联部副部长王亚军率领的中共代表团。本扬表示，老方高度重视加强老中交流合作，愿深入推进老中命运共同体建设。王亚军表示将落实好两党总书记重要共

---

① 温馨、翁忻旸：《王毅会见俄罗斯外长拉夫罗夫》，《人民日报》2019年2月27日第3版。
② 温馨、翁忻旸：《中俄印举行三国外长会晤》，《人民日报》2019年2月28日第3版。
③ 温馨、吴帅帅：《王毅会见印度外长斯瓦拉杰》，《人民日报》2019年2月28日第3版。
④ 《杨洁篪同美国国务卿蓬佩奥通电话》，《人民日报》2019年3月2日第3版。

识，携手建设中老命运共同体，造福两国人民。[①]

3月19日 国家副主席王岐山在中南海分别会见由外长洛钦、执行部长梅迪亚尔德亚、财长多明格斯等组成的菲律宾政府代表团和巴基斯坦外长库雷希。会见菲律宾政府代表团时，王岐山表示，中菲关系发展良好，得益于两国人民的千年友好交往历史，得益于近年来两国元首的战略引领。和平是发展的前提，中菲人民都希望通过和平发展过上美好生活。要加深对彼此历史、现实的了解，夯实互信基础，共同发展、共享机遇、共谋未来，使中菲全面战略合作关系不断走向更加成熟，携手构建人类命运共同体。中方赞赏菲方采取的一系列发展举措，愿同菲方保持高层交往频繁态势，全面落实两国元首共识，深化各领域务实合作和治国理政经验交流。

会见库雷希时，王岐山表示，中巴是好邻居。中巴友谊历经时间和国际风云变幻考验，得到两国人民真心拥护。近年来，两国领导人往来频繁，全天候战略合作伙伴关系不断取得新进展。在相互理解、相互信任基础上建设睦邻友好关系，营造良好周边环境，是一国实现和平发展的重要条件。中方支持巴方抓住机遇、应对挑战，妥善处理邻国关系，实现巴基斯坦稳定发展。希望两国继续深化全方位合作，推动中巴经济走廊等“一带一路”重要先行先试项目取得更多成果。[②]

全国政协主席汪洋在北京与老挝建国阵线中央主席赛颂蓬举行会谈。汪洋说，近年两党两国最高领导人实现了历史性互访，就构建中老具有战略意义的命运共同体达成重要共识，为新时期双边关系发展指明了方向。今年是中老建立全面战略合作伙伴关系10周年，双边关系进入承前启后的重要阶段。中国全国政协愿同老挝建国阵线中央一道，落实好两党两国领导人重要共识，深化参政议政经验交流，开展富有成效的互学互鉴，不断夯实中老命运共同体的民意基础。赛颂蓬表示，愿持续深化两国统一战线组织交流合作，推动老中全面战略合作伙伴关系长期健康稳定发展。会谈结束后，汪洋和赛颂蓬共同出席中国全国政协和老挝建国阵线中央合作协议签署仪式。[③]

---

① 章建华：《老挝人民革命党总书记会见中共代表团》，《人民日报》2019年3月10日第3版。

② 赵成、王远：《王岐山分别会见菲律宾政府代表团、巴基斯坦外长库雷希》，《人民日报》2019年3月20日第1版。

③ 孙奕：《汪洋与老挝建国阵线中央主席赛颂蓬会谈》，《人民日报》2019年3月20日第1版。

王毅在北京同巴基斯坦外长库雷希举行首次中巴外长战略对话并共同会见记者。王毅指出，建立中巴外长战略对话契合中巴全天候战略合作伙伴关系发展的现实需要，具有重要意义。王毅说，我们一致同意，要继续在涉及彼此核心利益和重大关切的问题上相互坚定支持。无论国际地区形势如何变化，中方都坚定支持巴方维护国家主权和民族尊严；坚定支持巴方根据本国国情自主选择发展道路；坚定支持巴方实现国家稳定与发展繁荣；坚定支持巴方在地区国际事务中发挥更大建设性作用。我们一致同意，要保持高层交往势头；积极推进中巴经济走廊建设；加强反恐安全合作。库雷希表示，巴中是全天候战略合作伙伴，巴全国人民致力于推进中巴经济走廊建设，拓展两国各领域合作。伊姆兰·汗总理期待赴华出席第二届“一带一路”国际合作高峰论坛，推动巴中关系取得更多积极成果。①

中巴经济走廊政党共商机制第一次会议在京举行。会议由中共中央对外联络部主办，巴基斯坦正义运动党、穆盟（谢）、人民党等9个政党代表以及中方有关单位代表参会，并通过了支持“一带一路”倡议的《中巴经济走廊政党共商机制第一次会议北京宣言》。中共中央对外联络部部长宋涛，巴基斯坦正义运动党副主席、政府外交部长库雷希，巴正义运动党核心委员会委员、国民议会副议长卡西姆·苏里等分别致辞。宋涛表示，中巴是全天候战略合作伙伴，两国政党交流层次高、领域宽。中巴经济走廊政党共商机制是深化中巴党际关系的创新，也是为深化中巴“一带一路”合作、推进走廊建设搭建新的交流平台。两国政党应密切合作，为中巴友好和中巴经济走廊行稳致远作出贡献。②

3月20日　习近平在人民大会堂会见美国哈佛大学校长巴科。习近平赞赏巴科担任哈佛大学校长后首次出访就来到中国，称赞这体现了巴科校长对中美教育交流的重视。习近平指出，教育交流合作是中美关系的重要组成部分，有助于增进中美友好的民意基础。新中国成立70年来、特别是改革开放40年来，大批海外学成归国的人才为中国的发展建设作出了重要贡献。他山之石可以攻玉。我们主张互学互鉴，鼓励留学，支持中外教育交流合作，希望中美人文交

① 马卓言：《中巴举行首次外长战略对话》，《人民日报》2019年3月20日第3版。

② 杨迅：《中巴经济走廊政党共商机制第一次会议举行》，《人民日报》2019年3月20日第16版。

流取得更多积极成果。习近平强调，改革开放40年来，中国的快速发展很大程度上也得益于教育水平的提高。中国致力于推进教育现代化、建设教育强国、办好人民满意的教育。我们将扩大教育对外开放，加强同世界各国的交流互鉴，共同推动教育事业发展。在此过程中，我们愿同哈佛大学等美国教育科研机构开展更加广泛的交流合作。①

杨洁篪在北京会见巴基斯坦外长库雷希。杨洁篪表示，巴基斯坦是中国全天候战略合作伙伴，两国合作不仅给双方人民带来福祉，也有利于地区稳定繁荣。面对复杂多变的国际和地区形势，双方要加强战略沟通，深化互利合作。中方愿同巴方保持高层交往势头，扎实推进中巴经济走廊建设，加强在重大国际地区问题上的沟通协调。②

王毅在北京钓鱼台国宾馆同菲律宾外长洛钦举行会谈。王毅表示，在两国元首关心和引领下，中菲关系过去三年完成转圜、巩固、提升“三部曲”。双方政治互信不断深化，务实合作成果丰硕，积极探索海上合作，携手维护南海和平稳定，着力推进安全、发展、人文三大支柱领域合作，稳步拓展共建“一带一路”，不断推动中菲关系提质升级。王毅指出，菲律宾作为中国—东盟关系协调国，积极推进中国—东盟关系和东亚区域合作，中方对此高度赞赏。③

3月22日　许其亮在八一大楼会见了来华访问的韩国陆军参谋总长金勇佑。许其亮说，中韩两国世代毗邻而居，传统友好。2018年以来，习近平主席和文在寅总统多次会面和通话，推动中韩关系重回正轨并持续向好发展。面对复杂国际地区形势，双方要放眼世界、面向未来，相向而行、携手前进，传承友好，书写新历史。中方重视发展中韩两军关系，愿与韩方保持高层往来，加强各领域务实交流合作，稳妥处理有关敏感问题，助力两国关系发展。④

3月25日　新加坡人民行动党秘书长、政府总理李显龙在新会见中联部部长宋涛。宋涛说，习近平总书记与阁下共同确立中新与时俱进的全方位合作伙伴关系，为中新关系发展指明了方向。中国共产党愿与人民行动党共同落实两党两国领导人共识，深化在“一带一路”框架下的发展战略对接，推动双边关

---

① 孙奕：《习近平会见美国哈佛大学校长巴科》，《解放军报》2019年3月21日第1版。

② 伍岳：《杨洁篪会见巴基斯坦外长库雷希》，《人民日报》2019年3月21日第3版。

③ 马卓言：《王毅同菲律宾外长洛钦举行会谈》，《人民日报》2019年3月21日第3版。

④ 欧阳浩：《许其亮会见韩国陆军参谋长》，《解放军报》2019年3月23日第3版。

系和各领域务实合作再上新台阶。李显龙说，新方高度重视发展新中关系，愿与中方密切执政党交往，加强“一带一路”框架内合作，推动新中关系与时俱进向前发展。宋涛还会见了人行党其他领导人。[①]

3月28日 王毅在北京同哈萨克斯坦外长阿塔姆库洛夫举行会谈。王毅表示，中哈是友好邻邦和全面战略伙伴。中方高度评价纳扎尔巴耶夫首任总统为促进中哈友好事业作出的杰出贡献。新任总统托卡耶夫也是中国人民的老朋友。我们对中哈两国关系的未来充满信心。王毅指出，双方应保持高层密切交往，增进政治互信。中方欢迎纳扎尔巴耶夫首任总统来华出席第二届“一带一路”国际合作高峰论坛。双方应再接再厉，继续共同推进“一带一路”建设。双方应深化安全合作，共同维护两国和本地区安全稳定，在国际和地区事务中保持密切合作。阿塔姆库洛夫表示，哈方将继续落实首任总统纳扎尔巴耶夫同习近平主席达成的重要共识，不断加强和深化哈中战略合作关系。哈方愿同中方一道，共同推进“一带一路”建设，在国际地区事务中加强协作。哈方理解和支持中国新疆地区采取的打击“三股势力”、保障地区安全稳定措施。[②]

3月27日 菲律宾民主人民力量党主席、总统杜特尔特在达沃会见宋涛。宋涛说，习近平主席与杜特尔特总统确立了中菲全面战略合作关系，中国共产党愿同菲执政党落实好两国元首共识，促进“一带一路”框架下务实合作，推动中菲关系持续向前发展，共同维护地区和平稳定。杜特尔特说，菲中是好伙伴，各领域合作成效显著，令人满意。愿加强党际交往，推动菲中关系好上加好，促进地区和平繁荣。宋涛还会见了菲参议长索托等其他领导人。[③]

3月28—29日 刘鹤与美国贸易代表莱特希泽、财政部长姆努钦在北京共同主持第八轮中美经贸高级别磋商，双方讨论了协议有关文本，并取得新的进展。刘鹤将于下周应邀访美，在华盛顿举行第九轮中美经贸高级别磋商。[④]

3月29日 王岐山在中南海会见哈萨克斯坦外长阿塔姆库洛夫。王岐山表示，中哈之间人民友好基础深厚，政治互信牢固，两国元首战略引领坚强有

---

① 《新加坡人民行动党秘书长、政府总理李显龙会见宋涛》,《人民日报》2019年3月27日第4版。

② 温馨:《王毅同哈萨克斯坦外长举行会谈》,《人民日报》2019年3月29日第3版。

③ 新华社:《菲律宾总统杜特尔特会见宋涛》,《人民日报》2019年3月29日第3版。

④ 韩洁:《第八轮中美经贸高级别磋商在京举行》,《光明日报》2019年3月30日第8版。

力，各领域务实合作成果丰硕，共建“一带一路”走在前列，在地区和国际事务中有广泛共识，树立了睦邻友好、互利共赢的典范。中方尊重哈人民选择的政治制度和发展道路，坚信哈萨克斯坦将继续保持蓬勃发展的良好势头。中方对两国全面战略伙伴关系未来发展充满信心，愿与哈方继续深化全方位合作。阿塔姆库洛夫表示，哈中长期友好，共同利益广泛。哈方高度关注中国发展道路，赞赏中国发展成就，愿与中方不断深化共建“一带一路”等各领域合作，加强多边机制内协调配合，将两国关系推向新高度。①

4月2日 王毅在北京同蒙古国外长朝格特巴特尔举行会谈。王毅指出，今年是中蒙建交70周年，两国关系面临进一步发展的重要机遇。双方应保持高层密切交往，加强“一带一路”倡议同蒙方发展战略对接，落实好发展、民生等领域援助和优买项目，加快推动能源、矿产等大项目合作落地，深化各领域交流合作。朝格特巴特尔表示，蒙方愿同中方在“一带一路”倡议框架内推进农牧业、矿业、能源、交通运输、基础设施建设等合作项目，不断充实两国全面战略伙伴关系内涵。②

4月3日 中国—菲律宾南海问题双边磋商机制（以下简称BCM）第四次会议在菲律宾马尼拉举行。中国外交部副部长孔铉佑和菲律宾外交部部长助理兼亚太司司长蒙特亚莱格雷分别率团出席。双方肯定BCM作为双方定期的密切对话平台的重要性，认为双方通过BCM探讨增进互信的措施，妥善处理分歧，防止并管控海上意外事件，不断增进对话与合作，为促进双边关系稳定发展发挥了重要作用。双方就近期南海形势、海上活动等其他各自关心的问题坦诚、友好、建设性地交换了意见，秉持合作态度探讨处理问题的方法，重申继续开展合作并商谈促进信任措施。双方重申维护和促进地区和平稳定以及南海航行和飞越自由的重要性。致力于根据包括《联合国宪章》和1982年《联合国海洋法公约》在内的国际法中公认的原则，由直接有关的主权国家通过友好磋商和谈判，以和平方式处理争议，不诉诸武力或以武力相威胁。双方同意双边关系的发展应造福两国人民，并对地区和平、稳定与发展作出贡献。双方通过BCM下设技术工作组，就加强海上合作进行了富有成效的交流，相关领域

① 杜一菲:《王岐山会见哈萨克斯坦外长阿塔姆库洛夫》,《人民日报》2019年3月30日第1版。

② 吴嘉林:《王毅同蒙古国外长朝格特巴特尔举行会谈》,《人民日报》2019年4月3日第3版。

涵盖南海政治安全形势发展、海上搜救、海事安全、海洋科研与环保、渔业等。双方重申致力于全面有效落实《南海各方行为宣言》，保持“南海行为准则”磋商积极势头，争取在协商一致基础上早日达成“准则”。[①]

4月3—5日 刘鹤与美国贸易代表莱特希泽、财政部长姆努钦在华盛顿共同主持第九轮中美经贸高级别磋商。双方讨论了技术转让、知识产权保护、非关税措施、服务业、农业、贸易平衡、实施机制等协议文本，取得新的进展。双方决定就遗留的问题通过各种有效方式进一步磋商。[②]

4月4日 王毅在北京钓鱼台国宾馆分别会见柬埔寨国王西哈莫尼、太后莫尼列和泰国公主诗琳通。会见西哈莫尼国王和莫尼列太后时，王毅转达了习近平主席和夫人的亲切问候和良好祝愿。王毅表示，西哈莫尼国王陛下继承西哈努克太皇的对华友好传统，为推进中柬友好事业发挥了不可替代的重要作用。中柬应同亚洲各国一道，相互借鉴，相互包容，共同维护亚洲优秀传统，共创亚洲更加美好未来。

会见诗琳通公主时，王毅表示，公主第四十八次访华，是名副其实的中泰友好使者。泰国王室为推动中泰友好关系、深化两国互利合作作出了重要贡献。中方愿同泰方一道，传承“中泰一家亲”传统友谊，不断加强各领域合作，使中泰关系好上加好、亲上加亲。[③]

4月5日 特朗普在白宫办公室会见正在华盛顿进行第九轮中美经贸高级别磋商的中方牵头人刘鹤。刘鹤首先转达习近平主席对特朗普总统的诚挚问候以及致特朗普总统的口信。习近平在口信中指出，过去一个多月来，双方经贸团队通过各种形式进行密集磋商，在两国经贸协议文本关键问题上取得了新的实质性进展。希望双方经贸团队继续本着相互尊重、平等互利的精神，解决好双方关切的问题，及早完成中美经贸协议文本谈判。当前形势下，中美关系健康平稳发展，关系中美两国人民利益，也关系世界各国人民利益，尤其需要我们发挥战略领导能力。我愿同总统先生通过各种方式保持密切联系，相信在我和总统先生共同指引下，中美关系一定会取得新的更大进展。刘鹤表示，两天

---

① 《中国—菲律宾南海问题双边磋商机制第四次会议在马尼拉举行》，《人民日报》2019年4月4日第17版。

② 颜亮、韩洁：《第九轮中美经贸高级别磋商顺利结束》，《解放军报》2019年4月7日第2版。

③ 朱超：《王毅分别会见柬埔寨和泰国客人》，《人民日报》2019年4月5日第3版。

来，双方经贸团队进行了富有成效的磋商，特别是在经贸协议文本等重要问题上达成了新的共识。双方将在两国元首共识的指引下，继续努力工作、抓紧磋商，在双方关切问题上取得更多进展，不辜负两国元首和人民赋予的重大责任，尽早完成两国经贸协议谈判，推动两国经贸关系健康稳定向前发展。①

4月8日　王岐山在中南海紫光阁会见哈萨克斯坦国家安全委员会主席马西莫夫。王岐山表示，中哈是好邻居、好伙伴，两国关系始终高水平运行。在习近平主席和纳扎尔巴耶夫首任总统的战略引领和亲自推动下，双方高层交往密切，政治互信牢固，共建“一带一路”和各领域合作成果丰硕，国际协作高效紧密，在涉及彼此核心利益问题上相互坚定支持。哈萨克斯坦新任总统托卡耶夫是中国人民熟知的老朋友、好朋友。相信在两国领导人指引下，中哈全面战略伙伴关系将继续保持蓬勃发展良好势头，造福两国和两国人民。马西莫夫表示，哈中是睦邻友好的战略伙伴，发展对华关系是哈外交政策优先方向。哈方愿与中方共同推进“一带一路”建设，推动两国关系不断向前发展。②

4月9日　许其亮在八一大楼会见了来华访问的缅甸国防军总司令敏昂莱。许其亮说，中缅两国山水相连，是世代友好的亲密邻邦，是患难与共的胞波兄弟，是共谋发展的战略伙伴。中方高度重视中缅全面战略合作伙伴关系发展，支持缅甸走符合自身国情的发展道路，支持缅甸维护主权独立和领土完整，支持缅甸实现国内和平与民族和解。近年来，中缅两军在多层次、宽领域的务实合作成效显著。中方愿与缅方一道，加强战略沟通，相互坚定支持，深化务实合作，推动共同发展，妥控边境局势，维护共同利益。敏昂莱说，缅中是友好邻邦，有着兄弟般的胞波情谊，缅方感谢中方长期以来给予的支持和帮助，高度重视中方在缅北边境地区的关切，愿与中方加强沟通协调，深化各领域务实合作，保持边境地区稳定，巩固发展两国两军关系。③

4月10日　习近平在人民大会堂会见了敏昂莱。习近平说，中缅“胞波”情谊源远流长。当前，中缅关系总体向好发展，各领域、各层次交流合作不断

---

① 吴绮敏等：《中美经贸高级别磋商举行　美国总统特朗普会见刘鹤》，《人民日报》2019年4月6日第3版。

② 伍岳：《王岐山会晤巴基斯坦国家安全委员会主席马西莫夫》，《光明日报》2019年4月9日第3版。

③ 欧阳浩：《许其亮会见缅甸国防军总司令》，《解放军报》2019年4月10日第1版。

扩大，共建“一带一路”合作取得新进展。中方高度重视中缅关系，不管国际风云如何变幻，愿一如既往同缅方加强战略沟通，深化互利合作，不断丰富中缅全面战略合作伙伴关系内涵，给两国人民带来更多实实在在的利益，共同为地区稳定和繁荣作出贡献。习近平说，中缅军事合作是两国全面战略合作伙伴关系的重要组成部分。两军要深化务实交流合作，共同打造基于互信互利、并致力于维护两国共同安全和发展利益的两军关系。习近平说，中方支持缅国内和平进程，关注缅北形势发展，希望缅方同中方相向而行，进一步强化边境管理，共同维护边境安全稳定。敏昂莱表示缅方感谢中方长期以来对缅国家和军队发展建设给予的宝贵支持，感谢中方支持缅国内和平进程。缅方欢迎、支持并愿积极参与“一带一路”建设，加强与中方各领域务实合作，采取切实措施维护缅中边境地区稳定。[①]

4月11日　魏凤和在八一大楼会见了来华参加第七届中新领导力论坛的新加坡副总理兼国家安全统筹部长张志贤。魏凤和说，在习近平主席和李显龙总理共同关心引领下，中新与时俱进的全方位合作伙伴关系不断深化，成为中国同周边国家合作共赢的典范。中新两军各领域交流合作发展顺利，很有成效。中方愿同新方一道落实好两国领导人共识，深化战略互信，加强务实合作，推动两国两军关系不断取得新发展，为维护地区和平稳定作出新的贡献。[②]

4月12日　习近平致电金正恩，祝贺他再次被推举为朝鲜国务委员会委员长。习近平表示，我们高兴地看到，近年来，在委员长同志领导下，朝鲜经济社会发展不断取得新成果，社会主义事业进入新的历史阶段。我相信，在委员长同志确定的新战略路线指引下，朝鲜人民一定会在国家建设与发展的各项事业中取得新的更大成就。习近平指出，中朝两国是山水相连的友好邻邦。我高度重视中朝传统友好合作关系。去年以来，我同委员长同志四次会晤，达成一系列重要共识，共同掀开了中朝关系新的篇章。我愿同委员长同志一道，以两国建交70周年为契机，推动中朝关系进一步向前发展，更好造福两国和两国人民。[③]

---

① 徐隽：《习近平会见缅甸国防军总司令敏昂莱》，《人民日报》2019年4月11日第1版。

② 欧阳浩：《魏凤和会见新加坡客人》，《解放军报》2019年4月12日第1版。

③《习近平电贺金正恩再次就任朝鲜国务委员会委员长》，《人民日报》2019年4月13日第1版。

4月14日 王毅在北京与日本外相河野太郎共同主持第五次中日经济高层对话。王毅表示，在两国领导人和社会各界共同努力下，中日关系重回正轨并取得新发展。去年4月，双方时隔8年重启中日经济高层对话，有效促进了政策沟通和务实合作。今年是新中国成立70周年，日本也即将进入"令和时代"。双方应继续以两国领导人重要共识为指引，共同努力构建符合新时代需要的中日经济关系。要扎实推进双边投资和贸易合作，共建"一带一路"，积极开拓第三方市场合作。大力推进地方合作，探索创新合作新路径。要巩固节能环保、科技创新、高端制造、金融财政、共享经济、养老医疗等六大领域合作成果，共同推进贸易投资自由化和便利化，打造公平、公正、非歧视的营商环境。要推动区域全面经济伙伴关系和中日韩自贸区谈判尽快达成一致，引领东亚经济一体化进程。要围绕二十国集团大阪峰会、世贸组织改革等加强沟通协调，坚守多边主义和自由贸易，推动全球经济治理体系改革沿着正确方向发展。对话会上，中日两国外交和经济部门围绕宏观经济政策、双边经济合作与交流、对话项下重要合作、区域经济一体化和全球经济治理等议题全面深入交换意见，达成一系列共识。①

4月16日 王毅在京会见出席中马第四轮战略磋商的马来西亚外交部秘书长沙鲁尔。王毅表示，中方赞赏马哈蒂尔总理倡导亚洲价值观，赞赏马方支持"一带一路"倡议，欢迎马哈蒂尔总理来华出席第二届"一带一路"国际合作高峰论坛，这体现了中马全面战略伙伴关系的丰富内涵。中方对两国关系未来发展充满信心。沙鲁尔表示，马方愿同中方加强高层往来，深化各领域友好合作，推动两国关系进一步发展。②

4月21日 习近平就斯里兰卡发生系列爆炸事件向斯里兰卡总统西里塞纳致慰问电。习近平表示，惊悉贵国首都科伦坡等地发生系列爆炸事件，造成重大人员伤亡。我谨代表中国政府和中国人民，并以我个人的名义，对遇难者表示深切的哀悼，向伤员和遇难者家属表示诚挚的慰问。习近平指出，中国政府和中国人民坚定同斯里兰卡人民站在一起，坚决支持斯方维护国家安全和稳定。同日，国务院总理李克强也就此向斯里兰卡总理维克拉马辛哈致慰

① 朱超:《中日举行第五次经济高层对话》,《人民日报》2019年4月15日第2版。

② 吴嘉林:《王毅会见马来西亚外交部秘书长》,《人民日报》2019年4月17日第3版。

问电。[①]

4月21日 魏凤和在京会见了来华参加中国人民解放军海军成立70周年多国海军活动的巴基斯坦海军参谋长阿巴西。魏凤和说，在两国领导人的共同关心引领下，当前，中巴全天候战略合作伙伴关系保持高水平运行。中巴防务安全合作是两国关系的重要支柱，多年来中巴两军高层往来密切，各领域交流合作成效显著。中方愿同巴方军队一道，在高层互访、联演联训、装备技术、打击恐怖主义等领域不断加强务实合作，为推动两国两军特别是两国海军关系发展积极贡献力量。阿巴西说，巴方十分珍视巴中传统友谊，感谢中方的支持帮助，愿与中方进一步密切高层交往和战略沟通，不断加强反恐及中巴经济走廊建设安保等领域的合作，积极推进两国两军关系向前发展。[②]

4月22日 王毅在京会见印度外交秘书顾凯杰。王毅表示，习近平主席同莫迪总理举行武汉会晤一年来，两国关系取得长足发展，各领域各层级合作全面推进。双方共同利益远大于分歧。面对世界百年未有之大变局，要加强团结协作，保持中印关系健康稳定发展的积极势头，维护新兴市场和发展中国家的共同利益。顾凯杰表示，印方愿同中方保持高层交往，增进相互了解，照顾彼此关切，推动印中关系取得更大发展。[③]

4月23日 习近平在青岛集体会见了应邀出席中国人民解放军海军成立70周年多国海军活动的外方代表团团长，代表中国政府和军队向出席活动的各国海军官兵表示热烈欢迎。习近平指出，当前，以海洋为载体和纽带的市场、技术、信息、文化等合作日益紧密，中国提出共建21世纪海上丝绸之路倡议，就是希望促进海上互联互通和各领域务实合作，推动蓝色经济发展，推动海洋文化交融，共同增进海洋福祉。中国军队愿同各国军队一道，为促进海洋发展繁荣作出积极贡献。习近平表示，中国海军将一如既往同各国海军加强交流合作，积极履行国际责任义务，保障国际航道安全，努力提供更多海上公共安全产品。习近平说，海纳百川、有容乃大。国家间要有事多商量、有事好商量，不能动辄就诉诸武力或以武力相威胁。各国应坚持平等协商，完善危机沟通机

---

① 《习近平就斯里兰卡发生系列爆炸事件向斯里兰卡总统致慰问电》,《光明日报》2019年4月22日第1版。

② 欧阳浩:《魏凤和会见巴基斯坦海军参谋长》,《解放军报》2019年4月22日第1版。

③ 温馨:《王毅会见印度外交秘书顾凯杰》,《人民日报》2019年4月23日第3版。

制，加强区域安全合作，推动涉海分歧妥善解决。这次多国海军活动，将召开以“构建海洋命运共同体”为主题的高层研讨会，希望大家集思广益、增进共识，努力为推动构建海洋命运共同体贡献智慧。①

4月2—25日 魏凤和出席第八届莫斯科国际安全会议并作大会发言。魏凤和说，面对世界百年未有之大变局，和平与发展的历史大势不可阻挡，各国应坚持多边主义、公平正义、合作共赢、对话协商，反对单边主义、强权政治、零和博弈、诉诸武力。面对各国人民对美好生活的向往，习近平主席提出的构建人类命运共同体是实现共同梦想的必由之路。中方始终做世界和平建设者、全球发展贡献者、国际秩序维护者。魏凤和说，面对复杂严峻的安全形势，中国军队秉持共同、综合、合作、可持续的新安全观，推动构建新型军事关系，积极承担国际责任，推动安全机制建设，坚决维护世界和平与稳定。中俄两国全面战略协作伙伴关系高水平发展，两军友好合作不断走深走实，双方将推动一系列重大战略项目合作，提升共同应对安全威胁挑战的能力。会议期间，魏凤和与俄国防部长绍伊古举行了正式会谈，并会见了伊朗国防部长哈塔米和塞尔维亚国防部长武林。②

4月24日 习近平在人民大会堂会见缅甸国务资政昂山素季。习近平指出，中缅“胞波”情谊深厚，共饮一江水，是命运共同体。新形势下，中方愿同缅方弘扬传统友谊，密切互利合作，推动中缅关系不断向前发展。双方要结合明年中缅建交70周年庆祝活动，积极开展各层级交往和人文交流，将两国务实合作更多向民生领域倾斜，不断夯实中缅友好的民意基础。中方支持缅方发展经济、改善民生，赞赏缅甸政府推进国内和平和解的努力。中方愿同缅方共同维护中缅边境安全稳定，切实保障边民安全和正常秩序。习近平强调，中方高度赞赏缅甸政府专门成立了共建“一带一路”实施领导委员会，并由国务资政女士亲自担任主席。中方愿同缅方加强“一带一路”框架内互利合作，加快推进中缅经济走廊建设，给两国人民带来更多实实在在的利益。昂山素季表示，中国是缅甸的亲密友邦，感谢中国支持缅甸实现和平稳定发展的努力。缅

---

① 李学勇：《习近平集体会见出席海军成立70周年多国海军活动外方代表团团长》，《光明日报》2019年4月24日第1版。

② 张晓东、殷新宇：《魏凤和出席第八届莫斯科国际安全会议》，《人民日报》2019年4月26日第9版。

甸从一开始就支持“一带一路”倡议，积极与中方拓展合作，相信共建“一带一路”将为世界和本地区带来福祉，也会深化缅中友谊与合作，给两国人民带来实实在在的利益。缅方愿同中方共同努力，维护边境地区安全稳定。缅方赞赏中方主张维护《联合国宪章》宗旨和原则，愿同中方在多边事务中加强协调合作。[①]

习近平在人民大会堂会见日本首相特使、自民党干事长二阶俊博。习近平指出，当前，中日关系重回正常轨道，呈现积极发展势头。双方要恪守中日四个政治文件确立的各项原则，坚持和平友好大方向，持续深化互利合作，推动两国关系健康稳定发展。要把中日“互不构成威胁”“互为合作伙伴，相互支持对方和平发展”的政治共识落到实处，把两国各领域交流合作推向新水平。双方要深挖合作潜力。中方欢迎日方继续深入参与中国改革开放，希望日方更加积极参与共建“一带一路”。双方要加强沟通和协调，共同维护多边主义和自由贸易，共同推动建设开放型世界经济。中方支持日方办好二十国集团领导人大阪峰会。今年是中日青少年交流促进年，双方要在两国民间特别是青少年当中广泛播撒友好种子，推进民心相通。二阶俊博向习近平转交了安倍晋三首相的亲署信，并表示，日中关系重回正轨令人高兴。习近平接受了安倍晋三的来信，并请二阶俊博转达对安倍的问候。[②]

王毅在北京分别会见泰国外长敦、印度尼西亚外长蕾特诺、文莱外交部第二部长艾瑞万、玻利维亚外长帕里、巴基斯坦外长库雷希和斯洛伐克外长莱恰克。会见敦时，王毅说，中方愿同泰方继续推进中泰铁路、“东部经济走廊”等重点项目建设。此次东盟十国领导人全部出席第二届“一带一路”国际合作高峰论坛是共建“一带一路”的一大亮点。中方支持泰方当好东盟轮值主席国，愿同东盟各国一道，促进区域经济一体化进程，争取年内完成“区域全面经济伙伴关系协定”谈判。

会见蕾特诺时，王毅说，印尼是21世纪海上丝绸之路的首倡之地，也是中方共建“一带一路”的重要伙伴。相信印尼副总统卡拉此次与会，将有利于印尼更加深度参与“一带一路”建设，为中印尼关系和各领域合作开辟更加光

① 白洁:《习近平会见缅甸国务资政昂山素季》,《光明日报》2019年4月25日第1版。

② 白洁:《习近平会见日本首相特使二阶俊博》,《光明日报》2019年4月25日第1版。

明前景。中国高度重视印尼在东盟的地位和作用，愿同印尼一道推动中国—东盟关系迈上新台阶。

会见艾瑞万时，王毅说，文莱是中国共建“一带一路”的天然伙伴，双方合作卓有成效。习近平主席同苏丹陛下建立了牢固的互信和友谊，双方始终相互尊重、平等相待，两国关系保持良好发展势头。双方共建“一带一路”大项目取得积极进展。

会见库雷希时，王毅说，巴基斯坦是中国唯一的全天候战略合作伙伴。无论国际风云如何变幻，中巴特殊友谊坚如磐石，不可动摇。中方赞赏巴基斯坦政府和人民为打击恐怖主义所作的巨大努力，坚决反对任何诋毁巴基斯坦反恐诚意的言行，愿同巴方继续加强协调配合，维护好两国共同利益。[①]

4月25日　习近平在人民大会堂同蒙古国总统巴特图勒嘎举行会谈。习近平指出，中蒙山水相连，是好邻居、好朋友、好伙伴。当前，两国关系进入快车道。中方将秉持亲诚惠容理念，继续积极支持蒙古国经济发展和民生改善，同蒙方一道，牢牢把握正确政治方向，统筹规划推进全方位合作，做互尊互信的战略伙伴、互利互惠的合作伙伴、常来常往的友好伙伴、互帮互助的多边合作伙伴，努力构筑符合时代要求的中蒙关系，推动两国关系不断迈上新台阶。习近平强调，双方要加强政治引领和战略沟通，保持高层和各领域交往，尊重彼此核心利益和重大关切。要积极推进“一带一路”倡议同“发展之路”对接，推动中蒙俄经济走廊建设取得更多实质成果。努力优化贸易结构，深挖合作潜力。要加强边境口岸交流，建设共同发展繁荣的边界，为双方贸易和人员往来提供更多便利。要围绕今年中蒙建交70周年举办人文交流活动。要加强在国际和地区事务中的沟通协调，共同维护地区和平稳定和发展中国家利益。会谈后，两国元首还共同见证了推进“一带一路”倡议和“发展之路”倡议对接合作规划等双边合作文件的签署。[②]

习近平在人民大会堂会见乌兹别克斯坦总统米尔济约耶夫。习近平强调，中乌关系贵在彼此信任，重在驰而不息。中方视乌方为重要战略伙伴，愿同乌方携手前行，实现共同发展和繁荣，共同致力于中亚地区和平和稳定。乌兹别

---

① 白洁:《王毅会见外国客人》,《人民日报》2019年4月25日第4版。

② 白洁:《习近平同蒙古国总统巴特图勒嘎举行会谈》,《光明日报》2019年4月26日第1版。

克斯坦历史上是古丝绸之路的关键枢纽，今天是共建“一带一路”的重要参与者和建设者。双方要把“一带一路”倡议同乌方国家发展五大优先方向对接，促进贸易、投资和交通便利化，加强互联互通，扩大能源合作，拓展新能源领域合作，深化人文、地方、安全等领域交流。[①]

习近平在人民大会堂会见菲律宾总统杜特尔特。习近平指出，过去3年，中菲关系完成转圜、巩固、提升“三部曲”，步入新的发展阶段。实践证明，中菲坚持睦邻友好顺应历史潮流，符合人民期待，是唯一正确选择。我愿同总统先生一道，继续从战略高度和长远角度把握好两国关系正确航向。双方要坚持睦邻友好的大方向，共创携手发展的大格局，发挥妥处分歧的大智慧，把握世界发展的大潮流。共建“一带一路”倡议同总统先生提出的“大建特建”规划高度契合，双方合作卓有成效。中方愿同菲方深化发展战略对接，在共建“一带一路”框架内打造合作亮点，深化中菲两国以及地区各国联通和发展。双方要重信守诺，发扬伙伴精神，保持南海和平稳定，加强海上合作。中方将继续在禁毒、反恐等问题上全力支持菲律宾人民的正义事业。会见后，两国元首共同见证了双边合作文件的签署。[②]

习近平在人民大会堂会见越南政府总理阮春福。习近平请阮春福转达对阮富仲总书记、国家主席的诚挚问候。习近平指出，中越是具有战略意义的命运共同体。双方要以“十六字”方针和“四好”精神为指引，和衷共济，携手谱写两国全面战略合作新篇章。双方要发挥好两党交往机制作用，深化治党理政经验互学互鉴。要牢牢抓住共建“一带一路”和“两廊一圈”对接主线，大力推进基础设施建设、产能、跨境经济合作区等重点领域合作。要提升两国联通水平，带动澜湄次区域协同发展。要拓宽民间交流渠道，让两国友谊世代相传。要加强在国际事务中的协同配合，维护两国和广大发展中国家共同利益。双方要以实际行动维护海上和平稳定。阮春福转达了阮富仲总书记、国家主席对习近平的亲切问候，祝贺中华人民共和国成立70年来、特别是改革开放40年来取得的巨大成就。阮春福表示，越中是兄弟近邻，拥有共同的社会主义事业和共同的发展目标。越方致力于推动越中全面战略合作伙伴关系持续健康

---

① 王卓伦:《习近平会见乌兹别克斯坦总统米尔济约耶夫》,《光明日报》2019年4月26日第1版。

② 王卓伦:《习近平会见菲律宾总统杜特尔特》,《光明日报》2019年4月26日第1版。

稳定发展，支持中国为本地区和世界和平繁荣作出更大贡献。越方很早就支持“一带一路”倡议，愿加强共建“一带一路”同“两廊一圈”规划对接，深化广泛领域互利合作，促进地区发展。越方愿按照双方共识，同中方一道，管控好海上问题，不使其影响两国关系发展大局。[①]

习近平在人民大会堂会见马来西亚总理马哈蒂尔。习近平指出，当前，两国关系站在了新的历史起点上。我们要以共建“一带一路”为机遇，为中马关系开创美好未来。双方要坚持中马友好，相互尊重和信任；照顾彼此重大关切，相互理解和支持。共建“一带一路”可以推动中国全方位开放，这为世界各国、特别是周边国家带来更大机遇。中马共建“一带一路”基础扎实，前景可期，双方要加强规划，做大合作平台，推进高质量合作，要把“两国双园”做大做强，使其成为“陆海新通道”重要节点，促进两国和地区联通和发展。总理先生崇尚“亚洲价值观”，倡导发展中国家团结合作，在当前形势下有重要现实意义。双方要加强多边协作，推动中国—东盟合作提质升级。中方支持马方明年当好亚太经合组织会议东道主，推动区域经济一体化和经济全球化，推动构建开放型世界经济。马哈蒂尔表示，马方珍视对华关系，愿同中方加强沟通合作，推动马中关系沿着确定的轨道继续高水平发展。共建“一带一路”是伟大的倡议，潜力巨大，它不仅可以解决制约各国发展的基础设施和交通运输瓶颈问题，还能解决国家之间的发展不平衡，促进文明对话交流，有助于从根本上铲除人类面临的战乱、极端主义、恐怖主义等问题的根源。国际社会需要更好地了解和认识“一带一路”，它有利于世界。马方支持“一带一路”倡议。马来西亚是海上丝绸之路沿线国家，具有独特的区位优势，马方期待通过共建“一带一路”加快自身发展。马方愿同中方加强在国际和地区事务中协调合作，携手推动东盟—中国关系发展。[②]

习近平在人民大会堂会见印度尼西亚副总统卡拉。习近平接收卡拉转交的印尼总统佐科亲笔信，并请卡拉转达对佐科总统的诚挚问候。习近平指出，21世纪海上丝绸之路就是我在访问印尼时提出的。近年来两国以共建“一带一路”为契机，双边关系取得新进展，各领域合作成效显著。双方要继续弘扬睦

① 孙奕：《习近平会见越南总理阮春福》，《光明日报》2019年4月26日第1版。
② 吴嘉林：《习近平会见马来西亚总理马哈蒂尔》，《光明日报》2019年4月26日第1版。

邻友好，在涉及彼此核心利益和重大关切问题上相互支持，把握好两国关系的正确航向。共建“一带一路”和“全球海洋支点”对接是新时期两国合作总纲。双方要尽快明确重点合作领域和方向，落实好雅万高铁等重点合作项目。我提出构建相互尊重、公平正义、合作共赢的新型国际关系，目的是对当今世界存在的问题给出中国方案，这同64年前中印尼共同倡导的“万隆会议十项原则”一脉相承。双方要密切沟通协调，共同维护发展中国家正当权益，携手共建人类命运共同体。卡拉表示，印尼是“一带一路”国际合作的重要伙伴，愿同中国加强贸易、投资、教育等交流合作，开展好“区域综合经济走廊”建设，以助力印尼的工业化进程。印尼愿同中方一道，坚定维护多边主义，共同促进世界和地区的和平、稳定与繁荣。[①]

4月26日 习近平在北京友谊宾馆同俄罗斯总统普京举行会谈。习近平指出，今年是中华人民共和国成立70周年，也是中俄建交70周年。70年来，两国关系风雨兼程、砥砺前行，成为互信程度最高、协作水平最高、战略价值最高的一对大国关系。迈入新时代，我愿同总统先生一道，从两国人民根本利益出发，引领两国关系与时俱进，激发两国关系新的生机活力，推动两国关系更好发展，共创世界美好未来。习近平强调，当前国际形势复杂深刻演变，中俄双方都致力于实现各自国家发展和民族振兴，面临共同的任务和挑战。我们要始终将彼此视为重要发展机遇，相互支持，相互借力，实现同步振兴，携手构建人类命运共同体。俄罗斯是共建“一带一路”倡议重要的合作伙伴。共建“一带一路”倡议同欧亚经济联盟对接是区域经济合作的典范。下阶段，双方要继续推进经贸、能源、科技、航天、互联互通、地方、人文等领域合作。中方将向俄方提供一对大熊猫开展合作研究。习近平强调，中俄要加强国际协作，共同捍卫联合国和联合国安理会权威，维护国际法和公认的国际关系准则，坚定推动世界多极化和国际关系民主化，坚持多边主义。两国元首还就朝鲜半岛局势、委内瑞拉等问题交换了看法，同意在国际和地区事务及多边机构中密切沟通协调。会谈结束后，习近平和普京共同观看了同友谊宾馆有关的中俄友好历史图片展。[②]

---

① 白洁:《习近平会见印尼副总统卡拉》,《光明日报》2019年4月26日第1版。

② 李伟红:《习近平同俄罗斯总统普京举行会谈》,《人民日报》2019年4月27日第1版。

习近平在人民大会堂会见文莱苏丹哈桑纳尔。习近平强调，过去两年我们成功互访，两国关系提升为战略合作伙伴关系，实现大踏步发展。双方要加大共建"一带一路"倡议同文方"2035宏愿"对接，落实好重点合作项目，将"广西—文莱经济走廊"建设成中国—东增区合作和"陆海新通道"建设的双示范项目，深化经贸、投资、农渔业等领域合作，分享数字经济、电子商务等新兴产业发展经验。要加强人文交流，我愿同你共同宣布，2020年为"中国文莱旅游年"。要推动共建"一带一路"同东盟互联互通总体规划对接，促进地区联通和发展。要密切协作，支持多边主义。哈桑纳尔表示，习近平主席今天上午的主旨演讲为亚太地区和世界的发展指明了方向。中国进一步改革开放、致力于维护多边体系，有助于促进世界发展繁荣。文方愿同中方加强"2035宏愿"同"一带一路"倡议对接，拓展各领域合作和人文交流，为双边关系注入更多活力。东盟国家愿同中国共同维护好南海地区的和平稳定。[①]

习近平在人民大会堂会见泰国总理巴育。习近平请巴育转达对哇集拉隆功国王的亲切问候。习近平指出，中泰两国毗邻而居，血脉相通。共建"一带一路"使两国关系好上加好、亲上加亲。我们要弘扬传统友好，加强高层往来，引领好两国关系发展。中方将继续支持泰国维护国内稳定，促进国家发展，愿同泰方加强发展战略对接，高质量推进共建"一带一路"合作，建设好中泰铁路，发展好"东部经济走廊"，引领好创新合作，打造好民心工程，为两国关系发展注入强劲动力。中方支持泰方当好今年的东盟轮值主席国，愿同东盟深入对接共建"一带一路"倡议和东盟互联互通规划，促进区域联通和发展，构建中国—东盟更为紧密的命运共同体。[②]

4月27日　王岐山在钓鱼台国宾馆会见巴基斯坦总理伊姆兰·汗。王岐山表示，巴基斯坦是中国唯一的全天候战略合作伙伴，双方友谊基础深厚，政治互信牢固，高层往来密切，合作领域广阔，"一带一路"的重大先行先试项目中巴经济走廊取得了重要早期收获。第二届"一带一路"国际合作高峰论坛成功举行，为各国发展繁荣提供了新机遇。中巴关系始终是中国周边外交优先方向，希望双方继续落实好两国领导人共识，加强全方位合作和文明交流互鉴，

---

① 赵成:《习近平会见文莱苏丹哈桑纳尔》,《人民日报》2019年4月27日第2版。

② 杜尚泽:《习近平会见泰国总理巴育》,《人民日报》2019年4月27日第2版。

让新时代中巴关系不断走深走实。[1]

乌兹别克斯坦总理阿里波夫在塔什干会见了到访的国务委员兼国防部长魏凤和。魏凤和对阿里波夫会见表示感谢并转达了习近平主席、李克强总理对阿里波夫的亲切问候和良好祝愿。魏凤和说，中乌传统友谊深厚。在两国元首的战略引领下，两国关系持续深入发展，政治互信不断加深，取得了很多实实在在的成果。近年来，两军关系快速发展，务实合作不断深化，有力促进了地区和平稳定。中方愿与乌方一道，落实两国元首重要共识，加强战略沟通，深化务实合作，将两军关系提升到更高水平。访问期间，魏凤和与乌国防部长库尔班诺夫举行了正式会谈，并检阅乌军仪仗队。[2]

4月28日 习近平在人民大会堂会见哈萨克斯坦首任总统纳扎尔巴耶夫。习近平强调，纳扎尔巴耶夫先生是哈萨克斯坦的开国元首和民族领袖，为哈萨克斯坦国家独立和发展建立了不朽功勋，为哈萨克斯坦民族立功、立言、立德，也为中哈全面战略伙伴关系的建立和发展作出了历史性贡献，我们对此高度评价。中哈关系已走过27年，经受住了历史考验，展现出强大生命力。中方坚定支持哈萨克斯坦独立、主权、领土完整、社会稳定、经济发展。习近平强调，中哈是共建“一带一路”的先行者。双方要再接再厉，深化发展战略对接，落实好丝绸之路经济带建设同“光明之路”新经济政策对接合作规划。要促进贸易和投资便利化，稳步推进产能合作，加强互联互通建设。要密切人文交流，扩大地方合作，提升安全合作水平，继续在国际事务中保持密切合作。我期待着同托卡耶夫总统建立密切的工作关系和友谊，共同推动中哈关系取得新进展。[3]

习近平在人民大会堂会见吉尔吉斯斯坦总统热恩别科夫。习近平指出，当前，中吉关系保持着稳定健康发展势头。我赞赏总统先生坚定支持对华友好。中方致力于同吉方发展全方位友好合作，支持吉尔吉斯斯坦政府为维护国家独立、主权、安全奉行的内外政策。吉尔吉斯斯坦是最早支持和参与共建“一带一路”的国家之一，双方要加强“一带一路”同吉方“2040年发展战略”对接，

---

① 王迪:《王岐山会见巴基斯坦总理伊姆兰·汗》,《人民日报》2019年4月28日第3版。

② 《乌兹别克斯坦总理会见魏凤和》,《人民日报》2019年4月28日第3版。

③ 白洁:《习近平会见哈萨克斯坦首任总统纳扎尔巴耶夫》,《光明日报》2019年4月29日第1版。

促进贸易平衡发展，稳步推进产能合作，加快实施重点项目，带动当地经济发展和民生建设，密切人文交流，全面提升两国安全合作水平，加大对“三股势力”、跨国有组织犯罪打击力度。中方全力支持吉方办好今年上海合作组织比什凯克峰会。热恩别科夫表示，中国是吉尔吉斯斯坦坚定、可靠的好邻居和战略伙伴，吉方感谢中方给予的宝贵支持，愿同中方加强经贸、投资、水利、交通基础设施建设等领域合作，携手打击“三股势力”。①

习近平在人民大会堂会见塔吉克斯坦总统拉赫蒙。习近平指出，中方坚定支持拉赫蒙总统着眼塔吉克斯坦国家发展和民生福祉所执行的内外政策，愿同塔方加强合作，维护好两国共同的战略、安全、发展权益。双方要深化共建“一带一路”倡议同塔吉克斯坦2030年前国家发展战略对接，加强贸易、投资、金融、互联互通、人文、安全等领域合作。要提升口岸通关、运输能力，为两国扩大贸易提供便利条件。中方鼓励有实力的中国企业赴塔吉克斯坦投资兴业，助力塔方工业化进程。双方要共同办好塔吉克斯坦文化节。中方愿同塔方加强上合组织内协调，落实好青岛峰会成果。中方支持塔方办好今年亚洲相互协作与信任措施会议峰会，不断提升亚信整体合作水平。②

习近平在人民大会堂会见巴基斯坦总理伊姆兰·汗。习近平指出，巴基斯坦是中国全天候战略合作伙伴。中巴互为“铁杆”朋友，在涉及彼此核心利益问题上始终坚定相互支持。中方把巴基斯坦置于中国外交优先方向。无论国际地区形势如何变化，中方都坚定支持巴方维护国家主权和民族尊严，支持巴方根据本国国情自主选择发展道路，支持巴方打击恐怖和极端主义势力，支持巴方争取良好的外部安全环境，支持巴方在国际和地区事务中发挥建设性作用。习近平指出，当前，中巴经济走廊建设、金融、贸易等方面合作都取得了重要进展。下阶段，中巴双方要继续努力，把全天候的战略合作不断推向前进。双方要深化高层交往和相互支持，加强战略沟通，在共建“一带一路”框架内推动产能、基础设施建设、民生、贸易等领域合作高质量发展。要继续密切在国际地区事务中协调合作。伊姆兰·汗表示，祝贺中方成功举办第二届“一带一

① 白洁、马岩：《习近平会见吉尔吉斯斯坦总统热恩别科夫》，《光明日报》2019年4月29日第2版。

② 孙奕、盖博铭：《习近平会见塔吉克斯坦总统拉赫蒙》，《光明日报》2019年4月29日第2版。

路”国际合作高峰论坛，相信将有越来越多的国家支持并参加共建“一带一路”合作。作为“一带一路”合作的标志性项目，中巴经济走廊建设对巴基斯坦经济发展和民生改善发挥了重要作用。感谢中国长期以来对巴基斯坦的大力支持。巴方愿同中方巩固传统友谊，深化务实合作，密切在多边事务中沟通和协调。双方还就南亚局势交流了看法。习近平希望巴基斯坦和印度相向而行，推动巴印关系实现稳定并得以改善。①

4月29日 习近平在人民大会堂同尼泊尔总统班达里举行会谈。习近平指出，中国同尼泊尔山水相连、世代友好，两国人民心意相通、休戚与共。中方高度重视中尼关系发展，支持尼方维护国家独立、主权、领土完整，探索适合本国国情的发展道路，赞赏尼方长期以来在涉及中方核心利益和重大关切问题上给予的坚定支持，赞赏尼方积极参与共建“一带一路”。中尼要加强基础设施建设领域合作，继续推动建设中尼跨境经济合作区。中方愿继续支持尼泊尔经济社会发展。要进一步加强两国立法机构、政党、青年、智库、媒体、地方等交流，筑牢中尼友好民意基础，推动中尼友好合作关系不断迈上新台阶。班达里表示中国是尼泊尔的真正朋友，两国有着紧密的历史、地理、文化联系，都奉行和平共处五项原则。中国的繁荣稳定对尼泊尔也是机遇。尼泊尔坚持一个中国政策，不会允许任何势力利用尼泊尔领土从事任何反对中国的活动。尼方感谢中国无条件地支持尼泊尔维护国家主权和领土完整，赞赏中国亲诚惠容睦邻友好政策，愿同中方深化各领域互利合作。会谈后，两国元首还共同见证了有关双边合作文件的签署。②

习近平在人民大会堂会见柬埔寨首相洪森。习近平指出，中柬是铁杆朋友。中方重视发展两国全面战略合作伙伴关系，将一如既往支持柬埔寨走符合自身国情的发展道路，维护自身正当利益，愿同柬方一道，巩固传统友谊，密切高层交往，深化务实合作，扩大人文交流，推动中柬关系不断迈上新台阶。双方要落实好中柬构建命运共同体行动计划，不断提升两国关系的战略价值和丰富内涵。要深化共建“一带一路”合作，建设好经济特区、机场、公路等重点项目。欢迎柬埔寨积极参与“陆海新通道”建设。洪森表示，“一带一路”

① 白洁、马岩：《习近平会见巴基斯坦总理伊姆兰·汗》，《光明日报》2019年4月29日第2版。

② 王远：《习近平同尼泊尔总统班达里举行会谈》，《人民日报》2019年4月30日第1版。

倡议是国际发展合作的典范，它是中国的倡议，但已成为参与各方的共同事业。世界需要共建“一带一路”。柬埔寨从中获益良多。柬方感谢中方长期以来的宝贵帮助，愿同中方继续相互支持，一道落实好两国构建命运共同体行动计划，在“一带一路”框架内推进双方贸易、投资等领域务实合作。①

习近平在人民大会堂会见新加坡总理李显龙。习近平指出，今年是中华人民共和国成立70周年，也是新加坡开埠200年，明年两国将迎来建交30周年，双边关系面临新的发展契机。双方要持续深化政治互信和利益融合，在涉及彼此核心利益和重大关切问题上相互尊重，在共同发展的道路上相互支持。中新是共建“一带一路”的天然伙伴。新加坡积极支持和参与共建“一带一路”，在这一框架内的合作起步早、起点高、格局大，为新时期两国关系发展提供了新动力，也为沿线国家高质量、高水平共建“一带一路”发挥了示范作用。双方要立足中新合作，推动地区和沿线国家共同发展，推进“陆海新通道”和三方合作。双方要继续坚定支持经济全球化和多边主义，推动共建“一带一路”同《东盟互联互通总体规划2025》对接，促进东亚经济一体化。李显龙表示，新加坡很早就支持和参与“一带一路”合作，愿继续在“一带一路”框架内同中国深化在互联互通、投资、金融等领域合作，共同努力促进区域经济一体化和东盟—中国关系发展。②

吉尔吉斯斯坦总统热恩别科夫在比什凯克会见了到访的魏凤和。魏凤和对热恩别科夫拨冗会见表示衷心感谢，并转达了习近平主席的诚挚问候和美好祝愿。魏凤和说，中吉是好邻居、好朋友、好伙伴。近年来，在两国元首战略引领下，两国全面战略伙伴关系快速发展。两军各领域合作成果丰硕，有力维护了两国共同利益和地区和平稳定。③

上合组织成员国第十六次国防部长会议在吉尔吉斯斯坦比什凯克举行，魏凤和出席并发言。魏凤和说，上合组织成立18年来，为促进世界和平发展、维护国际公平正义作出重要贡献。成员国防务部门和军队认真贯彻元首共识，加强战略沟通，深化务实合作，取得一系列丰硕成果。会议期间，魏凤和分别

---

① 杜一菲:《习近平会见柬埔寨首相洪森》,《人民日报》2019年4月30日第2版。

② 杜一菲:《习近平会见新加坡总理李显龙》,《人民日报》2019年4月30日第2版。

③ 关建武:《吉尔吉斯斯坦总统热恩别科夫会见魏凤和》,《人民日报》2019年4月30日第12版。

会见了印度国防部长西塔拉曼、巴基斯坦国防秘书伊克拉姆和哈萨克斯坦国防部长叶尔梅克巴耶夫。[①]

4月30日　习近平在北京同老挝人民革命党中央总书记、国家主席本扬举行会谈，一致表示愿推动中老命运共同体建设不断向前迈进，共同开启中老关系新时代。习近平欢迎本扬来华进行国事访问并出席第二届“一带一路”国际合作高峰论坛。习近平表示，今年是中老建立全面战略合作伙伴关系10周年。在两党中央坚强领导下，中老关系取得巨大发展，正处于历史最好时期。在新的起点上，中方愿同老方一道，以签署《构建中老命运共同体行动计划》为契机，为中老关系长远发展提供重要指引，共同打造新时代中老关系。习近平强调，中老双方要以加强党的领导为统领，把握新时代中老关系正确方向。当今世界正处于百年未有之大变局，世界社会主义事业面临着新的发展机遇。作为中老两国的领导核心，中老两党必须增强战略自信和忧患意识，坚持党的领导，确保国家长治久安，为社会主义事业发展作出新贡献。双方要密切高层交往，我愿同总书记同志保持年度会晤的好传统；要深化理论交流，为两国改革发展建设提供坚强理论支撑；要加强干部交流，确保中老友谊后继有人，社会主义事业日益兴旺。习近平指出，中老双方要以深化务实合作为依托，为维护地区和平稳定、实现共同发展提供助力。中老合作已经成为维护地区和平、带动区域合作的重要力量。双方要加快发展战略对接，推进经济走廊建设，拓展中老铁路等大项目的辐射和示范效应，为实现本地区互联互通、共同发展繁荣发挥更大作用。双方还要密切在联合国、东亚合作、澜湄合作等多边机制的协调和配合，为共同发展营造良好环境。本扬表示，发展老中传统友谊是老方坚定不移的方针，老挝感谢中方长期以来给予老方的宝贵支持，愿与中方一道，进一步发挥两党关系对两国关系的政治引领作用，保持两党高层定期会晤，加快两国各领域互利合作，推动老中全面战略合作伙伴关系深入发展。本扬表示，“一带一路”建设已经成为加强沿线国家互联互通的重要平台，为世界和地区经济发展发挥重要作用，老方将继续加快推进老中铁路建设等重大项目合作，进一步促进老中两国及本地区的发展繁荣。习近平强调，中老双方要

① 关建武:《上海合作组织成员国第十六次国防部长会议在吉尔吉斯斯坦举行》,《人民日报》2019年4月30日第12版。

以《构建中老命运共同体行动计划》为抓手，为推进人类命运共同体建设作出积极贡献。中老双方首次在双边层面签署命运共同体的合作文件，不仅造福两党两国和两国人民，也是关系到人类进步事业的有益探索，意义重大、影响深远。本扬完全赞同习近平总书记对构建老中命运共同体建设的指导意见，表示双方签署构建命运共同体行动计划，必将把打造老中具有战略意义的命运共同体落到实处，也必将进一步推动构建人类命运共同体。会谈后，习近平和本扬共同签署了《中国共产党和老挝人民革命党关于构建中老命运共同体行动计划》，并出席双方有关合作文件的签字仪式。[①]

4月30日—5月1日　刘鹤与美国贸易代表莱特希泽、财政部长姆努钦在北京举行第十轮中美经贸高级别磋商。双方按照既定安排，将于下周在华盛顿举行第十一轮中美经贸高级别磋商。[②]

5月1日　习近平致电日本新天皇德仁，对其即位表示祝贺。习近平表示，中日两国一衣带水，友好交往历史源远流长。双方应该携手努力，共促和平发展，共创两国关系美好未来。同日，习近平还致电日前退位的日本上皇明仁表示问候和祝福。[③]

5月4日　习近平向泰王国国王哇集拉隆功致加冕贺电。习近平在贺电中表示，值此陛下加冕之际，我谨代表中国政府和中国人民，并以我个人的名义，向你和泰国人民致以诚挚的祝贺和良好的祝愿。你是中国人民的老朋友，长期关心支持中泰友好事业。我高度重视中泰关系发展，愿同你一道努力，继续弘扬中泰传统友谊，深化共建“一带一路”合作，推动两国全面战略合作伙伴关系取得更大进展。祝泰王国繁荣昌盛、人民幸福安康。[④]

斯里兰卡总统西里塞纳在会见中国驻斯里兰卡大使程学源时表示，斯里兰卡的安全与发展需要中国的宝贵支持。西里塞纳对中方在斯里兰卡最困难的时候提供的坚定支持表示衷心感谢，对在连环爆炸事件中遇难和受伤的中国公民表示深切哀悼和慰问。他说，斯方愿同中方加强各领域尤其是安全领域的

---

① 王迪：《习近平同老挝人民革命党中央总书记、国家主席本扬举行会谈》，《人民日报》2019年5月1日第1版。

② 韩洁：《第十轮中美经贸高级别磋商在京举行》，《光明日报》2019年5月2日第2版。

③ 《习近平致电庆贺日本新天皇德仁即位》，《光明日报》2019年5月2日第1版。

④ 《习近平向泰王国国王哇集拉隆功致加冕贺电》，《光明日报》2019年5月5日第1版。

合作，大力推进两国大项目建设，让斯中务实合作成果更好地惠及斯里兰卡民众。[①]

5月6日 习近平就俄罗斯一架客机在莫斯科谢列梅捷沃机场紧急迫降时起火造成重大人员伤亡向俄罗斯总统普京致慰问电。习近平在慰问电中表示，惊悉贵国一架客机在莫斯科谢列梅捷沃机场紧急迫降时起火，造成重大人员伤亡和财产损失。我谨代表中国政府和中国人民，并以我个人的名义，对遇难者表示沉痛的哀悼，向受伤者和遇难者家属致以诚挚慰问。同日，国务院总理李克强也就此向俄罗斯总理梅德韦杰夫致慰问电，向遇难者表示哀悼，向伤者和遇难者家属表示慰问。[②]

5月8日 王岐山在中南海会见韩国国会议长文喜相。王岐山表示，中韩关系历史基础深厚、人民相亲。在两国元首引领下，当前双方关系发展良好。坚持以人民为中心的发展理念，让人民过上更加富裕文明的生活，是中国党和政府坚定不移的追求，也是中国坚持和平发展外交主张的出发点和落脚点。中韩文化底蕴相近，共同的包容性文化特色让我们都坚信国际事务可以通过协商合作实现互利共赢、互利多赢。“乱云飞渡仍从容”，面对纷繁复杂的国际形势，中韩应继续加深双边合作，在多边领域紧密沟通协调，使两国关系不断取得新进步。文喜相表示，韩中是密不可分的近邻。韩方钦佩中国发展成就，珍视韩中友好关系，愿与中方携手进一步深化各领域合作，共同维护地区稳定。[③]

5月9日 王毅同印度外长斯瓦拉杰通电话，就中印关系以及双方共同关心的问题交换了意见。[④]

5月9—10日 第十一轮中美经贸高级别磋商在华盛顿举行。刘鹤在磋商结束后对媒体表示，中美关系十分重要，经贸关系是中美关系的“压舱石”和“推进器”，不仅涉及两国关系，也涉及世界和平与繁荣。合作是双方唯一正确的选择，但合作是有原则的，在重大原则问题上中方决不让步。刘鹤表示，

---

① 朱瑞卿、唐璐:《斯里兰卡总统表示斯安全与发展需要中国支持》,《人民日报》2019年5月6日第3版。

② 《习近平向俄罗斯总统普京致慰问电》,《解放军报》2019年5月7日第1版。

③ 郑明达:《王岐山会见韩国国会议长文喜相》,《光明日报》2019年5月9日第2版。

④ 《王毅同印度外长斯瓦拉杰通话》,《人民日报》2019年5月10日第3版。

中方此次带着诚意来华盛顿磋商，与美方进行了坦诚、建设性的交流，双方同意继续推进磋商。中方强烈反对美方加征关税的做法，这不利于中国，不利于美国，也不利于整个世界，中方将不得不采取必要反制措施。刘鹤强调，双方的协议必须是平等、互利的，在重大原则问题上中方决不让步。目前双方在很多方面达成了重要共识，但中方三个核心关切问题必须得到解决。一是取消全部加征关税。关税是双方贸易争端的起点，如果要达成协议，加征的关税必须全部取消。二是贸易采购数字要符合实际，双方在阿根廷已对贸易采购数字形成共识，不应随意改变。三是改善文本平衡性，任何国家都有自己的尊严，协议文本必须平衡，目前仍有一些关键问题需要讨论。去年以来，双方谈判出现几次反复，发生了一些曲折，这都是正常的。在双方谈判仍在进行的过程中，随意指责"倒退"是不负责任的。刘鹤表示，对中国来说，最重要的就是做好自己的事情。中国国内市场需求巨大，供给侧结构性改革的推进将带来产品和企业竞争力的全面提升，财政和货币政策仍有充分的空间，中国经济前景非常乐观。在大国发展的过程中，出现一些曲折是好事，可以检验我们的能力。在以习近平同志为核心的党中央坚强领导下，只要我们坚定信心，共同努力，任何困难都不怕，一定能保持经济持续健康发展的良好态势。①

5月10日　王毅在北京出席2019年中日韩合作国际论坛开幕式并致辞。王毅表示，今年是中日韩合作20年，三国合作站在一个新的历史起点上。20年来，中日韩合作取得长足进展，为增进三国人民福祉，维护亚洲和平稳定，促进世界发展繁荣作出了积极贡献。王毅强调，不久前，中国刚刚成功举办了第二届"一带一路"国际合作高峰论坛。中方愿本着共商共建共享原则，倾听和吸纳日韩合作伙伴的合理建议，使共建"一带一路"为深化中日韩合作提供更加广阔的空间，成为三国合作新的亮点和增长点。②

5月10—11日　第十一轮中日海洋事务高级别磋商在日本北海道小樽市举行。中国外交部、中央外办、国防部、自然资源部、生态环境部、交通运输部、农业农村部、国家能源局、中国地质调查局、中国海警局等部门及日本外

---

① 吴乐珺、吴绮敏：《合作是正确选择　重大原则决不让步　坚决反对加征关税》，《人民日报》2019年5月12日第3版。

② 陈尚文：《王毅出席2019年中日韩合作国际论坛开幕式并致辞》，《人民日报》2019年5月11日第3版。

务省、内阁府、文部科学省、水产厅、资源能源厅、海上保安厅、环境省和防卫省分别派员参加。[①]

5月13日 俄罗斯总统普京在索契会见王毅。普京请王毅转达对习近平主席的诚挚问候，并热烈祝贺中国成功举办第二届“一带一路”国际合作高峰论坛。普京表示，俄中全面战略协作伙伴关系是俄罗斯外交的优先方向。上个月我和习近平主席成功会晤，就推动欧亚经济联盟同“一带一路”倡议对接合作达成新的重要共识。我们还就重大国际和地区问题深入沟通，进一步巩固了俄中战略和政治互信。我热切期待着习近平主席6月来俄进行国事访问，并共同庆祝两国建交70周年。王毅转达习近平主席对普京的良好祝愿，高度评价普京总统为第二届“一带一路”国际合作高峰论坛成功举办作出的重要贡献。王毅表示，习近平主席同普京总统在北京举行了重要会晤，为双方共同庆祝两国建交70周年开了个好头。在两国元首的战略引领和指导下，中俄关系达到历史最高水平。双方并就近期重大国际和地区热点问题深入交换了看法。[②]

5月14日 习近平和夫人彭丽媛在人民大会堂举行宴会，欢迎出席亚洲文明对话大会的外方领导人夫妇及嘉宾。习近平发表致辞，代表中国政府和中国人民热烈欢迎来华出席亚洲文明对话大会的各位嘉宾。习近平强调，举办亚洲文明对话大会，就是顺应亚洲合作发展大势和各国人民对文明交流互鉴的期待，为不同文明共同发展搭建一个交流互鉴的平台。习近平指出，文明如水，润物无声。历史的发展、社会的繁盛、人类的进步，都离不开文明的滋养和引领。亚洲是人类文明重要发祥地，在漫长的历史积淀中，亚洲多姿多彩的文明交相辉映，为人类保存着最久远的文明记忆和波澜壮阔的文明图谱。今天，亚洲不同文明在开放中交流、在包容中互生、在创新中发展，亚洲文明之花正在世界舞台上绚烂绽放。习近平强调，中华文明在5000多年不间断的历史传承中兼容并蓄、创新升华。中华人民共和国成立70年来，中国坚持保护和传承中华优秀传统文化，推动中外文明交流互鉴，为人类文明进步作出了积极贡献。习近平说，明天，我们将举行亚洲文明对话大会，共赏多元文化之美、共谋文明交流互鉴之道。让我们以本次大会为起点，同心同德，携手共进，让各

---

① 姜俏梅：《中日举行第十一轮海洋事务高级别磋商》，《解放军报》2019年5月12日第4版。

② 吴焰、屈佩：《俄罗斯总统普京会见王毅》，《人民日报》2019年5月15日第3版。

国文明在交流互鉴中熠熠生辉。[①]

习近平在人民大会堂会见来华出席亚洲文明对话大会的斯里兰卡总统西里塞纳。习近平指出，中方强烈谴责前不久斯里兰卡发生的系列恐怖袭击事件，愿同斯里兰卡政府和人民坚定站在一起，支持斯方打击恐怖主义，帮助斯方加强反恐能力建设，维护国家安全和稳定。习近平强调，中斯是好邻居、好伙伴。中方愿同斯方一道，推动两国真诚互助、世代友好的战略合作伙伴关系不断向前发展。双方要保持高层级经常性沟通，牢牢把握友好合作大方向，相互坚定支持。要扎实推进共建“一带一路”，推动两国大项目合作，加快实施惠及斯里兰卡人民的民生项目。要深入开展安全执法合作，共同应对恐怖主义等非传统安全威胁。相信斯方将用好亚洲文明对话大会平台，展示斯里兰卡历史悠久的佛教文明和绚丽多彩的多元文化。会见后，两国元首共同见证了有关双边合作文件的签署。[②]

习近平在人民大会堂会见柬埔寨国王西哈莫尼。习近平指出，中柬友好向全世界展示了国家间、人民间的真正友谊，将成为构建人类命运共同体千载传颂的佳话。中方珍视同柬埔寨王室的特殊友谊。中国几代领导人同西哈努克太皇建立了亲密友情，我们要把它继承好、发扬好，让中柬友好世代相传。中方将一如既往支持柬埔寨走符合自身国情的发展道路，同柬方一道推动中柬全面战略合作伙伴关系不断迈上新台阶。双方要落实好构建中柬命运共同体行动计划，让两国人民从中获益，为各国之间相互尊重文化多样性、促进文明交往互鉴树立榜样。[③]

习近平在人民大会堂会见新加坡总统哈莉玛。习近平指出，上个月李显龙总理刚刚来华出席了第二届“一带一路”国际合作高峰论坛和北京世界园艺博览会开幕式，这个月总统女士又来华出席亚洲文明对话大会，充分显示了中新关系的密切。中新互为发展机遇，长期以来携手同行，利益高度融合。两国要保持高层交往传统，对两国关系发展加以战略指引。中华民族有着守正创新

① 王卓伦、盖博铭:《习近平和彭丽媛欢迎出席亚洲文明对话大会的外国领导人夫妇及嘉宾》,《光明日报》2019年5月15日第1版。

② 白洁、盖博铭:《习近平会见斯里兰卡总统西里塞纳》,《光明日报》2019年5月15日第2版。

③ 白洁、王晓洁:《习近平会见柬埔寨国王西哈莫尼》,《光明日报》2019年5月15日第2版。

的传统，共建“一带一路”就是包容、友好的过程，也是当前中新两国关系发展最大机遇。双方要把高质量共建“一带一路”打造成中新合作的新名片，用好用足“陆海新通道”和第三方市场合作，早出成果。要坚定支持经济全球化和多边主义，推动亚洲国家团结一致，聚焦合作，以举办亚洲文明对话大会为契机，共建亚洲美好家园。在建设多极世界的过程中，我们的朋友圈会越来越大。[①]

5月15日 习近平在北京国家会议中心出席亚洲文明对话大会开幕式，并发表题为《深化文明交流互鉴 共建亚洲命运共同体》的主旨演讲。习近平强调，中华文明是在同其他文明不断交流互鉴中形成的开放体系。未来之中国，必将以更加开放的姿态拥抱世界、以更有活力的文明成就贡献世界。习近平强调，文明因多样而交流，因交流而互鉴，因互鉴而发展。我们要加强世界上不同国家、不同民族、不同文化的交流互鉴，夯实共建亚洲命运共同体、人类命运共同体的人文基础。[②]

王岐山在钓鱼台国宾馆会见柬埔寨国王西哈莫尼。王岐山表示，中柬友好源远流长，中方与柬埔寨王室的友谊弥足珍贵。在两国领导人引领下，中柬关系正处于历史最好时期。第二届“一带一路”国际合作高峰论坛期间，两国签署了构建中柬命运共同体行动计划，为双边关系发展注入新的动力。世界不同文明之间应当相互尊重、彼此包容、互学互鉴、交融发展。亚洲各国应当从古老辉煌的亚洲文明中汲取营养，增强人民的文化自信，携手实现亚洲新发展，共同构建人类命运共同体。[③]

5月16日 王毅在北京会见土耳其第一副外长厄纳尔。王毅表示，中土应加强战略协调，维护两国和广大发展中国家共同利益。中方高度重视中土关系，希望土方切实尊重中方维护国家主权安全和统一的核心利益，以实际行动支持中方打击“东突”恐怖势力。双方应在增进政治互信基础上，进一步加强大项目合作。厄纳尔表示，土耳其支持中方维护国家统一和打击恐怖主义势力

---

① 白洁、谢昊：《习近平会见新加坡总统哈莉玛》，《光明日报》2019年5月15日第2版。

② 马小宁等：《习近平出席亚洲文明对话大会开幕式并发表主旨演讲》，《人民日报》2019年5月16日第1版。

③ 杜一菲：《王岐山会见柬埔寨国王西哈莫尼》，《人民日报》2019年5月16日第3版。

的努力，愿同中方深化务实合作。①

5月17日 日本首相安倍晋三在东京会见杨洁篪。杨洁篪转达了习近平主席和李克强总理对安倍首相的问候。杨洁篪表示，今年以来，首相先生多次公开表达进一步发展中日关系的积极意愿，不久前委派自民党干事长二阶俊博先生出席第二届“一带一路”国际合作高峰论坛，在两国引起积极反响。中日关系站在新的历史起点，面临重要机遇。中方愿同日方一道，在中日四个政治文件和两国领导人重要共识指引下，本着以史为鉴、面向未来的精神，加强高层引领，增进政治互信，牢牢把握和平友好合作大方向，推动两国关系在正确轨道上稳步向前发展。中方支持日本办好二十国集团领导人大阪峰会，有效提振国际社会信心和积极预期，为世界经济发展注入更多正能量。安倍请杨洁篪转达对中国领导人的亲切问候。他表示，今年是一个重要年份，日本进入“令和”时代，中方将庆祝新中国成立70周年。日本将本着公平公正原则主办二十国集团大阪峰会，我期待同习近平主席在大阪会面，推动两国关系进一步向前发展，开启两国关系的新时代。杨洁篪是应日本国家安全保障局局长谷内正太郎邀请访问日本并共同主持第六次中日高级别政治对话。访问期间，杨洁篪还分别会见了日本外相河野太郎、内阁官房长官菅义伟等。②

5月18日 王毅应约同美国国务卿蓬佩奥通电话。王毅表示，美方近段时间在多个方面采取损害中方利益的言行，包括通过政治手段打压中国企业的正常经营。中方对此坚决反对。我们敦促美方不要走得太远了，应当尽快改弦更张，避免中美关系受到进一步损害。历史和现实表明，中美作为两个大国，合则两利、斗则俱伤，合作是双方唯一正确的选择。双方应按照两国元首确定的方向，在相互尊重基础上管控分歧，在互惠互利基础上拓展合作，共同推进以协调、合作、稳定为基调的中美关系。王毅指出，中方一贯主张并愿意通过谈判磋商解决经贸分歧，但谈判应当是平等的。在任何谈判中，中方都必须维护国家的正当利益，响应人民的普遍呼声，捍卫国际关系基本准则。王毅强调，中方已就近来美涉台消极言行表明坚决反对的立场。我们敦促美方恪守一个中国原则和中美三个联合公报规定，慎重妥善处理涉台问题。双方还就有关国际

① 伍岳:《王毅会见土耳其第一副外长厄纳尔》,《人民日报》2019年5月17日第3版。

② 刘军国:《日本首相安倍晋三会见王毅》,《人民日报》2019年5月18日第3版。

地区问题交换了意见。蓬佩奥通报了美方对伊朗问题形势最新发展的看法。王毅强调，中国作为联合国安理会常任理事国，致力于中东地区无核化与和平稳定。我们希望各方保持克制，谨慎行事，避免紧张升级。王毅重申了反对美国“长臂管辖”的原则立场。①

5月20日 塔吉克斯坦总统拉赫蒙在杜尚别总统府会见王毅。拉赫蒙表示，发展对华关系始终是塔吉克斯坦外交的优先方向。塔方愿将塔2030年前国家发展战略同共建“一带一路”倡议深入对接，加强塔中经贸、农业、科技、人文、基础设施建设等领域的务实合作，造福两国人民。塔方愿同中方加强在国际和地区事务中的协调与合作，共同打击“三股势力”和跨国有组织犯罪。王毅转达习近平主席对拉赫蒙的亲切问候。王毅表示，上个月，总统阁下赴华出席第二届“一带一路”国际合作高峰论坛并同习近平主席举行会谈，为两国关系发展注入新动力。习近平主席提出的构建人类命运共同体理念得到国际社会普遍赞同。中塔作为全面战略伙伴，已经结成“四好关系”，理应在构建人类命运共同体进程中走在各国前列。中方将继续坚定支持塔方为维护国家独立、主权和安全所推行的内外政策，坚定支持塔方为发展经济和改善民生所作努力。同日，王毅还与塔吉克斯坦外长穆赫里丁举行了会谈。②

5月21日 习近平向印尼总统佐科·维多多致贺电，代表中国政府和中国人民，并以个人的名义祝贺他胜选连任印度尼西亚总统。习近平在贺电中指出，中国和印度尼西亚同为发展中大国，在双边、地区和多边层面拥有广泛共同利益，是天然合作伙伴。近年来，两国以共建“一带一路”为契机，持续深化发展战略对接，各领域务实合作成效显著，双边关系步入快速发展的新阶段。我高度重视中印尼关系，愿继续同佐科总统共同努力，引领两国全面战略伙伴关系在过去五年基础上更上一层楼，造福两国和两国人民。③

5月22日 王毅在吉尔吉斯斯坦首都比什凯克出席上海合作组织成员国外长理事会会议。王毅表示，当前，国际形势充满不稳定性和不确定性，单边主义横行，保护主义抬头，冷战思维回潮，各种霸凌行径严重冲击现行国际体系和国际关系准则。上合组织各成员国要通力合作，为国际社会建设新型国际关

---

① 《王毅应约同美国国务卿蓬佩奥通电话》,《人民日报》2019年5月19日第3版。

② 周翰博:《塔吉克斯坦总统拉赫蒙会见王毅》,《人民日报》2019年5月22日第3版。

③ 《习近平向印尼当选总统佐科致贺电》,《人民日报》2019年5月22日第1版。

系和人类命运共同体作出更大贡献。王毅就下一阶段深化上合组织合作提出五点建议。会后，各国外长签署了为比什凯克峰会作准备的相关文件，会议还通过和发表了新闻公报。①

5月23日 习近平向印度总理莫迪致贺电，祝贺其领导全国民主联盟赢得印度第17届人民院选举。习近平在贺电中指出，中国和印度互为重要邻国，是当今世界两个最大的发展中国家和新兴经济体。在双方共同努力下，两国关系近年来呈现强有力发展势头。中印在推动世界多极化、经济全球化、维护多边主义等重大问题上保持着良好协调与合作。我高度重视中印关系发展，愿同你一道努力，把握好两国关系前进方向，增进政治互信，拓展务实合作，推动两国更加紧密的发展伙伴关系不断迈上新台阶。②

5月24日 魏凤和在八一大楼会见了柬埔寨王家军副总司令兼宪兵部队司令绍索卡。魏凤和说，中柬是世代友好的亲密邻邦和名副其实的铁杆朋友。在习近平主席和洪森首相亲自引领和推动下，两国全面战略合作伙伴关系达到历史新高度。中柬两军关系保持着良好的发展。中方愿与柬方共同努力，继续保持高层交往，推进务实合作，共同防范重大安全风险，不断巩固、深化、提升两军合作水平。希望中国人民武装警察部队和柬宪兵部队加强友好合作，为推动两国关系不断向前发展贡献力量。绍索卡说，柬中两国世代友好。柬方感谢中方一直以来在柬维护国家主权独立、经济社会发展方面给予的坚定支持和帮助。柬方愿与中方一道，落实好两国领导人重要共识，深化各领域务实交流合作，不断把柬中两国武警和宪兵部队友好合作推向更高水平。③

5月26—28日 王岐山应巴基斯坦总理伊姆兰·汗邀请访问巴基斯坦，在伊斯兰堡分别会见阿尔维总统和伊姆兰·汗总理。会见阿尔维时，王岐山表示，中巴是“铁杆”朋友。建交68年来，无论国际风云如何变幻，两国始终在涉及彼此核心利益问题上相互尊重、相互支持，结下了最真诚的友谊。近年来，中巴关系发展势头良好，双方政治互信进一步增强，务实合作不断深化，人文交往更加活跃。中巴经济走廊建设取得实实在在的成果，已成为新时期中巴友好合作的重要标志。我这次访巴，就是再次向两国人民和世界发出中巴是

① 周翰博：《王毅出席上海合作组织外长会议》，《人民日报》2019年5月23日第4版。

② 《习近平向印度总理莫迪致贺电》，《光明日报》2019年5月25日第1版。

③ 欧阳浩：《魏凤和会见柬埔寨客人》，《解放军报》2019年5月25日第1版。

全天候战略合作伙伴的讯号。中方愿同巴方加强各领域、各层次、全方位合作，让中巴友好更好地惠及两国和两国人民，打造新时代更紧密的中巴命运共同体。

同伊姆兰·汗会谈时，王岐山表示，无论从历史还是现实角度，中巴两国都有许多共通之处，是天然的朋友和伙伴。总理先生就职以来已两次访华，与习近平主席等中国领导人就推进两国关系达成重要共识。中方愿与巴方深化高层交往，加强战略沟通和务实合作，密切在国际地区事务中的协调。下阶段，双方要推动中巴经济走廊实现高质量发展，扎实推进产业园区建设及农业领域合作，加快实施社会民生“早期收获”项目，积极探讨开展走廊第三方合作，促进走廊高质量发展。双方要加强人文领域的交流合作，不断壮大支持中巴友好的民间力量。希望巴方采取有力措施，为中巴合作交流提供安全保障。

会谈后，王岐山与伊姆兰·汗共同见证了中巴农业、海关、救灾等领域双边合作文件的签署。[①]

5月30日 新加坡总理李显龙在总统府会见了到访的国务委员兼国防部长魏凤和。李显龙说，新加坡政府重视发展对华关系。近年来，两国高层会晤频繁，推动双边关系良好发展，包括军事在内的各领域交流合作取得实质性成果，特别是两国共同推动“一带一路”建设，有利于促进地区互联互通和经济发展。中国的发展有利于世界。在新的形势下，各国应相互调整，加强沟通交流，增进理解信任，实现共同发展。魏凤和说，进入新时代，在习近平主席和李显龙总理的共同引领和推动下，中新与时俱进的全方位合作伙伴关系良好发展。中新是改革开放的伙伴、互利共赢的伙伴、共建“一带一路”的伙伴。中国军队愿同新方一道，落实两国领导人共识，密切战略互信，加强务实合作，为推动中新关系发展、维护地区和平稳定作出积极贡献。[②]

5月31日 习近平同马来西亚最高元首阿卜杜拉互致贺电，庆祝两国建交45周年。习近平在贺电中指出，中国和马来西亚是友好近邻和重要合作伙伴。建交45年来，中马关系历久弥坚，务实合作成果丰硕，给两国人民带来实实在在的利益，为地区稳定和发展作出积极贡献。当前，中马两国都处在发展的

---

① 李忠发、蒋超：《王岐山访问巴基斯坦》，《光明日报》2019年5月29日第3版。

② 《新加坡总理李显龙会见魏凤和》，《解放军报》2019年5月31日第1版。

关键时期，合作前景广阔。我高度重视中马关系，希望双方以共建“一带一路”为契机，加强发展战略对接，为中马全面战略伙伴关系注入新内涵，为地区发展增添新助力。

同日，李克强同马来西亚总理马哈蒂尔也互致了贺电。李克强在贺电中表示，中方愿同马方以两国建交45周年为契机，推动两国全面战略伙伴关系取得更大发展，各领域务实合作结出更多硕果，造福两国和两国人民。马哈蒂尔在贺电中盛赞中国的可持续增长及和平发展，表示马中关系亲密友好，马方希望同中方不断拓展两国合作。①

王毅在北京同柬埔寨副首相兼外交大臣布拉索昆举行会谈。王毅表示，中柬有着传统友好，双方率先在双边层面签署建设中柬命运共同体行动计划，为中柬关系的未来指明了方向。中方愿同柬方共同落实好两国领导人重要共识，积极推进共建“一带一路”合作，推动中柬关系取得更大发展。中方愿同柬方和其他东盟国家一道，维护多边主义，支持自由贸易。布拉索昆表示，柬中是好邻居，好伙伴，也是铁杆朋友。柬方愿同中方一道努力，推动柬中全面战略合作伙伴关系不断迈上新台阶。②

李克强在中南海紫光阁会见柬埔寨副首相兼外交大臣布拉索昆。李克强表示，中柬传统友谊深厚，两国始终相互尊重、平等合作，致力于发展经济、改善民生，实现共同发展。中方支持柬方走符合自身国情的发展道路，愿同柬方加强发展战略对接，推进重点领域务实合作，共同构建中柬命运共同体，让中柬关系发展更好惠及双方人民。中方愿同柬方深化在中国—东盟、澜沧江—湄公河合作等框架下的协调配合，推进“南海行为准则”磋商，共同维护地区发展需要的稳定环境。中方支持柬方办好2020年亚欧首脑会议，为推动地区和世界的和平、稳定与发展发挥建设性作用。布拉索昆表示，柬中关系长期健康稳定发展。柬方感谢中方给予的支持和帮助，愿同中方密切高层交往，深化在国际和地区问题上的相互支持与配合，推进构建柬中命运共同体，推动两国关

① 《就中马建交45周年习近平同马来西亚最高元首阿卜杜拉互致贺电》，《人民日报》2019年6月1日第1版。

② 成欣、朱超：《王毅同柬埔寨副首相兼外交大臣举行会谈》，《人民日报》2019年6月1日第3版。

系好上加好。[①]

中共中央政治局委员、全国人大常委会副委员长王晨出席俄罗斯驻华使馆国庆招待会并致辞。王晨表示，今年是中俄建交70周年，是两国人民共同的节日。在习近平主席和普京总统战略引领下，中俄全面战略协作伙伴关系持续健康稳定发展，达到历史最好时期。习近平主席即将对俄罗斯进行国事访问并出席圣彼得堡国际经济论坛。我们坚信，两国元首将在新的历史起点上共同规划中俄关系发展蓝图，推动两国关系实现新的更大发展，更好造福两国和两国人民。[②]

国务委员、公安部部长赵克志在京与泰国副总理威沙努举行会谈。赵克志表示，习近平主席与巴育总理在第二届“一带一路”国际合作高峰论坛期间举行会见，为两国关系发展注入强劲动力。希望双方共同落实好两国领导人重要共识，不断深化在追逃追赃、反洗钱、反恐和“一带一路”建设安保等方面的执法安全务实合作，推动中泰关系不断向前发展。威沙努表示，愿加强双方执法安全务实合作，促进泰中关系深入发展。[③]

中俄黑河—布拉戈维申斯克界河公路大桥合龙。全国政协副主席邵鸿同俄罗斯副总理兼总统驻远东联邦区全权代表特鲁特涅夫共同出席合龙仪式。邵鸿和特鲁特涅夫分别向双方建设单位下达合龙指令，公路大桥顺利合龙。双方均高度评价大桥合龙的积极意义，表示大桥合龙标志着中俄间首座跨黑龙江（阿穆尔河）界河公路桥建设取得重大成果，将有力促进两国互联互通，便利双方经贸和人员往来，丰富中俄全面战略协作伙伴关系内涵。[④]

6月2日　香格里拉对话会（香会）5月31日至6月2日在新加坡举行，约40个国家的国防部长、军事官员和专家学者与会，就亚太地区热点安全议题展开讨论。中国国务委员兼国防部长魏凤和2日上午就“中国与国际安全合作”议题作大会发言，重点介绍中方推动构建人类命运共同体所作努力，充分阐释

① 王迪：《李克强会见柬埔寨副首相兼外交大臣布拉索坤》，《人民日报》2019年6月1日第3版。

② 温馨：《王晨出席俄罗斯驻华使馆国庆招待会》，《人民日报》2019年6月1日第3版。

③ 张洋：《赵克志与泰国副总理威沙努举行会谈》，《人民日报》2019年6月1日第3版。

④ 王建：《中俄黑河—布拉戈维申斯克界河公路大桥合龙》，《人民日报》2019年6月1日第3版。

中国坚持走和平发展道路、奉行防御性国防政策、中国军队为维护世界和平稳定作出积极贡献。魏凤和表示，中国军队愿同亚太各国军队携手应对挑战，推动亚太命运共同体建设，共同维护亚太和平与稳定。发言后，魏凤和回答了各国代表和专家学者提出的问题。[①]

6月4日　在对俄罗斯联邦进行国事访问并出席第二十三届圣彼得堡国际经济论坛前夕，习近平接受俄罗斯塔斯社、《俄罗斯报》联合采访。[②]

6月5日　习近平在莫斯科克里姆林宫同俄罗斯总统普京会谈。两国元首高度评价建交70年来双边关系发展，一致同意秉持睦邻友好、合作共赢理念，发展中俄新时代全面战略协作伙伴关系，将两国关系提升到更高水平，更好惠及两国人民和世界人民。习近平指出，当前，中俄关系在高水平上持续、稳定、健康发展，处于历史最好时期。双方坚定支持对方维护本国核心利益，政治和战略互信坚实牢固；积极推进各领域合作，两国关系内生动力不断显现，利益交融日益深化；积极参与国际事务和全球治理，为维护世界和平稳定和国际公平正义发挥了重要建设性作用。习近平强调，今年是中俄建交70周年。70年是里程碑，也是新起点。身处世界百年未有之大变局，中俄承载着两国人民和国际社会的更大期待。中方愿同俄方携手努力，不断放大两国高水平政治关系的积极效应，让两国人民在双方合作中有更多获得感，在国际事务中贡献更多"中俄方案"。习近平指出，当今世界不稳定性不确定性上升。加强中俄关系是历史的召唤，是双方坚定不移的战略选择。双方要增进战略沟通和协作，加大在涉及彼此核心利益问题上的相互支持。要促进两国经贸合作全面提质升级，推进两国战略性大项目和新兴领域合作同步发展，加强经贸、投资、能源、科技、航空航天、互联互通、农业、金融、地方等领域合作。要积极推进共建"一带一路"同欧亚经济联盟对接合作，致力于促进地区一体化和区域经济融合发展。要加强人文交流，设计好2020年至2021年中俄科技创新年活动方案。中俄作为联合国安理会常任理事国，将继续同国际社会一道，坚定捍卫以联合国为核心、以国际法为基础的国际体系，维护多边贸易体制，为纷繁复杂的国际形势注入强大正能量，为构建人类命运共同体作出新贡献。

---

① 林昊、夏立新：《香格里拉对话会闭幕中国防长发言引各方高度关注》，《解放军报》2019年6月3日第4版。

② 《习近平接受俄罗斯主流媒体联合采访》，《人民日报》2019年6月5日第1版。

两国元首听取了两国有关部门负责人汇报各重点领域双边合作情况，并就朝鲜半岛形势、伊朗核、委内瑞拉等共同关心的国际和地区问题交换了意见。两国元首一致同意加强在联合国、上合组织、金砖国家、亚太经合组织、二十国集团等国际场合的沟通配合，共同维护多边主义和国际关系基本准则。会谈后，两国元首共同签署《中华人民共和国和俄罗斯联邦关于发展新时代全面战略协作伙伴关系的联合声明》《中华人民共和国和俄罗斯联邦关于加强当代全球战略稳定的联合声明》，并见证了多项双边合作文件的签署。[①]

6月6日 习近平在莫斯科会见俄罗斯总理梅德韦杰夫。习近平指出，今年是中俄建交70周年。中俄关系保持高水平发展，在大国关系中互信程度、协作水平、战略价值最高，为世界和平、稳定、发展作出了重要贡献。当前，中俄关系已经迈入新时代，两国全面战略协作伙伴关系不断发掘出新的内涵。面对纷繁复杂的国际形势、特别是一些遏制新兴市场国家发展的不正当行径，中俄加强全面战略伙伴协作，对维护我们两国和两国人民利益、对维护世界和平稳定繁荣意义重大。习近平强调，双方要再接再厉，推动各领域合作持续深入发展，给两国人民带来更多实惠，为两国发展复兴注入更强大动力。双方还要加强在联合国、世界贸易组织、金砖国家、二十国集团等多边事务中的合作，为国际社会贡献更多“中俄方案”。[②]

6月7日 第二十三届圣彼得堡国际经济论坛全会在圣彼得堡举行。中国国家主席习近平、俄罗斯总统普京、保加利亚总统拉德夫、亚美尼亚总理帕希尼扬、斯洛伐克总理佩列格里尼、联合国秘书长古特雷斯等出席。习近平发表了题为《坚持可持续发展　共创繁荣美好世界》的致辞，强调面对世界百年未有之大变局，中方愿同国际社会一道，合力打造开放多元的世界经济，努力建设普惠包容的幸福社会，致力构建人与自然和谐共处的美丽家园，携手开辟崭新的可持续发展之路。[③]

习近平在圣彼得堡同普京一道出席中俄能源商务论坛。两国元首在听取双方代表汇报后分别致辞。习近平指出，中俄互为全面战略协作伙伴，各领域

---

① 韩显阳：《习近平同俄罗斯总统普京举行会谈》，《光明日报》2019年6月6日第1版。

② 杜尚泽、白阳：《习近平会见俄罗斯总理梅德韦杰夫》，《人民日报》2019年6月7日第1版。

③ 赵嘉鸣、杜尚泽：《习近平出席第二十三届圣彼得堡国际经济论坛全会并致辞》，《光明日报》2019年6月8日第1版。

合作持续深化，有力促进了两国共同发展振兴。能源合作是两国合作中分量最重、成果最多、范围最广的领域。双方密切协作，为维护公平、公正、合理、有序的国际能源秩序发挥了积极作用。习近平就巩固和深化中俄能源合作提出4点建议。第一，坚持企业主体、商业原则，广泛寻找合作良机。两国企业要秉持互利双赢、商业可行原则，加强协商接洽，找准合作方向，找好合作伙伴，找对合作项目。要加强金融保险和能源合作相互支持、相互促进。第二，挖掘新潜力，推动中俄能源合作提质升级。要加强能源技术标准合作，推动两国能源标准互认和对接。要加强科技创新对能源合作的促进和引领，推动信息技术和能源产业深度融合，深化能源研发合作，加强经验共享、能力建设、智库交流合作，互学互鉴。第三，促进利益融合，深化上中下游全方位一体化合作。要立足当前，谋划长远，坚持优势互补、互利双赢，拓展深度合作。第四，加强全球能源治理合作，推动能源可持续发展事业。要携手坚定维护多边主义，积极开展多边合作，在全球能源治理体系中发挥建设性作用，为全球能源发展注入更多正能量。习近平强调，中俄能源合作空间广阔，潜力巨大。我愿同普京总统一道，引领和推动两国政府为两国企业扩大合作创造更加良好的营商环境，提供更加全面的政策支持。相信在新时代中俄全面战略协作伙伴关系有力保障下，两国企业一定能够精诚团结，推动两国能源合作百尺竿头更进一步，更好造福两国人民。①

6月10日 习近平致电托卡耶夫，祝贺他当选哈萨克斯坦共和国总统。习近平在贺电中指出，中哈是真诚互信的友好邻邦和合作共赢的全面战略伙伴。当前，两国关系保持高水平运行，双方共建“一带一路”取得丰硕成果，在构建人类命运共同体方面走在前列，双边关系具有广阔发展前景。我高度重视中哈关系发展，愿同你建立密切联系，推动中哈关系继往开来，行稳致远。②

6月13日 习近平在比什凯克同吉尔吉斯斯坦总统热恩别科夫会谈。两国元首高度评价中吉关系发展和各领域合作成果，一致同意推动中吉全面战略伙伴关系迈上新台阶。习近平指出，中吉建交27年来，两国关系经受住国际风云考验，实现跨越发展，树立了相互尊重、平等合作、互利共赢的新型国家关

---

① 韩显阳:《习近平和俄罗斯总统普京共同出席中俄能源商务论坛》,《光明日报》2019年6月8日第1版。

② 《习近平向哈萨克斯坦当选总统托卡耶夫致贺电》,《人民日报》2019年6月11日第1版。

系典范。中方将一如既往支持吉尔吉斯斯坦走自主选择的发展道路，支持吉尔吉斯斯坦政府为维护国家独立、主权、安全奉行的内外政策。中方愿同吉方一道，弘扬中吉世代友好精神，深化互利合作，更好造福两国人民。只要我们坚定不移加大相互支持，持之以恒推进各领域合作，中吉共同发展繁荣之路就会越走越宽广。习近平强调，共建"一带一路"已成为中吉合作的主线。新形势下，双方要推动两国发展战略深入对接，挖掘新的合作潜力，开辟新的合作空间。要扩大经贸投资合作，落实好有关重点合作项目。中方将继续支持吉尔吉斯斯坦经济社会发展，同吉方一道实施好饮用水、道路、医院等更多民生项目。双方要密切人文和地方交流，推动两国地方合作提质升级。要全面提升安全合作水平，加大对"三股势力"、跨国有组织犯罪、贩毒等活动打击力度。习近平指出，吉尔吉斯斯坦担任上合组织轮值主席国以来，推动各领域合作稳中有进，中方予以高度评价。中方支持吉方办好比什凯克峰会，愿以比什凯克峰会为契机，推动各方凝聚更多共识，充分释放合作潜力，共同打造惠及各方的命运共同体。会谈结束后，两国元首共同签署了《中华人民共和国和吉尔吉斯共和国关于进一步深化全面战略伙伴关系的联合声明》，并见证多项双边合作文件的交换。①

6月14日　上海合作组织成员国元首理事会第十九次会议在吉尔吉斯斯坦首都比什凯克举行。习近平在会上发表重要讲话，强调要从"上海精神"中发掘智慧，从团结合作中获取力量，把上海合作组织打造成团结互信、安危共担、互利共赢、包容互鉴的典范，携手构建更加紧密的上海合作组织命运共同体。与会各方讨论了上合组织青岛峰会成果落实情况，围绕当前世界政治经济形势下上合组织发展状况和前景及重大国际和地区问题交换意见，达成广泛共识。习近平在会上发表题为《凝心聚力　务实笃行　共创上海合作组织美好明天》的重要讲话。习近平指出，青岛峰会以来，成员国以"上海精神"为指引，促进各领域合作不断走深走实，推动上海合作组织在新起点上实现新发展。当前，国际形势风云激荡，但和平、发展、合作、共赢的时代潮流不可逆转。我们要牢牢把握世界多极化、经济全球化大势，从"上海精神"中发掘智慧，从

① 韩显阳:《习近平同吉尔吉斯斯坦总统热恩别科夫会谈》,《光明日报》2019年6月14日第1版。

团结合作中获取力量，携手构建更加紧密的上海合作组织命运共同体。

成员国领导人签署《上海合作组织成员国元首理事会比什凯克宣言》以及关于信息通信技术、禁毒、地方合作等13个合作文件。会议发表了《上海合作组织成员国元首理事会会议新闻公报》。①

习近平在比什凯克同俄罗斯总统普京、蒙古国总统巴特图勒嘎举行中俄蒙三国元首第五次会晤。三国元首总结三方合作成果，共商全面推进合作大计。习近平强调，中俄蒙三国毗邻而居，是山水相连的好邻居、守望相助的好伙伴，开展三方合作具备先天地缘优势和深厚传统积淀。习近平就推进三方合作提出三点建议。一是从战略上引领好三方合作。要深化政治互信，加大相互支持，尊重彼此核心利益，在国际和地区事务中加强协调和配合。二是以重点合作带动三方合作。三方要推动中蒙俄经济走廊框架内合作项目落地实施，促进三方通关便利化，推动重点口岸升级改造，深入开展地方合作。三是扩大在上海合作组织框架内协调和配合。上海合作组织在维护地区安全稳定、促进各国发展繁荣方面的作用更加突出。越来越多国家希望加强同上合组织合作。希望蒙方发挥自身优势，深度参与上合组织合作，更多分享地区合作机遇，更有效推动中俄蒙三方合作。②

习近平在比什凯克会见巴基斯坦总理伊姆兰·汗。习近平指出，在复杂的国际和地区形势下，中国和巴基斯坦要开展更加紧密的协调合作，打造更加紧密的中巴命运共同体。习近平强调，我们要维护好、巩固好、发展好中巴全天候关系和全方位合作。双方要就共同关心的问题深入沟通，共同维护国际和地区安全与稳定。要以产业园区、农业和社会民生等为新重点，拓展、充实中巴经济走廊建设。要抓住中巴自由贸易协定升级契机，大力拓展双边贸易。中方愿向巴基斯坦提供力所能及的帮助。我们支持巴基斯坦将国家反恐行动计划进行到底，愿帮助巴方加强反恐能力建设。中方支持巴基斯坦和印度改善关系。伊姆兰·汗表示，中国是巴基斯坦全天候战略合作伙伴。巴方感谢中方长期以来给予的宝贵支持和帮助，高度评价中国为促进国际和地区和平安全发挥的积

① 杜尚泽、裴广江:《习近平出席上海合作组织成员国元首理事会第十九次会议并发表重要讲话》,《人民日报》2019年6月15日第1版。

② 曲颂、韩秉宸:《习近平出席中俄蒙元首第五次会晤》,《人民日报》2019年6月15日第1版。

极作用，致力于不断深化同中国的战略关系。巴方坚定推进中巴经济走廊建设，将采取有效措施提供安全保障。[①]

外交部副部长乐玉成紧急召见美国驻华使馆临时代办傅德恩，就美方对香港特区政府推进修订《逃犯条例》和《刑事事宜相互法律协助条例》的不负责任言行提出严正交涉。乐玉成指出，香港是中国的香港，香港事务纯属中国内政，不容任何外部势力插手置喙。近来美方一些高级官员频频就特区政府推进修例说三道四，横加干预，中方对此强烈不满和坚决反对。我们敦促美方客观公正看待香港特区政府依法修例，切实尊重特区政府正常的立法进程，立即停止以任何形式干预香港事务，不做任何损害香港繁荣稳定的事。中方将视美方行动作出进一步反应。[②]

6月15日 亚洲相互协作与信任措施会议第五次峰会在塔吉克斯坦首都杜尚别举行。习近平在会上发表题为《携手开创亚洲安全和发展新局面》的重要讲话，强调要建设互敬互信、安全稳定、发展繁荣、开放包容、合作创新的亚洲。中国将坚定走和平发展道路，坚持开放共赢，坚定践行多边主义，同各方共同创造亚洲和世界的美好未来。峰会发表了《亚洲相互协作与信任措施会议第五次峰会宣言》。[③]

6月15日 习近平在杜尚别同塔吉克斯坦总统拉赫蒙会谈。两国元首高度评价中塔关系和各领域合作成果，共同规划双边关系发展新蓝图，一致同意深化真诚互信、合作共赢的全面战略伙伴关系，致力于发展全天候友谊，推动构建人类命运共同体，实现共同发展繁荣。习近平首先祝贺塔吉克斯坦成功主办亚信第五次峰会，指出峰会达成的重要共识和成果，向世界发出了积极信息，注入了正能量。中方高度评价塔吉克斯坦担任主席国以来为推进亚信进程所做大量工作，愿继续给予塔方大力支持，不断提升亚信整体合作水平。习近平强调，中塔双方要继续在涉及各自核心利益问题上相互坚定支持。塔吉克斯坦始

---

① 裴广江、屈佩：《习近平会见巴基斯坦总理伊姆兰·汗》，《人民日报》2019年6月15日第2版。

② 《外交部召见美国驻华使馆临时代办就美方对香港特区政府修例的不负责任言行提出严正交涉》，《解放军报》2019年6月15日第3版。

③ 李佳彬：《习近平出席亚洲相互协作与信任措施会议第五次峰会并发表重要讲话》，《光明日报》2019年6月16日第1版。

终积极支持和参与共建“一带一路”，中塔在“一带一路”框架内合作已取得丰硕成果。双方要深入推进共建“一带一路”倡议同塔吉克斯坦国家发展战略对接，深挖合作潜力，提升合作质量，全面深化设施联通、能源、农业、工业等领域合作。中方愿帮助塔吉克斯坦提升农业现代化水平，支持并愿积极参与塔方建设自由经济区。中方愿同塔方密切文化、教育、旅游等领域交流，让中塔友谊深植人心，让世代友好薪火相传。双方要深化在打击“三股势力”和跨国有组织犯罪、禁毒、网络安全等领域合作，维护两国安全和本地区和平稳定。两国元首签署《中华人民共和国和塔吉克斯坦共和国关于进一步深化全面战略伙伴关系的联合声明》，并见证多项双边合作文件的交换。[①]

6月15—16日 应塔吉克斯坦共和国总统埃莫马利·拉赫蒙邀请，习近平对塔吉克斯坦共和国进行国事访问。两国元首在热情友好的气氛中举行会谈，高度评价两国建交27年来各领域合作取得的丰硕成果，就双边关系以及共同关心的国际和地区问题深入交换意见。双方重申共同遵守2007年1月15日签订的《中华人民共和国和塔吉克斯坦共和国睦邻友好合作条约》、2013年5月20日签订的《中华人民共和国和塔吉克斯坦共和国关于建立战略伙伴关系的联合宣言》、2014年9月13日签订的《中华人民共和国和塔吉克斯坦共和国关于进一步发展和深化战略伙伴关系的联合宣言》、2017年8月31日签订的《中华人民共和国和塔吉克斯坦共和国关于建立全面战略伙伴关系的联合声明》以及其他双边条约和协议。为继续加强政治互信和互利合作，加深两国人民相互了解和友谊，促进地区和世界和平与可持续发展。[②]

6月18日 习近平应约同特朗普通电话。特朗普表示，我期待着同习近平主席在二十国集团领导人大阪峰会期间再次会晤，就双边关系和我们共同关心的问题进行深入沟通。美方重视美中经贸合作，希望双方工作团队能展开沟通，尽早找到解决当前分歧的办法。相信全世界都希望看到美中达成协议。习近平指出，近一段时间来，中美关系遇到一些困难，这不符合双方利益。中美合则两利、斗则俱伤。双方应该按照我们达成的共识，在相互尊重、互惠互利

① 刘仲华、杜尚泽：《习近平同塔吉克斯坦总统拉赫蒙会谈》，《人民日报》2019年6月17日第1版。

② 《中华人民共和国与塔吉克斯坦共和国关于进一步深化两国全面战略伙伴关系的联合声明》，《人民日报》2019年6月17日第2版。

基础上，推进以协调、合作、稳定为基调的中美关系。中美作为全球最大的两个经济体，要共同发挥引领作用，推动二十国集团大阪峰会达成积极成果，为全球市场注入信心和活力。我愿意同总统先生在二十国集团领导人大阪峰会期间举行会晤，就事关中美关系发展的根本性问题交换意见。习近平强调，在经贸问题上，双方应通过平等对话解决问题，关键是要照顾彼此的合理关切。我们也希望美方公平对待中国企业。我同意两国经贸团队就如何解决分歧保持沟通。①

6月20日　习近平在平壤锦绣山迎宾馆同朝鲜劳动党委员长、国务委员会委员长金正恩会谈。双方一致同意，在新的历史起点上，中朝双方愿不忘初心、携手前进，共同开创两党两国关系的美好未来。习近平指出，去年以来，我和委员长同志4次会晤，书写了中朝关系新篇章，并结下了深厚友谊。感谢金正恩委员长同志为我这次访问举行的隆重而热烈的欢迎仪式，我今天从下飞机到抵达住处，所到之处无不感受到中朝一家亲的浓厚氛围。今年是中朝建交70周年，在两党两国关系发展史上具有承前启后、继往开来的重要意义，我又同金正恩委员长在平壤会面。我这次是为巩固传承中朝友谊而来，为推动朝鲜半岛问题政治解决进程而来。相信以这次访问为契机，我们一定会共同擘画中朝关系美好未来，共同开启中朝友谊崭新篇章。习近平强调，回顾中朝关系历程，可以深刻认识到：坚持共产党领导的社会主义国家是中朝关系的本质属性；共同的理想信念和奋斗目标是中朝关系的前进动力；最高领导人的友谊传承和战略引领是中朝关系的最大优势；地缘相亲和文缘相通是中朝关系的牢固纽带。我们坚信，中朝友谊符合两国人民心愿，符合两国根本利益，符合时代发展潮流，也是双方着眼长远大局作出的战略选择，不会因国际风云变幻而动摇。习近平表示，当前，中朝关系已经进入新的历史时期。中国党和政府高度重视中朝友好合作关系，维护好、巩固好、发展好中朝关系，始终是中国党和政府坚定不移的方针。面对国际和地区形势深刻复杂演变，双方要加强高层交往，为中朝关系发展引领航向。我愿意同金正恩委员长保持密切交往，巩固政治互信，牢牢把握中朝关系发展大方向；双方要加强战略沟通，及时就重大问题深入交换意见，为两国发展营造良好环境；双方要拓展务实合作，为两国

---

① 《习近平同美国总统特朗普通电话》,《人民日报》2019年6月19日第1版。

人民带来更大福祉。中方愿同朝方深化两党治国理政经验交流互鉴，加强双方经济民生领域干部培训和人员往来；双方要深化友好交流，为中朝友谊巩固发展打牢根基。中方愿同朝方继续落实好建交70周年纪念活动方案，开展教育、卫生、体育、媒体、青年、地方等领域交流合作，弘扬中朝传统友谊，增进两国人民福祉。习近平积极评价朝方为维护半岛和平稳定、推动半岛无核化作出的努力。习近平指出，朝鲜半岛形势关乎地区和平稳定，过去一年半岛问题重现对话解决的光明前景，赢得了国际社会认同和期待。国际社会普遍希望朝美谈下去并谈出成果。习近平强调，半岛问题高度复杂敏感。我们要从战略高度和长远角度来准确把握形势走向，切实维护半岛和平稳定。中方支持推进半岛问题政治解决进程，为解决问题积累和创造条件。中方愿为朝方解决自身合理安全和发展关切提供力所能及的帮助，愿同朝方及有关各方加强协调和配合，为实现半岛无核化和地区长治久安发挥积极建设性作用。①

魏凤和今天在京会见了尼泊尔军队参谋长塔帕。魏凤和说，中尼世代友好，是真诚互助的好邻居、好兄弟。习主席提出的"一带一路"倡议，为中尼两国发展带来了机遇。近年来，两国领导人就加强两国合作达成重要共识，引领中尼世代友好的全面合作伙伴关系不断发展。我们高度赞赏尼泊尔坚定奉行"一个中国"政策。中国军队愿与尼方一道，全面落实两国领导人重要共识，结合自身特点和建设需要，加强两军合作长远规划设计，不断开拓新的合作领域和增长点，推动两军关系持续巩固深化提升。②

6月21日　习近平在锦绣山迎宾馆会见金正恩。习近平代表中国党、政府、人民对朝方热情接待和周到安排表示诚挚谢意。习近平指出，这次访朝始终沉浸在中朝友好的热烈气氛中，彰显了中朝两党两国的深厚友谊。访问取得圆满成功，巩固了中朝传统友谊，明确了中朝关系在新时期的发展方向，也向外界展示了中朝双方推进半岛问题政治解决进程、实现地区长治久安的坚定意志。习近平强调，访问实现了中朝两党两国最高领导人在建交70周年这样的重要年份进行历史性互访，也实现了短短15个月内两党两国最高领导人第五次会晤，这些都是中朝传统友谊生命力的生动体现。希望双方共同努力，落

① 杜尚泽、莽九晨：《习近平同朝鲜劳动党委员长、国务委员会委员长金正恩举行会谈》，《人民日报》2019年6月21日第1版。

② 尹航：《魏凤和会见尼泊尔军队参谋长》，《解放军报》2019年6月21日第2版。

实好此访达成的各项共识，将新时代中朝关系发展蓝图一步一步转化为美好现实。习近平强调，无论国际形势如何变化，中方都坚定支持朝鲜社会主义事业，坚定支持朝方实施新战略路线，坚定支持朝方为政治解决半岛问题、实现半岛长治久安所作的努力。会见前，习近平夫妇和金正恩夫妇在庭院内散步交谈。在风景秀丽的锦绣山迎宾馆湖边，习近平和金正恩在轻松友好的气氛中闲庭信步，就加强中朝传统友谊等共同关心的话题亲切交换意见。会见后，金正恩夫妇为习近平夫妇举行午宴。①

6月26日 王毅应约同日本外相河野太郎通电话。王毅表示，习近平主席即将赴日出席大阪二十国集团领导人峰会。此行无论对完善全球治理、坚持多边主义以及改善中日关系、拓展务实合作都具有重要意义。希望双方立足大局，着眼长远，聚焦共识，确保各项活动圆满、顺利和成功。河野太郎表示，日方高度重视并热烈欢迎习近平主席出席G20大阪峰会，期待双方发出推进契合新时代的日中关系的积极信号。日方愿同中方加强沟通协调，确保峰会及各项活动都取得成功。②

6月27日 习近平在大阪会见日本首相安倍晋三。习近平指出，当今世界正经历百年未有之大变局，全球治理体系深刻重塑，国际格局加速演变。中日两国拥有越来越多共同利益和共同关切。今年是中华人民共和国成立70周年，日本也进入令和时代。我们要共同致力于构建契合新时代要求的中日关系，使中日关系成为维护世界和平、促进共同发展的重要积极因素。习近平强调，双方要始终恪守中日四个政治文件确立的各项原则，践行中日“互为合作伙伴、互不构成威胁”的政治共识，增进互信，推动中日关系始终沿着和平、友好、合作的正确轨道持续向前发展。要深化经贸、投资、第三方市场、科技创新等广泛领域合作，打造新的合作增长点，积极引领区域经济一体化。我们欢迎日本企业积极扩大对华合作，分享中国发展新机遇。共建“一带一路”倡议为中日互利合作开辟了广阔天地，欢迎日方积极参与。双方要拉紧人文纽带，加强两国青少年交流，促进两国民众相知相亲。我赞同年内启动中日高级别人文交流磋商机制。要通过对话协商建设性管控矛盾分歧，加强外交和安全领域对

① 李忠发:《习近平会见朝鲜劳动党委员长、国务委员会委员长金正恩》,《光明日报》2019年6月22日第1版。

② 《王毅同日本外相河野太郎通电话》,《人民日报》2019年6月27日第3版。

话，构建建设性双边安全关系。希望日方恪守迄今共识和承诺，妥善处理好历史等敏感问题，共同维护东海和平稳定。中日应该加强在国际和地区事务中的沟通、协调、合作，共同应对全球性挑战，推动全球治理更加公正合理。中方支持日方办好二十国集团领导人大阪峰会，期待峰会发出维护多边主义和自由贸易的明确声音，为世界经济发展注入稳定预期和动力。双方还就朝鲜半岛局势等问题交换了看法。安倍表示，日方高度赞赏习近平主席日前访问朝鲜，认为这次访问为推动半岛和平稳定发挥了重要建设性作用。①

习近平在日本大阪会见韩国总统文在寅。习近平指出，加强中韩友好合作符合历史潮流，也是两国人心所向。中方愿同韩方坚持以诚相待，努力实现合作共赢，推动两国关系不断向前发展，并为朝鲜半岛和地区和平稳定作出贡献。双方要保持各层次沟通，把稳双边关系发展大方向。要把握共建“一带一路”机遇，加快中韩自由贸易协定第二阶段谈判，不断扩大贸易、科技、财经、环保等领域合作。要积极开展人文交流，巩固中韩民间友好。中韩合作完全是互利双赢的，不应该受到外部压力影响。希望韩方继续重视、妥善处理好两国间有关问题。双方要加强在联合国、二十国集团等多边框架内的协调，共同反对保护主义，支持多边主义和自由贸易体制，推动构建开放型世界经济。两国元首还就朝鲜半岛形势交换了看法。习近平表示，我上周应邀对朝鲜进行了国事访问，同金正恩委员长就中朝关系、半岛形势深入交换了意见。从我这次访问朝鲜和近期各方面情况看，半岛缓和对话的大势没有变，政治解决仍是各方的优先选项。事实证明，只有通过对话协商，按照分阶段、同步走原则，逐步解决各自合理关切，才能找到出路。下一步，我们应该加大促谈力度，共同做有关方工作。中方支持朝美举行新一轮领导人会晤，希望双方相互显示灵活，争取对话取得进展。半岛应坚持无核化方向，同时朝方的合理关切也应得到重视和回应。文在寅表示，几天前，习近平主席访问朝鲜，为推动半岛对话势头和维护半岛和平稳定发挥了建设性作用，作出了重要贡献。韩方对此高度赞赏。韩方将继续致力于改善南北关系，愿同中方加强合作，为实现无核化目标和永久和平稳定作出贡献。②

---

① 张冠楠:《习近平会见日本首相安倍晋三》,《光明日报》2019年6月28日第1版。

② 张冠楠:《习近平会见韩国总统文在寅》,《光明日报》2019年6月28日第1版。

6月28日 习近平在大阪出席中俄印领导人会晤，同俄罗斯总统普京、印度总理莫迪就当前国际形势、重大国际和地区问题、三方合作深入交换意见。三国领导人一致同意，继续维护好、利用好、发展好中俄印合作机制，为促进地区乃至世界和平、稳定、繁荣作出更大贡献。习近平指出，当前，保护主义、单边主义抬头严重影响全球格局稳定，拖累世界经济增长，也对新兴市场国家和广大发展中国家赖以生存的国际秩序带来不容忽视的负面影响。中国、俄罗斯、印度应该展现应有的国际担当，维护三国以及国际社会根本利益和长远利益。习近平强调，中俄印三方要推动世界多极化和国际关系民主化，呼吁各方恪守联合国宪章，践行多边主义，坚持不干涉内政原则，维护以国际法为基础的国际秩序，维护世界公平正义。要构建有利于新兴市场国家和发展中国家更好发展的开放型世界经济，拓展5G网络、高技术、互联互通、能源等领域合作，推动贸易和投资自由化便利化，坚持以协商一致的方式推进世界贸易组织改革，努力解决世界经济发展不平衡不平等问题。要努力维护全球和地区和平稳定，积极倡导共同、综合、合作、可持续的安全观，坚持通过政治对话解决热点问题，共同打击一切形式的恐怖主义，合作应对气候变化、网络安全等全球性挑战。三国领导人同意继续保持密切联系。[①]

二十国集团领导人第十四次峰会在日本大阪举行。习近平出席并发表题为《携手共进，合力打造高质量世界经济》的重要讲话，强调二十国集团要坚持改革创新，挖掘增长动力；坚持与时俱进，完善全球治理；坚持迎难而上，破解发展瓶颈；坚持伙伴精神，妥善处理分歧。习近平宣布中国将进一步开放市场，努力实现高质量发展，为创造世界经济更加美好的明天不懈努力。习近平指出，国际金融危机发生10年后，世界经济再次来到十字路口。二十国集团有责任在关键时刻为世界经济和全球治理把准航向，为市场增强信心，给人民带来希望。我们要尊重客观规律，发挥市场作用，适应生产力发展要求；要把握发展大势，以更大的开放拥抱发展机遇，以更好的合作谋求互利共赢，引导经济全球化朝正确方向发展；要胸怀共同未来，立足共同利益，着眼长远发展，致力于实现世界持久和平繁荣、各国人民安居乐业。习近平提出以下建议：

---

① 王芳、马菲：《习近平出席中俄印领导人会晤》，《人民日报》2019年6月29日第2版。

第一，坚持改革创新，挖掘增长动力。我们要大力推进结构性改革，通过发展数字经济、促进互联互通、完善社会保障措施等，努力实现高质量发展。要营造有利市场环境，尊重、保护、鼓励创新，提倡国际创新合作。

第二，坚持与时俱进，完善全球治理。我们要加强多边贸易体制，对世界贸易组织进行必要改革，使得世界贸易组织能够更加有效践行其开放市场、促进发展的宗旨。要确保金融安全网资源充足，也要让国际金融架构的代表性更加合理。要落实应对气候变化《巴黎协定》，完善能源治理、环境治理、数字治理。

第三，坚持迎难而上，破解发展瓶颈。中国提出共建“一带一路”倡议，目的就是动员更多资源，拉紧互联互通纽带，释放增长动力，实现市场对接，让更多国家和地区融入经济全球化。二十国集团应该继续将发展置于宏观经济政策协调的优先位置，增加发展投入。

第四，坚持伙伴精神，妥善处理分歧。二十国集团成员处在不同发展阶段，关键是要本着相互尊重、相互信任态度，平等协商、求同存异、管控分歧、扩大共识。

峰会开始前，习近平还出席了数字经济特别会议并应安倍晋三邀请第一位讲话。习近平指出，当前，数字经济发展日新月异，深刻重塑世界经济和人类社会面貌。我们要营造公平、公正、非歧视的市场环境，不能关起门来搞发展，更不能人为干扰市场；要共同完善数据治理规则，确保数据的安全有序利用；要促进数字经济和实体经济融合发展，加强数字基础设施建设，促进互联互通；要提升数字经济包容性，弥合数字鸿沟。作为数字经济大国，中国愿积极参与国际合作，保持市场开放，实现互利共赢。[①]

习近平在大阪会见印度尼西亚总统佐科。习近平指出，明年是中印尼建交70周年，我们要再接再厉，共创新时期两国互利共赢、携手发展的新局面。双方要加强治国理政经验交流，建设好雅万高铁、“区域综合经济走廊”，拓展职业培训合作，推动共建“一带一路”合作提质升级。中方愿同东盟国家开展智慧城市、数字经济等合作，让科技引领、创新驱动成为两国和地区发展的新

---

① 张冠楠:《习近平出席二十国集团领导人峰会第十四次峰会并发表重要讲话》,《光明日报》2019年6月29日第1版。

动力。习近平指出，我提出构建新型国际关系和人类命运共同体，同64年前的万隆精神一脉相承。当前形势下，中国和印尼更要在国际舞台上加强协调和协作，维护公理和正义。[①]

6月29日 二十国集团领导人第十四次峰会在日本大阪继续举行。习近平出席。在讨论包容发展问题时，习近平指出，中方赞同把高质量基础设施建设作为推进包容发展的重要抓手。不久前在北京成功举办的第二届“一带一路”国际合作高峰论坛围绕高质量共建“一带一路”达成广泛共识和丰硕成果。我们要坚持共商共建共享原则，践行开放、绿色、廉洁的理念，致力于实现高标准、惠民生、可持续的目标。最终目的是通过全方位互联互通，更好融入全球供应链、产业链、价值链，实现联动发展。我们要加强同联合国2030年可持续发展议程的对接。共建“一带一路”突出发展视角，将为落实联合国2030年可持续发展议程、推动广大发展中国家可持续发展作出重要贡献。共建“一带一路”致力于推动国际社会各成员共同发展，已成为造福各方的国际公共产品和开放包容的国际合作平台。我们欢迎所有感兴趣的合作伙伴共同参与，携手做大互利共赢的“蛋糕”，将在国际社会共同愿景和普遍共识基础上，继续推进政策沟通对接以及务实合作，为推动世界经济强劲、可持续、平衡、包容增长作出贡献，实现各国高质量发展和共同繁荣。[②]

习近平同美国总统特朗普在大阪举行会晤。两国元首就事关中美关系发展的根本性问题、当前中美经贸摩擦以及共同关心的国际和地区问题深入交换意见，为下阶段两国关系发展定向把舵，同意推进以协调、合作、稳定为基调的中美关系。习近平指出，中美关系是世界上最重要的双边关系之一。回顾中美建交以来的40年，国际形势和两国关系都发生了巨大变化，但一个基本的事实始终未变，那就是中美合则两利、斗则俱伤，合作比摩擦好，对话比对抗好。当前，中美关系遇到一些困难，这不符合双方利益。中美两国虽然存有一些分歧，但双方利益高度交融，合作领域广阔，不应该落入所谓冲突对抗的陷阱，而应相互促进、共同发展。关于经贸问题，习近平强调，从根本上讲，中美经贸合作的本质是互利双赢。中美双方存在巨大利益交集，两国应该成为合

① 张冠楠：《习近平会见印度尼西亚总统佐科》，《光明日报》2019年6月29日第3版。

② 张冠楠：《习近平继续出席二十国集团领导人峰会第十四次峰会》，《光明日报》2019年6月30日第1版。

作好伙伴，这有利于中国，有利于美国，也有利于全世界。中方有诚意同美方继续谈判，管控分歧，但谈判应该是平等的，体现相互尊重，解决各自合理关切。在涉及中国主权和尊严的问题上，中国必须维护自己的核心利益。作为世界前两大经济体，中美之间的分歧终归是要通过对话磋商，寻找彼此都能接受的办法解决。习近平强调，中方希望美方公平对待中国企业和中国留学生，保证两国企业经贸投资正常合作和两国人民正常交流。两国元首同意，在平等和相互尊重基础上重启经贸磋商，美方不再对中国产品加征新的关税。两国经贸团队将就具体问题进行讨论。习近平阐述了中国政府在台湾问题上的原则立场。特朗普表示，我重视中方在台湾问题上的关切，美方继续奉行一个中国政策。习近平重申了中方在朝鲜半岛问题上的原则立场，表示中方支持美朝领导人保持对话接触，希望美朝双方显示灵活，相向而行，尽快重启对话，找到解决彼此关切的办法。中方愿为此继续发挥建设性作用。特朗普表示，美方重视中方在朝鲜半岛问题上的重要作用，愿同中方保持沟通协调。①

7月3日　王毅在北京会见尼泊尔外长贾瓦利。王毅表示，两国领导人为两国关系发展指明了方向。中方支持尼方维护主权独立、促进繁荣发展，愿同尼方一道，以共建“一带一路”为契机，加强各领域务实合作，携手维护多边主义与发展中国家共同利益。贾瓦利祝贺中华人民共和国成立70周年，表示尼方高度认同习近平主席倡导的构建人类命运共同体理念，积极评价并期待中国在国际议程设置中发挥更大作用，愿同中方进一步深化全面合作伙伴关系。②

7月5日　习近平在钓鱼台国宾馆会见孟加拉国总理哈西娜。习近平指出，当前，中孟都处在各自发展的关键阶段。巩固好、发展好战略合作伙伴关系，不仅符合两国和两国人民共同利益，也有利于亚洲繁荣稳定和世界开放合作。习近平强调，双方要弘扬传统友谊，努力实现两国合作发展、共同发展。要发挥高层交往的政治引领作用，加强顶层设计，确保各领域交流合作持续深入发展。要保持两国政府、立法机构、政党交往，就双边关系加强沟通，凝聚共识。中方赞赏孟方在涉及中国核心利益问题上给予中方宝贵支持，将一如既往

① 张冠楠:《习近平同美国总统特朗普会晤》,《光明日报》2019年6月30日第1版。

② 马卓言:《王毅会见尼泊尔外长贾瓦利》,《人民日报》2019年7月4日第2版。

坚定支持孟加拉国维护独立主权，探索符合本国国情的发展道路，维护政治和社会稳定。中孟合作前景广阔，大有可为。双方要加强贸易、投资、产能、能源电力、交通运输、信息通信、基础设施建设、农业等重点领域合作，推进数字经济领域合作，共建“数字丝绸之路”。中方愿同孟方加强教育、文化、青年、媒体等交流合作，传承和弘扬好中孟传统友谊。中方愿继续为孟加拉国反恐和执法能力建设提供支持。哈西娜表示，孟加拉国珍视由两国老一代领导人缔造的孟中友好关系，坚定支持一个中国政策，感谢中方长期以来给予的宝贵支持。孟方在为实现国父穆吉布·拉赫曼提出的“金色孟加拉”梦想奋斗进程中，期待继续得到中国的支持，提升双方贸易、投资水平，深化在基础设施建设、数字经济、应对气候变化、反恐安全等领域合作。孟加拉国愿借鉴中国治国理政经验，积极参加共建“一带一路”，推动孟中印缅经济走廊建设。①

7月9日　王岐山在中南海会见马来西亚副总理旺·阿兹莎。王岐山表示，远亲不如近邻，中马友好交往历史悠久，民意基础深厚。当前，中国正在努力实现“两个一百年”奋斗目标，马来西亚也矢志完成“2030宏愿”，两国领导人共同确定了中马全面战略伙伴关系，为中马关系指明了方向。双方应以建交45周年为契机，密切各领域、各层级往来，深化共建“一带一路”等领域互利合作，加强人文交流和社会治理经验互学互鉴，不断拉紧双方利益纽带，传承中马友好情谊，更好造福两国人民。旺·阿兹莎表示，马方高度重视对华关系。愿与中方共同继承和发展好马中传统友好，深化各领域交流合作，挖掘“一带一路”在马及东盟国家内合作潜力，不断丰富马中关系战略内涵。②

杨洁篪在会见俄罗斯国际事务委员会主席、前外长伊万诺夫时，就美国国务院批准向台湾出售总值约22.2亿美元的武器装备事表明中方坚决反对的严正立场。杨洁篪说，台湾是中国领土不可分割的一部分。美国向台湾出售武器严重违反一个中国原则和中美三个联合公报规定，损害中国主权和安全利益，严重危害台海地区和平稳定。中方对此表示强烈不满和坚决反对，已就此向美方提出严正交涉。杨洁篪强调，台湾问题纯属中国内政，不容任何外来干涉。中国政府和人民捍卫国家主权和领土完整的决心和意志坚定不移。中方敦促美方

① 白洁：《习近平会见孟加拉国总理哈西娜》，《光明日报》2019年7月6日第1版。

② 白洁：《王岐山会见马来西亚副总理旺·阿兹莎》，《光明日报》2019年7月10日第3版。

充分认清美售台武器的严重危害性，恪守一个中国原则和中美三个联合公报规定，立即纠正错误，撤销对台售武计划，停止售台武器和美台军事联系，以免对中美关系和台海和平稳定造成进一步损害。①

7月10—12日 应蒙古国总理呼日勒苏赫邀请，王岐山访问蒙古国，在乌兰巴托先后会见呼日勒苏赫总理、赞登沙特尔国家大呼拉尔主席和巴特图勒嘎总统，并出席中蒙建交70周年纪念活动。访蒙期间，王岐山还同蒙古国副总理恩赫图布辛共同出席了建交70周年纪念大会，向中蒙关系杰出友好人士颁奖，并出席了那达慕大会开幕式。②

7月11日 国防部新闻发言人吴谦就美国售台武器发表谈话，全文如下：

7月9日，美国国务院批准一项价值约22.2亿美元的对台军售案，包括M1A2坦克、“毒刺”防空导弹等武器装备，美国防部已就此通知国会。中国军队对此表示强烈不满、坚决反对，已向美方提出严正交涉。台湾是中国不可分割的一部分。中方坚决反对美国售台武器的立场是明确的、一贯的。美方的错误行径严重违反一个中国原则和中美三个联合公报特别是“八·一七”公报规定，干涉中国内政，损害中国主权和安全利益，严重危害中美两国两军关系发展，严重损害台海地区和平稳定。台湾问题是中国内政，事关中国核心利益和中国人民民族感情，不容任何外来干涉。中方敦促美方信守承诺，恪守一个中国原则和中美三个联合公报规定，立即撤销上述售台武器计划，停止一切形式的美台军事联系，以免给中美两国两军关系造成进一步损害。中国军队有坚定的意志、充分的信心、足够的能力挫败任何形式的外部势力干涉和“台独”分裂行径，将采取一切必要措施坚定捍卫国家主权安全和领土完整。③

7月12日 习近平在人民大会堂会见越南国会主席阮氏金银。习近平指出，中越是“同志加兄弟”，也是具有战略意义的命运共同体。明年是中越建交70周年，双方要不忘初心，着眼大局，弘扬友好，深化合作，在新起点上推动双边关系再上新台阶。要用好党际交往的传统优势，深化治党理政经验交流，相互借鉴理论创新成果，让两党永葆生机，共同推动社会主义事业蓬勃发展。要加强发展战略对接，以共建“一带一路”同“两廊一圈”对接合作为主

---

① 《中方坚决反对美国售台武器》，《人民日报》2019年7月10日第3版。

② 霍文：《王岐山访问蒙古国》，《人民日报》2019年7月13日第3版。

③ 《国防部新闻发言人就美国售台武器发表谈话》，《解放军报》2019年7月12日第4版。

线，推动两国务实合作提质升级，构建互利共赢的全面合作格局。要密切民间交流，让两国友谊薪火相传。要从两国和两国人民根本利益出发，把两党两国高层共识真正落到实处，以实际行动维护海上和平稳定。要加强在国际事务中的协同配合，维护两国共同利益。希望双方今后进一步密切交流合作，在加强民意引导、增进两国民众相互了解方面多做工作，为夯实中越关系民意基础作出更大贡献。阮氏金银转达了阮富仲总书记、国家主席对习近平的亲切问候和良好祝愿。她说，越南共产党、国家、人民始终铭记中国同志在过去和现在给予的宝贵支持和帮助。相信在以习近平同志为核心的中共中央领导下，中国同志必将完成中共十九大制定的重要发展目标。越方愿与中方一道，以两党两国领导人达成的战略共识为指引，在社会主义发展道路上继续坚定相互支持，弘扬传统友谊，深化互利合作，有效管控分歧，推动越中全面战略合作伙伴关系取得更大发展。[①]

7月18日　王毅在北京出席外交部为亚洲国家驻华使节举办的招待会并讲话。王毅说，周边邻国始终是中国外交的优先方向。处理好同邻国的关系，要用真心交朋友，用诚心化分歧，用恒心促合作。亚洲国家毗邻而居，同属亚洲大家庭。中国好，亚洲也会好；亚洲好，中国会更好。习近平主席提出的亲诚惠容周边外交理念概括了中国周边外交的优良传统和有益经验。他进而倡导建设亚洲命运共同体，应该成为我们共同努力的方向。中国愿同亚洲各国共同高举多边主义旗帜，维护国际公平正义，更好发挥联合国核心作用，维护好国际法和国际关系基本准则，在此过程中发展更加紧密的关系。[②]

7月28日　中央军委副主席张又侠在京会见了巴基斯坦参联会主席祖拜尔。张又侠说，中巴两国是全天候战略合作伙伴，两国关系保持高水平运行。习近平主席高度重视发展两国关系，多次与伊姆兰总理会晤，为进一步打造新时代更紧密的中巴命运共同体奠定了坚实基础。中方愿同巴方共同落实好两国领导人重要共识，进一步密切高层交往和战略沟通，充实和拓展务实合作，实现两国关系更好更快发展。两军关系是两国关系的重要组成部分。希望两军继续在战略上相互坚定支持和帮助，推动两国防务安全合作走深走实，为维护两

---

① 王远：《习近平会见越南国会主席阮氏金银》，《人民日报》2019年7月13日第1版。

② 伍岳：《王毅表示周边邻国始终是中国外交的优先方向》，《人民日报》2019年7月19日第3版。

国根本利益、维护地区和世界和平安全稳定作出更大贡献。[①]

7月30日 王岐山在中南海会见巴基斯坦参谋长联席会议主席祖拜尔。王岐山表示，巴基斯坦是中国唯一的全天候战略合作伙伴。无论国际地区形势如何变化，中巴始终相互信任，相互支持。当前，中巴关系发展势头强劲。习近平主席同伊姆兰·汗总理就推进各领域合作达成重要共识，为两国关系发展指明了方向。中巴经济走廊取得丰硕成果，并正迈向充实、拓展、高质量发展的新阶段。双方应落实好两国领导人共识，加强战略沟通协作，扎实推进中巴经济走廊建设，深化反恐、安全等各领域合作，推动中巴关系不断取得更大发展。[②]

7月31日 王毅出席在泰国曼谷举行的中国—东盟外长会。王毅表示，当今世界正面临百年未有之大变局，国际地区形势中的不稳定不确定因素明显增多，而我们所在的东亚地区总体上保持了社会稳定和经济发展。东盟和以东盟为中心的东亚区域合作平台为此发挥了不可或缺的作用。中国高度重视中国—东盟关系发展，双方建立对话关系28年，特别是建立战略伙伴关系16年来，始终与时俱进、携手前行，中国—东盟关系已经成为引领东亚区域合作的一面旗帜。东盟外长祝贺新中国成立70周年。他们表示，东盟与中国对话伙伴关系是东盟最重要、最具活力的伙伴关系，也是最具实质性、惠及东盟最多的一组关系，已经成为地区和平稳定的重要支柱和经济增长的主要动力。东盟感谢中方积极参与东亚区域合作，希望中方更深入参与东亚峰会、东盟地区论坛等以东盟为中心的合作机制，愿将《东盟互联互通总体规划2025》与“一带一路”倡议对接，致力于早日完成区域全面经济伙伴关系协定谈判，加快“南海行为准则”磋商，共同维护多边主义和自由贸易，维护地区和平稳定，推动东盟—中国关系取得更大发展。[③]

7月31日—8月3日 东亚合作系列外长会在泰国首都曼谷举行，王毅出席。在7月31日举行的中国—东盟外长会上，双方就经贸、科技、安全、人文等领域合作达成多个重要共识。此外，双方还不断增强政治和战略互信，加强政策和行动协调，不断创新人文交流机制和平台，各领域合作硕果累累。中

① 尹航：《张又侠会见巴基斯坦参联会主席》，《解放军报》2019年7月29日第1版。

② 王迪：《王岐山会见巴基斯坦参联会主席祖拜尔》，《人民日报》2019年7月31日第1版。

③ 丁子等：《王毅出席中国—东盟外长会》，《人民日报》2019年8月1日第3版。

国—东盟命运共同体理念愈加深入人心，双方将携手打造更加紧密的命运共同体。[①]

8月6日　针对美国国会众议院议长佩洛西发表的极端错误声明，外交部驻香港特别行政区特派员公署发言人表示，佩洛西公然支持暴力抗法分子，粗暴干预香港事务和中国内政，中方对此予以强烈谴责，表示强烈不满和坚决反对。[②]

8月8日　外交部驻香港特别行政区特派员公署表示，针对媒体报道美国驻港总领馆官员接触香港“港独”组织头目，公署有关负责人紧急约见美驻港总领馆高级官员，提出严正交涉，表达强烈不满和坚决反对，要求美方就此作出澄清。公署有关负责人强调，中方维护国家主权安全和香港繁荣稳定的意志坚定不移，坚决反对任何国家、组织和个人以任何方式干预香港事务。公署有关负责人强烈敦促美驻港总领馆人员恪守《维也纳外交关系公约》《维也纳领事关系公约》等国际法和国际关系基本准则，恪守领事人员身份与职责，立即与各种反中乱港分子划清界限，立即停止向违法暴力分子发出错误信号，立即停止插手香港事务，不要在错误的道路上越走越远。[③]

8月9日　王毅在北京同专程紧急来华访问的巴基斯坦外长库雷希举行会谈。库雷希详细通报了巴方对近日克什米尔局势最新发展的看法、立场和应对举措。库雷希表示，中国是巴方长期信任的朋友，巴中友谊坚如磐石。相信中方会在克什米尔问题上主持公道。巴方也将继续在事关中方核心利益的问题上毫不犹豫地支持中方的正当立场。巴方将继续深入推进巴中全天候战略合作伙伴关系。王毅表示，近日克什米尔地区局势动荡升级，中方对此严重关切。克什米尔问题是殖民历史遗留下来的争议，应当根据《联合国宪章》、相关安理会决议以及双边协定，以和平方式加以妥善解决。中方认为不应采取使局势复杂化的单方面行动。王毅强调，中巴是全天候战略合作伙伴，在涉及彼此核心

---

① 汪瑾等：《中国和东盟就共同构建地区规则取得重要进展》，《解放军报》2019年8月5日第4版。

② 《外交部驻港公署正告外国干预势力停止与特区违法暴力分子狼狈为奸》，《人民日报》2019年8月7日第4版。

③ 丁梓懿：《外交部驻港公署就美领馆官员接触“港独”组织头目提出严正交涉》，《光明日报》2019年8月9日第3版。

利益问题上一贯相互理解，相互支持，这也是中巴双方值得珍惜的好传统。中方将继续坚定支持巴方维护自身的正当权益，继续在国际舞台上为巴方主持公道。王毅还表示，巴印两国都是中国的友好邻邦，都是发展中大国，都处于关键的发展阶段。我们呼吁双方以国家发展为重，以南亚和平为重，妥处历史恩怨，打破零和思维，避免单边行动，寻求和平共处的新路。①

8月10日　外交部副部长乐玉成和日本外务事务次官秋叶刚男在长野县共同主持新一轮中日战略对话。双方就中日关系及共同关心的国际地区问题坦诚深入地交换了意见。双方再次确认，将积极落实中日领导人大阪会晤达成的重要共识，努力构建契合新时代要求的中日关系。本轮中日战略对话系时隔7年重启。②

8月12日　王岐山在中南海会见印度外长苏杰生。王岐山表示，中印互为重要邻国，都是东方文明古国和当今世界大国，当前都处于国家发展和民族复兴的重要时期。近年来，在两国领导人的共同引领下，各领域合作深入发展，中印关系势头良好。现代化的核心是人的现代化。中印人文交流范围广泛、内涵丰富，利于当下、关乎长远，是两国全方位交往的重要领域，双方要利用好中印高级别人文交流机制，为两国关系持续健康发展奠定更加稳固的民意基础。苏杰生表示，印中在地区和国际政治中发挥着独特、重要作用，双方一贯相互尊重和照顾彼此重大关切。印方愿在两国领导人共识基础上再接再厉，进一步加强沟通，妥处分歧，加强各领域对华务实合作。③

王毅在京同印度外长苏杰生举行会谈。王毅表示，双方应认真落实领导人重要共识，珍惜迄今两国关系改善的成果，继续增进互信，深化合作。苏杰生表示，印方期待今年在印举行第二次领导人非正式会晤，愿确保会晤取得圆满成功。双方认为，要携手维护中印两国的发展中国家地位以及在世界贸易组织中应当享有的发展权利和正当利益。王毅就印方近日围绕克什米尔相关问题的单方面举措表明中方原则立场。苏杰生表示印方愿保持克制并与巴基斯坦改善关系，也将恪守印中就维护边境地区安宁达成的共识。④

---

① 郑明达：《我外长同巴基斯坦外长举行会谈》，《解放军报》2019年8月10日第4版。
② 刘军国：《中日举行新一轮战略对话》，《人民日报》2019年8月11日第3版。
③ 王迪：《王岐山会见印度外长苏杰生》，《人民日报》2019年8月13日第1版。
④ 杨依军：《王毅同印度外长苏杰生举行会谈》，《人民日报》2019年8月13日第3版。

8月14日 经中美双方商定，当地时间8月13日，中共中央政治局委员、中央外事工作委员会办公室主任杨洁篪同美国国务卿蓬佩奥在纽约就中美关系交换了意见。[①]

8月17日 中央军委副主席张又侠在京会见朝鲜人民军总政治局局长金秀吉。张又侠说，中朝两国传统友谊是我们共同的宝贵财富。这两年，金正恩委员长四度访华，习近平主席对朝鲜进行历史性国事访问，为新时代中朝关系发展注入强大动力，开启了中朝友谊崭新篇章。中朝两军关系是两国关系的重要组成部分。中国军队愿与朝方一道，落实好两国领导人的重要共识，以中朝建交70周年为契机，加强沟通，推进合作，相互支持，为两国关系的巩固发展、为地区和平稳定作出积极贡献。金秀吉说，世代传承朝中友谊是朝鲜党、政府和军队坚定不移的立场。朝方愿与中方加强两军各领域友好交往，相互学习借鉴，推动朝中两国两军关系提升至更高水平。[②]

8月19日 王岐山在中南海会见乌兹别克斯坦外长卡米洛夫。王岐山表示，乌兹别克斯坦是“丝绸之路”古国。建交27年来，两国关系始终保持高水平运行。在两国元首战略引领下，各领域合作不断深化。中乌两国都致力于通过改革开放实现国家富强、民族振兴和人民幸福，目标越高，越要把握好时间尺度，保持定力和耐心，一步步实现战略目标。中乌应继续相互坚定支持，加强治国理政经验交流，深化全方位合作，密切在上合组织等多边平台的沟通协调。卡米洛夫表示，乌方高度评价中方为地区发展合作与安全稳定所做努力，愿与中方共同推动互联互通和“一带一路”建设等务实合作，巩固和发展好乌中全面战略伙伴关系。[③]

8月20日 王毅在北京分别会见来华出席第九次中日韩外长会的日本外相河野太郎、韩国外长康京和。在会见河野时，王毅表示，中日关系进一步改善发展成果来之不易，双方应倍加珍惜。应密切沟通，为下一阶段高层政治交往创造必要条件和良好氛围。应加强多边领域合作，反对一切形式的保护主义和单边主义。王毅阐明中方在中日间敏感问题上的原则立场，强调双方应加强风险防控，建设性处理矛盾分歧。河野表示，日方愿与中方密切配合，确保下阶

---

① 《杨洁篪会见美国国务卿蓬佩奥》,《人民日报》2019年8月15日第3版。

② 梅常伟:《张又侠会见朝鲜人民军总政治局局长》,《人民日报》2019年8月18日第3版。

③ 杨依军:《王岐山会见乌兹别克斯坦外长卡米洛夫》,《光明日报》2019年8月20日第3版。

段高层政治交往取得积极成果。王毅阐明中方反对美方试图在本地区部署陆基中导的原则立场。河野重申日方将继续坚持专守防卫政策。

在会见康京和时，王毅表示，中韩关系发展良好。希望韩方积极参与共建“一带一路”，共同开拓第三方市场，加速自贸协定第二阶段谈判。当前尤其要加强高科技和创新领域合作，密切多边框架内协调。中日韩应共同维护多边主义和自由贸易，希望日韩通过对话协商妥处目前分歧。康京和表示，韩方愿同中方共同努力，继续拓展韩中关系的广度和深度。双方就朝鲜半岛问题交换了意见。[①]

8月21日 第九次中日韩外长会在北京举行。王毅主持会议，韩国外长康京和、日本外相河野太郎出席。王毅表示，中日韩合作20年历程的启示是，只有不断增进互信，合作才能行稳致远；只有加深利益融合，合作才有强大动力；只有妥善处理分歧，才能保障合作大局。王毅表示，三国要把握好合作方向，推动合作始终沿着正确轨道向前发展。三国要维护好双边关系，尊重彼此核心利益和重大关切，妥善处理出现的问题。要加强科技、大数据、人工智能和5G等领域合作，希望韩、日为各国企业提供公平、非歧视、可预期的营商环境。要打造好民意基础，大力开展体育、电影、老龄化等惠及民众的交流合作。要维护好自由贸易，构建开放型世界经济，为年内结束区域全面经济伙伴关系协定（RCEP）谈判发挥应有作用，推动中日韩自贸区谈判取得新的阶段性进展，还要推进“中日韩+X”合作，高质量共建“一带一路”。康京和、河野太郎表示，同意积极推进三国合作，加快RCEP和中日韩自贸区谈判，共同维护多边主义和自由贸易。积极开展“中日韩+X”合作，推动三国合作迈上新台阶。会议通过了“中日韩+X”合作概念文件。[②]

8月22日 李克强在人民大会堂会见康京和、河野太郎。李克强祝贺中日韩外长会成功举行。他表示，今年是中日韩合作启动20周年。三国地缘相近，人文相通，经济互补性强，合作潜力巨大。在当前世界经济不稳定不确定性继续上升、全球经济贸易下行压力增大背景下，中日韩加强合作不仅有利于自身发展，也将为地区和世界经济发挥“稳定器”和“推进器”作用。中方高

---

① 孙奕、朱超:《王毅分别会见日本外相、韩国外长》,《人民日报》2019年8月21日第3版。

② 孙奕、朱超:《第九次中日韩外长会在京举行》,《解放军报》2019年8月22日第4版。

度重视中日韩合作，愿同韩方、日方一道，推动三国合作向更高层次迈进。李克强指出，中日韩合作取得很大发展，重要性和必要性还将进一步凸显。三国应当维护以规则为基础、以世贸组织为核心的多边贸易体制，争取早日达成全面、高水平的中日韩自贸协定，促进贸易和投资自由化便利化。共同推动科技创新，共享发展机遇和创新成果。共同促进发展繁荣，推进东亚合作。共同维护地区和平稳定，为政治解决朝鲜半岛问题、实现半岛无核化和地区持久和平作出积极贡献。密切人员往来，增进人民之间相互了解，夯实三国合作的民意基础。[①]

8月27日 巴基斯坦总统阿尔维、总理伊姆兰·汗在伊斯兰堡先后会见了中央军委副主席许其亮。阿尔维总统说，中国是巴基斯坦伟大的朋友。巴方感谢中方在涉及巴方重大利益关切问题上给予的宝贵支持和帮助，坚定奉行一个中国政策，坚决打击“东伊运”等恐怖势力，全力保护中方在巴人员和机构安全。当前形势下，巴中双方应开展密切沟通与协调，共同维护地区和平稳定。伊姆兰·汗总理说，巴中是命运共同体，两国友好关系经受了时间和国际风云变幻的考验。巴方积极致力于推动中巴经济走廊建设，愿与中方加强双边和多边框架内的沟通协调，推动深化包括防务安全在内的各领域交流合作，共同应对面临的威胁和挑战。许其亮说，中巴两国是独一无二的全天候战略合作伙伴，是守望相助的铁杆兄弟。多年来，中巴两国在涉及彼此核心利益问题上一贯相互理解、坚定支持。面对复杂多变的国际和地区安全形势，中方愿与巴方一道，落实两国领导人达成的重要共识，加强战略沟通，深化政治互信，提升防务合作水平，共同维护好地区安全稳定。许其亮还分别会见了巴基斯坦参联会主席祖拜尔、陆军参谋长巴杰瓦、海军参谋长阿巴西、空军参谋长穆贾希德。[②]

8月28日 习近平在人民大会堂会见乌兹别克斯坦总理阿里波夫。习近平请阿里波夫转达对米尔济约耶夫总统的诚挚问候。习近平指出，中乌关系不断实现跨越式发展，关键在于双方始终遵循睦邻友好、互惠互助精神，始终坚持相互尊重、平等互利原则，始终奉行世代友好、共同发展理念。习近平强调，

---

① 杜一菲:《李克强会见出席中日韩外长会的韩国外长和日本外相》,《人民日报》2019年8月23日第2版。

② 丁雪真:《巴基斯坦总统、总理会见许其亮》,《人民日报》2019年8月29日第3版。

中乌双方要继续推进高质量共建“一带一路”，加强国家发展战略对接，利用好跨境公路、铁路，密切互联互通，拓展经贸、投资、高新技术、能源等领域合作，打造人文合作新亮点。双方要合力打击“三股势力”和贩毒等跨国有组织犯罪，为地区安全和两国发展提供保障。习近平强调，中国绝不走历史上其他国家国强必霸的老路，中华民族的复兴是为中国人民谋幸福，也将为世界和平和人类进步作出更大贡献。中方愿同乌方加强在国际事务中的协调配合，维护两国共同利益，维护多边主义，促进国际关系民主化。中乌双方要同上海合作组织其他成员国一道，增强命运共同体意识，提升各领域合作水平，推动本组织进一步发展，造福地区各国人民。①

8月29日　习近平在北京会见菲律宾总统杜特尔特。习近平对杜特尔特总统来访并观看2019年国际篮联篮球世界杯比赛表示欢迎。习近平强调，要持续推进“一带一路”倡议同菲方“大建特建”规划对接，实施好基础设施建设、工业园区、电信、能源等领域重大合作项目。中方愿进口更多菲律宾优质水果和农产品，将派专家赴菲传授农渔业技术。在人权等问题上，中方将继续坚定支持菲方维护国家主权、抵御外部干预的努力。习近平指出，中菲一直就南海问题保持有效沟通。双方要搁置争议，排除外来干扰，集中精力搞合作、办实事、谋发展。只要双方把这个问题处理妥当了，中菲关系的气氛就好了、基础就稳了，地区和平稳定也就有了一份重要保障。双方在海上油气共同开发方面步子可以迈得更大些。“南海行为准则”是为南海建章立制的创举，双方要致力于推动早日达成“准则”，展示中菲共同维护地区长治久安的坚定立场和积极姿态。杜特尔特表示，我主张选择合作而非对抗的方式和平解决南海争议，维护地区友好合作、和平稳定大局，这符合本地区各方利益。菲方愿同中方加快推进海上油气共同开发。菲律宾作为现任东盟—中国关系协调国，致力于推动各方早日达成“南海行为准则”。会见后，两国元首共同见证了双边合作文件交换仪式。双方还宣布成立油气合作政府间联合指导委员会和企业间工作组，推动共同开发取得实质性进展。②

8月31日　针对有媒体报道美国国会参议院少数党领袖舒默、众议院议员

---

① 杜一菲:《习近平会见乌兹别克斯坦总理》,《人民日报》2019年8月29日第1版。

② 刘华:《习近平会见菲律宾总统杜特尔特》,《光明日报》2019年8月30日第1版。

麦戈文、白宫官员有关香港警方依法拘捕行动的言论，外交部驻香港特别行政区特派员公署发言人表示，有关言论颠倒是非，助纣为虐，赤裸裸地干涉香港事务和中国内政，再次暴露美国政客的虚伪、霸道和傲慢，中方对此表示强烈不满和坚决反对。[①]

9月2日 王毅在平壤同朝鲜劳动党中央政治局委员、外相李勇浩会谈。王毅表示，今年是中朝建交70周年。习近平总书记对朝鲜的国事访问取得巨大成功，具有里程碑意义，推动两党两国关系进入新的历史时期。中方愿同朝方尽快、全面落实好习近平总书记和金正恩委员长达成的重要共识，办好中朝建交70周年纪念活动，把两党两国最高领导人的意志切实转化为双方共同行动，推动中朝关系实现更好发展。李勇浩表示，坚定不移地推进朝中友好与合作，是朝鲜党和国家始终不变的立场。朝方愿同中方一道，隆重庆祝朝中建交70周年，推动新时代朝中关系取得更大发展，祝贺中华人民共和国成立70周年。朝鲜党和政府支持中国党和政府维护"一国两制"，捍卫国家主权和领土完整。王毅还会见了朝鲜劳动党中央副委员长、政治局委员、国际部部长李洙墉。[②]

9月4日 "凝心聚力、增进共识——中国、朝鲜、越南、老挝统一战线组织专题研讨会"在京召开。全国政协主席汪洋出席会议。汪洋说，中国同朝鲜、越南、老挝同为社会主义国家，老一辈领导人怀着共同的理想信念，缔造和培育的传统友谊是我们共同珍视的宝贵财富。今年是新中国成立70周年，也是中国政协成立70周年，中国全国政协愿同朝鲜、越南、老挝统一战线组织一道，落实好双方党和国家最高领导人达成的共识，着力增进政治互信，推进务实合作，深化友好交流，为双边关系发展作出更大贡献。朝鲜、越南、老挝统一战线组织代表团团长杨哲式、阮友勇、坎贝表示，愿以此次研讨会为新起点，在互学互鉴中凝聚共识、促进团结，更好发挥统一战线组织重要作用，助推双边关系不断取得新发展。[③]

① 《外交部驻港公署：中国严正谴责美国有关政客干涉香港事务和中国内政》,《人民日报》2019年9月1日第4版。

② 莽九晨:《王毅访问朝鲜》,《人民日报》2019年9月5日第3版。

③ 王卓伦:《汪洋会见朝鲜、越南、老挝统一战线组织代表团》,《人民日报》2019年9月5日第3版。

全国政协副主席兼秘书长夏宝龙出席会议并讲话。夏宝龙表示，中国同朝鲜、越南、老挝山水相连、人文相亲，有着深厚的传统友谊。中国政协同朝鲜、越南、老挝统一战线组织有着相近的职能和作用，愿加强联系、密切合作，为共同开创社会主义国家更加美好的未来，构建亚洲命运共同体、人类命运共同体作出新的更大贡献。此次研讨会是中国全国政协贯彻落实习近平主席在亚洲文明对话大会上提出的加强文明交流互鉴的一项重要举措。与会人员围绕各国统一战线组织在各自国家治理体系中的地位作用，以及发挥作用的机制、方式进行了交流研讨。①

宋涛在北京分别会见了由日本自民党众议员、国会对策委员会副委员长松本洋平率领的自民党“志帅会”代表团和由马来西亚国会下议院副议长、民主行动党副秘书长倪可敏率领的执政联盟议员考察团。②

张又侠在莫斯科与俄罗斯国防部长绍伊古举行会谈。张又侠说，70年来，中俄关系风雨兼程、砥砺前行，取得了辉煌的合作成就。今年6月，习主席再次成功访俄，与普京总统共同宣布发展中俄新时代全面战略协作伙伴关系，实现了两国关系提质升级，开启了中俄关系更高水平、更大发展的新时代。中方愿与俄方一道，落实两国元首达成的重要共识，深入发展新时代中俄军事关系，继续加强各领域务实合作，共同维护两国安全利益和世界和平稳定。军委装备发展部部长李尚福、驻俄大使张汉晖等参加会谈。会谈开始前，绍伊古为张又侠访俄举行了欢迎仪式。③

9月8日 巴基斯坦总统阿尔维在伊斯兰堡总统府会见王毅。阿尔维请王毅转达对习近平主席的亲切问候。阿尔维表示，巴基斯坦将中国视为最值得信赖的铁杆朋友，衷心感谢中方长期以来在各个方面给予的大力支持和无私帮助。巴方祝愿中国在国家发展建设进程中不断取得新的进展，任何试图孤立中国、阻止中国发展的图谋都会遭到巴方反对，也注定失败。王毅转达习近平主席对阿尔维的亲切问候。王毅表示，一年来，中巴领导人引领两国全天候战略合作伙伴关系保持强劲发展势头。中方愿与巴方一道，进一步打造新时代更紧密的中巴命运共同体。通过深化各领域合作，把中巴经济走廊建设成为“一带

① 《人民日报》2019年9月5日第3版。

② 《宋涛分别会见日本和马来西亚客人》,《人民日报》2019年9月5日第3版。

③ 《张又侠与俄罗斯国防部长绍伊古举行会谈》,《解放军报》2019年9月6日第1版。

一路”高质量发展的示范工程。访巴期间，王毅还分别同巴总理伊姆兰·汗、外长库雷希、陆军参谋长巴杰瓦举行会见会谈，并出席了第三次中阿巴外长对话。[①]

9月9日 习近平就朝鲜国庆71周年向金正恩致贺电。习近平在贺电中说，值此朝鲜民主主义人民共和国成立71周年之际，我谨代表中国共产党、中国政府、中国人民，向委员长同志并通过你，向朝鲜劳动党、朝鲜政府、朝鲜人民致以热烈的祝贺和诚挚的祝愿。习近平表示，朝鲜民主主义人民共和国成立71年来，朝鲜人民在朝鲜劳动党的领导下，推动社会主义革命和建设事业不断向前发展。相信在以委员长同志为首的朝鲜劳动党领导下，朝鲜社会主义事业定将取得新的伟大成就。习近平强调，我愿同委员长同志一道，传承和弘扬中朝传统友谊，推动两国友好合作关系在新的历史时期实现更大发展，更好造福两国和两国人民。祝朝鲜繁荣昌盛、人民幸福安康。[②]

9月11日 习近平在人民大会堂同哈萨克斯坦总统托卡耶夫举行会谈。两国元首一致决定，双方将本着同舟共济、合作共赢的精神，发展中哈永久全面战略伙伴关系。习近平说，再过十几天，我们将隆重庆祝中华人民共和国成立70周年。70年来，中国共产党带领中国人民取得举世瞩目的伟大成就，正朝着实现中华民族伟大复兴的目标迈进。这一进程从来都不会一帆风顺，但无论外部形势如何变化，中国都将坚定不移、心无旁骛地做好自己的事，全面深化改革，扩大对外开放，推动实现更高质量发展。我们完全有能力应对好各种风险挑战，任何艰难险阻都阻挡不了我们前进的步伐。一个稳定、开放、繁荣的中国将始终是世界未来发展的机遇。习近平指出，中哈关系是睦邻友好的典范。中方愿同哈方深化全方位合作，落实好共建丝绸之路经济带同“光明之路”新经济政策对接，加强互联互通，畅通中哈陆海联运大通道，推动经贸合作提质升级，扎实推进产能合作，扩大科技创新合作，密切人文交流和地方交往。中哈要旗帜鲜明维护多边主义和开放型世界经济，为推动构建更加公平公正合理的全球治理体系作出积极贡献。要推动上海合作组织在地区和国际事务中发挥更大积极作用，积极践行共同、综合、合作、可持续的新安全观，加

---

① 丁雪真:《巴基斯坦总统阿尔维会见王毅》,《人民日报》2019年9月9日第3版。

② 《习近平就朝鲜71周年国庆向朝鲜最高领导人金正恩致贺电》,《光明日报》2019年9月10日第1版。

大安全合作，合力打击“三股势力”，携手应对挑战。托卡耶夫表示，哈方坚定支持中国政府和人民维护国家主权、安全、发展利益。哈方愿同中方以建立永久全面战略伙伴关系为契机，推动哈中关系进一步发展。哈方期待同中方密切高层往来，在“一带一路”框架下加强经贸、基础设施、能源、5G、科技、人文等领域务实合作。双方应密切在上合组织和亚信框架内沟通协作，打击“三股势力”，维护地区安全，反对外来干涉。会谈后，习近平同托卡耶夫共同签署了《中华人民共和国和哈萨克斯坦共和国联合声明》。两国元首还见证了多项双边合作协议的签署。①

9月12日 王岐山在中南海会见马来西亚外长赛夫丁。王岐山表示，中马友好交往历时千年，近年来，两国全面战略伙伴关系深入发展，为两国人民带来实实在在的利益。任何民族实现强盛都要经过艰苦漫长的过程，付出相应的代价。新中国成立70年来，中华民族实现了站起来、富起来，到真正实现强起来，依然需要长期上下求索、不懈奋斗。只有看清来路、放眼长远，通过历史文化哲学的思考，才能正确认知当今世界确定中的不确定性，作出智慧的选择，从而把握机遇，克服挑战。赛夫丁表示，马中友好是双边关系主旋律，马方高度重视发展对华关系，坚定支持并积极参与共建“一带一路”。马方反对贸易战，愿继续扩大马中经贸、人文等各领域合作，并为推动东盟—中国关系发展发挥积极作用。②

王毅在北京同马来西亚外长赛夫丁举行会谈。王毅说，今年是中马建交45周年，两国关系面临提质升级重要机遇。双方要保持高层交往势头，在共建“一带一路”框架下，高质量推进各领域务实合作，拉紧人文纽带，利用新建立的中马海上问题双边磋商机制，共同维护好南海和平稳定。赛夫丁说，马新政府积极支持并参与共建“一带一路”，愿同中方加快推进“两国双园”项目，继续同华为等中国企业开展合作，共同推进“南海行为准则”磋商。③

9月19日 王岐山在中南海会见马尔代夫外长沙希德。王岐山表示，包容性是5000年中华文明的基因。中国一贯主张并始终践行不同制度、大小国

---

① 孙奕：《习近平同哈萨克斯坦总统托卡耶夫举行会谈》，《光明日报》2019年9月12日第1版。

② 王迪：《王岐山会见马来西亚外长塞夫丁》，《人民日报》2019年9月13日第2版。

③ 温馨：《王毅同马来西亚外长塞夫丁举行会谈》，《人民日报》2019年9月13日第2版。

家相互尊重、平等相待、互利共赢，中马建交47年的友好合作历程是其生动写照。2014年习近平主席历史性访问马尔代夫，中马面向未来的全面友好合作伙伴关系掀开新篇章。中华民族有深厚的历史文化积淀，历经70年艰辛奋斗，已经实现了从站起来到富起来，正在向强起来而艰苦努力。中方愿与马方高质量共建“一带一路”，推动两国关系持续健康发展，共同构建人类命运共同体。①

9月20日　王毅在北京同马尔代夫外长沙希德举行会谈。王毅表示，中方愿同马方推进“一带一路”合作，助力马经济和社会发展，希望马方为中国企业赴马投资提供优惠条件和良好营商环境，推动双边自贸协定早日生效。双方要深化民生、海洋等领域合作，密切青年、旅游、体育、友城等人文交往。会谈后，王毅同沙希德签署了两国外交部合作谅解备忘录，并见证了双方合作文件的签署。②

9月23日　上合组织秘书长诺罗夫就香港局势发表声明，表明上合组织成员国反对外部势力干涉中国香港事务的共同立场。声明如下：

上海合作组织坚定支持维护国际法的权威地位，主张恪守《联合国宪章》，特别是不干涉内政、相互尊重主权和领土完整、保障各国利益原则。为此，上合组织呼吁外部势力放弃任何可能导致中国香港特别行政区局势恶化的行动，停止为香港地区恢复秩序和稳定制造障碍。③

王毅在纽约出席联合国大会期间会见巴基斯坦总理伊姆兰·汗。王毅转达中国领导人对伊姆兰·汗的亲切问候。王毅表示，中巴是全天候战略伙伴，一贯相互信任、相互理解、相互支持。中巴友谊牢不可破，中方将继续坚定支持巴方维护领土主权和民族尊严。中巴合作有力促进了巴国家发展和民生改善。双方要共同努力，把中巴经济走廊建设成为高质量共建“一带一路”的示范项目。伊姆兰·汗请王毅转达对中国领导人的诚挚问候和祝愿。他表示，巴中是亲密朋友，感谢中国政府和人民在巴最困难的时候与巴人民坚定站在一起。中国的支持和帮助对巴国家安全和发展具有重要意义。巴方将竭尽全力维护巴中友谊，不会允许任何外部势力干扰和破坏巴中关系发展。巴方将坚定推动中巴

---

① 杜一菲：《王岐山会见马尔代夫外长沙希德》，《人民日报》2019年9月20日第3版。

② 温馨：《王毅同马尔代夫外长沙希德举行会谈》，《人民日报》2019年9月21日第3版。

③ 《上海合作组织秘书长就香港局势发表声明》，《解放军报》2019年9月24日第4版。

经济走廊建设转型升级，继续全力保护中方在巴项目、企业和人员的安全。伊姆兰·汗介绍了巴方对当前克什米尔局势的看法。王毅重申了中方原则立场。双方还就阿富汗、伊朗等问题交换意见。①

王岐山在中南海会见所罗门群岛外长马内莱。王岐山表示，在中华人民共和国成立70周年到来之际，中所两国建立正式外交关系，意义重大。所罗门群岛政府承认一个中国原则，是顺应世界历史潮流的正确决断，体现了战略眼光和政治魄力。近年来中国与南太国家关系长足发展，未来前景广阔。所罗门群岛是南太重要海洋岛屿国家，在中所外交关系保障下，双方政治、经济、社会、文化和生态文明等各领域合作将全面展开，为两国人民带来实实在在的利益。马内莱转达了索加瓦雷总理对习近平主席和李克强总理的诚挚问候，热烈祝贺新中国成立70周年。他表示，所中建交为两国关系全面发展铺平了道路，所方将恪守一个中国原则，支持“一带一路”建设，开创所中关系新局面。②

9月24日 魏凤和在京分别会见柬埔寨国防部政策与外事总局局长能索瓦、朝鲜人民武力省外事局局长延京哲。在会见能索瓦时，魏凤和说，在习近平主席与洪森首相共同引领下，中柬两国关系达到历史新高度。中方愿同柬方共同努力，落实好两国领导人重要共识，不断深化包括防务军事合作在内的双边合作，打造具有战略意义的中柬命运共同体，为地区和平安全和繁荣贡献力量。能索瓦说，柬方愿同中方继续相互支持，深化各领域务实交流合作，推动柬中关系不断迈上新台阶。

在会见延京哲时，魏凤和说，过去一年半的时间里，习近平主席同金正恩委员长五次会晤，为新时代中朝关系注入强大动力，共同开启了中朝友谊崭新篇章。中国军队愿与朝方加强沟通，密切配合，落实好两党两国最高领导人的重要共识，推动两军关系发展到更高水平，为巩固中朝传统友谊、维护地区和平稳定作出积极贡献。延京哲表示，朝方愿与中方共同努力，加强各层次各领域交流合作，推动两国两军关系不断取得新的发展。③

全国人大常委会副委员长丁仲礼23日在北京人民大会堂会见了来华出席

---

① 李晓宏等:《王毅会见巴基斯坦总理伊姆兰·汗》,《人民日报》2019年9月24日第2版。

② 李伟红:《王岐山会见所罗门群岛外长马内莱》,《人民日报》2019年9月24日第2版。

③ 梅常伟:《魏凤和分别会见柬埔寨和朝鲜客人》,《人民日报》2019年9月25日第2版。

议员研讨班的缅甸议员。[①]

10月2日 习近平同普京互致贺电，热烈庆祝两国建交70周年。习近平在贺电中指出，回首70年，中俄关系走过了极不平凡的发展道路。经过双方共同努力，两国关系已成为大国、邻国睦邻友好、互利共赢的典范。特别是近年来，在我和普京总统的共同引领下，双方战略互信日益提升，相互给予坚定政治支持，各领域合作取得前所未有的大发展，在国际和地区事务中开展密切沟通协作。中俄关系业已成为互信程度最高、协作水平最高、战略价值最高的一组大国关系，对促进两国发展振兴，维护世界和平、稳定、发展作出了重要贡献。今年6月，我对俄罗斯进行国事访问，其间我同普京总统共同宣布发展中俄新时代全面战略协作伙伴关系，开启了两国关系新的历史征程，中俄关系焕发出新的生机活力，前景非常广阔。习近平强调，我高度重视中俄关系发展，愿同普京总统一道努力，以两国建交70周年为契机，着眼守望相助、深度融通、开拓创新、普惠共赢的双边关系新内涵，共同引领新时代中俄关系不断取得新成就，携手推动构建人类命运共同体，为世界和平发展作出更大贡献。祝中俄关系欣欣向荣，祝中俄友谊万古长青。同日，李克强同俄罗斯总理梅德韦杰夫也互致贺电。李克强表示，中方高度重视中俄关系，愿同俄方一道，以两国建交70周年为新起点，不断深化政治互信，挖掘各领域合作潜力，创新合作模式，将双方务实合作提升至更高水平，加强在国际地区事务中的协调配合，推动中俄新时代全面战略协作伙伴关系取得更大发展，促进地区乃至世界的和平、稳定与繁荣。[②]

10月6日 习近平同金正恩就中朝建交70周年互致贺电。习近平在贺电中说，值此中华人民共和国和朝鲜民主主义人民共和国建交70周年之际，我谨代表中国共产党、中国政府、中国人民，向你并通过你，向朝鲜劳动党、朝鲜政府、朝鲜人民致以热烈的祝贺。习近平表示，70年前，中朝正式建立外交关系，这在两党两国关系史上具有划时代的重要意义。朝鲜是最早同新中国建交的国家之一。70年来，在两党两国历代领导人关怀和双方共同努力下，中朝传统友谊经受住了国际风云变幻和时代变迁的考验，不断发展，历久弥

---

① 《丁仲礼会见来华出席议员研讨会班的缅甸议员》,《人民日报》2019年9月25日第2版。

② 《习近平同俄罗斯总统普京互致贺电》,《人民日报》2019年10月3日第1版。

坚，深入人心。两国各领域交往合作成果丰硕，不仅有力促进了两国各自社会主义事业繁荣进步，也为维护地区和平稳定发挥了重要积极作用。习近平强调，中朝传统友谊是两党、两国、两国人民共同的宝贵财富。维护好、巩固好、发展好中朝关系，始终是中国党和政府坚定不移的方针。我高度重视中朝关系发展，珍视同委员长同志的互信和友谊。去年以来，我同委员长同志五次会晤，达成一系列重要共识，共同引领中朝关系进入新的历史时期。中方愿同朝方携手努力，以建交70周年为契机，推动中朝关系长期健康稳定发展，更好造福两国和两国人民。①

10月9日 习近平在钓鱼台国宾馆会见巴基斯坦总理伊姆兰·汗。习近平强调，中国和巴基斯坦是独一无二的全天候战略合作伙伴。无论国际和地区形势如何变化，中巴友谊始终牢不可破、坚如磐石，中巴合作始终保持旺盛生命力、不断拓展深化。中方始终将巴基斯坦置于中国外交优先方向，在涉及巴基斯坦核心利益和重大关切的问题上将继续坚定支持巴方，愿同巴方一道努力，加强战略协作和务实合作，打造新时代更紧密的中巴命运共同体。习近平指出，今年是新中国成立70周年。我们举行了一系列盛大庆典，这也是一次爱国主义的集中教育。近14亿中国人民人心空前凝聚，爱国热情空前高涨，更坚定了我们排除一切艰难险阻走中国特色社会主义道路、把自己的事情办好、立足世界民族之林的信心和决心。巴基斯坦朋友曾在中国困难的时候提供了无私帮助，现在中国发展起来了，真诚希望帮助巴方更好发展。双方要保持密切高层往来和更紧密的战略沟通，及时就重大问题协调立场。要高标准推进中巴经济走廊建设，建设好、运营好现有能源、交通基础设施、产业园区和民生项目，把走廊打造成高质量共建“一带一路”的示范工程。中方高度赞赏并坚定支持巴方打击恐怖主义的努力。中巴双方要加强在联合国、上合组织等多边机制的沟通合作，共同维护地区和平稳定。②

习近平在钓鱼台国宾馆会见所罗门群岛总理索加瓦雷。习近平指出，不久前，中所两国在一个中国原则基础上正式建立外交关系，这是顺应时代潮流、造福两国人民的好事。你这次访华具有里程碑意义。所罗门群岛虽然刚同中国

① 《习近平同朝鲜最高领导人金正恩互致贺电》，《人民日报》2019年10月7日第1版。

② 刘华：《习近平会见巴基斯坦总理伊姆兰·汗》，《光明日报》2019年10月10日第1版。

建交，但友好不分先后，只要开展起来，就会有光明的前景。我们愿同所方一道努力，抓住两国建交的历史契机，相互信任、相互尊重、相互支持，积极拓展各领域合作交流，开好局，起好步，共同开辟两国关系发展的美好未来。习近平指出，所罗门群岛位于21世纪海上丝绸之路南向延伸地带，两国要以签署“一带一路”谅解备忘录为契机，加强发展战略对接，扩大合作，助力提升所方民生水平和自主可持续发展能力。建交后，所罗门群岛成为中国公民出境旅游目的地国，这为两国人员往来、地方交流和旅游合作带来巨大机遇。中方欢迎所方加入中国同太平洋岛国合作的大家庭，愿同所方在联合国、太平洋岛国论坛等多边机制内加强沟通和合作，应对气候变化等挑战，维护好发展中国家共同利益。索加瓦雷热烈祝贺中华人民共和国成立70周年，表示中国在短时间内取得巨大发展成就，所方十分钦佩。所方承认一个中国原则，同中华人民共和国建交，选择站在历史正确一边和世界绝大多数国家一边，这是所方作出的庄严和坚定的政治承诺。所方希望学习借鉴中国的成功经验，实现自身进步繁荣。习近平主席提出的共建“一带一路”是伟大倡议，给所方带来巨大机遇。所方愿与中方积极开展贸易、投资、农渔业、旅游业等各领域合作，共创所中关系新的未来。所方赞赏中方关心和支持太平洋岛国的发展，这是南南合作的成功范例。[①]

李克强在人民大会堂同来华进行正式访问并出席2019年中国北京世界园艺博览会闭幕式的所罗门群岛总理索加瓦雷举行会谈。李克强表示，中国同所罗门群岛正式建立外交关系，翻开了两国关系的新篇章，符合两国和两国人民的根本利益，将有力促进双方共同发展，也有利于地区国家共同维护稳定、实现繁荣。中国一贯主张大小国家一律平等，支持贵国政府发展经济、改善民生的努力。中方赞赏所罗门群岛政府作出恪守一个中国原则的承诺，愿同所方加强战略沟通，增进政治互信，推动两国关系开好局、起好步，引导两国各界加强交流，增进互利共赢的民意基础，更好造福两国和两国人民。李克强表示，中国是所罗门群岛第一大贸易伙伴和出口市场，两国在渔业、林业、矿业等领域合作前景广阔。中方愿将“一带一路”倡议同所方发展战略相衔接，共商共建共享，积极商谈促进贸易便利化的安排和举措，拓展金融、农业、教育等领

① 王远：《习近平会见所罗门群岛总理索加瓦雷》，《人民日报》2019年10月10日第1版。

域互利合作，欢迎所方有竞争力的优质产品扩大对华出口，鼓励更多有实力、信誉好的中资企业按市场化原则积极参与所基础设施建设。中方愿同所方加强民间、地方交往，同意将所罗门群岛列为中国公民组团出境旅游目的地，支持所方主办2023年太平洋运动会，欢迎所方出席第三届中国—太平洋岛国经济发展合作论坛。中方愿同所方加强南南合作和经验交流，期待双方共同努力，开辟两国未来合作的新前景。索加瓦雷祝贺新中国成立70周年。他表示，中国取得举世瞩目的发展成就，成为世界第二大经济体，令人赞叹。所罗门群岛很高兴站在历史正确的一边，作出恪守一个中国原则的承诺，同中国建立外交关系，这同国际法和联合国大会决议相一致。所中两国同属亚太地区，都是发展中国家，所方愿在平等互利、相互尊重基础上，积极参与共建“一带一路”，借鉴中国发展经验，推动两国贸易、投资、农渔业、基础设施、教育、人文等各领域合作，推进南南合作。会谈后，两国总理共同见证了外交、经济技术、教育等多项双边合作协议的签署。[①]

10月9日　全国对外友协、中俄友好和平与发展委员会在人民大会堂举行庆祝中俄建交暨中俄友协成立70周年招待会。中共中央政治局常委、全国人大常委会委员长栗战书，俄罗斯驻华大使杰尼索夫出席并致辞。栗战书指出，回顾过去，中俄关系走过了极不平凡的发展历程，书写了两国人民友谊的佳话。今年6月，习近平主席和普京总统共同宣布发展中俄新时代全面战略协作伙伴关系，引领中俄关系成为大国邻国互信协作的典范、维护世界和平与国际秩序的正能量。希望两国各界友好人士携手努力，为新时代中俄关系发展作出新的贡献。杰尼索夫表示，俄方愿同中方一道，以建交70周年为契机，推动两国关系不断取得新的成果。[②]

栗战书在人民大会堂会见巴基斯坦总理伊姆兰·汗。栗战书说，在习近平主席和巴领导人的共同引领下，中巴全天候战略合作伙伴关系不断巩固发展。中巴关系具有超出双边范畴的重要意义，不仅符合两国根本利益，也有利于维护国际和地区的和平稳定。中方始终将巴基斯坦置于外交优先方向，坚定支持

① 王迪：《李克强同所罗门群岛总理索加瓦雷举行会谈》，《人民日报》2019年10月10日第2版。

② 郑明达：《栗战书出席庆祝中俄建交暨中俄友协成立70周年招待会并致辞》，《人民日报》2019年10月10日第1版。

巴方不断推进国家建设事业。中国全国人大愿同巴方议会加强高层和各层级友好往来，开展交流互鉴，为高质量共建“一带一路”营造良好法律环境，为打造新时代更紧密的中巴命运共同体提供有力支持。伊姆兰·汗热烈祝贺新中国成立70周年，高度赞赏中国经济建设取得的巨大成就。他表示，巴方希望借鉴中方成功经验，加强两国各领域务实合作。巴方愿同中方一道，在“一带一路”框架下推进中巴经济走廊建设。①

10月11日 习近平在金奈会见印度总理莫迪。习近平表示，去年我同总理先生在武汉成功举行会晤，引领中印关系进入新阶段。习近平指出，泰米尔纳德邦同中国的交往历史悠久，自古同中国海上贸易联系密切，是古丝绸之路的海上货物中转站。中印都是拥有几千年历史的文明古国，交流互鉴绵延至今。两国先辈们克服重重障碍，开展广泛交流，推动文学、艺术、哲学、宗教发展和传播，双方均受益良多。中印人文交流大有潜力可挖。双方要以明年中印建交70周年为契机，开展更广领域、更深层次的人文交流，共同倡导和促进不同文明对话交流，为双边关系发展注入更加持久的推动力，续写亚洲文明新辉煌。习近平在莫迪陪同下观看了代表印度古老文明的婆罗多舞等印度古典舞蹈。②

特朗普在白宫椭圆形办公室会见正在华盛顿进行新一轮中美经贸高级别磋商的中方牵头人刘鹤。刘鹤首先转达习近平主席致特朗普总统的口信。习近平在口信中指出，近来，中美经贸磋商团队保持沟通，相互释放了善意，受到两国人民和国际社会的欢迎。两国经贸团队已在部分协议磋商上取得进展，双方要妥善解决彼此关切，争取就其他领域的问题取得积极进展。保持中美关系健康稳定发展，对两国对世界都有利。双方要坚持协调、合作、稳定的基调，在相互尊重基础上管控分歧，在互惠互利基础上拓展合作，推动两国关系沿着正确轨道向前发展。刘鹤表示，双方在此轮磋商中就共同关心的经贸问题进行了坦诚、高效、建设性的讨论，在农业、知识产权保护、汇率、金融服务、扩大贸易合作、技术转让、争端解决等领域取得实质性进展，讨论了后续磋商安排。处理好中美经贸关系有利于中国，有利于美国，也有利于世界的和平与繁

① 王迪：《栗战书会见巴基斯坦总理伊姆兰·汗》，《人民日报》2019年10月10日第2版。

② 孙勇等：《习近平会见印度总理莫迪》，《光明日报》2019年10月12日第1版。

荣。希望双方相向而行，按照两国元首确定的原则和方向，在平等和相互尊重基础上妥善解决彼此的关切，推动两国经贸关系健康稳定向前发展。①

10月12日 习近平在加德满都总统府会见尼泊尔总统班达里。两国元首共同宣布，双方将本着同舟共济、合作共赢精神，建立中尼面向发展与繁荣的世代友好的战略合作伙伴关系。习近平指出，今年4月在北京，你盛情邀请我年内访问尼泊尔。我今天如约而来。正如总统女士所说，中尼之间只有友好和合作。在机场和沿途欢迎人群的脸上，我看到了尼泊尔人民真诚的笑容，感受到了他们对中国人民发自内心的友好，让我再次感受到中尼友好在尼泊尔拥有广泛共识和扎实根基。中尼两国人民心意相通、休戚与共，是邻国友好交往的典范。我希望通过这次访问，传承中尼传统友谊，顺应两国人民期待，推动两国关系更上一层楼。习近平强调，双方要巩固中尼关系政治基础，把打造命运共同体作为中尼关系发展长远目标。感谢尼方坚定奉行一个中国政策，长期以来给予中方坚定支持。中方将一如既往支持尼泊尔维护国家独立、主权、领土完整，为尼泊尔经济社会发展提供力所能及的支持和帮助。双方要构建全方位合作格局，开展跨喜马拉雅立体互联互通网络建设，扩大各领域交流合作。习近平强调，我们刚刚隆重庆祝了新中国成立70周年。这70年，是中国共产党带领中国人民在实现中华民族伟大复兴征程中走过的70年。这是一条不平凡的路，既有鲜花和掌声，也伴随坎坷和挑战。我们会继续深化改革、扩大开放，推动实现高质量发展。一个稳定、开放、繁荣的中国将始终是尼泊尔和世界发展的机遇。②

习近平在金奈同印度总理莫迪继续举行会晤，两国领导人在友好、轻松气氛中就中印关系和共同关心的重大国际和地区问题坦诚、深入交换意见。习近平指出，去年我和总理先生在武汉成功会晤以来，中印关系迈入健康稳定发展新阶段，会晤的积极效应不断显现。中印互为重要邻国，是仅有的两个人口超过10亿的大国。维护好、发展好中印关系，是中国坚定不移的政策。当前国际形势下，中印在维护全球稳定和推动发展方面肩负着越来越重要的责任。未来几年是中印实现民族复兴的关键期，也是中印关系发展的关键期。我们要对

① 周效政、高攀：《美国总统特朗普会见刘鹤》，《解放军报》2019年10月13日第3版。

② 杜尚泽、丁子：《习近平会见尼泊尔总统班达里》，《人民日报》2019年10月13日第1版。

中印关系把舵定向，从战略高度和长远角度规划中印关系百年大计，为中印关系发展注入强劲内生动力，携手实现中印两大文明伟大复兴。习近平提出几点建议：

第一，正确看待对方发展，增进战略互信。无论从哪个角度看，中印都应该是和谐相处的好邻居、携手前行的好伙伴。实现“龙象共舞”是中印唯一正确选择，符合两国和两国人民根本利益。两国应该也完全可以走出一条两个相邻大国友好合作的康庄大道。要正确看待两国间的分歧，不能让它冲淡两国合作大局，同时通过沟通逐步寻求理解，不断化解分歧。中方希望自己发展得好，也希望印度发展得好。中印要相互成就、相互“照亮”。

第二，及时有效开展战略沟通，增进彼此了解合作，牢牢把握两国关系发展的大方向。聚焦友好和合作，化解猜忌和疑虑，妥善处理分歧和敏感问题。根据政治指导原则协定，寻求公平合理和双方都能接受的边界问题解决方案。慎重处理涉及彼此核心利益的问题。对一时解决不了的问题，要妥善加以管控。

第三，切实提升军事安全交往合作水平。推动两军关系沿着增信释疑、友好合作的正确方向发展，开展好专业合作、联演联训等活动，持续增进两军互信，加强执法安全部门合作，维护地区安全稳定。

第四，深化务实合作，拉紧利益纽带。要以设立高级别经贸对话机制为契机，加强两国经济发展战略对接，探讨建立制造业伙伴关系。欢迎印度药品企业和信息技术企业赴华投资合作。

第五，丰富人文交流，筑牢友谊根基。我们要办好明年两国建交70周年庆祝活动和“中印人文交流年”活动。支持中国福建省和泰米尔纳德邦、泉州市和金奈城建立友好省城关系，谱写海上丝绸之路新篇章。

第六，加强在国际和地区事务中的合作。旗帜鲜明地维护以联合国为核心的国际体系和以国际法为基础的国际秩序，坚定维护多边主义和以世界贸易组织为核心的多边贸易体制，保障发展中国家的正当发展权益。在二十国集团、金砖国家、上合组织、中俄印等多边机制框架内加强协调。探讨逐步将“中印+”合作向南亚、东南亚、非洲拓展，打造更加畅通的地区互联互通网络，尽早达成“区域全面经济伙伴关系协定”。[①]

两位领导人重申2018年4月在武汉举行首次非正式会晤时达成的共识，即中国和印度互为发展机遇，是当前国际格局中的稳定因素。双方积极评价了双边关系发展，同意加强治国理政经验交流，深度对接发展战略，并探讨了如何深化中印双边交往，体现两国在全球舞台上日益重要的作用。两位领导人认为，国际形势正在经历重大调整。认为中印均致力于构建一个和平、安全、繁荣的世界，各国都可在基于国际法的国际秩序中谋求发展，共同促进多边主义、国际关系民主化，维护发展中国家的共同利益。两位领导人认识到，中印在维护和促进以国际法为基础的、包容的国际秩序方面拥有广泛共同利益，包括推进反映21世纪新格局的改革。双方都认为，在全球贸易惯例和准则遭到质疑之际，应支持和加强基于规则的多边贸易体系。中印将继续推动达成开放、包容的贸易安排，使所有国家受益。两位领导人还强调了各自国家为应对全球发展挑战，包括气候变化、可持续发展目标所作出的重要努力。强调中印的努力有助于国际社会实现有关目标。

两位领导人认为中印都是恐怖主义受害者，两国致力于打击一切形式的恐怖主义，呼吁各国加强反恐国际合作。两位领导人都认为，作为具有悠久传统的重要当代文明，中国和印度应加强对话，增进两国人民对彼此文化的了解。两位领导人还同意，作为主要东方文明古国，双方要共同促进不同文化、文明间的对话与了解。两位领导人就过去两千年来，中印之间源远流长的商业联系和人文交流交换了意见，特别注意到大量的海上交往。同意福建省与泰米尔纳德邦建立友好省邦关系，基于敦煌研究院与阿旃陀石窟文博机构开展合作的经验，探讨上述两地开展历史文化研究的可行性，开展中印之间海上交往研究。

两位领导人肯定了开放、包容、繁荣和稳定的环境和更完善的互联互通对本地区繁荣稳定的重要性。中方愿在此基础上，与印度及相关国家积极推进中印缅孟合作。他们还同意，为尽快完成互利、平衡的“区域全面经济伙伴关系协定”谈判作出共同努力。两位领导人就各自国家经济发展的共同愿景和目标交换了意见。同意中印两国的同时发展给彼此带来了有益机会。双方要继续

① 杜尚泽、管克江:《习近平同印度总理莫迪在金奈继续举行会晤》,《人民日报》2019年10月13日第1版。

本着积极、务实、开放的心态看待对方，增进对彼此政策和行为的理解，坚持友好合作大方向。为此，同意继续加强双方在共同关心问题上的战略沟通，用好两国间对话交流机制，保持高层交往势头。决定2020年为“中印人文交流年”，并同意举办70项活动庆祝2020年中印建交70周年，包括举行研讨会，回顾两国历史联系，探讨未来合作，深化两国立法机构、政党、文化、青年团体、军队间各层级交往。为进一步深化两国经济合作，两位领导人决定建立高级别经贸对话机制，以加强两国贸易和投资合作关系，更好地促进两国经贸合作平衡发展。同意通过探讨建立“制造业伙伴关系”，鼓励双方在具有潜力的领域相互投资，并指定双方官员在高级别经贸对话机制会议上推进这一设想。

两位领导人就包括边界问题在内的未决问题交换了意见。习近平和莫迪积极评价非正式会晤这一形式，认为这为两国领导人提供了一个深入对话、增进相互理解的重要机会。两国领导人将以包括非正式会晤在内的形式继续保持战略沟通。[①]

10月13日 习近平在加德满都同尼泊尔总理奥利会谈。习近平指出，中尼历来是好邻居、好朋友、好伙伴。当前，中尼都进入国家发展的新阶段，两国关系面临新的发展契机。昨天，我同班达里总统一道宣布，建立中尼面向发展与繁荣的世代友好的战略合作伙伴关系，其原则就是平等相待、和睦相处、世代友好、全面合作。中方愿同尼方推动中尼友好合作迈上新台阶，揭开中尼关系新篇章。习近平强调，中方赞赏尼方坚定奉行一个中国政策，在涉及中国核心利益问题上给予中方坚定支持。任何人企图在中国任何地区搞分裂，结果只能是粉身碎骨；任何支持分裂中国的外部势力只能被中国人民视为痴心妄想！习近平强调，中尼应该从以下几个方面规划两国关系。一是深入对接发展战略，中方支持尼方发展经济、改善民生，努力实现“繁荣尼泊尔、幸福尼泊尔人”的美好愿景，愿同尼方加强政策沟通，开展治理能力交流合作。二是加快提升联通水平，将共建“一带一路”同尼泊尔打造“陆联国”国策对接，积极考虑升级改造跨境公路，启动跨境铁路可行性研究，逐步增开边境口岸，增加两国直航，加强通信合作，加快构建跨喜马拉雅立体互联互通网络。三是促

① 魏建华、史霄萌：《中印领导人第二次非正式会晤取得丰硕成果》，《解放军报》2019年10月13日第3版。

进贸易和投资，推进中尼跨境经济合作区建设，推动产能和投资合作。中方愿帮助尼方合理开发水电。四是增进民心相通，促进教育、旅游、地方等领域交往。中方将继续为尼泊尔地震灾后重建提供力所能及的帮助。做好供水水质改善项目，加强珠穆朗玛峰保护合作。五是加强执法合作，共同打击恐怖主义和跨国犯罪，维护共同安全。六是加强多边协调，共同支持多边主义和自由贸易体制，维护两国发展权利。会谈后，两国领导人共同出席了双边合作文本交换仪式，涉及互联互通、经贸投资、边界管理等多个领域。双方共同发表了《中华人民共和国和尼泊尔联合声明》。[①]

10月16日　习近平就中蒙建交70周年同蒙古国总统巴特图勒嘎互致贺电。习近平在贺电中指出，中蒙是山水相连的友好邻邦，蒙古国是最早同新中国建交的国家之一。建交70年来，中蒙两国坚持友好合作大方向，共同推动睦邻友好合作关系深入发展，给两国和两国人民带来了实实在在的利益。近年来，在双方共同努力下，中蒙关系进入快车道，呈现出令人欣喜的新气象。我高度重视中蒙关系发展，愿同巴特图勒嘎总统一道努力，共同推动中蒙全面战略伙伴关系以建交70周年为新起点，不断取得新的更大进展。同日，国务院总理李克强同蒙古国总理呼日勒苏赫也互致了贺电。李克强在贺电中说，新形势下，中方愿同蒙方一道，共同推动两国关系阔步向前，为两国和两国人民带来更多福祉。[②]

10月18—21日　应印度尼西亚政府邀请，王岐山赴印尼首都雅加达出席佐科总统连任就职仪式并对印尼进行友好访问，分别会见佐科总统、卡拉副总统和印尼新当选副总统马鲁夫。会见佐科时，王岐山首先转达习近平主席对佐科总统连任就职的热烈祝贺、亲切问候和良好祝愿。王岐山表示，中国和印尼是好邻居、好朋友、好伙伴，同为亚洲乃至世界发展中大国，两国关系的重要性超越双边范畴。中方赞赏佐科总统致力于推动中印尼全面战略伙伴关系，积极支持和参与“一带一路”倡议与印尼发展战略对接。两国元首关心和支持的雅万高铁项目进展顺利，已成为双方基础设施建设合作的典范。相信未来五年佐科总统将继续带领印尼取得更大发展成就，中印尼关系也会更上一层楼。佐

---

① 付志刚:《习近平同尼泊尔总理奥利会谈》,《光明日报》2019年10月14日第1版。

② 《习近平就中蒙建交70周年同蒙古国总统巴特图勒嘎互致贺电》,《光明日报》2019年10月17日第1版。

科表示，印尼新政府愿进一步巩固中印尼全面战略伙伴关系，推进“全球海洋支点”构想与“一带一路”倡议对接，与中方加强区域经济走廊合作。同卡拉会谈时，王岐山表示，中国和印尼传统友谊源远流长。历史上看，两国都是东方文明的代表，都有极具特色的历史文化传统；今天来看，都是新兴经济体和二十国集团重要成员。双方发展关系、开展合作具有地理、历史和文化优势，也有互学互鉴、互利共赢的现实需要。希望卡拉副总统卸任后继续发挥影响力，一如既往支持中印尼友好关系不断加深。会见马鲁夫时，王岐山祝贺他履新，表示印尼新政府施政策略把发展建设和提高人民教育水平放在突出位置，体现了深厚的人民情怀。中印尼都坚持和平发展理念，近年来两国元首引领的全面战略伙伴关系全面推进，“一带一路”建设得到印尼方积极响应，双边关系不断提升。中方对两国深化合作充满信心。在印尼期间，王岐山还赴梭罗市访问，考察雅万高铁1号隧道，并应约会见澳大利亚总理莫里森。①

10月20日 魏凤和在八一大楼，分别与来华出席第九届北京香山论坛的柬埔寨副首相兼国防大臣迪班、蒙古国国防部长恩赫包勒德、新加坡国防部长黄永宏、尼泊尔副总理兼国防部长博克瑞尔、缅甸国防部长盛温、韩国国防部副部长朴宰民、朝鲜人民武力省副相金亨龙、阿联酋国防国务部长巴瓦迪、乌干达国防和退役军人事务部长姆韦西杰、埃及国防和军工生产部长扎基会见会谈。②

10月21—22日 许其亮在京会见来华出席第九届北京香山论坛的新加坡国防部长黄永宏。许其亮对黄永宏来华出席论坛表示欢迎。他说，中新两国是近邻，双方互学互鉴、互利共赢，已经成为国际合作的典范，也使两国人民获得实实在在的福祉。习近平主席和李显龙总理亲自引领，共同推动两国关系迈入新阶段。明年是中新建交30周年，按照两国领导人确定的方向、规划的路径，两国关系一定能够再上新台阶。中新两军关系是两国关系的重要组成部分，双方近年交流合作取得长足进步。希望两军共同努力，保持高层常态化沟通接触，就重大敏感问题深入交流，进一步深化战略互信、推进务实合作、加

① 徐伟:《王岐山访问印度尼西亚》,《人民日报》2019年10月22日第4版。

② 梅世雄:《魏凤和与出席第九届北京香山论坛客人会见会谈》,《人民日报》2019年10月21日第3版。

强多边协作，把两军合作提升到新的水平。①

10月21—25日 应日本政府邀请，王岐山赴东京出席于10月22日举行的德仁天皇即位庆典，并于21日至25日对日进行友好访问，分别会见首相安倍晋三、副首相兼财务大臣麻生太郎。王岐山向德仁天皇夫妇转达了习近平主席和夫人彭丽媛对天皇皇后的诚挚祝贺，并请转达习近平主席夫妇对明仁上皇及上皇后的亲切问候。德仁天皇请王岐山转达天皇夫妇及上皇夫妇对习主席夫妇的衷心感谢和良好祝愿。会见安倍晋三时，王岐山转达了习近平主席和李克强总理的亲切问候，并对日本遭遇罕见超强台风灾害造成严重伤亡和损失表示同情和慰问。王岐山表示，今年6月，习近平主席同首相先生就推动构建契合新时代要求的中日关系达成一系列重要共识，两国关系迎来新的发展机遇。双方要恪守中日四个政治文件确立的各项原则，稳妥处理好历史、台湾等问题，确保两国关系沿着和平、友好、合作的正确轨道持续向前发展。中方愿同日方不断巩固政治互信，深化务实合作，扩大人文交流，构建建设性安全关系，携手共做多边主义的维护者、开放合作的推动者、文明对话的践行者，为促进世界和地区和平稳定与发展作出积极贡献。习近平主席原则同意应邀明年春天对日本进行国事访问，希望双方保持密切沟通协调，积极营造适宜有利的环境和氛围，确保访问顺利实现并取得圆满成功。会见麻生太郎时，王岐山表示，中日作为亚洲重要国家和世界主要经济体，应该更加有意识地把两国关系放在国际与时代背景下加以审视和把握，从长远战略角度加以运筹和谋划。新时代中日之间拥有更加广泛的共同利益和共同关切，两国关系的战略价值日益凸显。中方愿同日方一道，切实把握机遇，着眼长远和大局，全面加强包括财金合作在内的各领域协调沟通，共同推动两国关系更上一层楼。访日期间，王岐山还会见了内阁官房长官菅义伟、前首相福田康夫、自民党干事长二阶俊博、北海道知事铃木直道等。王岐山还在东京应约会见了巴基斯坦总统阿尔维。②

10月29日 习近平向柬埔寨王国国王西哈莫尼发去贺电，祝贺西哈莫尼国王登基15周年。习近平在贺电中指出，西哈莫尼国王登基以来，为维护民族团结、促进国家发展作出重要贡献，深受柬埔寨人民爱戴。中柬建交60多

---

① 尹航、张笑语：《许其亮会见新加坡国防部长》，《解放军报》2019年10月22日第1版。

② 邓玉山、叶珊：《王岐山访问日本》，《光明日报》2019年10月26日第2版。

年来，两国人民始终风雨同舟、守望相助，结下了深厚友谊。在新的历史条件下，我愿同西哈莫尼国王一道努力，继承中柬传统友谊，提升战略合作水平，推动中柬命运共同体建设不断取得新成果，造福两国和两国人民。[①]

11月4日 李克强在泰国曼谷出席第二十二次东盟与中日韩（10+3）领导人会议。东盟十国领导人以及韩国总统文在寅、日本首相安倍晋三共同出席。泰国总理巴育主持会议。李克强在发言中表示，"10+3"合作因应对亚洲金融危机而诞生，走过了不平凡的发展历程，不仅造福了地区国家和人民，也为促进亚洲乃至世界经济发展作出了积极贡献，成为区域合作的成功样板，经验弥足珍贵。当前，国际形势经历深刻复杂变化，世界经济增速放缓，保护主义日益抬头，给东亚国家发展带来新的风险和挑战。"10+3"合作国家有责任加强团结协作，共同抵御风险挑战，拓展广阔发展空间，为地区和世界经济稳定增长注入新动能。李克强指出，我们应进一步挖掘潜力，推动"10+3"合作取得更多实质性成果：

第一，推进更高水平的经济一体化。通过共同努力，区域全面经济伙伴关系协定（RCEP）15个成员国已结束全部文本谈判以及实质上所有市场准入谈判。这是世界上人口数量最多、成员结构最多元、发展潜力最大的东亚自贸区建设取得的重大突破，必将有力推动区域经济一体化进程，维护自由贸易，提振市场信心。我们愿在此基础上加快中日韩自贸区谈判进程，朝着建设东亚经济共同体的目标迈进。

第二，支持地区互联互通建设。中方支持发表《互联互通再联通倡议的声明》，做好共建"一带一路"倡议与地区互联互通倡议深入对接，在共建经济走廊、发展经贸产业园区、加快市场规则及标准"软联通"等方面加强合作。

第三，夯实地区金融合作。各方应根据《10+3财金合作战略方向》愿景文件共识，探索通过财金合作完善区域经济治理架构，服务区域经济一体化需要。我们欢迎完成《清迈倡议多边化协议》首次定期审议，支持进一步探讨本币出资，强化本币在区域贸易投资中的使用。

第四，促进可持续发展。中方愿与各方落实联合国2030年可持续发展目

① 《习近平致电视贺柬埔寨国王西哈莫尼登基十五周年》，《光明日报》2019年10月30日第1版。

标，通过“东亚减贫合作倡议”同各方分享发展经验。中方也愿通过澜沧江—湄公河合作、中国—东盟东部增长区合作等次区域合作机制，协助地区缩小发展差距。中方支持建立10+3灾害管理部长会机制，愿在明年承办首次部长级会议。

第五，深入开展人文交流。用好10+3合作基金，开展更多民众喜闻乐见的合作项目。10+3文化城市网络已于10月启动，中方欢迎建立10+3合作网站，将继续办好10+3媒体合作研讨会、10+3青年科学家论坛等活动，加强文明交流互鉴，促进民众间相知相亲。

与会领导人积极评价“10+3”合作一年来在促进地区经济社会发展方面取得的成果。高度赞赏RCEP谈判取得重大突破，致力于2020年签署协议，促进地区贸易和投资自由化便利化。欢迎“10+3”合作互联互通再联通声明，推进高质量基础设施建设。支持加强清迈倡议多边化的有效性，维护金融稳定。面对世界经济增长放缓，“10+3”合作要发挥引领作用，加强机制建设，深化相互依存，拓展贸易投资、智慧城市、人文交流、应对气候变化、灾害管理等领域合作，共同应对挑战，为地区稳定与繁荣贡献力量。会议通过了《东盟与中日韩领导人关于互联互通再联通倡议的声明》。①

李克强在曼谷出席东亚合作领导人系列会议期间，先后会见了澳大利亚总理莫里森、日本首相安倍晋三、新西兰总理阿德恩和美国总统国家安全事务助理奥布莱恩。

在同莫里森举行会晤时，李克强表示，一个健康稳定发展的中澳关系，不仅给两国人民带来福祉，也有利于地区和世界的稳定与发展。中澳之间没有历史积怨和根本利益冲突。双方要把握好中澳关系的大方向，真正将彼此的发展视为机遇，聚集共同利益，秉持相互尊重、平等相待原则开展建设性交流与合作，在增进彼此了解和信任方面多做“加法”，妥善处理分歧，推动中澳关系回归正常轨道并行稳致远。李克强指出，中澳合作不损害第三方，不针对第三方，也不应受第三方影响。中澳互为重要经贸合作伙伴。在当前世界经济下行压力加大背景下，双方应该合作应对。中国在服务业领域正在采取扩大开放

① 丁子、白阳:《李克强出席第二十二次东盟与中日韩领导人会议》,《人民日报》2019年11月5日第3版。

举措，为包括澳方在内的世界各国提供了重要机遇。我们愿同澳方继续开展贸易、能源、金融、教育、应对气候变化等方面交流与合作，希望澳方同中方相向而行，努力推动两国关系健康稳定向前发展。

在会见安倍晋三时，李克强表示，中日互为近邻，同为世界主要经济体。在当前世界经济下行压力加大背景下，双方都有维护多边主义和自由贸易的愿望，应切实恪守中日四个政治文件，尊重彼此核心利益和重大关切，聚焦共同利益，妥善处理敏感问题，提升互信水平，打造更加健康稳定持久的中日关系，不仅更好造福两国和两国人民，也为世界经济稳定发展注入新动力。李克强指出，中日要发挥各自优势，推动务实合作更加深入推进，共享发展机遇。今年适逢中日韩合作20周年，中方将举行第八次中日韩领导人会议，期待以此为契机促进三方合作，共同维护地区和平稳定与发展繁荣。

在会见阿德恩时，李克强表示，中国和新西兰虽然相距遥远，但两国合作非常紧密。我们很高兴看到，中新自贸协定升级谈判已顺利完成，这向外界发出了强烈信号，即中新用实际行动支持自由贸易。当前国际形势不确定因素增多、世界经济下行压力加大，需要包括中、新在内的各方携手应对。我们愿同新方在平等相待、求同存异的基础上，相互尊重彼此核心利益和重大关切，扩大各领域交流合作，推动中新关系继续健康稳定向前发展。中方致力于打造市场化、法治化、国际化的营商环境，希望新方为中国企业在新投资营造公平竞争环境。中新旅游年活动受到两国各界人士欢迎，双方要进一步加强旅游、文化、教育等人文领域交流。阿德恩表示，新方坚定支持以世界贸易组织为核心的多边贸易体制。今天新中共同宣布完成自贸协定升级谈判，这将为双方带来更多互利合作的机遇。新方赞赏中国为促进太平洋岛国发展作出的贡献，愿同中方加强在岛国地区三方合作。会见后，双方发布联合新闻稿，宣布完成中新自贸协定升级谈判。

在会见奥布莱恩时，李克强表示，今年是中美建交40周年。40年来，双方的交往与合作给彼此带来实实在在的利益，也有利于世界。在国际形势复杂深刻变化的今天，中美关系健康稳定发展，需要相向而行，也是国际社会的期待。双方应当按照两国元首达成的共识，推动以协调、合作、稳定为基调的中美关系，尊重彼此核心利益和重大关切，在平等和相互尊重的基础上管控分歧，在互利共赢的基础上拓展合作，推动中美关系沿着正确轨道向前发展。[①]

中共中央政治局委员、中央政法委书记、中白政府间合作委员会中方主席郭声琨在京会见白俄罗斯总统办公厅副主任、委员会白方主席斯诺普科夫。郭声琨指出，新中国70年取得的历史性成就，彰显了中国特色社会主义制度的巨大优越性。中共十九届四中全会对坚持和完善国家制度和国家治理体系作出重大部署，为人类政治文明贡献了中国智慧和中国方案。中方愿同白方共同努力，落实好习近平主席和卢卡申科总统重要共识，推动中白相互信任、合作共赢的全面战略伙伴关系不断发展。斯诺普科夫表示，中国的发展成就令人钦佩，愿同中方深化各领域合作。[②]

11月6日 魏凤和在八一大楼会见了孟加拉国陆军参谋长阿齐兹。魏凤和说，在两国领导人推动下，中孟战略合作伙伴关系不断巩固和发展。中方愿与孟方一道，积极落实好两国领导人重要共识，进一步加强战略沟通，拓展人员培训、装备技术、抢险救灾、维和等领域合作，推动两国两军关系新的发展。[③]

李克强在曼谷总理府与泰国总理巴育共同会见记者。两国总理积极评价中泰合作取得的新成果。李克强表示，泰国是中国平等、互利的好朋友和好伙伴。双方互补优势强、合作潜力大。中泰两国的合作，正如曼谷湄南河上航行的长尾船，同舟共济，快速前进，行稳致远。我们愿同泰方共同努力，深化睦邻友好关系，合作应对挑战，实现互利共赢。双方一致同意加强互联互通合作，推动粤港澳大湾区建设与泰"东部经济走廊"（EEC）更好对接。加快推进中泰铁路建设，深化经贸、电子商务、智慧城市、执法安全等方面合作。双方愿就扶贫、发展等议题保持交流，分享经验，为两国人民谋福祉。李克强指出，本次东亚合作领导人系列会议一个重大成果，就是基本结束区域全面经济伙伴关系协定（RCEP）谈判，再经各方共同努力，将建成世界上人口最多、成员最多元、发展潜力最大的自贸区。这向世界发出维护多边主义和自由贸易的强烈信号。我们对明年签署协议充满信心，希望各方加快推动RCEP落地，

---

① 白阳、赵益普:《李克强分别会见澳大利亚总理莫里森、日本首相安倍晋三、新西兰总理阿德恩、美国总统国家安全事务助理奥布莱恩》,《人民日报》2019年11月5日第4版。

② 成欣:《郭声琨会见俄罗斯总统办公厅副主任》,《人民日报》2019年11月5日第4版。

③ 梅世雄:《魏凤和会见孟加拉国陆军参谋长》,《人民日报》2019年11月7日第3版。

使参与国人民尽早受益。

关于“南海行为准则”（COC）磋商，李克强表示，“准则”是以《南海各方行为宣言》为基础、更具实质内容的升级版，磋商正在取得积极进展。我们愿同有关域内国家共同努力，为早日达成“准则”作出重要贡献，共同维护南海的持久和平与安宁。①

李克强在曼谷新国会大厦会见泰国国会主席兼下议院议长川·立派。李克强高度评价当前中泰关系发展，赞赏泰国国会长期以来为促进两国友好所作努力，表示中方愿同泰方继续深化包括立法机构在内的各领域交流与合作，持续巩固两国关系的民意基础，让“中泰一家亲”亲上加亲。我们愿同泰方加强在地区和国际事务中的沟通与协调，推动中国—东盟关系和区域一体化不断向前发展。②

11月13日 习近平在巴西利亚会见普京。习近平指出，今年是中俄关系承前启后、继往开来的重要年份。习近平强调，新时代要有新举措、新作为。双方要继续共同努力，结合国际形势发展变化，根据各自国家发展和双方合作需要，开拓创新，推动中俄关系在高水平上保持积极健康发展势头，不断取得新成果，更好造福两国人民，惠及地区及世界。习近平指出，当前国际形势继续发生复杂深刻变化，不稳定不确定因素增多。中俄要密切战略协作，携手维护国际关系基本准则，反对单边主义、霸凌行径，反对干涉他国事务，维护各自主权和安全，共同营造公平公正的国际环境。习近平强调，在刚刚结束的第二届中国国际进口博览会上，俄方参展企业成交额比上届增长74%。要持续扩大双边贸易规模。中俄东线天然气管道项目即将投产通气，期待两国能源领域更多战略性大项目落地开花。预祝明后年中俄科技创新年结出硕果。要推动“一带一路”倡议同欧亚经济联盟对接不断取得新进展。习近平指出，本次金砖国家领导人会晤在国际格局演变和全球治理变革的关键时刻举行。中俄要共同推动各方加强团结合作，发出金砖国家坚持多边主义、维护多边贸易体制的积极信号。中方全力支持俄方明年主办金砖国家领导人会晤和上合组织峰会。

---

① 白阳、林芮:《李克强与泰国总理巴育共同会见记者》,《人民日报》2019年11月7日第3版。

② 白阳、赵益普:《李克强会见泰国国会主席兼下议院议长》,《人民日报》2019年11月7日第3版。

两国元首还就共同关心的重大国际和地区问题深入交换意见。[①]

习近平在巴西利亚会见印度总理莫迪。习近平指出，印度作为主宾国参加了第二届中国国际进口博览会。据了解，印方成交额较上届大幅增长，是成交额增幅最大的参展国。中方欢迎印度积极增加优质商品对华出口。双方要扩大双向贸易和投资规模，在产能、医药、信息技术、基础设施建设等领域打造新的合作增长点。要共同办好明年“中印人文交流年”和中印建交70周年庆祝活动，促进民间友好。中印要共同努力，坚持多边主义，维护以世界贸易组织为核心的多边贸易体制，共同维护发展中国家正当发展权益和发展空间，推动金砖国家合作行稳致远。习近平强调，我愿同你保持密切沟通，共同把握好两国关系前进方向，增进政治互信，妥善管控分歧，拓展务实合作，引领中印关系更好更稳向前发展。2020年即将到来，希望中印关系在新的一年里取得新的更大发展。我欢迎你明年到中国再次会晤。[②]

11月16—19日 应老挝人民革命党中央政治局委员、建国阵线中央委员会主席赛宋蓬邀请，中共中央政治局常委、全国政协主席汪洋对老挝进行正式访问，分别会见老挝人民革命党总书记、国家主席本扬，总理通伦，国会主席巴妮，并同赛宋蓬举行会谈。会见本扬时，汪洋转达了习近平总书记、国家主席的亲切问候和良好祝愿。汪洋表示，今年4月两党两国最高领导人共同签署构建中老命运共同体行动计划，为中老关系长远发展提供了重要指引和遵循。中方愿与老方发挥高层引领作用，及时就双边关系重大问题加强战略沟通，推进“一带一路”倡议与老挝“变陆锁国为陆联国”战略对接，推动中老经济走廊建设，开展全方位、多层次、机制性对话交流。汪洋通报了中共十九届四中全会情况，表示愿同老方加强治党治国经验交流，携手发展具有各自特色的社会主义事业。本扬请汪洋转达对习近平总书记、国家主席的良好问候与祝福，衷心祝贺中国人民在中国共产党领导下取得的巨大发展成就。他表示，老中是亲密无间的朋友和命运与共的兄弟，老方愿同中方共同落实好老中命运共同体行动计划，密切两党党建和各层级干部交流，在涉及各自核心关切上相互支持，在重大国际和地区问题上协调立场，推进双边关系更加全面、更高质量

① 王芳、丁雪真:《习近平会见俄罗斯总统普京》,《人民日报》2019年11月15日第1版。
② 徐伟、李晓骁:《习近平会见印度总理莫迪》,《人民日报》2019年11月15日第1版。

发展。

同赛宋蓬会谈时，汪洋表示，在两党两国最高领导人共同引领下，中老关系步入新时代。中方愿同老方密切高层互访，深化政治互信，落实好重大产能和经贸合作项目，以共办中老旅游年为契机，扩大旅游合作和各领域人文交流。中国人民政协愿同老挝建国阵线加强各层级往来和互学互鉴，丰富两国全面战略合作伙伴关系内涵。赛宋蓬表示，中国特色社会主义的成功实践，充分体现了中国共产党的战略眼光和治理能力。老中关系正处于历史最好时期，老方坚定支持“一带一路”倡议，愿同中方深化治党治国经验交流，加强全方位互利合作，相信老中命运共同体将不断发扬光大。

会见通伦和巴妮时，汪洋说，中老关系既有坚实政治基础，又有经济互补优势。中方赞赏老挝政府、国会为推进两国合作提供的政策和法律支持。双方要努力落实好两党两国领导人达成的共识，确保中老铁路如期竣工，推动援老项目更多向民生领域倾斜，夯实中老友好的民意基础。老方表示，新中国70年伟大成就充分向世界证明了社会主义制度的优越性。老方赞赏中方在国际和地区事务中发挥的积极作用，支持中方维护核心利益和国家安全的举措，欢迎中国企业赴老投资和中国游客到老旅游，愿提供更多便利。访问期间，汪洋还会见了琅勃拉邦省省委书记兼省长坎康，考察中老铁路建设情况，出席在老挝华侨华人代表座谈会及中老旅游年有关活动，并向老挝前国家主席凯山·丰威汉铜像敬献花篮。①

中共中央政治局委员、全国人大常委会副委员长王晨19日在京会见由党主席、国家大呼拉尔委员额尔登率领的蒙古民主党代表团。王晨说，今年是中蒙建交70周年。在两国领导人战略引领下，中蒙关系发展面临新机遇。中国共产党重视同蒙古民主党加强党际交往，分享党建和治国理政经验。希双方立法机构充分发挥定期交流机制作用，开展立法、监督等合作，为促进中蒙全面战略伙伴关系作出贡献。额尔登说，愿深化同中国共产党和中国全国人大的交流合作。②

外交部副部长马朝旭召见美国驻华使馆临时代办柯有为，就美国国会参议

---

① 郑明达、章建华：《汪洋对老挝进行正式访问》，《人民日报》2019年11月20日第1版。

② 《王晨会见蒙古民主党主席额尔登》，《人民日报》2019年11月20日第3版。

院审议通过“香港人权与民主法案”提出严正交涉和强烈抗议。马朝旭指出，香港是中国的香港，香港事务纯属中国内政，不容任何外国政府和外国势力干预。美国会上述法案公然插手香港事务，干涉中国内政，严重违反国际法和国际关系基本准则。中方对此坚决反对。我们强烈敦促美方立即采取有效措施阻止该案成法，立即停止插手香港事务、干涉中国内政。否则，中方必将采取有力措施予以坚决反制，一切后果必须由美方完全承担。马朝旭强调，中国政府维护国家主权、安全、发展利益的决心坚定不移，贯彻“一国两制”方针的决心坚定不移，反对任何外部势力干涉香港事务的决心坚定不移。中方正告美方，任何企图破坏香港繁荣稳定、阻碍中国发展的图谋都不会得逞，到头来只会搬起石头砸自己的脚。[①]

11月21日　王毅在北京会见美国前国防部长科恩时，就美国国会通过“香港人权与民主法案”表明中方的严正立场。王毅表示，这一所谓的“人权与民主法案”，企图以一国国内法干涉别国内政，何谈民主？无视香港违法暴力行径造成的破坏，何谈人权？该法案实际上发出了纵容暴力犯罪分子的错误信号，实质是要搞乱香港，甚至毁掉香港。这是对中国内政的赤裸裸干涉，也是对广大香港同胞共同和根本利益的严重损害。中方坚决反对，我们决不会允许任何破坏香港繁荣稳定、破坏“一国两制”的企图得逞。[②]

11月25日　习近平在人民大会堂会见由党的最高委员会主席格雷兹洛夫率领的俄罗斯统一俄罗斯党代表团。习近平祝贺统一俄罗斯党成功举行第十九次代表大会，欢迎格雷兹洛夫率团来华参加中俄执政党对话机制第七次会议。习近平表示，今年是中俄建交70周年，我和普京总统共同宣布发展中俄新时代全面战略协作伙伴关系，共同引领两国关系朝着守望相助、深度融通、开拓创新、普惠共赢的目标和方向迈进。当前中俄双方形成有力战略支撑，对维护世界和平与发展具有重大战略意义。习近平表示，中国共产党和统一俄罗斯党作为各自国家的执政党，肩负着推动新时代中俄关系取得更大发展的责任和使命。希望双方与会代表充分交流沟通，为深化中俄新时代全面战略协作、促进

---

① 《外交部召见美国驻华使馆负责人就美国会参议院通过涉港法案提出严正交涉》，《光明日报》2019年11月21日第3版。

② 朱超：《王毅就美国国会通过“香港人权与民主法案”表明严正立场》，《解放军报》2019年11月22日第2版。

世界和平与繁荣贡献智慧和力量。

格雷兹洛夫祝贺中共十九届四中全会成功举行，感谢习近平会见统一俄罗斯党代表团，表示近年来俄中关系达到了前所未有的高水平，两国各领域互利合作蓬勃发展，在解决国际及地区热点问题中协同努力，取得良好成效。统一俄罗斯党愿与中国共产党加强交流合作，推动俄中新时代全面战略协作伙伴关系进一步发展①

习近平和安倍晋三分别致信祝贺中日高级别人文交流磋商机制首次会议在东京召开。习近平指出，中日两国一衣带水，历史人文渊源深厚。在绵延2000多年的长期交往中，两国人民相互学习借鉴，促进了各自发展，也为亚洲文明进步作出了贡献。当今世界正经历百年未有之大变局，人类应对共同挑战、迈向美好未来离不开文化的力量。世界各国人民应该把握大势、顺应潮流、加强交流，共同谱写人类文明新篇章。习近平强调，当前，中日关系持续改善向好。希望中日双方共同利用好这一机制，推动人文交流，促进民心相通，为构建和发展契合新时代要求的中日关系提供人文支撑。

安倍晋三在贺信中表示，日中高级别人文交流磋商机制是我同习近平主席大阪会晤达成的共识，目的是通过开展广泛交流，深化两国国民相互理解和友好感情。希望机制为双方构建契合新时代的日中关系夯实民意基础，为开创日中关系新的未来作出贡献。②

安倍晋三在东京会见王毅。安倍晋三表示，近段时间以来，日中两国高层往来频繁，双方关系改善进程取得积极进展。日方热切期待习近平主席明年春天对日本进行国事访问，相信此访必将成为推动构建新时代日中关系的重大机遇。日中关系稳定是亚洲和平繁荣的基石，对应对当前全球挑战也至关重要。日方愿同中方共同开创日中关系新的未来。王毅表示，在两国领导人政治引领和双方共同努力下，中日关系重回正轨并不断改善发展。习近平主席和安倍首相今年6月在大阪成功会晤，就构建契合新时代要求的中日关系达成重要共识。两国关系经历曲折反复，取得今天局面来之不易，应倍加珍惜。双方需从

---

① 王远：《习近平会见统一俄罗斯党代表团》，《人民日报》2019年11月26日第1版。

② 《习近平向中日高级别人文交流磋商机制首次会议致贺信》，《人民日报》2019年11月26日第1版。

更长远角度和更广阔视野推动中日关系持续改善发展。[①]

外交部副部长郑泽光召见美国驻华大使布兰斯塔德，就美国会参众两院通过所谓“香港人权与民主法案”提出严正交涉和强烈抗议，敦促美方立即纠正错误，停止插手香港事务、干涉中国内政。郑泽光指出，香港是中国的香港，香港事务纯属中国内政，任何外国无权干涉。美国会上述法案公然干涉中国内政，并罔顾事实、指鹿为马，纵容和支持“反中乱港”势力的暴力犯罪行为，严重违反国际法和国际关系基本准则。中方对此表示强烈愤慨、坚决反对。郑泽光强调，中方捍卫国家主权、安全、发展利益的决心坚定不移，贯彻“一国两制”方针的决心坚定不移，反对任何外部势力干涉香港事务的决心坚定不移。任何搞乱香港、破坏香港稳定繁荣的图谋都绝不可能得逞。中方强烈敦促美方认清形势，立即纠正错误，阻止上述涉港法案成法，停止任何插手香港事务、干涉中国内政的言行。否则，由此产生的一切后果必须完全由美方承担。[②]

11月26日　中共中央政治局常委、国务院副总理、中俄投资合作委员会中方主席韩正在人民大会堂与俄罗斯第一副总理、委员会俄方主席西卢安诺夫共同主持中俄投资合作委员会第六次会议。双方总结梳理了两国投资合作进展和重点项目实施情况，一致同意加强两国发展战略对接，推动投资合作取得新成果。韩正表示，习近平主席和普京总统一致决定，深化两国投资合作，充分发挥投资合作委员会统筹协调作用，共同推动更多合作项目落地。中方愿与俄方携手努力，全面落实两国元首重要共识，推动中俄投资合作高质量发展，取得更多务实成果，不断充实中俄新时代全面战略协作伙伴关系内涵。韩正提出，要鼓励两国企业开展科技创新、数字经济、农业、金融服务等领域投资合作，持续推动营造更加稳定公平透明便利的营商环境，更好保障两国投资者合法权益。

西卢安诺夫表示，近年来，俄中双边贸易投资规模不断扩大，基础设施、能源、农业、医药、科技等多个重大投资项目取得重要进展，令人鼓舞。俄方愿同中方一道，落实好两国元首重要共识，切实采取更多便利化措施，推动更

① 刘军国：《日本首相安倍晋三会见王毅》，《人民日报》2019年11月26日第3版。

② 《人民日报》2019年11月27日第3版。

多投资合作项目落地，为中国企业在俄经营提供更好环境。会后，韩正和西卢安诺夫签署了《中俄投资合作委员会第六次会议纪要》。[①]

11月28日　外交部就美方将所谓“香港人权与民主法案”签署成法发表声明，全文如下：

美方将所谓“香港人权与民主法案”签署成法，此举严重干预香港事务，严重干涉中国内政，严重违反国际法和国际关系基本准则，是赤裸裸的霸权行径，中国政府和人民坚决反对。

香港回归祖国以来，“一国两制”取得举世公认的成功，香港居民依法享有前所未有的民主权利。美方罔顾事实、颠倒黑白，公然为疯狂打砸烧、残害无辜市民、践踏法治、危害社会秩序的暴力犯罪分子撑腰打气，性质极其恶劣，用心十分险恶，其根本目的是破坏香港繁荣稳定，破坏“一国两制”伟大实践，破坏中华民族实现伟大复兴的历史进程。

我们要正告美方，香港是中国的香港，香港事务纯属中国内政，任何外国政府和势力都无权干预。这一所谓法案只会让包括香港同胞在内的广大中国人民进一步认清美国的险恶用心和霸权本质，只会让中国人民更加众志成城。美方的图谋注定失败。

中国政府反对任何外部势力干预香港事务的决心坚定不移，贯彻“一国两制”方针的决心坚定不移，维护国家主权、安全、发展利益的决心坚定不移。我们奉劝美方不要一意孤行，否则中方必将予以坚决反制，由此产生的一切后果必须由美方承担。[②]

乐玉成召见美国驻华大使布兰斯塔德，就美“香港人权与民主法案”签署成法提出严正交涉和强烈抗议。乐玉成指出，美方将所谓“香港人权与民主法案”签署成法，此举严重干预香港事务，严重干涉中国内政，严重违反国际法和国际关系基本准则，是赤裸裸的霸权行径，中国政府和人民对此强烈愤慨，坚决反对。乐玉成强调，香港是中国的香港，香港事务纯属中国内政，不容任何外国政府和外国势力干预。中国政府维护国家主权、安全、发展利益的决心

① 赵成:《韩正与俄罗斯第一副总理西卢安诺夫共同主持中俄合作投资委员会第六次会议》,《人民日报》2019年11月27日第1版。

② 《外交部就美方将所谓“香港人权与民主法案”签署成法发表声明》,《人民日报》2019年11月29日第4版。

坚定不移，贯彻“一国两制”方针的决心坚定不移，反对任何外部势力干涉香港事务的决心坚定不移。乐玉成强调，中方强烈敦促美方纠正错误、改弦更张，不得将该法案付诸实施，立即停止插手香港事务、干涉中国内政，以免给中美关系和两国重要领域合作造成更大损害。对美方的错误举措，中方必将予以坚决反制，由此导致的一切后果由美方完全负责。①

12月2日 习近平在人民大会堂会见来华出席中俄执法安全合作机制会议和中俄战略安全磋商的俄罗斯联邦安全会议秘书帕特鲁舍夫。习近平指出，今年中俄双方成功举办建交70周年庆祝活动，两国关系发展进入新时代。面对复杂多变的国际形势，中俄要更加紧密地站在一起，始终做真诚可靠的战略伙伴，给予彼此坚定有力的战略支持。习近平强调，今年以来，美国等西方国家加大干涉中俄内部事务，威胁两国主权安全，阻碍两国经济社会发展。普京总统表示，这种做法大错特错，损人不利己，中方对此完全赞同。我坚信，没有任何力量能够阻挡中国人民和中华民族前进的步伐，俄罗斯人民同样不会受外部干涉影响，也将继续坚定走自己的发展道路。中俄要继续利用好战略安全磋商和执法安全合作这两个平台，加强战略安全沟通，增进战略互信，维护好各自核心利益和两国共同安全，维护地区及世界和平稳定。②

习近平在北京同俄罗斯总统普京视频连线，共同见证中俄东线天然气管道投产通气仪式。韩正出席仪式。习近平通过视频和正在索契的普京互致问候。习近平对管道投产通气表示热烈祝贺，向两国广大建设者致以衷心感谢。习近平指出，东线天然气管道是中俄能源合作的标志性项目，也是双方深度融通、合作共赢的典范。2014年，我同普京总统见证了双方签署项目合作文件。5年多来，两国参建单位密切协作，广大工程建设者爬冰卧雪、战天斗地，高水平、高质量完成建设任务，向世界展现了大国工匠的精湛技艺，展示了中俄合作的丰硕成果。投产通气既是重要阶段性成果，更是新的合作起点。双方要打造平安管道、绿色管道、发展管道、友谊管道，全力保证管道建设和投运安全可靠，促进管道沿线地区经济社会可持续发展。习近平强调，今年是中俄建交70周年，我和普京总统共同宣布发展中俄新时代全面战略协作伙伴关系，一

① 《外交部召见美国驻华大使就美“香港人权与民主法案”签署成法提出严正交涉》,《人民日报》2019年11月29日第4版。

② 赵成:《习近平会见俄罗斯联邦安全会议秘书》,《人民日报》2019年12月3日第1版。

致决定继续将发展中俄关系作为各自外交优先方向，坚定不移深化两国战略协作和各领域合作。当前，中俄两国都处于国家发展的关键时期，中俄关系迈入新时代。希望双方再接再厉，打造更多像东线天然气管道这样的拳头项目，为两国各自发展加油助力，更好造福两国和两国人民。中俄东线天然气管道起自俄罗斯东西伯利亚，由布拉戈维申斯克进入我国黑龙江省黑河。俄罗斯境内管道全长约3000公里，我国境内段新建管道3371公里，利用已建管道1740公里。①

12月3日　韩正在中南海会见美国埃克森美孚公司董事长兼首席执行官伍德伦。韩正表示，中国经济长期向好趋势没有变，发展潜力巨大、韧性强劲，将为外资企业提供更多的市场空间和投资机遇。中国是经济全球化的坚定支持者，跨国公司是经济全球化的有力推动者。中国将继续推进市场化、法治化、国际化营商环境建设，促进外商投资便利化，欢迎埃克森美孚公司持续扩大在华投资，早日开工建设惠州石化综合体项目。

伍德伦表示，中国经济发展取得巨大成就，未来增长空间广阔。埃克森美孚对在华投资充满信心，将进一步深化与中方长期合作。愿同中方加强沟通协调，加快推进惠州石化综合体等在华项目建设。②

12月4日　中共中央政治局常委、中央纪委书记赵乐际在人民大会堂会见由俄罗斯联邦共产党中央委员会主席久加诺夫率领的俄共代表团。赵乐际表示，今年是中俄建交70周年，两国元首共同宣布发展中俄新时代全面战略协作伙伴关系，将中俄关系提升到更高水平。中方愿同俄方一道，增强政治互信，不断扩大和深化务实合作。中国共产党高度重视同俄共交往，希望双方进一步加强交流，增进相互了解，推动构建新型政党关系，为新时代中俄关系发展作出更大贡献。

久加诺夫祝贺中共十九届四中全会成功召开，表示俄共对中国共产党领导中国取得的巨大发展成就感到由衷高兴，愿以两党续签合作备忘录为契机，同

① 赵成：《中俄东线天然气管道投产通气仪式举行　习近平同普京视频连线共同见证》，《人民日报》2019年12月3日第1版。

② 郑明达：《韩正会见埃克森美孚公司董事长兼首席执行官》，《人民日报》2019年12月5日第1版。

中共加强交流合作，更好造福两国人民。[①]

杨洁篪在上海同俄罗斯联邦安全会议秘书帕特鲁舍夫共同主持中俄第十五轮战略安全磋商。双方围绕新时代中俄关系、国际事务和多边框架内协作、亚太地区战略协作、军事安全合作等深入沟通，达成广泛共识。双方同意充分发挥战略安全磋商机制作用，落实好两国元首共识，进一步深化双方政治互信，密切战略协作，坚决反对外部干涉，坚定支持彼此核心利益，维护两国政治和制度安全，为各自发展振兴营造更加安全、稳定的外部环境。中方表示全力支持俄方作为主席国主办明年上合组织和金砖国家峰会。双方同意把维护和践行多边主义作为国际合作重点方向，继续旗帜鲜明地反对单边主义和霸凌行径，共同推动国际和地区和平、稳定与繁荣。双方将合力维护全球战略稳定，反对美发展全球反导系统以及退出《中导条约》。双方将持续推动朝鲜半岛核、伊朗核、阿富汗、委内瑞拉等热点问题政治解决。[②]

王毅在首尔同韩国外长康京和举行会谈。王毅表示，中韩互为重要邻国和合作伙伴。在两国领导人引领下，中韩关系保持发展势头。面对充满不确定性的国际形势，双方应加强交往合作，增进相互理解支持，维护共同的正当权益，为地区和平稳定发挥建设性作用。王毅强调，中国始终奉行独立自主的和平外交政策，主张大小国家一律平等，主张国际关系民主化，反对以大欺小，反对恃强凌弱，反对强加于人，反对干涉别国内政。当前世界和平稳定面临的最大威胁，就是单边主义破坏现今国际秩序、霸凌行径挑战国际关系准则。中国愿同所有负责任国家，包括韩国一道，秉持多边主义理念，坚守公平正义原则，用实际行动维护以联合国为核心的国际体系，维护以国际法为基础的国际秩序，维护以世贸组织为基石的多边贸易体系。[③]

中国外交部副部长秦刚召见美国驻华使馆负责人柯有为，就美国会众议院审议通过“2019年维吾尔人权政策法案”提出严正交涉和强烈抗议，敦促美方立即纠正错误，停止借涉疆问题干涉中国内政。秦刚指出，新疆是中国的一部分，新疆事务纯属中国内政，不容任何外国干涉。美国会上述法案把中方在新疆依法采取的反恐和去极端化举措歪曲成侵犯人权，罔顾事实、颠倒是非，

① 赵成：《赵乐际会见俄罗斯联邦共产党代表团》，《人民日报》2019年12月5日第1版。

② 吴宇：《中俄举行第十五轮战略安全磋商》，《人民日报》2019年12月5日第3版。

③ 马菲：《王毅同韩国外长康京和会谈》，《人民日报》2019年12月5日第3版。

违背良知，在反恐问题上搞双重标准，严重违反国际法和国际关系基本准则，粗暴干涉中国内政，完全站在错误的一边。中方对此表示强烈愤慨、坚决反对。秦刚强调，中方捍卫国家主权、安全、发展利益的决心坚定不移。任何企图挑拨中国民族关系、破坏新疆繁荣稳定、遏制中国发展进步的图谋都注定要失败。中方强烈敦促美方立即纠正错误，摒弃在反恐问题上的双重标准，阻止上述涉疆法案成法，停止借涉疆问题干涉中国内政。中方将根据形势发展作出进一步反应。[①]

12月6日　杨洁篪同日本国家安全保障局长北村滋在北京共同主持中日第七次高级别政治对话。杨洁篪表示，今年6月，习近平主席同安倍首相就构建契合新时代要求的中日关系达成重要共识，为两国关系下阶段发展指明了方向。双方应坚持以战略眼光审视和把握两国关系，坚持中日四个政治文件，坚持相互尊重、平等互利、互不干涉内政，抓紧落实领导人重要共识，积极推动两国关系健康稳定发展。杨洁篪指出，世界大变局、亚洲新机遇、中日新时代，为中日关系长远发展提供了有利条件。双方要不断巩固政治互信，牢固树立伙伴意识，坚持长远大局观念，尊重彼此核心利益和重大关切，深化各领域交流合作，妥善管控处理矛盾分歧。要坚持多边主义，携手应对全球风险挑战，共同维护以联合国为核心的国际体系和以世贸组织规则为基础的多边贸易体制。要共同推动区域经济一体化进程，努力实现亚洲的繁荣振兴。双方一致认为，当前中日关系保持改善发展势头。双方将共同努力，精心设计准备，营造和谐氛围，确保明年两国间重大政治外交议程顺利进行。双方还就共同关心的国际和地区问题交换了意见。[②]

王岐山在中南海会见日本国家安全保障局长北村滋。王岐山表示，今年6月习近平主席同安倍首相在大阪成功会晤，为当前和今后一段时间中日关系发展确定了基调，指明了方向。中日是近邻，都是亚洲大国和世界主要经济体，都面临着国内发展的繁重任务，对世界和平与发展负有重要责任。双方应以两国领导人重要共识为指引，立足当前、放眼长远，以史鉴今、看清大局，厘清利害、保持定力，以更高超的气度、格局和智慧把握好中日关系，为两国下阶

① 《中国外交部就美国会众议院通过涉疆法案向美方提出严正交涉和强烈抗议》，《人民日报》2019年12月5日第4版。

② 《中日第七次高级别政治对话在北京举行》，《人民日报》2019年12月7日第3版。

段高层交往营造积极有利氛围，推动两国关系全面迈向新时代。[①]

12月7日 缅甸总统温敏在内比都会见王毅。王毅还同缅甸国务资政兼外长昂山素季举行会谈。王毅表示，明年是中缅建交70周年，双方应办好系列庆祝活动，规划筹备好两国高层交往，全面推进经贸、人文等领域合作。双方要弘扬“胞波”情谊，深化全面战略合作，携手共建命运共同体。温敏表示，缅中“胞波”情谊源远流长。缅方感谢中方长期以来在维护缅甸国家主权、尊严以及经济社会发展方面给予的大力支持。昂山素季感谢中方为缅维护国家主权、反对外国干涉、推进经济社会发展等方面提供的支持和帮助。昂山素季表示，双方要以明年两国建交70周年为契机，加强高层交往，共建“一带一路”，发展好缅中经济走廊，推动各领域务实合作取得更多成果。缅方完全有能力处理好自身面临的问题。访问期间，王毅在内比都还与缅甸国务资政府部长觉丁瑞，投资与对外经济关系部长、国家安全顾问当吞，建设部长汉佐，国际合作部长觉丁等进行友好交流，并在曼德勒会见缅甸国防军总司令敏昂莱。[②]

12月8日 王毅在曼德勒会见缅甸国防军总司令敏昂莱。王毅表示，缅军是维护国家和平稳定和中缅友好的重要力量。中缅两军交往是两国“胞波”情谊的重要组成部分。中方愿以明年中缅建交70周年为契机，同缅政府和军队携手弘扬“胞波”传统友谊，加快“一带一路”和中缅经济走廊建设，致力于构建命运共同体，推动两国关系进入新时代。王毅说，缅北和平和解进程对缅经济社会发展和长治久安具有重要意义。希望缅方继续坚持政治对话，坚定不移推进和谈。中方将一如既往，同缅方保持密切沟通，为劝和促谈发挥建设性作用。希望各方继续保持克制，维持停火态势，早日签署停火协议。在维护缅甸主权及领土完整前提下，根据缅甸联邦宪法规定的自治精神，通过政治协商，形成符合缅甸国情，为各方接受、并且可持续的政治安排。王毅强调，双方还应加强边境地区管控合作，切实保障中缅边境的和平稳定，维护边民安全和合法权益。敏昂莱表示，中国是缅甸的“胞波”兄弟和永远值得信赖的朋友。缅军方全力支持缅政府与中国丰富两国全面战略合作伙伴关系内涵，树立

① 孙奕:《王岐山会见日本国家安全保障局长北村滋》,《光明日报》2019年12月7日第2版。

② 李秉新:《王毅访问缅甸》,《人民日报》2019年12月9日第3版。

新的努力目标，加快“一带一路”合作，切实推进缅中经济走廊建设。缅方将全力维护缅中边境地区和平稳定，同民地武积极开展对话，加快推进缅北和平进程。①

12月16日 魏凤和在京与来访的印度尼西亚国防部长普拉博沃举行会谈。魏凤和说，中国和印尼互为重要邻国，共同利益广泛，合作前景广阔。近年来，两国元首保持密切沟通，两国全面战略伙伴关系不断深化。中国军队愿与印尼军队一道，落实两国元首共识，以2020年两国建交70周年为契机，加强高层往来，深化战略互信，密切多边协作，继续加强在联演联训、人员培训等领域交流合作，共同为维护地区和平稳定作贡献。会谈前，魏凤和为普拉博沃举行欢迎仪式，并陪同检阅中国人民解放军仪仗队。②

12月17日 许其亮今天上午在京会见了来访的印度尼西亚国防部长普拉博沃。许其亮说，中国和印尼隔海相望，两国人民友好往来历史久远。两国文化相近、理念相同、利益相通。适应形势发展，增进两国友好合作，造福两国人民，是我们共同的责任，也有利于地区利益。两军应积极落实习近平主席和佐科总统达成的重要共识，以2020年两国建交70周年为契机，不断丰富两军交流的形式、内容，探讨深化各领域务实合作，推动两国全面战略伙伴关系不断发展。③

12月18日 汪洋在人民大会堂会见老挝国会主席巴妮。汪洋表示，中老是好邻居、好朋友、好同志、好伙伴。今年4月，习近平总书记和本扬总书记共同签署关于构建中老命运共同体行动计划，为双边关系长远发展提供了重要指引。希双方共同落实好两党两国领导人共识，加强高层往来，推进共建“一带一路”，深化各领域务实合作，推动中老全面战略合作伙伴关系再上新台阶。中国全国政协愿同老挝社会各界密切交流合作，发挥各自优势，共同致力于中老命运共同体建设。

巴妮说，在中国共产党坚强领导下，中国人民创造了伟大发展奇迹，充分体现了社会主义制度优越性。愿深化两国传统友谊，学习借鉴中方发展经验，

---

① 张东强、车宏亮：《王毅会见缅甸国防军总司令敏昂莱》，《解放军报》2019年12月9日第4版。

② 张笑语：《魏凤和和印度尼西亚国防部长举行会谈》，《解放军报》2019年12月17日第1版。

③ 张笑语：《许其亮会见印度尼西亚国防部长》，《解放军报》2019年12月18日第1版。

将新时代老中关系不断推向前进。[①]

王毅应约同俄罗斯外长拉夫罗夫通电话。王毅表示，2019年即将结束，在两国元首引领下，中俄举行了一系列庆祝建交70周年活动，推动中俄全面战略协作伙伴关系进入新时代。双方互信日益牢不可破，两国关系更加坚如磐石。明年双边关系大事很多，两国外交部要精诚协作，设计筹备好两国元首交往等重大活动，为百年变局的世界增添更多稳定性和正能量。王毅说，联合国是中俄开展战略协作、捍卫国际公平正义最重要的国际平台。中方愿同俄方继续密切协调，相互支持，承担起维护国际和平与稳定的重要职责。双方还相互通报了近期重要外交活动，并就安理会事务、朝鲜半岛局势、国际地区战略稳定等交换了意见，协调了立场。[②]

许其亮在京会见来访的日本防卫大臣河野太郎。同日，魏凤和与河野太郎举行会谈。许其亮在会见时说，中日地缘相近、文化交融、利益交汇。习近平主席和安倍晋三首相就共同建设契合新时代要求的中日关系达成重要共识，引领两国关系向好发展。中方愿与日方一道，共同维护国际和地区和平稳定，促进两国及地区安全发展。希望两国防务部门共同努力，把两国领导人的政治共识转化为具体政策和实际行动，为两国和两国防务关系发展贡献力量。魏凤和在会谈时说，中日是一衣带水的邻邦。在两国领导人战略引领下，中日关系重回正轨。中方愿同日方一道，切实落实两国领导人重要共识，加强防务交流，深化务实合作，妥处矛盾分歧，积极构建建设性双边安全关系，推动两国关系持续稳定发展。河野太郎说，日方愿与中方坦诚交流，增进了解互信，共同维护好地区和平稳定。[③]

12月20日　习近平应约同特朗普通电话。特朗普表示，美中达成第一阶段经贸协议，对于美国、中国和整个世界都是一件好事，美中两国市场和世界对此都作出了十分积极反应。美方愿同中方保持密切沟通，争取尽快签署并予以落实。习近平指出，中美两国在平等和相互尊重基础上达成了第一阶段经贸协议。在当前国际环境极为复杂的背景下，中美达成这样的协议有利于中国，

---

① 孙奕:《汪洋会见老挝国会主席巴妮》,《人民日报》2019年12月19日第1版。

② 《王毅同俄罗斯外长拉夫罗夫通电话》,《人民日报》2019年12月19日第3版。

③ 梅常伟:《许其亮、魏凤和分别与日本防卫大臣会见会谈》,《人民日报》2019年12月19日第3版。

有利于美国，有利于整个世界和平和繁荣。习近平强调，开展中美经贸合作为中美关系稳定发展、为世界经济发展作出了重要贡献。现代经济和现代技术把世界连成了一体，中美利益更加交融，双方在合作中会出现一些分歧。只要双方始终把握中美经贸合作互利共赢的主流，始终尊重对方国家尊严、主权、核心利益，就能够克服前进中出现的困难，在新的历史条件下推动中美经贸关系向前发展，造福两国和两国人民。习近平强调，我们对近一段时间来美方在涉台、涉港、涉疆、涉藏等问题上的消极言行表示严重关切。这些做法干涉了中国内政、损害了中方利益，不利于双方互信合作。希望美方认真落实我们多次会晤和通话达成的重要共识，高度关注和重视中方关切，防止两国关系和重要议程受到干扰。习近平表示，我愿继续通过各种方式与你保持联系，就双边关系和国际问题交换意见，共同推进以协调、合作、稳定为基调的中美关系。两国元首还就朝鲜半岛局势交换意见。习近平强调，要坚持政治解决的大方向，各方要相向而行，保持对话缓和势头，这符合各方共同利益。[①]

12月23日 习近平在人民大会堂会见韩国总统文在寅。习近平欢迎文在寅来华出席第八次中日韩领导人会议。习近平指出，中韩都是亚洲乃至世界上有分量、有影响的重要国家，两国在推动双边关系实现更好发展、促进地区和平稳定繁荣、捍卫多边主义和自由贸易体制等方面拥有广泛共识，一直是紧密合作的朋友和伙伴。过去两年多来，中韩关系保持了稳定发展的大方向。面对当今世界百年未有之大变局，中韩应深化和发展战略合作伙伴关系，照顾彼此核心利益和重大关切，推动双边关系迈上更高水平。习近平强调，双方要以实现高质量融合发展为目标，进一步挖掘潜力，提升务实合作层次和水平。双方可以推动共建“一带一路”倡议同韩方发展战略规划对接进一步早见实效、早结硕果，加快双边自由贸易协定第二阶段谈判，深化创新研发合作，更好实现优势互补和成果共享。要用好中韩人文交流促进委员会平台，开展好教育、体育、媒体、青少年、地方等领域交流，不断增进两国人民相互了解和友好感情。应该加强执法安全合作，共同打击跨境犯罪，维护两国社会安定和谐。习近平强调，当前，保护主义、单边主义、霸凌行径逆流而动，扰乱全球治理，威胁世界和平稳定。中国作为负责任大国，始终把自身发展寓于世界发展潮流

① 《习近平应约同美国总统特朗普通电话》,《人民日报》2019年12月21日第1版。

之中，愿同各国坚持平等互利，同享机遇、共担责任，致力于构建人类命运共同体。希望双方继续在联合国、二十国集团、亚太经合组织等多边框架内加强协调，维护国际公平正义和两国正当权益。文在寅祝贺中华人民共和国成立70周年。文在寅表示，今年对于韩、中两国是具有历史意义的年份，韩中关系取得重要进展。韩方希进一步扩大两国经贸、文化、体育、环保等领域合作，推进“一带一路”倡议同韩“新南方新北方政策”对接，加快推进联合开拓第三方市场合作。韩方愿同中方加强沟通，继续做好在韩中国人民志愿军烈士遗骸交接工作。韩方认为，无论香港事务还是涉及新疆的问题，都是中国的内政。韩中两国拥有悠久交往历史和相通文化渊源，两国是命运共同体。双方关系发展具有“天时、地利”，现在再加上“人和”，一定能开辟韩中关系的新时代。韩方理解中方在重大问题上的立场，支持自由贸易，愿同中方继续加强在地区国际事务中的沟通协作。两国元首还就朝鲜半岛形势交换了看法。习近平指出，中韩在朝鲜半岛问题上的立场和利益契合，都坚持维护半岛和平稳定，主张通过对话协商解决问题，是维稳促谈的坚定力量。中方支持韩方继续同朝方改善关系，为推动半岛和谈进程注入动力。文在寅表示，韩方赞赏中方为解决朝鲜半岛问题发挥的重要作用，半岛问题出现的和平解决机遇来之不易，韩方愿同中方一道为推进半岛和平进程作出共同努力。①

习近平在人民大会堂会见日本首相安倍晋三。习近平欢迎安倍晋三来华出席第八次中日韩领导人会议。习近平指出，在双方共同努力下，中日关系持续改善发展。今年6月，我同首相先生在大阪会晤，一致同意推动构建契合新时代要求的中日关系，共同开辟两国关系新未来。当前，中日关系面临重要发展机遇，中方愿同日方保持密切沟通，加强政治引领，推动中日关系再上新台阶，更好造福两国人民。习近平强调，当今世界正经历百年未有之大变局。形势越是复杂，越需要我们保持从容不迫的战略定力，越需要我们具备登高望远的全局视野。运筹新时代的中日关系，首先需要明确战略共识。应坚持以全球大视野思考和谋划两国关系，坚持在相互尊重、求同存异基础上加强沟通协调，积极推动构建携手合作、互利双赢的新格局。这应该成为双方发展新时代中日关系的共同战略指引。双方要把握正确方向，恪守中日四个政治文件确立

① 杨迅:《习近平会见韩国总统文在寅》,《人民日报》2019年12月24日第1版。

的各项原则，妥善处理有关重大敏感问题，巩固两国关系政治基础。这是双方发展新时代中日关系必须始终坚守的根本，任何时候都不能含糊和动摇。双方应该践行中日“互为合作伙伴、互不构成威胁”的政治共识，本着“化竞争为协调”的精神，推动两国关系始终沿着正确轨道持续向前发展。习近平指出，双方要拓展务实合作，推进高质量共建“一带一路”和中日第三方市场合作，在人工智能、大数据、物联网等领域加强互利合作，积极培育双向开放、公平透明、非歧视性的创新环境，努力实现更高水平的互利共赢。要加强文化、旅游、教育等人文领域交流，促进青少年双向交流，扩大地方友城合作，相互支持对方办好东京奥运会和北京冬奥会，夯实两国人民友好的民心基础。要增进安全互信，更加积极地构建建设性安全关系。要展现国际担当，维护多边主义和自由贸易，推动构建开放型世界经济。[①]

李克强在四川成都会见出席第八次中日韩领导人会议的韩国总统文在寅。李克强表示，中韩互为重要近邻和主要贸易伙伴，两国建交以来关系发展迅速，去年双边贸易额突破3000亿美元。今天上午，习近平主席同总统先生举行了富有成果的会见。中韩两国人文相近，有着悠久的交往历史。中方高度重视发展两国关系，愿同韩方着眼大局，从长远角度处理中韩关系，增强政治互信，拓展互利合作，扩大人文交流，推动中韩两国关系持续健康发展，这对两国乃至东北亚的和平稳定与发展繁荣具有重要意义。李克强指出，面对当前世界经济贸易低迷和下行压力，中韩双方要发挥互补优势，加强经贸合作，使中韩合作成为地区和世界经济发展的推动力量。中方愿秉持开放包容的态度，同韩方加强发展战略对接，积极探讨开展第三方市场、科技创新、服务业合作，深化在应对气候变化、环境保护等领域合作，更好实现互利共赢。李克强强调，今年适逢中日韩合作20周年。我们愿同韩国和日本推进三方合作，维护多边主义和自由贸易，特别是共同促成区域全面经济伙伴关系协定早日签署，推动中日韩自贸区谈判取得实质性进展，向本地区和世界发出积极信号。

文在寅表示，韩中建交以来，两国在政治、经济、文化等各领域合作成果丰硕，实现了共同发展，为东北亚和世界和平发展作出了积极贡献。在当前全球经济低迷、不确定性增加的背景下，我完全赞同各方应同舟共济，携手共

① 孙奕：《习近平会见日本首相安倍晋三》，《光明日报》2019年12月24日第1版。

迎挑战。韩方愿同中方加强发展战略对接，推动第三方市场合作尽快取得务实成果，增进双方国民交流，加强体育、文化、旅游合作。韩方愿同中方共同努力，推动区域全面经济伙伴关系协定尽早签署，以实际行动维护自由贸易。[①]

12月24日 李克强在四川成都与文在寅、安倍晋三共同出席第七届中日韩工商峰会并致辞。李克强表示，今年恰逢中日韩合作启动20周年。20年来，国际形势风云变幻，但中日韩之间的务实合作始终持续推进，这符合三方共同利益和人民福祉。当前国际形势正在发生复杂深刻变化，中日韩应当发扬20年前合作应对亚洲金融危机的精神，同舟共济，凝聚共识，团结协作，面向未来，进一步巩固政治互信，拓展务实合作，共同应对挑战，为地区乃至世界的繁荣稳定作出新的贡献。李克强指出，三方要共同努力提升区域经济一体化水平。中日韩是区域全面经济伙伴关系协定（RCEP）谈判的坚定支持者，应当落实上个月“曼谷共识”，一鼓作气，乘势而上，确保明年正式签署协议。三方应推动中日韩自贸区谈判尽快取得实质性进展，坚定维护多边主义和自由贸易。要共同努力打造现代服务业新的增长点。中国有不断升级的超大规模市场，在养老、健康、育幼等领域需要增加服务供给。中国正推进金融领域开放，提前取消证券、期货、基金、寿险外资股比限制。这既有利于三国应对老龄化、卫生健康、金融稳定等领域的共同挑战，也有助于更好实现共同发展。李克强表示，中国将在全面放开制造业的基础上，加快服务业对外开放步伐，允许更多领域实行外商独资经营，投资环境将更加公平、透明、可预期。中国坚持扩大对外开放不动摇，打开的大门会越开越大。我们致力于打造市场化、法治化、国际化的营商环境，对各类所有制企业一视同仁、平等对待，对侵犯知识产权的行为严厉打击。中方愿同韩日发挥互补优势，继续按照市场化原则扩大合作，做大共同利益“蛋糕”。欢迎韩日企业“近水楼台先得月”，抓住中国扩大开放的新机遇，赢得更多商机，更好实现互利共赢。

韩日领导人表示，韩日高度赞赏中国改革开放举措，韩日企业积极参与了中国的改革开放进程，实现了互利共赢。当前形势下，三方应发挥优势互补，共同携手应对挑战。韩日愿同中方一道，致力于维护自由贸易，降低贸易壁垒，为彼此企业营造公平、公正、可预期的营商环境。三方要共同努力，争取

---

① 郑明达、杨迪：《李克强会见韩国总统文在寅》，《光明日报》2019年12月24日第3版。

RCEP早日签署，推进中日韩自贸区谈判。要抓住第四次产业革命的契机，在数字经济、人工智能等方面开展创新技术合作，加强发展战略对接，实现地区和平与繁荣，开启亚洲的新时代和美好未来。[①]

12月25日 李克强在都江堰豪生酒店同安倍晋三举行会谈。李克强表示，当前中日关系总体保持改善发展势头，这一局面来之不易。中方重视中日关系，习近平主席在北京会见了你。双方应恪守中日四个政治文件确立的各项原则，继续本着以史为鉴、面向未来的精神，立足当前，着眼长远，妥善处理敏感问题，推动两国关系在重回正轨的基础上不断实现新的发展。希望日方同中方相向而行，为双方开展更多高层交往营造良好条件和氛围。李克强指出，中日同为世界主要经济体，互为主要贸易伙伴。中国正在扩大服务业开放，这将为两国拓展互利合作提供更大机遇。在应对老龄化领域，中日合作空间广阔，完全可以实现互利互惠。在证券、寿险、医疗等现代服务业领域深化合作，在试点城市步子可以迈得更大一些，培育新的合作增长点。加强投资、创新、第三方市场等领域合作。扩大人文交流，为两国关系发展夯实民意基础。李克强表示，第八次中日韩领导人会议取得圆满成功，我们共同展望和规划三国合作未来发展，对外发出了维护多边主义和自由贸易、维护地区和平与稳定的积极信息。我们愿同包括日方在内的各方加强沟通协调，推动明年如期签署区域全面经济伙伴关系协定（RCEP），加快推进中日韩自贸区协定谈判，这既有利于促进区域经济一体化进程，也有利于推进世界贸易组织改革。

安倍晋三表示，祝贺中方主持的第八次中日韩领导人会议取得成功。三国合作过去20年成果丰硕，有力增进了三国及地区人民的福祉。去年李克强总理访日，日中关系重回正常发展轨道。日中两国对地区和世界的和平稳定与发展繁荣负有重要责任。双方要密切高层交往，加强沟通对话，共同开创日中关系新时代。两国经贸合作空间广阔，日方愿同中方加强在应对老龄化、金融、旅游、环保、减灾、医疗等领域合作。日中在科技创新、第三方市场等领域合作取得积极进展，愿继续合力推进。日方赞赏中方进一步扩大服务业市场开放，愿积极参与开放进程。日方愿与相关国家共同努力，推动尽快签署高水平

---

① 郑明达、张超群:《李克强出席第七届中日韩工商峰会》,《光明日报》2019年12月25日第3版。

的RCEP，推进中日韩自贸区谈判进程。[①]

王毅在北京应约会见日本外务大臣茂木敏充。双方高度评价中日领导人会晤达成的重要共识，一致同意要从全球大视野思考和谋划中日关系，同时恪守中日四个政治文件，筑牢两国关系政治基础这一根本，保持两国关系的改善发展势头，逐步构建契合新时代要求的中日关系。茂木表示，日方高度重视并欢迎习近平主席明年春天对日本进行国事访问，愿为此做好积极准备，营造有利氛围。双方还就朝鲜半岛局势等共同关心的问题交换了意见。[②]

全国人大常委会副委员长吉炳轩在人民大会堂会见以日本众议院议员、立宪民主党最高顾问海江田万里为团长的日本“日中21世纪之会”代表团。[③]

中共中央对外联络部部长宋涛在北京会见了由日本众议员、立宪民主党最高顾问、“日中21世纪之会”会长海江田万里率领的代表团，就落实好两国领导人达成的重要共识、夯实中日友好的民意基础交换看法。[④]

① 张慧中:《李克强同日本首相安倍晋三举行会谈》,《人民日报》2019年12月26日第2版。

② 《王毅会见日本外务大臣茂木敏充》,《人民日报》2019年12月26日第2版。

③ 《吉炳轩会见日本客人》,《人民日报》2019年12月26日第2版。

④ 《宋涛会见日本客人》,《人民日报》2019年12月26日第2版。

附录二：2019年中国及其周边国家相关数据

何永朋　编制

备注：本附录中的中国“大周边”国家共64个。不仅包括与中国陆海直接接壤的20个国家，而且包括不与中国直接相邻，但处在中国“大周边”的44个国家（27个亚洲国家，16个南太平洋独立国家，以及美国这一中国的“特殊邻国”）。

国家名称	所在区域	2019年人口数量①	2019年经济规模、2019年GDP年增长率②	双边贸易额（2019年度）③、投资额（截至2018年）④	2018年军费开支⑤

① 2019年人口数量（除中国外）数据来源于Population Pyramid网站数据，https://populationpyramid.net/world/，中国的人口数据来自国家统计局网站，“中华人民共和国2019年国民经济和社会发展统计公报”，http://www.stats.gov.cn/tjsj/zxfb/202002/t20200228_1728913.html。部分国家（库克群岛、马绍尔群岛、瑙鲁、纽埃、帕劳、图瓦卢）人口数据来自联合国United Nations, Department of Economic and Social Affairs, Population Division. *World Population Prospects 2019*, https://population.un.org/wpp/Download/Standard/Population/，访问时间：2020年4月1日。

② 除特别注明外，2019年GDP（以2019年美元时价统计）、人均GDP（以2019年美元时价统计）、GDP年增长率数据来源于国际货币基金组织网站数据，World Economic Outlook Database October 2018 Edition, https://www.imf.org/external/pubs/ft/weo/2018/02/weodata/WEOOct2018all.xls，访问时间：2020年4月1日。中国的GDP增长率数据来自：“中华人民共和国2019年国民经济和社会发展统计公报”，http://www.stats.gov.cn/tjsj/zxfb/202002/t20200228_1728913.html，访问时间：2020年4月1日。

③ 中国与周边国家的双边贸易额（2019年，以美元计算）数据来源：中华人民共和国海关总署网站，http://www.customs.gov.cn/customs/302249/302274/302277/302276/2851396/index.html，访问时间：2020年4月1日。

④ 中国对外直接投资存量数据来源：中国商务部、中国国家统计局和国家外汇管理局编：《2018年度中国对外直接投资统计公报》，中国统计出版社，2020，第50—61页；外商对中国的直接投资额（流量）数据来自国家统计局网站：《中国统计年鉴（2019）》，http://www.stats.gov.cn/tjsj/ndsj/2019/indexch.htm，访问时间：2020年4月1日。另注：本表中的中国对外直接投资存量为2018年末对外直接投资存量，对外直接投资存量指年末对外直接投资总额减去境外企业累计对境内投资者的反向投资。

⑤ 除特别注明外，军费开支为斯德哥尔摩国际和平研究所的统计数据（以2018年的美元时价计算），SIPRI Military Expenditure Database, https://www.sipri.org/sites/default/files/SIPRI-Milex-data-1949-2018_0.xlsx。部分国家（基里巴斯、库克群岛、马绍尔群岛、密克罗尼西亚、瑙鲁、纽埃、帕劳、萨摩亚、所罗门群岛、汤加、图瓦卢、瓦努阿图）防务状况来自美国中央情报局网站：https://www.cia.gov/library/publications/resources/the-world-factbook/，访问时间：2020年4月1日。

续表

国家名称	所在区域	2019年人口数量	2019年经济规模、2019年GDP年增长率	双边贸易额（2019年度）、投资额（截至2018年）	2018年军费开支
中国[①]（China）	东亚	人口14亿5万	GDP为141401.6亿美元；人均GDP为10098.87美元；2019年GDP年增长率为6.1%	中国进出口总额45761亿美元；中国对外直接投资存量19822.66亿美元；外国对华直接投资额1349.66亿美元	军费开支2499.97亿美元
中国的20个邻国（陆海直接接壤）（陆上邻国14个，海上邻国8个，其中朝鲜、越南既是中国的陆上邻国，又是中国的海上邻国）					
1.俄罗斯（Russia）	东北亚、中亚及欧洲	人口1亿4587万	GDP为16378.9亿美元；人均GDP为11162.65美元；2019年GDP年增长率为1.084%	中俄双边贸易额1107.94亿美元；中国对俄直接投资存量142.08亿美元；俄对华直接投资额5677万美元	军费开支613.88亿美元
2.朝鲜（DPRK）	东北亚	人口2567万	GDP为400亿美元；人均GDP为1700美元；2015年GDP增长率为−1.1%[②]	中朝双边贸易额27.89亿美元；中国对朝直接投资存量5.66亿美元；朝鲜对华直接投资数据暂缺	军费开支不详

① 此附录中的中国人口数量、经济规模、军费开支、双边贸易额、投资额数据指的是中国大陆的数据（不含台湾、香港和澳门）。

② 朝鲜的GDP、人均GDP和GDP增长率（2015年，按照购买力平价计算）的数据来自美国中央情报局的估计。参见美国中央情报局网站，https://www.cia.gov/library/publications/resources/the-world-factbook/geos/kn.html，访问时间：2020年4月1日。

续表

国家名称	所在区域	2019年人口数量	2019年经济规模、2019年GDP年增长率	双边贸易额（2019年度）、投资额（截至2018年）	2018年军费开支
3. 韩国（ROK）	东北亚	人口5123万	GDP为16295.3亿美元；人均GDP为31430.60美元；2019年GDP增长率为1.954%	中韩双边贸易额2845.76亿美元；中国对韩直接投资存量67.10亿美元；韩对华直接投资额46.67亿美元	军费开支430.70亿美元
4. 蒙古（Mongolia）	东北亚	人口323万	GDP为136.37亿美元；人均GDP为4132.66美元；2019年GDP增长率为6.5%	中蒙双边贸易额81.56亿美元；中国对蒙直接投资存量33.65亿美元；蒙古对华直接投资额41万美元	军费开支0.961亿美元
5. 日本（Japan）	东北亚	人口1亿2686万	GDP为51544.8亿美元；人均GDP为40846.78美元；2019年GDP增长率为0.891%	中日双边贸易额3150.33亿美元；中国对日直接投资存量34.91亿美元；日对华直接投资额37.98亿美元	军费开支466.18亿美元
6. 菲律宾（the Philippines）	东南亚	人口1亿812万	GDP为3568.14亿美元；人均GDP为3294.47美元；2019年GDP增长率为5.718%	中菲双边贸易额609.52亿美元；中国对菲直接投资存量8.30亿美元；菲对华直接投资额4986万美元	军费开支37.70亿美元

续表

国家名称	所在区域	2019年人口数量	2019年经济规模、2019年GDP年增长率	双边贸易额（2019年度）、投资额（截至2018年）	2018年军费开支
7.老挝（Laos）	东南亚之中南半岛	人口717万	GDP为191.27亿美元；人均GDP为2670.21美元；2019年GDP增长率为6.434%	中老双边贸易额39.21亿美元；中国对老直接投资存量83.10亿美元；老对华直接投资额51万美元	军费开支3500万美元①
8.马来西亚（Malaysia）	东南亚	人口3195万	GDP为3653.03亿美元；人均GDP为11136.81美元；2019年GDP增长率为4.5%	中马双边贸易额1239.62亿美元；中国对马直接投资存量83.87亿美元；马对华直接投资额21162万美元	军费开支34.70亿美元
9.缅甸（Myanmar）	东南亚之中南半岛	人口5405万	GDP为659.94亿美元；人均GDP为1244.73美元；2019年GDP增长率为6.203%	中缅双边贸易额187.01亿美元；中国对缅直接投资存量46.80亿美元；缅对华直接投资额822万美元	军费开支20.31亿美元
10.文莱（Brunei Darussalam）	东南亚	人口433296	GDP为124.55亿美元；人均GDP为27871.45美元；2019年GDP增长率为1.814%	中文双边贸易额11.00亿美元；中国对文直接投资存量2.20亿美元；文对华直接投资额1872万美元	军费开支5.43亿美元

① 老挝军费数据为2017年度数据，参见美国国务院发表的2019年世界军费开支与武器转让文件，*World Military Expenditures and Arms Transfers 2019*, https://www.state.gov/world-military-expenditures-and-arms-transfers-2019/，访问时间：2020年4月1日。

续表

国家名称	所在区域	2019年人口数量	2019年经济规模、2019年GDP年增长率	双边贸易额（2019年度）、投资额（截至2018年）	2018年军费开支
11.印度尼西亚（Indonesia）	东南亚	人口2亿7063万	GDP为11117.1亿美元；人均GDP为4163.76美元；2019年GDP增长率为5.037%	中印尼双边贸易额797.05亿美元；中国对印尼直接投资存量128.11亿美元；印尼对华直接投资额3246万美元	军费开支74.37亿美元
12.越南（Vietnam）	东南亚之中南半岛	人口9646万	GDP为2616.37亿美元；人均GDP为2739.82美元；2019年GDP增长率为6.5%	中越双边贸易额1620.04亿美元；中国对越直接投资存量56.05亿美元；越对华直接投资额13883万美元	军费开支55.00亿美元
13.阿富汗（Afghanistan）	南亚	人口3804万	GDP为187.34亿美元；人均GDP为513.11美元；2019年GDP增长率为3%	中阿双边贸易额6.29亿美元；中国对阿直接投资存量4.04亿美元；阿对华直接投资额233万美元	军费开支1.98亿美元
14.巴基斯坦（Pakistan）	南亚	人口2亿1657万	GDP为2842.14亿美元；人均GDP为1388.24美元；2019年GDP增长率为3.294%	中巴双边贸易额179.73亿美元；中国对巴直接投资存量42.47亿美元；巴对华直接投资额67万美元	军费开支113.76亿美元

续表

国家名称	所在区域	2019年人口数量	2019年经济规模、2019年GDP年增长率	双边贸易额（2019年度）、投资额（截至2018年）	2018年军费开支
15.不丹（Bhutan）	南亚	人口763094	GDP为28.42亿美元；人均GDP为3423.05美元；2019年GDP增长率为5.528%	中不双边贸易额1096万美元；中对不直接投资存量数据暂缺；不对华直接投资数据暂缺	军费开支不详
16.尼泊尔（Nepal）	南亚	人口2861万	GDP为298.13亿美元；人均GDP为1047.74美元；2019年GDP增长率为7.051%	中尼双边贸易额15.16亿美元；中国对尼直接投资存量3.79亿美元；尼对华直接投资额15万美元	军费开支3.99亿美元
17.印度（India）	南亚	人口13亿6642万	GDP为29355.7亿美元；人均GDP为2171.64美元；2019年GDP增长率为6.124%	中印双边贸易额928.15亿美元；中国对印直接投资存量46.63亿美元；印对华直接投资额4754万美元	军费开支665.10亿美元
18.哈萨克斯坦（Kazakhstan）	中亚	人口1855万	GDP为1703.26亿美元；人均GDP为9139.11美元；2019年GDP增长率为3.819%	中哈双边贸易额219.91亿美元；中国对哈直接投资存量73.41亿美元；哈对华直接投资额1968万美元	军费开支16.14亿美元
19.吉尔吉斯斯坦（Kyrgyzstan）	中亚	人口642万	GDP为82.61亿美元；人均GDP为1292.98美元；2019年GDP增长率为3.759%	中吉双边贸易额63.46亿美元；中国对吉直接投资存量13.93亿美元；吉对华直接投资数据暂缺	军费开支1.21亿美元

续表

国家名称	所在区域	2019年人口数量	2019年经济规模、2019年GDP年增长率	双边贸易额（2019年度）、投资额（截至2018年）	2018年军费开支
20.塔吉克斯坦（Tajikistan）	中亚	人口932万	GDP为81.52亿美元，人均GDP为877.34美元；2019年GDP增长率为5%	中塔双边贸易额16.74亿美元；中国对塔直接投资存量19.45亿美元；塔对华直接投资数据暂缺	军费开支为1.5亿美元[①]
中国的“大周边”国家（不与中国直接相邻，但处在中国“大周边”44个国家） 44个国家包括27个亚洲国家，16个南太平洋独立国家，以及美国这一中国的“特殊邻国”					
21.东帝汶（Timor-Leste）	东南亚	人口129万	GDP为29.38亿美元；人均GDP为2262.84美元；2019年GDP增长率为4.5%	中东双边贸易额1.68亿美元；中国对东直接投资存量1.67亿美元；东对华直接投资数据暂缺	军费开支2061万美元
22.柬埔寨（Cambodia）	东南亚之中南半岛	人口1649万	GDP为267.3亿美元；人均GDP为1620.64美元；2019年GDP增长率为6.97%	中柬双边贸易额94.29亿美元；中国对柬直接投资存量59.73亿美元；柬对华直接投资数据额199万美元	军费开支5.43亿美元

① 塔吉克斯坦军费数据为2017年度数据，参见美国国务院发表的2019年世界军费开支与武器转让文件，*World Military Expenditures and Arms Transfers 2019*, https://www.state.gov/world-military-expenditures-and-arms-transfers-2019/，访问时间：2020年4月1日。

续表

国家名称	所在区域	2019年人口数量	2019年经济规模、2019年GDP年增长率	双边贸易额（2019年度）、投资额（截至2018年）	2018年军费开支
23. 泰国（Thailand）	东南亚之中南半岛	人口6963万	GDP为5291.77亿美元；人均GDP为7791.95美元；2019年GDP增长率为2.871%	中泰双边贸易额917.52亿美元；中国对泰直接投资存量59.47亿美元；泰对华直接投资额42.7亿美元	军费开支68.29亿美元
24. 新加坡（Singapore）	东南亚	人口580万	GDP为3628.18亿美元；人均GDP为63987.07美元；2019年GDP增长率0.546%	中新双边贸易额899.41亿美元；中国对新直接投资存量500.94亿美元；新对华直接投资额521021万美元	军费开支108.41亿美元
25. 马尔代夫（Maldives）	南亚	人口530956	GDP为57.86亿美元；人均GDP为15562.51美元；2019年GDP增长率为6.466%	中马双边贸易额3.82亿美元；中国对马直接投资存量7477万美元；马对华直接投资数据暂缺	军费开支不详
26. 孟加拉国（Bangladesh）	南亚	人口1亿6305万	GDP为3174.65亿美元；人均GDP为1905.72美元；2019年GDP增长率为7.792%	中孟双边贸易183.64亿美元；中国对孟直接投资存量8.70亿美元；孟对华直接投资额7万美元	军费开支38.95亿美元
27. 斯里兰卡（Sri Lanka）	南亚、印度洋岛国	人口2132万	GDP为865.66亿美元；人均GDP为3946.59美元；2019年GDP增长率为2.72%	中斯双边贸易额44.88亿美元；中国对斯直接投资存量4.69亿美元；斯对华直接投资数据暂缺	军费开支16.81亿美元

续表

国家名称	所在区域	2019年人口数量	2019年经济规模、2019年GDP年增长率	双边贸易额（2019年度）、投资额（截至2018年）	2018年军费开支
28. 土库曼斯坦（Turkmenistan）	中亚	人口594万	GDP为466.74亿美元；人均GDP为7816.02美元；2019年GDP增长率为6.338%	中土双边贸易额91.17亿美元；中国对土直接投资存量3.12亿美元；土对华直接投资数额150万美元	军费开支6.80亿美元①
29. 乌兹别克斯坦（Uzbekistan）	中亚	人口3298万	GDP为604.9亿美元；人均GDP为1831.57美元；2019年GDP增长率为5.5%	中乌双边贸易额72.14亿美元；中国对乌直接投资存量36.90亿美元；乌对华直接投资数据暂缺	军费开支17.5亿美元②
30. 阿拉伯联合酋长国（The United Arab Emirates）	中东	人口977万	GDP为4057.71亿美元；人均GDP为37749.88美元；2019年GDP增长率为1.56%	中国与阿联酋双边贸易额486.69亿美元；中国对阿联酋直接投资存量64.36亿美元；阿联酋对华直接投资额2568万美元	军费开支199亿美元③

① 土库曼斯坦军费数据为2017年度数据，参见参见美国国务院发表的2019年世界军费开支与武器转让文件，*World Military Expenditures and Arms Transfers 2019*, https://www.state.gov/world-military-expenditures-and-arms-transfers-2019/，访问时间：2020年4月1日。

② 乌兹别克斯坦军费数据为2017年度数据，参见美国国务院发表的2019年世界军费开支与武器转让文件，*World Military Expenditures and Arms Transfers 2019*, https://www.state.gov/world-military-expenditures-and-arms-transfers-2019/，访问时间：2020年4月1日。

③ 阿联酋军费数据为2017年度数据，参见美国国务院发表的2019年世界军费开支与武器转让文件，*World Military Expenditures and Arms Transfers 2019*, https://www.state.gov/world-military-expenditures-and-arms-transfers-2019/，访问时间：2020年4月1日。

续表

国家名称	所在区域	2019年人口数量	2019年经济规模、2019年GDP年增长率	双边贸易额（2019年度）、投资额（截至2018年）	2018年军费开支
31. 阿曼（Oman）	阿拉伯半岛东南部	人口494万	GDP为766.09亿美元；人均GDP为17791.03美元；2019年GDP增长率为0.036%	中国与阿曼双边贸易额225.80亿美元；中国对阿曼直接投资存量1.51亿美元；阿曼对华直接投资数据暂缺	军费开支67.10亿美元
32. 巴勒斯坦（the State of Palestine）	亚洲西部	人口510万（约旦河西岸和加沙地带）	GDP为138.1亿美元；人均GDP为3021.4美元；2018年GDP增长率为0.9%[①]	中国与巴勒斯坦双边贸易额8227万美元；中国对巴勒斯坦直接投资存量4万美元；巴勒斯坦对华直接投资数据暂缺	军费开支不详
33. 巴林（Bahrain）	波斯湾南部	人口164万	GDP为381.84亿美元；人均GDP为25273.15美元；2019年GDP增长率为1.982%	中国与巴林贸易额16.79亿美元；中国对巴林直接投资存量7196万美元；巴林对华直接投资数据暂缺	军费开支13.97亿美元

① 巴勒斯坦GDP及人均GDP数据为2018年数据，中国外交部网站，https://www.fmprc.gov.cn/web/gjhdq_676201/gj_676203/yz_676205/1206_676332/1206x0_676334/，访问时间：2020年4月1日。

续表

国家名称	所在区域	2019年人口数量	2019年经济规模、2019年GDP年增长率	双边贸易额（2019年度）、投资额（截至2018年）	2018年军费开支
34. 卡塔尔（Qatar）	波斯湾西南岸	人口283万	GDP为1918.49亿美元；人均GDP为69687.55美元；2019年GDP增长率为1.969%	中卡双边贸易额111.15亿美元；中国对卡直接投资存量4.36亿美元；卡对华直接投资额5万美元	军费开支41.30亿美元①
35. 科威特（Kuwait）	波斯湾西北岸	人口421万	GDP为1375.91亿美元；人均GDP为29266.98美元；2019年GDP增长率为0.585%	中科双边贸易额172.81亿美元；中国对科直接投资存量10.92亿美元；科对华直接投资额443万美元	军费开支72.96亿美元
36. 黎巴嫩（Lebanon）	亚洲西南部地中海东岸	人口607万	GDP为533亿美元；人均GDP为8780美元；2019年GDP增长率为0.2%	中黎双边贸易额17.05亿美元；中国对黎直接投资存量222万美元；黎对华直接投资额167万美元	军费开支27.76亿美元
37. 沙特阿拉伯（Saudi Arabia）	阿拉伯半岛	人口3427万	GDP为7792.89亿美元；人均GDP为22865.18美元；2019年GDP增长率为0.167%	中沙双边贸易额780.38亿美元；中国对沙直接投资数据25.95亿美元；沙对华直接投资额8694万美元	军费开支675.55亿美元

① 卡塔尔军费数据为2017年度数据，参见美国国务院发表的2019年世界军费开支与武器转让文件，https://www.state.gov/world-military-expenditures-and-arms-transfers-2019/，访问时间：2020年4月1日。

续表

国家名称	所在区域	2019年人口数量	2019年经济规模、2019年GDP年增长率	双边贸易额（2019年度）、投资额（截至2018年）	2018年军费开支
38.土耳其（Turkey）	小亚细亚半岛和巴尔干半岛	人口8315.4万	GDP为7536亿美元；人均GDP为9127美元；2019年GDP增长率为0.9%	中土双边贸易额208.14亿美元；中国对土直接投资存量量16.6亿美元；土对华直接投资额87万美元	军费开支189.67亿美元
39.叙利亚（Syria）	亚洲大陆西部，地中海东岸	人口1707万	近三年GDP及人均GDP数据缺失；2019年GDP增长率不详	中叙双边贸易额13.15亿美元；中国对叙直接投资存量87万美元；叙对华直接投资额898万美元	军费开支10.40亿美元①
40.也门（Yemen）	阿拉伯半岛西南端	人口2916万	GDP为298.55亿美元；人均GDP为943.343美元；2019年GDP增长率为2.113%	中也双边贸易额36.86亿美元；中国对也直接投资存量6.23亿美元；也对华直接投资额1536万美元	军费开支18.60亿美元②

① 叙利亚军费数据为2017年度数据，参见美国国务院发表的2019年世界军费开支与武器转让文件，*World Military Expenditures and Arms Transfers 2019*, https://www.state.gov/world-military-expenditures-and-arms-transfers-2019/，访问时间：2020年4月1日。

② 也门军费数据为2014年度数据，参见美国国务院发表的2019年世界军费开支与武器转让文件，*World Military Expenditures and Arms Transfers 2019*, https://www.state.gov/world-military-expenditures-and-arms-transfers-2019/，访问时间：2020年4月1日。

续表

国家名称	所在区域	2019年人口数量	2019年经济规模、2019年GDP年增长率	双边贸易额（2019年度）、投资额（截至2018年）	2018年军费开支
41. 伊拉克（Iraq）	阿拉伯半岛东北部	人口4022万	GDP为2233亿美元；人均GDP为5876美元；2019年GDP增长率为3.3%	中国与伊拉克双边贸易额333.33亿美元；中国对伊拉克直接投资存量5.99亿美元；伊伊拉克对华直接投资额36万美元	军费开支63.18亿美元
42. 伊朗（Iran）	亚洲西南部	人口8165万	GDP为4585亿美元；人均GDP为5506.23美元；2018年GDP增长率为–9.459%	中国与伊朗双边贸易额230.25亿美元； 中国对伊朗直接投资存量32.34亿美元；伊朗对华直接投资数据额10万美元	军费开支131.94亿美元
43. 以色列（Israel）	亚洲最西端	人口914万	GDP约为5173亿美元；人均GDP为5.66万美元；2017年GDP增长率为3.132%	中以双边贸易额147.67亿美元； 中国对以直接投资存量46.20亿美元； 以对华直接投资额1131万美元	军费开支159.47亿美元
44. 约旦（Jordan）	阿拉伯半岛西北	人口1010万	GDP为441.72亿美元；人均GDP为4386.61美元；2019年GDP增长率为2.2%	中约双边贸易额41.12亿美元； 中国对约直接投资存量1.42亿美元； 约对华直接投资额394万美元	军费开支19.40亿美元

续表

国家名称	所在区域	2019年人口数量	2019年经济规模、2019年GDP年增长率	双边贸易额（2019年度）、投资额（截至2018年）	2018年军费开支
45. 阿塞拜疆（Azerbaijan）	外高加索东南部	人口1005万	GDP为471.71亿美元；人均GDP为4689.38美元；2019年GDP增长率为2.7%	中国与阿塞拜疆双边贸易额14.86亿美元；中国对阿塞拜疆直接投资存量918万美元；阿塞拜疆对华直接投资数据额40万美元	军费开支19.58亿美元
46. 格鲁吉亚（Georgia）	南高加索中西部	人口400万	GDP为159.25亿美元；人均GDP为4289.32美元；2019年GDP增长率为4.641%	中格双边贸易额14.83亿美元；中国对格直接投资存量6.40亿美元；格对华直接投资数据暂缺	军费开支3.17亿美元
47. 亚美尼亚（Armenia）	外高加索南部	人口296万	GDP为134.44亿美元；人均GDP为4527.59美元；2019年GDP增长率为6%	中亚双边贸易额7.57亿美元；中国对亚直接投资存量4961万美元；亚对华直接投资数据额3万美元	军费开支6.09亿美元
16个南太平洋独立国家					
48. 澳大利亚（Australia）	大洋洲	人口2520万	GDP为13762.6亿美元；人均GDP为53825.16美元；2019年GDP增长率为1.713%	中澳双边贸易额1696.36亿美元；中国对澳直接投资存量383.79亿美元；澳对华直接投资额2.89亿美元	军费开支267.12亿美元

续表

国家名称	所在区域	2019年人口数量	2019年经济规模、2019年GDP年增长率	双边贸易额（2019年度）、投资额（截至2018年）	2018年军费开支
49. 巴布亚新几内亚（Papua New Guinea）	大洋洲	人口878万	GDP为235.87亿美元；人均GDP为2742.27美元；2019年经济增长率为5.021%	中国与巴布亚新几内亚双边贸易额38.34亿美元；中国对巴布亚新几内亚直接投资存量20.39亿美元；巴布亚新几内亚对华直接投资数据暂缺	军费开支6059万美元
50. 斐济（Fiji）	大洋洲	人口889954	GDP为57.08亿美元；人均GDP为6379.71美元；2019年GDP增长率为2.7%	中斐双边贸易额3.65亿美元；中国对斐直接投资存量1.74亿美元；斐对华直接投资数据暂缺	军费开支4841万美元
51. 基里巴斯（Kiribati）	大洋洲	人口117607	GDP为1.84亿美元；人均GDP为1574.70美元；2019年GDP增长率为2.323%	中基双边贸易额2110万美元；中国对基直接投资存量293万美元；基对华直接投资数据暂缺	澳大利亚和新西兰提供防务协助
52. 库克群岛（The Cook Islands）	大洋洲	人口17547	GDP为2.999亿美元；人均GDP为16700美元；2018年GDP增长率不详[①]	中库双边贸易额4441万美元；中国对库直接投资存量7万美元；库对华直接投资数据暂缺	新西兰负责防务协助

① 库克群岛的GDP、人均GDP（2016年，根据购买力平价计算）数据均来自美国中央情报局的估计。参见美国中央情报局网站，https://www.cia.gov/library/publications/resources/the-world-factbook/geos/cw.html，访问时间：2020年4月1日。

续表

国家名称	所在区域	2019年人口数量	2019年经济规模、2019年GDP年增长率	双边贸易额（2019年度）、投资额（截至2018年）	2018年军费开支
53.马绍尔群岛（Marshall Islands）	大洋洲	人口58791	GDP为2.20亿美元；人均GDP为3924.83美元；2019年GDP增长率为2.411%	中国与马绍尔双边贸易额24.25亿美元；中国对马绍尔直接投资存量7605万美元；马绍尔对华直接投资额2292万美元	美国负责防务
54.密克罗尼西亚（Micronesia）	大洋洲	人口543482	GDP为3.81亿美元；人均GDP为3718.00美元；2019年GDP增长率为1.45%	中密双边贸易额3122万美元；中国对密直接投资存量1549万美元；密对华直接投资数据暂缺	美国负责防务
55.瑙鲁（Nauru）	大洋洲	人口10764	GDP为1.08亿美元；人均GDP为8270.26美元；2019年GDP增长率为1.515%	中瑙双边贸易额125万美元；中国对瑙直接投资数据暂缺；瑙对华直接投资数据额27万美元	澳大利亚负责防务
56.纽埃（Niue）	大洋洲	人口1614	GDP为1001万美元；人均GDP为5800美元；2019年GDP增长率不详①	相关数据暂缺	新西兰负责防务

① 纽埃的GDP、人均GDP（2003年，根据购买力平价计算）数据来自美国中央情报局的估计。参见美国中央情报局网站，https://www.cia.gov/library/publications/resources/the-world-factbook/geos/ne.html，访问时间：2020年4月1日。

续表

国家名称	所在区域	2019年人口数量	2019年经济规模、2019年GDP年增长率	双边贸易额（2019年度）、投资额（截至2018年）	2018年军费开支
57.帕劳（Palau）	大洋洲	人口18001	GDP为2.91亿美元；人均GDP为16736.10美元；2019年GDP增长率为0.3%	中帕双边贸易额1869万美元；中国对帕直接投资存量1211万美元；帕对华直接投资数据暂缺	美国负责防务
58.萨摩亚（Samoa）	大洋洲	人口197092	GDP为9.05亿美元；人均GDP为4500.75美元；2019年GDP增长率为3.355%	中萨双边贸易额8829万美元；中国对萨直接投资数据6.84亿美元；萨对华直接投资额15.54亿美元	新西兰提供防务协助
59.所罗门群岛（Solomon Islands）	大洋洲	人口669820	GDP为14.4亿美元；人均GDP为2246.72美元；2019年GDP增长率为2.698%	中所双边贸易额5.59亿美元；中国对所直接投资数据暂缺；所对华直接投资数据暂缺	无常备军
60.汤加（Tonga）	大洋洲	人口104496	GDP为4.88亿美元；人均GDP为4862.27美元；2019年GDP增长率为3.51%	中汤双边贸易额2957万美元；中国对汤直接投资存量892万美元；汤对华直接投资数据暂缺	军费开支不详
61.图瓦卢（Tuvalu）	大洋洲	人口11655	GDP为0.42亿美元；人均GDP为3834.83美元；2019年GDP增长率为4.072%	中图双边贸易额2176万美元；中国对图直接投资数据暂缺；图对华直接投资数据暂缺	无常备军

续表

国家名称	所在区域	2019年人口数量	2019年经济规模、2019年GDP年增长率	双边贸易额（2019年度）、投资额（截至2018年）	2018年军费开支
62.瓦努阿图（Vanuatu）	大洋洲	人口299882	GDP为9.51亿美元；人均GDP为3260.22美元；2019年GDP增长率为3.8%	中瓦双边贸易额9183万美元；中国对瓦直接投资存量1.28亿美元；瓦对华直接投资数据暂缺	无常备军
63.新西兰（New Zealand）	大洋洲	人口478万	GDP为2046.71亿美元；人均GDP为40634.14美元；2019年GDP增长率为2.506%	中新双边贸易额182.94亿美元；中国对新直接投资存量25.91亿美元；新对华直接投资额3326万美元	军费开支22.63亿美元
中国的特殊邻国：美国					
64.美国（United States）	北美洲中部	人口3亿2906万	GDP为214394.5亿美元；人均GDP为65111.60美元；2019年GDP增长率为2.35%	中美双边贸易额5413.88亿美元；中国对美直接投资存量755.07亿美元；美对华直接投资额26.89亿美元	军费开支6487.98亿美元